达 健　张安达
杨雨竹　胡蔚琦　著

WHEN THE COMPANY MEETS

100

THE CORPORATE LAW

当公司
遇见

公司法

新《公司法》下
公司运作**百**问**百**答

法律出版社 | LAW PRESS
北京

图书在版编目（CIP）数据

当公司遇见公司法：新《公司法》下公司运作百问百答／达健等著. -- 北京：法律出版社，2024.
ISBN 978-7-5197-9859-8
Ⅰ.D922.291.914
中国国家版本馆CIP数据核字第20244DG120号

当公司遇见公司法：新《公司法》下公司运作百问百答
DANG GONGSI YUJIAN GONGSIFA: XIN《GONGSIFA》XIA
GONGSI YUNZUO BAIWEN BAIDA

达　健　等著

策划编辑　朱海波　杨雨晴
责任编辑　朱海波　杨雨晴
装帧设计　鲍龙卉

出版发行　法律出版社	开本　710毫米×1000毫米　1/16
编辑统筹　法律应用出版分社	印张　36.75　字数　580千
责任校对　蒋　橙	版本　2024年12月第1版
责任印制　刘晓伟	印次　2024年12月第1次印刷
经　　销　新华书店	印刷　永清县金鑫印刷有限公司

地址：北京市丰台区莲花池西里7号（100073）
网址：www.lawpress.com.cn　　　　　　　　　销售电话：010-83938349
投稿邮箱：info@lawpress.com.cn　　　　　　　客服电话：010-83938350
举报盗版邮箱：jbwq@lawpress.com.cn　　　　　咨询电话：010-63939796
版权所有·侵权必究

书号：ISBN 978-7-5197-9859-8　　　　　　　　定价：148.00元

凡购买本社图书，如有印装错误，我社负责退换。电话：010-83938349

前 言

《当公司遇见公司法——新〈公司法〉下公司运作百问百答》是由达观商法团队("达观商法"亦是本书作者运营的公众号名称)撰写的关于新《公司法》的系列文章,作者分别为国浩律师(上海)事务所合伙人律师达健,律师张安达、杨雨竹及胡蔚琦,团队主要从事公司境内外发行上市、投融资、并购重组、新三板挂牌等方面的法律业务,曾先后为数十家公司IPO、并购重组、发行融资等提供过专项法律服务,并担任多家企业集团及上市公司常年法律顾问。

本书总计十章,包括公司设立、股本设置、三会运行、公司治理、股权激励、公司融资、并购重组、挂牌上市、股东退出、清算注销,贯穿公司从设立至注销的全流程。其独特之处在于采用了问答的形式,从律师实务经验出发,将复杂的公司法知识化繁为简,生动且直观。对于相关的创业者、企业家以及从业者而言,它无疑是一本极具实用价值的指南,能够帮助读者更清晰、深入地理解新《公司法》,并有效地将其运用到商业实践当中。

面对当下百年未有之大变局,国家竞争力和人民生活水平的提升都有赖于生产力和生产率的提高,核心关键在创新。创新本质上意味着拥抱不确定性,勇于尝试但也直面不成功的可能性,而法律及法治正是应对不确定性中最大的确定性。良法善治为各种创新活动和经济行为提供了稳固基石、规范准则和制度保障。如果没有法律对知识产权的严格保护,对科技成果转化及分配的制度安排,科技创新的积极性就很难充分调动;没有公司法上有限责任制度,创业者就容易踟躇不前;而没有知情权、参与决策权、回购请求权、股东代表诉讼等制度安排,中小股东可能也无法安心参与对公司投资。同时,法治对土地、劳动力、资本、技术、数据等生产要素的创新型配置均提供激励机制和制度保障。创新需要长期的试错，需要长期主义的投资，只有健全完善的法治环境才能为企业家、科技工作者、投资人、劳动者等各方主体提供长期稳定预期，以激励其对持续创新源源不断的投入。

众多法律制度中，商事法律制度最具多样性和创新性，作为规范商主体和商行为的法律制度安排的总和，为市场主体准入、交易和退出等活动提供全方位保障，是与商主体联系最为广泛和紧密的法律部门。商事制度林林总总，有限责任公司制度无疑是那颗皇冠上的明珠，甚至有学者巴勒特（Butler）称"有限责任公司是现代社会最伟大的发明，即使是蒸汽机和电也很难与之媲美"。有限责任公司制度创立后，商主体大规模募集资金成为可能，组织结构更为规范专业，人员构成可以庞大而精细，为了实现共同商业愿景，无数人力物力财力汇聚前行，分工协作携手打造商业世界的通天塔。时至今日，富可敌国已经不足以形容那些最杰出公司的成就，一些伟大公司正在改变世界创造历史。

有限责任公司制度最突出的两项成就是法人资格和有限责任。法人资格使公司享有独立的法人财产权，独立从事商业活动，并承担相应责任，公司得以独立于创始人而具有永续性，也保证了经营者在授权范围内的经营自主权。有限责任是公司法的基础性原则，股东以其出资额为限对公司承担责任，使得股东其他个人财产与公司经营风险隔离，极大地促进了投资创业、便利了公司股权融资及资本运作。纵观商业发展史，无论是"海上马车夫"荷兰，还是"日不落帝国"英国的发展，都曾得益于本国当时先进的公司制度。可以说，没有先进完善的公司制度，就不可能建立发达的现代商业文明。

本书系列文章的撰写缘起新《公司法》颁布，而立之年，公司法大修标志着中国特色现代企业制度迈向新里程。我国公司法自1994年7月1日正式实施后，历经四次修正、两次修订。时隔30年，于2024年7月1日起施行的新《公司法》的修订堪称大改，较2018年公司法13章218个条文的基础上，删除了16条，新增和修改了228条，涉及实质性修改达110余条，凸显出中国特色现代企业制度日趋成熟、日臻精细的规范发展要求。为了帮助相关创业者、企业家、从业者更好地理解实践新《公司法》，我们撰写了本书文章，冀以尘雾之微补益山海，荧烛末光增辉日月，希望对感兴趣的朋友有所助益。

目 录

一 公司设立

01 —— 创业者如何选择经营载体？ 003

02 —— 创业者没有其他合作伙伴时，个体工商户、个人独资企业、一人公司如何选择？ 011

03 —— 新《公司法》实施后，创业者能否一步到位设立股份有限公司？ 016

04 —— 除货币外，股东还可以用什么财产出资？ 022

05 —— 必须实缴？股东缴付出资必知事项 025

06 —— 所有人都能当股东吗？ 034

07 —— 新《公司法》实施后，股权还可以代持吗？ 040

08 —— 让股东和关联公司承担连带责任的"公司法人人格否认"制度是什么？ 046

09 —— 担任法定代表人，你需要知道哪些事？ 051

10 —— 公司章程究竟要写什么、怎么写？ 055

二 股本设置

11 —— 初创公司存在多名创始人时，如何合理分配股权？ 065

12 —— 什么是创始人必知的六大股权生命线？ 069

13 —— 绝对平均的持股结构下，出现股东会僵局如何破局？ 076

14 —— 夫妻共同创业时，两人都需要持股吗？ 080

15 —— 创始人如何利用类别股拥有更多的投票权？ 088

16 —— 创始人如何选择持股方式？
——直接持股还是间接持股 *092*

三 三会运行

17 —— 公司一定要有董事会和监事会吗？ *101*
18 —— 股东应该如何"用好"股东会？ *105*
19 —— 小股东如何利用董事会增强影响力？ *109*
20 —— 如何确定最适合公司的董事会成员人数？ *114*
21 —— 累积投票制到底有什么用？ *118*
22 —— 这些股东会及董事会决议可能不成立、无效或被撤销 *123*
23 —— 召开三会必须要有会议记录吗？ *129*
24 —— 公司一定要有职工代表大会吗？ *134*

四 公司治理

25 —— 选谁来做董监高？这个决定很重要！ *141*
26 —— 新《公司法》实施后，董监高应该如何履职？ *149*
27 —— 公司发生关联交易应注意什么？ *159*
28 —— 公司进行担保时应注意什么？ *165*
29 —— 竞业协议应该如何约定与履行？ *172*
30 —— 为什么说小股东知情权保护是悬在公司治理头上的利剑？ *178*
31 —— 分红不能随意，这些你记住了吗？ *183*

五 股权激励

32 —— 公司什么时候进行股权激励比较合适？ *191*
33 —— 激励载体怎么选，直接持股还是间接持股？ *196*
34 —— 激励股权来源怎么选，股权转让还是增资？ *201*
35 —— 激励对象如何选？ *204*
36 —— 激励股权价格和数量怎么定？ *209*
37 —— 新《公司法》实施后，激励股权如何预留？ *213*
38 —— 激励对象参与股权激励的资金来源有哪些？ *218*

39 ─── 希望通过股权激励刺激公司业绩,如何设置业绩指标? *221*

40 ─── 激励股权的锁定期设置多久合适? *225*

41 ─── 股权激励中能否作出上市承诺? *229*

42 ─── 股权激励的流程有哪些? *233*

43 ─── 常说的授予日、行权日是什么?
　　　——激励对象速查指南 *237*

44 ─── 激励员工与普通股东的权利义务一样吗? *239*

45 ─── 激励计划生效后还能变更吗? *243*

46 ─── 激励员工退出机制怎么设计? *247*

六 公司融资

47 ─── 公司经营所需的资金从哪里来?
　　　——公司融资方式概述 *255*

48 ─── 股权融资中的 ABCD 轮是什么? *259*

49 ─── 股权融资中如何筛选投资人? *262*

50 ─── 股权融资需要什么流程? *268*

51 ─── 股权融资的估值怎么确定,是越高越好吗? *272*

52 ─── 股权融资通常需要签署哪些文件? *277*

53 ─── TS 签署后还能改吗? *280*

54 ─── 公司如何应对投资人的尽职调查? *286*

55 ─── 签完投资协议可以立即打款吗? *293*

56 ─── 股权融资中的控制性条款有哪些谈判要点? *298*

57 ─── 股权融资中的经济性条款有哪些谈判要点? *303*

58 ─── 股权融资中的其他条款有哪些谈判要点? *309*

59 ─── 同一轮次有多个投资人时,时间差别很大怎么办? *312*

60 ─── 多轮融资中各轮投资人之间的特殊权利如何协调? *315*

61 ─── 对赌遇到 IPO 时,必须清理吗? *321*

七 并购重组

62 —— 高大上的并购重组到底指什么？ *329*
63 —— 并购重组涉及的主要流程有什么？ *333*
64 —— 股权并购和资产并购有什么区别？ *336*
65 —— 吸收合并和新设合并有什么区别？ *339*
66 —— 存续分立和新设分立有什么区别？ *344*
67 —— 企业出海，你准备好了吗？ *349*
68 —— IPO 前并购重组有哪些注意事项？ *357*

八 挂牌上市

69 —— 你的公司真的需要上市吗？
——上市的利与弊 *363*
70 —— 什么样的公司能上市？A 股各板块上市条件一览 *368*
71 —— 解密新三板挂牌：不是上市，那它究竟是什么？ *375*
72 —— IPO 时间表：从想法萌芽到完成上市要多久？ *380*
73 —— 上市可能需要哪些中介机构？ *388*
74 —— 拟上市公司如何进行股改？ *393*
75 —— 拟上市公司应当具有怎样的独立性？ *400*
76 —— 拟上市公司应当如何认定实际控制人？ *405*
77 —— 股权清晰具体指的是什么？ *413*
78 —— 同业竞争是公司上市的硬伤吗？ *419*
79 —— 报告期内发生关联交易怎么处理？ *424*
80 —— 无证房产遇见 IPO 时，拟上市公司应该怎么办？ *433*
81 —— 拟上市公司应该如何认定及披露"重大合同"？ *439*
82 —— 什么是董事、高级管理人员重大不利变化？ *446*
83 —— 报告期内的行政处罚对上市有什么影响？ *451*
84 —— 募投项目的选择与执行需要注意什么？ *458*
85 —— 社保公积金缴纳多少可以上市？ *466*
86 —— 诉讼、仲裁很多，还能上市吗？ *472*
87 —— A 股各板块股东所持 IPO 前股份的锁定期有多久？ *478*

九 股东退出

88 —— 最严减持新规出台后，上市公司各类股东如何减持？ *487*

89 —— 异议股东回购请求权有哪些适用情形？ *504*

90 —— 创始人回购小股东的股权，需要注意什么？ *509*

91 —— 一份好的股权转让协议应该包括哪些内容？ *513*

92 —— 股权转让应当履行哪些程序？ *520*

93 —— 股东如何通过定向减资实现退出？ *524*

94 —— 转让退出 vs 减资退出，应该怎么选择？ *528*

十 清算注销

95 —— 如何关闭一家公司？ *535*

96 —— 如何通过解散程序关闭一家公司？（上）
——公司解散的法定事由 *541*

97 —— 如何通过解散程序关闭一家公司？（下）
——公司解散的法定程序 *549*

98 —— 如何通过破产程序关闭一家公司？（上）
——破产原因及破产启动程序 *555*

99 —— 如何通过破产程序关闭一家公司？（下）
——破产受理后事项及破产清算 *562*

100 —— 解散或破产后，公司还需要注销吗？ *573*

公司设立

01

创业者如何选择经营载体？

随着经济发展和现代商业体系的完善，以及互联网时代下快速便捷的信息交互，创业者面临的商业机遇日益增多。当创业者将想法付诸实践时，首先要面对的便是如何选择合适的经营载体。目前，由个人创设的经济组织主要存在个体工商户、个人独资企业、合伙企业和公司4种形式。对比这4种形式，了解在创业者责任类型、运营成本、规范治理要求、抗风险能力、融资能力等方面有哪些差异，可以更好地帮助创业者做出适合自身的选择，以便在激烈的市场竞争中行稳致远。

一、个体工商户

个体工商户适用《民法典》的规定，是指个人或家庭为从事工商业经营，经依法登记注册的主体。个体工商户适用于规模较小、所需资金及人力较少、技术门槛大众化、风险较低的产业，如零售类、餐饮类、运输类等，互联网购物平台的网店也可以以个体工商户的名义入驻。

(一) 设立所需材料

设立个体工商户的流程和所需材料相较于其他类型的主体最为简单，不涉及注册资本的设置和缴纳，甚至可以选择设立无字号的个体工商户，即营业执照上仅登记经营者，经营过程中的发票也以经营者的名义开具。当然商业活动常见的个体工商户多为有字号的主体，能体现该个体工商户的所属行业及经营者的个性特征。设立个体工商户所需的材料主要涉及以下3个方面。

1.经营者身份证明

个体工商户可以以个人或家庭的名义设立，以个人名义设立的，应提供个人身份证复印件；以家庭名义设立的，应提供户口簿/结婚证以及经营者的个人身份证复印件。

2. 经营场所使用的相关文件

个体工商户的经营场所可以为自有物业或租赁物业,为自有物业的,应提供不动产权证明,为租赁物业的,应提供租赁合同。不同于公司,个体工商户的经营场所可以登记为住宅(如家庭地址),但住宅的消防等配套设施应符合拟经营行业的要求。

3. 其他文件

根据要求填写《个体工商户登记申请书》以及根据拟经营行业要求在登记前须报经批准的文件或者许可证件。

(二)利与弊

相较于资金充裕且对于商事运作较为熟悉的创业者来说,个体工商户对手头资金有限的初创型、试水型创业者的优势明显,其在运营成本、行业技术、财务要求以及人员管理方面较其他类型的主体门槛低、适应性快,上手简单。此外,以个人或家庭的形式经营,决策过程更为迅速,能够快速响应市场的变化。不同地区对个体工商户存在各自的增值税减免、个税优惠、其他税费减免以及对应融资贷款方案等政策,为"打工人"走向经营创业者提供有力支持。

尽管个体工商户具有前述灵活便利等诸多优势,但也存在一些明显的劣势。首先,个体工商户的经营者对个体工商户在经营过程中的债务以其个人财产或家庭财产承担无限责任,即使个体工商户已经注销,也存在因个体工商户注销前事项对经营者个人或家庭进行追偿的风险。其次,受限于个体工商户的规模,其在面临市场波动和经营风险时抵御能力较弱。最后,个体工商户的融资能力相对较弱,既不利于扩大规模,也不利于品牌建设。

二、个人独资企业

个人独资企业适用《个人独资企业法》的规定,是指由一个自然人投资,财产为投资人个人所有,投资人以其个人财产对企业债务承担无限责任的经营实体,即由投资者个人承担经营风险和享有全部经营收益的企业。个人独资企业适用于具备一定规模、技术单一、风险较低的产业,如小规模制造业、专业服务型行业等。

(一)设立所需材料

个人独资企业相较于个体工商户,规模上限更高且可以设立分支机构;相较于合伙企业,仅一人即可登记无需寻找其他合伙人;相较于公司,出资和组织架构的设置要求更低,具有自己的独特优势。投资人在办理设立手续前进行企业名称预登记,注意不应出现"有限"、"有限责任"及"公司"字样。设立个人独资企业所需的材料主要涉及以下3个方面。

1. 投资人身份证明

相较于其他类型的主体,个人独资企业有且仅能有一个自然人作为投资人进行设立,设立时应提供投资人的身份证复印件。

2. 住所相关文件

同个体工商户,但通常住宅类规划用途的固定场所不能作为住所进行登记。

3. 其他文件

根据要求填写《个人独资企业登记申请书》以及根据拟经营行业要求在登记前须报经批准的文件或者许可证件。

(二)利与弊

与个体工商户相同,个人独资企业在运营成本、行业技术、财务要求、决策程序方面基于其个人独资的结构具有相应优势。此外,个人独资企业可以设立分支结构,同时委托或聘用他人对企业进行管理,在资金充裕的情况下能更快地扩大规模。不同地区对个人独资企业也存在不同程度的税收优惠和融资帮扶政策。对不需要与他人合伙,且目标明确、执行力强的初始创业者来说,个人独资企业是一个不错的选项。

个人独资企业在具有其优势的同时,也面临着一些局限性。个人独资企业以投资人个人财产对企业债务承担无限连带责任,且《个人独资企业法》第28条明确规定,个人独资企业解散后,5年内原投资人对个人独资企业存续期间的债务仍应承担偿还责任。此外,个人独资企业所有权高度集中,不具备对外增资扩股的融资壮大空间,发展规模存在上限。

三、合伙企业

合伙企业适用《合伙企业法》的规定,是指由2个或2个以上的自然人、法人或其他组织通过订立合伙协议设立的共同出资、共同经营、共享收益及共担风险的经营主体,分为普通合伙企业和有限合伙企业两类。合伙企业适用于创始人有与他人合作经营需要,且希望决策及治理层级简单高效的经营主体,除一般经营实体外,合伙企业还常见于各类投资持股主体,如股权投资企业、员工持股平台等。部分特定专业机构,如律师事务所也会采用合伙结构,但其设立由对应的行业主管部门审批,且适用相关专门法律法规,不属于所述合伙企业范畴。

(一)设立所需材料

普通合伙企业由2个以上普通合伙人组成,有限合伙企业由2人以上50人以下的普通合伙人和有限合伙人组成,其中普通合伙人和有限合伙人都至少有1人,合伙人之间应在设立前就合伙企业的出资额、经营管理模式等方面达成一致,并办理企业名称预登记。设立合伙企业所需的材料主要涉及以下4个方面。

1. 合伙人身份证明

不同于个体工商户和个人独资企业,合伙企业的合伙人可以由非自然人组成,但普通合伙人不能是国有独资公司、国有企业、上市公司以及公益性事业单位、社会团体。设立合伙企业应提供全体合伙人的主体资格文件或自然人身份证明。

2. 全体合伙人签署的《合伙协议》

《合伙协议》是全体合伙人经协商一致达成的书面协议,应当具有以下内容:合伙企业的名称、主要经营场所、合伙目的、合伙经营范围,合伙人的姓名或者名称、住所、出资方式、数额和缴付期限,利润分配、亏损分担方式,合伙事务的执行,入伙与退伙,争议解决办法,合伙企业的解散与清算,违约责任。

3. 主要经营场所使用的相关文件

同个人独资企业。

4. 其他文件

根据要求填写《合伙企业登记申请书》以及根据拟经营行业要求在登记前须报经批准的文件或者许可证件。

(二)利与弊

合伙企业至少由2名合伙人组成的规定,体现了在设立、经营决策及运营成本等方面,通过集体智慧和共同努力以实现协同效应的特性,合伙人可以充分发挥各自的专业优势和资源。在组织架构上,合伙企业治理的结构较为简单,可以通过《合伙协议》授权执行合伙事务的合伙人管理和进行相应决策,能有利于自主调节决策、管理和适应市场的灵活性。在税收方面,相较于公司,合伙企业无需缴纳企业所得税,即最终分配到个人的收入不会双重征税,税负构成更为简明。

合伙企业作为一种企业组织形式,其也存在相应不足之处。首先,合伙企业的普通合伙人对合伙企业债务承担无限责任,虽然能在一定程度上增加其他合作方的信心,但也意味着普通合伙人的个人财产安全存在较大风险。其次,对于合伙人人数较多的企业,具备市场灵活性需以授权执行事务的合伙人更高权限为代价,这对执行事务的合伙人的业务能力和决策能力的标准更高,未设置有效的监督和制衡机制将可能损害其他非执行事务合伙人的利益。最后,合伙企业系商业合作伙伴之间依据《合伙协议》进行治理的企业,对于《合伙协议》未预计到并进行约定的或未约定明确的情形,合伙人之间往往可能产生纠纷,诸如一致同意事项的设置、份额转让的限制以及入伙、退伙的流程和条件等,为合伙企业的正常经营带来一定隐患。

四、公司

公司适用《公司法》的规定,是指由自然人、法人或其他组织以营利为目的而设立的企业法人,分为有限责任公司和股份有限公司两种。公司适用于规模相对较大,对资本、技术及人员存在一定要求,未来有扩张计划和相应债务风险的经营主体。

(一)设立所需材料

不同于其他类型的主体,公司是商事经营中治理要求规范性最高的类型,公司设立前需要办理名称预登记,并对公司章程、组织架构、注册资本及出资类型等进行确定,其中股份有限公司的设立必须符合特定的方式及流程。设立公司所需的材料主要涉及以下6个方面。

1. 股东、发起人身份证明

在股份有限公司设立后首次登记的股东系股份有限公司的发起人,有限责任公司的股东和股份有限公司的发起人可以由自然人、企业、事业单位、社团法人、民办非企业单位等组成,设立时应提供相应的主体资格文件或身份证明文件。

2. 全体股东/发起人签署的《公司章程》

《公司章程》是全体股东/发起人经协商一致达成的书面文件,应当具有以下内容:公司名称、住所、经营范围、公司注册资本,公司的机构及其产生办法、职权、议事规则,股东/发起人的姓名或者名称,股东的出资额/发起人认购的股份数,股东/发起人的出资方式和出资时间,公司法定代表人,股份有限公司的《公司章程》还应具有公司利润分配办法、解散事由与清算办法、通知和公告办法。

3. 法定代表人、董事、监事和高级管理人员的任职文件及其身份证明

根据原《公司法》(2018修正)的规定,公司应设置法定代表人和董事、监事、高级管理人员,其中法定代表人由董事长、执行董事或者经理担任,监事不能由董事和高级管理人员兼任,公司应提供相关主体的任职文件及其身份证明;新《公

法》(2023修订)实施后,法定代表人应由代表公司执行公司事务的董事或者经理担任,此外公司还可以根据自身的治理需求,选择是否设立监事。

4.住所使用的相关文件

同个人独资企业。

5.股份有限公司所需文件

(1)募集设立的股份有限公司应提交依法设立的验资机构出具的验资证明。涉及发起人首次出资是非货币财产的,提交已办理财产权转移手续的证明文件。

(2)募集设立的股份有限公司公开发行股票的应提交国务院证券监督管理机构的核准文件。

6.其他文件

根据要求填写《公司登记申请书》以及根据拟经营行业要求在登记前须报经批准的文件或者许可证件。

(二)利与弊

公司作为现代化商业模式中的主流实体形式,其优势表现得尤为突出。首先,公司具有独立的法人地位,公司股东仅以其出资额为限对公司的债务承担有限责任,实现个人财产与公司债务的分离,降低投资者风险,这对于创业者具有天然的吸引力。其次,公司可以通过有效的组织架构与规范的运作治理,进行专业化管理,提高公司的运行效率,在所有权和经营权分离的制度下保障股东利益。再次,公司在资本运作方面存在极大的操作空间,可以通过股权转让、增资扩股、发行股票、债券等形式进行融资,应对风险能力高,同时能根据市场要求及时优化股东结构,调整发展战略。最后,公司可以通过对外投资、重大重组等形式不断壮大,也可以通过破产重整等方式重获新生,或通过破产清算及时止损。

公司的优势来源于相对成熟的法律框架和市场经验,依托于公司的规范治理,同时这也会增加相应的内部治理机构、财务规范运行等成本,而公司多层组织架构的设计也必然在一定程度上对公司决策的效率产生影响。此外,在税务处理上,公司相较于其他类型的主体,需要先缴纳企业所得税,才能进行利润分配,个人股东的最终受益存在双重征税情形。

五、总结

表 1-1　总结

类型	个体工商户	个人独资企业	合伙企业	公司
法规	《民法典》	《个人独资企业法》	《合伙企业法》	《公司法》
适用类型	规模较小，技术门槛大众化，所需资金及人力较少，风险较低	一定规模，技术要求单一，风险较低	与他人合作经营且希望决策及治理层级简单高效	规模较大，一定资本、技术及人员要求，有扩张计划和相应债务风险
设立材料	1. 经营者身份证明 2. 经营场所相关文件	1. 投资人身份证明 2. 住所相关文件	1. 合伙人身份证明 2. 住所相关文件 3. 《合伙协议》	1. 股东/发起人身份证明 2. 住所相关文件 3. 《公司章程》 4. 法定代表人及董监高的任职文件、身份证明 5. 募集设立的股份有限公司的相关文件
	《登记申请书》以及根据拟经营行业要求在登记前须报经批准的文件或者许可证件			
责任类型	经营者以其个人财产/家庭财产承担无限责任	投资人以投资人个人财产承担无限责任	普通合伙人承担无限责任，有限合伙人以出资额为限承担有限责任	股东以出资额为限承担有限责任
分支机构	不能设立	可以设立	可以设立	可以设立
纳税方式	个人所得税	个人所得税	自身无企业所得税，合伙人据实缴纳个人所得税/企业所得税	企业所得税 + 分红后股东缴纳所得税
利	1. 运营成本、行业技术、财务规范以及人员管理要求低 2. 决策过程迅速	1. 运营成本、行业技术、财务规范要求较低 2. 决策程序简单	1. 整合合伙人资源及优势 2. 治理结构较简单 3. 自然人合伙人不存在双重征税	1. 有限责任 2. 专业化管理 3. 资本运作空间大，融资和抗风险能力高 4. 发展空间大 5. 退出方式完善

续表

类型	个体工商户	个人独资企业	合伙企业	公司
弊	1. 无限责任 2. 抗风险能力低 3. 融资能力弱	1. 无限责任 2. 抗风险能力较低 3. 融资能力较弱	1. 普通合伙人无限责任 2. 管理机制设置和《合伙协议》约定不明的隐患	1. 内部治理机构、财务规范运行成本高 2. 公司决策程序复杂 3. 自然人股东双重征税

总之，创业者应根据自身的实际情况，结合经营规模、投资金额、风险承受能力和管理能力等因素，综合考虑选择合适的经营载体。若打算小规模经营，可以考虑个体工商户或个人独资企业；若计划吸引投资、扩大经营规模，有限公司可能是更好的选择；而合伙企业则适合拥有互补资源、专业优势、计划共同经营并希望简化治理层级的创业者携手共创。

02

创业者没有其他合作伙伴时，个体工商户、个人独资企业、一人公司如何选择？

对于单打独斗的创业者来说，选择恰当的经营组织是通往成功的重要一步。在考虑个体工商户、个人独资企业、一人公司这三种常见的类型时，除规模适宜性和运营成本(详见本书前文："*01 ⸺ **创业者如何选择经营载体?***")外，还应特别关注法律责任、发展潜力以及税收政策的相关问题。

一、无限责任和有限责任

(一)个体工商户和个人独资企业——无限责任

个体工商户的经营者以及个人独资企业的投资人，对于经营主体在经营活动中产生的债务承担无限责任；换言之，创业者的个人资产或家庭财产可能会被用来偿还商业债务，其中若个体工商户无法区分个人经营或家庭经营的，将以家庭财产承担无限责任。鉴于此，选择个体工商户或个人独资企业这两种类型之一的创业者应当尤其审慎周到地进行经营决策，以免将个人及家庭财产置于不必要的风险之中。

(二)一人公司——有限责任

一人公司的股东以出资额为限承担有限责任，这在一定程度上能降低创业风险，但是否意味着创业者可以简单地通过注册"1元公司"而达到仅在1元的范围内承担法律责任的目的？《公司法》规定的法人人格否认制度打破了这一幻想，若股东滥用公司法人独立地位和股东有限责任的，股东可能承担连带责任，甚至对于只有一个股东的公司要求举证责任倒置，若股东不能证明公司财产独立于股东自己的财产的，即需要对公司债务承担连带责任。因此，对于单一股东的公司来说，为了保障公司法人人格的独立性，防止其独立人格被否认，有必要采纳更严格的治理准则，明确划分公司行为与股东个人行为之间的界限，并通过建立健全财务制度确保个人资产与公司资产的分离。除一人有限责任公司外,新《公司法》(2023 修订)允许一人设立股份有限公司,其组织架构及治理标准通常更为严格,不建议初创企业选择这一类型,但对于成熟企业而言,以一人股份有限公司的形式进行再投资,可能将产生更为灵活的发展策略和更大的资本运作空间。

二、发展潜力

经营主体在市场竞争中逐渐稳固地位后,紧接着面临的是如何实现持续发展的挑战。不同类型的经营组织根据各自的特点,存在不同的发展路径和策略选择。

(一)个体工商户

个体工商户在发展过程中,由于法规限制无法设立分支机构,也无法通过新设主体进行再投资,规模扩展的空间有限。例如,通过实体店铺开展经营的个体工商户 A 发展到需要开设分店时,需要重新设立新的主体 B 作为分店的经营主体,如果新的主体 B 系同一经营者注册的个体工商户,则税务处理上可能会将 A 和 B 这两家个体工商户进行合并计税。

(二)个人独资企业

相较于个体工商户,个人独资企业具有更大的发展空间和经营灵活性。个人独资企业可以设立分支机构,在不同地区开展业务,更好地满足市场需求,有助于扩大市场份额,打造品牌效应。此外,个人独资企业也可以进行对外投资,通过新设公司扩大经营,作为新设公司股东可以依据有限责任制度在一定程度上隔绝投资人的财产风险,使企业发展稳步前进;还可以通过投资其他公司或合伙企业获取收益,实现资本的增值,扩充企业规模。新《公司法》(2023 修订)取消了一人有限责任公司股东只能是一个自然人股东或一个法人股东的限制,理论上个人独资企业也能成为一人公司的股东,对于这一变更,有待相关配套规定对实际操作层面的具体执行细节予以进一步明确。

(三)一人公司

对于一人公司而言,个人独资企业可以选择的发展路径均适用于一人公司,并且股东的有限责任为创业者提供了一个相对安全的发展环境,使创业者能够更加专注于公司的经营和创新。另外,一人公司还可以通过股权转让、增资扩股等形式引入新的投资者,能够在保持创业者对公司控制权的同时,注入新鲜资本推动公司的持续发展,也能够通过新的管理理念和市场渠道促进公司的多元化发展。在一人公司完成股权结构优化后,将存在更大的资本运作空间,如登陆资本市场。新《公司法》(2023 修订)删除了对一个自然人只能投资设立一个一人有限责任公司,并且该一人有限责任公司不能投资设立新的一人有限责任公司的限制,这一修改预计将为一人公司的发展拓展更大空间,期待看到市场因此出现的变化和创新。

三、税收政策

(一)所得税

1. 个体工商户

个体工商户以其经营所得缴纳个人所得税,适用 5%～35% 的超额累进税率。个体工商户的生产、经营所得以每一纳税年度的收入总额,减除成本、费用、税金、损失、其他支出以及允许弥补的以前年度亏损后的余额为应纳税所得额。实践中存在部分经营者误将不应扣除的成本、费用扣除而受到行政处罚的情形,以下是针对一些常见错误处理的正确方法指南。

(1) 个体工商户经营者的工资薪金支出不得税前扣除;

(2) 用于个人和家庭的支出不得扣除;

(3) 难以分清生产经营费用和个人、家庭费用的,40% 视为与生产经营有关费用准予扣除;

(4) 与生产经营活动有关的业务招待费,按照实际发生额的 60% 扣除,但最高不得超过当年销售(营业)收入的 5‰。

此外,个体工商户就个人所得税征收享有特殊的税收优惠政策,根据《关于进一步支持小微企业和个体工商户发展有关税费政策的公告》的规定,自 2023 年 1 月 1 日至 2027 年 12 月 31 日,对个体工商户年应纳税所得额不超过 200 万元的部分,减半征收个人所得税。个体工商户在享受现行其他个人所得税优惠政策的基础上,可叠加享受本条优惠政策。

2. 个人独资企业

个人独资企业以其经营所得缴纳个人所得税,比照"个体工商户的生产经营所得"应税项目,适用 5%～35% 的五级超额累进税率,个人独资企业应扣除的成本及费用规则与个体工商户规则较为接近。需要注意的是,个人独资企业对外投资分回的利息或者股息、红利,不并入企业的收入,而应单独作为投资者个人取得的利息、股息、红利所得,按"利息、股息、红利所得"应税项目计算缴纳个人所得税,税率为20%。

3. 一人公司(自然人股东)

境内一人公司应当就其来源于中国境内外的所得缴纳企业所得税,税率为25%。一人公司缴纳企业所得税后再向股东进行分红,股东应按"利息、股息、红利所得"应税项目缴纳个人所得税,税率为20%。

一人公司满足特定条件时,可以享受相应的税收优惠政策,如至2027年12月31日前,小型微利企业减按25%计算应纳税所得额,按20%的税率缴纳企业所得税政策;又如国家需要重点扶持的高新技术企业,减按15%的税率缴纳企业所得税。

(二)增值税

个体工商户、个人独资企业和一人公司均需缴纳增值税,以当期销项税额抵扣当期进项税额后的余额为应纳税额,均依据《增值税暂行条例》进行缴税。就增值税征收事项,特定主体存在特殊税收优惠政策,部分列举如下。

1. 增值税起征点的适用范围限于个人,但若个体工商户未达到增值税起征点的,也免征增值税。增值税起征点的幅度规定如下:销售货物的,为月销售额5000~20000元;销售应税劳务的,为月销售额5000~20000元;按次纳税的,为每次(日)销售额300~500元。各地在规定的幅度内根据实际情况确定。

2. 自2023年1月1日至2027年12月31日,对月销售额10万元以下(含本数)的增值税小规模纳税人免征增值税。

3. 自2023年1月1日至2027年12月31日,增值税小规模纳税人适用3%征收率的应税销售收入,减按1%征收率缴纳增值税;适用3%预征率的预缴增值税项目,减按1%预征率缴纳增值税。

(三)其他税收

除所得税和增值税外,个体工商户、个人独资企业和一人公司还需缴纳城市维护建设税、印花税、教育费附加、地方教育附加等税费。为进一步支持小微企业和个体工商户的发展,财政部明确自2023年1月1日至2027年12月31日,对增值税小规模纳税人、小型微利企业和个体工商户减半征收资源税(不含水资源税)、城市维护建设税、房产税、城镇土地使用税、印花税(不含证券交易印花税)、耕地占用税和教育费附加、地方教育附加。

02 创业者没有其他合作伙伴时,个体工商户、个人独资企业、一人公司如何选择?

表 2-1 税收政策汇总

类型	个体工商户	个人独资企业	一人公司(自然人股东)
所得税适用规则	《个体工商户个人所得税计税办法》	《关于个人独资企业和合伙企业投资者征收个人所得税的规定》	《企业所得税法》
所得税种类	个人所得税	个人所得税	企业所得税+分红后股东个人所得税
税率(减免前)	5%~35%	经营所得:5%~35%	企业所得税:25% 个人所得税:20%
所得税优惠政策	不超过200万元的部分减半征收	—	小型微利企业:25%×20% 高新技术企业:15%
增值税优惠政策	适用增值税起征点	—	—
	对月销售额10万元以下(含本数)的增值税小规模纳税人:免征增值税 增值税小规模纳税人:3%征收率的应税销售收入→1%;适用3%预征率的预征增值税项目→1%		
其他税费优惠政策	增值税小规模纳税人、小型微利企业和个体工商户:减半征收资源税(不含水资源税)、城市维护建设税、房产税、城镇土地使用税、印花税(不含证券交易印花税)、耕地占用税和教育费附加、地方教育附加		

四、总结

综上,创业者在做出经营组织的最终选择时,需要考虑行业特性所带来的风险程度、对拟经营主体的发展预期和不同类型下不同规模的经营主体适用的税收政策等多方面因素,进行综合评估和决策。

03

新《公司法》实施后，创业者能否一步到位设立股份有限公司？

新《公司法》(2023修订)对股份有限公司的发起人数量、组织架构设置以及股份转让限制等方面进行了修改,这些修改在一定程度上缩小了股份有限公司(仅限于非上市股份有限公司范畴,下同)和有限责任公司之间的差异,那么这一差异是否已经缩小到创业者可以选择一步到位设立股份有限公司的程度呢？对此,我们将从公司设立、股权变动以及治理规则3个方面展开,供创业者决策时参考。

一、公司设立

（一）股东数量

股份有限公司设立所需的发起人人数由原《公司法》(2018修正)的至少2人修改为至少1人,即在中国境内有住所的一个法律主体即可设立股份有限公司。对于创业者而言,一人设立股份有限公司将成为可能,与设立有限责任公司所需最低人数相同。

（二）设立程序

不同于有限责任公司在股东签署公司章程及住所资料后即可办理设立登记手续,股份有限公司根据设立方式不同需要履行不同的设立程序。

股份有限公司分为募集设立和发起设立,实践中选择的设立方式基本为发起设立,原《公司法》(2018修正)规定发起人应当在创立大会召开15日前将会议日期通知各认股人或者予以公告,创立大会应有代表股份总数过半数的发起人、认股人出席,方可举行。新《公司法》(2023修订)取消了发起设立的股份有限公司必须履行的前述程序,明确以发起方式设立的股份有限公司成立大会[新《公司法》(2023修订)修改为"创立大会"表述]的召开和表决程序由公司章程或者发起人协议规定,赋予了发起设立的股份有限公司发起人意思自治的权利,创业者通过发起设立股份有限公司的时间成本和程序规则相对较松。

(三)注册资本缴付规则

新《公司法》(2023修订)实施后有限责任公司的股东应当在公司成立之日起5年内缴足认缴的注册资本,而股份有限公司的发起人则应当在公司成立前按照其认购的股份全额缴纳股款。这意味着设立股份有限公司的资金要求较有限责任公司更为严格,但目前法规对股份有限公司的注册资本没有最低限额要求(特殊监管行业除外),创业者可以根据自身的资金状况自主决定注册资金数额。

综上,新《公司法》(2023修订)放宽了对股份有限公司发起人人数的限制,简化了发起设立方式下成立大会的召开和表决程序要求。虽然股份有限公司的注册资本需要实缴,但没有最低资金限额的规定,这使得股份有限公司对于创业者在选择公司类型时相较于现行规定更具吸引力。

二、股权变动

(一)股权/股份转让

1. 新《公司法》修改的不同之处

(1)取消了股份有限公司发起人自公司成立之日起一年内不得转让公司股份的限制

即创业者不再需要因设立股份有限公司而对其股份进行"锁定",对于从有限责任公司改制为股份有限公司的企业,也不再存在一年内出现股权激励、重组等需要股份转让的情形时转让的法律障碍,为股东提供了更大的灵活性和更高的股份流动性。

(2)明确了股份有限公司章程可以对股份转让作出限制

原《公司法》(2018修正)对有限责任公司和股份有限公司的股权转让作出了不同的规定。在有限责任公司中,股东向股东以外的人转让股权时,同等条件下其他股东享有优先购买权,但如果公司章程有其他规定的从其规定。对于股份有限公司的股份转让,法律并未明确规定其他股东的优先购买权,通常认为股份有限公司的股东不天然具有优先购买权,其向股东以外的人转让股份时也无需取得其他股东的同意。实践中,最高人民法院的司法判决曾认定非上市股份有限公司章程规定股东对外转让股份必须经其他股东一致同意的有效性,新《公司法》(2023修订)将公司章程可以对股份有限公司股份转让作出限制进行明确,为股份有限公司通过章程维持股东结构稳定性、限制股东对外转让股份提供了法律依据。

此外，新《公司法》(2023 修订)要求有限责任公司拟对外转让股权的股东需发出的书面通知中应当包含股权转让的数量、价格、支付方式和期限等事项，明确了"同等条件"应包含的因素，降低了实践中不同法院对"同等条件"理解的分歧，该等表述亦可作为股份有限公司在章程中对外转让股份限制的参考。

(3) 明确了股份有限公司董监高限制转股的期限

原《公司法》(2018 修正)规定股份有限公司董事、监事、高级管理人员在任职期间每年转让的股份不得超过其所持有该公司股份总数的 25%，且上述人员离职后半年内不得转让其所持有的该公司股份。新《公司法》(2023 修订)将"任职期间"明确为"就任时确定的任职期间"，避免该等人员通过提前卸任进行股份转让，促使董监高履职符合公司利益和法律法规的要求。有限责任公司自始不存在类似的限制规定，董监高的股权转让相对更为灵活。

2. 股东登记事项

根据《公司法》的规定，公司登记事项包括有限责任公司股东和股份有限公司发起人的姓名或者名称，换言之，股份有限公司的非发起人股东取得股份后无需办理工商变更登记。这是否意味着设立股份有限公司后进行股份转让，就不需要在市场监督管理部门办理登记，从而不需要在企业信息公示平台进行公示呢？答案是肯定的，基于减少对外公示的股东信息的目的，股份有限公司具有一定优势。

(二) 增资

原《公司法》(2018 修正)仅规定了有限责任公司新增资本时股东有权优先按照实缴的出资比例认缴出资，但是全体股东另有约定的除外，未涉及股份有限公司增加注册资本时股东的优先认购权问题。新《公司法》(2023 修订)对这一空白进行了填补，明确股份有限公司为增加注册资本发行新股时，股东不享有优先认购权，公司章程另有规定或者股东会决议决定股东享有优先认购权的除外。这意味着，在股份有限公司的企业类型下创业者也可以通过在公司章程中设计优先认购条款，以此在一定程度上保护创始股东免受股权稀释的影响。

综上，新《公司法》(2023 修订)适量放宽股份有限公司股东对外转让股份的限制，更加鼓励股东通过公司章程自主决定股东权利的扩张或缩减。然而，对于董事、监事和高级管理人员对外转让股份的限制并未发生变化，这对于通常同时担任这些职务的初创企业的创始股东来说是一个需要考虑的因素。

三、治理规则

（一）新《公司法》简化小规模公司的组织架构

1. 有限责任公司可以不设监事

原《公司法》（2018 修正）规定股东人数较少或者规模较小的有限责任公司可以设一名至二名监事，不设监事会，新《公司法》（2023 修订）进一步规定经全体股东一致同意也可以不设监事，简化了对小型或初创有限责任公司治理结构的法定要求，允许单一股东即可设立有限责任公司，并可同时担任公司法定代表人、董事和经理，无需设置监事。这一修改降低了有限责任公司的设立门槛，便于小型企业和初创公司的发展。

2. 股份有限公司可以不设董事会

原《公司法》（2018 修正）要求股份有限公司必须设董事会，成员为 5～19 人，这给创业者设立股份公司造成了较大的人员配置压力，而新《公司法》（2023 修订）取消了股份有限公司这一规定，董事会成员最低人数降为 3 人，同时明确规模较小或者股东人数较少的股份有限公司可以不设董事会，仅设一名董事，由该董事行使董事会的职权，且董事可以兼任公司经理。这一修改减少了小型或初创股份有限公司在董事人数上的法定要求，使得设立股份有限公司在人员成本上与设立有限责任公司的成本更为接近。

（二）新《公司法》有限责任公司和股份有限公司在"三会"运作上的异同

尽管新《公司法》（2023 修订）将股份有限公司的"股东大会"更名为与有限责任公司相同的"股东会"，并使董事会和监事会在设置上一定程度趋于一致，但在具体的组成、召集方式和召开程序上，两者之间仍存在一些区别，见表 3-1。

表 3-1　有限责任公司和股份有限公司的区别

公司类型		有限责任公司	股份有限公司
股东会	定期会议	按照公司章程的规定按时召开	每年召开 1 次

续表

公司类型		有限责任公司	股份有限公司
	临时会议	代表1/10以上表决权的股东、1/3以上的董事或者监事会提议召开	有下列情形之一的,应当在2个月内召开临时股东会会议 (1)董事人数不足2/3时 (2)公司未弥补的亏损达股本总额1/3时 (3)单独或者合计持有公司10%以上股份的股东请求时 (4)董事会认为必要时 (5)监事会提议召开时 (6)公司章程规定的其他情形
	通知期限	召开15日前,但公司章程另有规定或者全体股东另有约定的除外	定期会议:召开20日前 临时会议:召开15日前
	股东召集资格	代表1/10以上表决权的股东	连续90日以上单独或者合计持有公司10%以上股份的股东
	临时提案	—	单独或者合计持有公司1%以上股份的股东,可以在股东会会议召开10日前提出临时提案并书面提交董事会
	表决权	按照出资比例行使,公司章程可以另行规定	所持每1股有1表决权,类别股股东除外;公司持有的本公司股份没有表决权
	表决通过比例计算方式	以全部有表决权的股东计算	以出席会议有表决权的股东计算
	简易程序	以书面形式一致表示同意的,可以不召开股东会会议,直接作出决定	—
董事会	(副)董事长	产生办法由公司章程规定	以全体董事的过半数选举产生
	定期会议	—	每年度至少召开2次会议
	临时会议	—	代表1/10以上表决权的股东、1/3以上董事或者监事会提议,可召开临时董事会会议
	通知时限	—	定期会议:召开10日前 临时会议:另行约定
监事会	定期会议	每年度至少召开1次会议	每6个月至少召开1次会议

综上,尽管新《公司法》(2023修订)在一定程度上简化了股份有限公司的人员配置要求,明确股份有限公司可以发行在利润分配、表决权、转让限制层面与普通股有差异的类别股,但总体来看有限责任公司的治理标准仍然低于股份有限公司。对于那些管理经验不够丰富的创业者来说,直接设立股份有限公司可能会面临更大的合规性挑战。

四、总结

有限责任公司和股份有限公司的制度设计源于其人合性和资合性的本质区别,有限责任公司更注重股东的稳定性,股份有限公司更强调公司治理的规范性、强调保护小股东利益。本次《公司法》的修订为创业者提供了更多的选择和制度便利,创业者可以根据自身的实际情况、未来发展规划及商业诉求选择合适的企业形式,在具备条件的情况下,一步到位设置股份有限公司也是一个不错的选择。

04

除货币外，股东还可以用什么财产出资？

创业者结合自身情况及经营规模等因素确定经营载体（详见本书前文：*"01——创业者如何选择经营载体？"*）后，接下来面临的就是出资问题，即经营所需的资金从何而来？在多数经营载体的初设阶段，开展业务经营的首要资金来源于出资人的初始投入，货币也是最为常见的出资方式之一。如创业者选择公司作为经营载体，除用较为稀缺的流动资金进行股东出资外，还有其他可选择的出资方式吗？以下是关于股东使用非货币财产出资的介绍，供创业者参考。

一、非货币财产出资的类型

在符合法律规定的前提下，股东出资不仅限于货币，还可以使用各种形式的非货币财产。新《公司法》（2023修订）实施后，该等非货币财产包括但不限于以下类型：**实物、知识产权、土地使用权、股权、债权等**，其中股权和债权为修订后的新《公司法》（2023修订）第48条新增的明确类型。

二、非货币财产出资的基本要求

非货币财产出资为公司和股东提供了相当大的灵活性，尤其在创业初期股东的现金流可能比较紧张的情况下。实践中，股东使用非货币财产出资时应满足以下要求。

（一）可用货币估价

非货币财产用于出资前应当进行评估作价，以核实财产价值，并作为股东出资额的依据计入公司的注册资本，不得高估或低估作价。这通常需要委托具有合法资质的资产评估机构完成。

如果非货币财产无法用货币量化估价，公司将无法确定该股东的出资金额，进而无法确定公司的注册资本。

如果经评估确定的非货币财产价额显著低于公司章程所定的股东出资价额,出资股东将被视为未依法全面履行出资义务而承担出资瑕疵责任。

(二)可依法转让

对于还未能基于生产经营形成留存收益的初创企业而言,股东的初始出资是公司维持经营运转的首要资金来源。相较于用货币出资的股东而言,用非货币财产出资的股东虽不能直接向公司投入资金,但其投入的可用货币估价的非货币资产亦可在公司使用、处置过程中体现经济价值,使公司受益,进而间接满足公司的生产经营需要。比如,股东可以用房屋所有权、办公家具、原材料等对公司进行出资,出资完成后公司即可免于或花费少量资金另行租赁/购置经营场所、补充购置办公家具及生产所需原材料等。

因此,用于出资的资产如果不能真实转移至公司使用,将影响公司的资本充实需要,进而无法保护公司和债权人利益。这就要求股东用于出资的非货币财产,必须是**合法持有、可自由转让、权属清晰的财产性权利**。

除此之外,股东应当按照公司章程规定的实缴出资时间,依法办理非货币财产的权属转移手续。在转移过程中,股东与公司需要签署资产转让与出资协议等法律文件,并及时办理权属变更手续、交付资产等,具体而言:

1. 股东以机器设备、办公家具等出资的,无需办理权属变更手续,仅需交付公司使用即可。

2. 股东以房屋、土地使用权等不动产以及知识产权等出资的,既需办理权属变更手续,也需交付公司使用。

需要特别注意的是,尽管法律法规对于非货币财产出资的比例无限制性规定,但如上文所述,为了保证公司能够正常运转,各股东还应注意平衡货币出资与非货币出资的占比,尽可能地保障公司的初期运营发展拥有充足可支配的资金。

(三)不违反法律、行政法规的强制性规定

根据《市场主体登记管理条例》第 13 条的规定,公司股东不得以**劳务、信用、自然人姓名、商誉、特许经营权**或者**设定担保的财产**等作价出资。

前述列举财产,因不具有可转让性、无法用货币准确估价、存在权属瑕疵而无法用于对公司出资。

三、非货币财产出资的税务影响

非货币财产出资虽然在一定程度上减轻了股东的现金压力，但可能会产生特定的税务影响，包括增值税、所得税、契税、土地增值税、印花税等，该等税务成本需要在确定出资方案前进行合理评估。

四、使用股权、债权出资的基本原则

早在本次《公司法》修订前，股权及债权即被应用于对公司的出资中。本次新《公司法》（2023修订）顺应实务需要，进一步明确了两种出资方式，从立法层面对《最高人民法院关于适用〈中华人民共和国公司法〉若干问题的规定（三）》（2020修正）第11条、《市场主体登记管理条例实施细则》第13条第3款的相关规定进行了上位法的响应。结合现行法律规定，以境内公司股权或者债权出资的，应当权属清楚、权能完整，依法可以评估、转让，符合公司章程规定。新《公司法》（2023修订）实施后，有待相关配套规定及司法解释对股债出资的细节予以进一步明确。

五、总结

综上所述，关于股东可以用于对公司出资的财产，我们总结如下：

1.货币和非货币财产都能用于出资，但建议平衡比例，以保证公司运营所需的基本现金流；

2.非货币财产出资应满足三大基本条件：可用货币估价、可依法转让、未被法律行政法规禁止；

3.非货币出资可以减轻股东现金出资的压力，同时也将产生税务成本，需综合评估后确定方案。

05

必须实缴？股东缴付出资必知事项

本次新《公司法》的修订，在完善股东限期认缴制、强化股东出资责任方面作出了重要调整。新《公司法》（2023 修订）实施后，股东缴付出资有哪些注意事项？存量公司应该如何自查调整？出资瑕疵将产生什么法律后果？股东出资义务何时加速到期？未实缴出资的股权转让交易是否会留下隐患？针对上述问题，我们梳理了新《公司法》（2023 修订）下关于股东缴付出资的必知事项，供创业者参考。

一、新设公司的注册资本缴付期限

（一）基本要求

1. 有限责任公司

新《公司法》（2023 修订）实施后，除法律、行政法规及国务院决定另有规定外，**新设**有限责任公司的注册资本，应当在公司**成立之日起 5 年内**缴足。实践中，公司成立之日通常为**营业执照首次签发之日**。

新设/已设有限责任公司后续增加注册资本（**增资交易**）的，也应当在 **5 年内**缴足。

上述"5 年"均为**法定最长期限**，公司股东可以通过公司章程在 5 年期限内自行约定具体出资期限。就增资交易中 5 年时间的起算时点，有待相关配套规定及司法解释予以进一步明确。考虑到原《公司法》（2018 修正）及新《公司法》（2023 修订）均认可以记载于股东名册作为行使股东权利的起点，我们倾向于认为，有限责任公司增资交易中的增资款缴付期限起算时点，应当为增资股东**记载于股东名册之日**。

2. 股份有限公司

新《公司法》（2023 修订）实施后，新设股份有限公司的，发起人应当在公司**成立前**按照其认购的股份**全额缴纳股款**。

新设/已设股份有限公司后续增发新股的,应当依照设立股份有限公司缴纳股款的有关规定执行。

就增发股份的股款缴纳时间,我们理解股份有限公司应当在公司股东**全额缴足股款后**,办理注册资本变更登记。上述事项有待相关配套规定及司法解释予以进一步明确。

(二)建议

基于上述修订,创业者正在筹划设立公司的,我们建议:

在设立公司阶段,应基于经营需要、股东出资能力、投资风险,谨慎理性地选择公司类型、设置公司注册资本数额,避免因未能按时足额缴付注册资本而承担相关法律责任。

(三)所涉新《公司法》相关条款

有限责任公司:第47条、第56条、第228条第1款

股份有限公司:第98条、第228条第2款

二、存量公司的注册资本缴付期限

(一)基本要求

根据《国务院关于实施〈中华人民共和国公司法〉注册资本登记管理制度的规定》,新《公司法》(2023修订)实施前设立的存量公司,需在**3年过渡期**内(2024年7月1日至2027年6月30日),将出资期限调至合规状态,具体安排如下:

1. 存量有限责任公司,股东应在**2032年6月30日前**足额缴付出资,并同步修订公司章程、通过国家企业信用信息公示系统向社会公示。

示例:

情形一:假设甲公司系一家成立于2020年的有限责任公司,设立时注册资本为人民币500万元,设立时公司章程规定的实缴出资期限为2030年12月31日前,目前尚有人民币200万元注册资本未实缴。因剩余出资期限自2027年7月1日起不足5年,甲公司无需调整股东出资期限。

情形二:假设前述甲公司设立时公司章程规定的实缴出资期限为2034年12月31日前,目前尚有人民币200万元注册资本未实缴。因剩余出资期限自2027年7月1日起超过5年,甲公司应当召开股东会修改股东剩余出资期限至2032年6月30日前,同时修订公司章程,并在信息形成之日(通常为股东会决议作出之

日)起 20 个工作日内,在国家企业信用信息公示系统公示。

2. 存量股份有限公司,股东应在 **2027 年 6 月 30 日前**缴足认购股份的股款。

示例:

情形三:假设乙公司系一家成立于 2020 年的股份有限公司,设立时注册资本为人民币 500 万元,设立时公司章程规定的实缴出资期限为 2030 年 12 月 31 日前,目前尚有人民币 200 万元注册资本未实缴。乙公司未实缴股东应在 2027 年 6 月 30 日前缴足认购股份的股款。

3. 存量公司未按期调整出资期限至合规状态的,公司登记机关将在国家企业信用信息公示系统上**作出特别标注并向社会公示**。

4. 存量公司中,生产经营涉及国家利益或者重大公共利益,**国务院有关主管部门或者省级人民政府提出意见的**,国务院市场监督管理部门可以同意其按原出资期限出资。

(二)建议

基于上述修订及示例,如创业者在新《公司法》(2023 修订)实施前参与投资了其他公司,我们建议:

1. 自查参与投资的存量公司是否存在注册资本尚未实缴的情况;

2. 如存在,结合各股东的出资情况,仍有实缴出资能力的,督促公司及相关股东在过渡期内尽快调整至合规状态。

3. 如相关股东实缴存在困难的,可以结合公司的实际情况,考虑通过资本公积转增实缴注册资本(需同时评估可能产生的税负成本)或实施减资程序。

(三)所涉新《公司法》相关条款

第 266 条

三、出资瑕疵对公司内部相关主体的法律影响

(一)出资瑕疵的情形

1. 出资不实

指股东非货币财产出资的实际价值显著低于所认缴的出资额。

2. 出资违约

指股东未按照公司章程规定按时足额履行出资义务。

示例：

情形四：丁公司的注册资本为人民币 180 万元，其中股东 K 以实际价值人民币 30 万元的机器设备作价认缴出资人民币 50 万元；股东 J 以货币认缴出资人民币 60 万元，其中实缴出资人民币 50 万元，尚有人民币 10 万元未实缴但已届出资期限；股东 Q 以价值人民币 25 万元的专利权认缴出资人民币 25 万元，但未办理专利权权属变更手续，亦未将专利权交付公司使用；股东 A 以货币认缴出资人民币 45 万元，已按公司章程约定时间足额支付至丁公司的账户。

表 5-1 示例列表

股东	认缴出资额（万元）	实缴出资额（万元）	出资方式	出资瑕疵情形
K	50	30	机器设备	出资不实：高估作价人民币 20 万元
J	60	50	货币	出资违约：尚未实缴人民币 10 万元，已超过出资期限
Q	25	0	专利权	出资违约：未办理权属变更手续
A	45	45	货币	—
合计	180	125	—	出资瑕疵金额合计人民币 55 万元

如表 5-1 所示，股东 K 构成出资不实，股东 J 及股东 Q 构成出资违约，股东 A 为唯一按时履行出资义务的股东。

（二）法律后果

本节重点介绍新《公司法》（2023 修订）下股东出资瑕疵给公司内部相关主体造成的法律后果，对外给公司债权人造成的影响及对应承担的法律责任，有待相关配套规定及司法解释予以进一步明确。

1. 对公司及责任人员的行政处罚

公司的发起人、股东虚假出资，未交付或者未按期交付作为出资的货币或者非货币财产的,由公司登记机关责令改正,<u>可以处以 5 万元以上 20 万元以下的罚款</u>;情节严重的,<u>处以虚假出资或者未出资金额 5% 以上 15% 以下的罚款;对直接负责的主管人员和其他直接责任人员处以 1 万元以上 10 万元以下的罚款。</u>

2. 出资瑕疵股东的赔偿责任

出资瑕疵股东应当向<u>公司补足差额</u>,对给公司造成的损失<u>承担赔偿责任</u>。

示例:

在情形四中,股东 K 应向丁公司补足高估的差额人民币 20 万元;股东 J 应向丁公司补足未缴的差额人民币 10 万元;股东 Q 应及时办理专利权属变更手续,并及时交付专利权至丁公司使用。股东 K、股东 J、股东 Q 还应分别赔偿给丁公司造成的损失,前述损失可能包括丁公司遭受的行政处罚等。

3. 其他股东/发起人的连带责任

其他股东/发起人在<u>差额范围</u>内,与出资瑕疵股东承担连带责任。

示例:

在情形四中,股东 A、股东 J、股东 Q 应与股东 K 在其差额的人民币 20 万元范围内承担连带责任,股东 A、股东 K、股东 Q 应与股东 J 在其差额的人民币 10 万元范围内承担连带责任,股东 A、股东 J、股东 K 应与股东 Q 在其差额的人民币 25 万元范围内承担连带责任。

4. 负有责任董事的赔偿责任

公司设立后,董事会<u>应及时核查股东的出资情况</u>,向出资瑕疵股东发出书面催缴书,否则负责任的董事应当对给公司造成的损失承担赔偿责任。

示例:

情形四中丁公司的董事会,在丁公司成立后,应当核查各股东的出资情况。核查完毕并确认出资瑕疵情况后,应向股东 K、股东 J、股东 Q 发出书面催缴书。否则,因股东 K、股东 J、股东 Q 出资瑕疵给丁公司造成损失的,负责任的董事应当对丁公司承担赔偿责任。针对股东 K 及股东 Q,建议查验非货币出资的评估报告,否则难以判断其是否存在出资不实的情形。

5. 欠缴股东的失权及救济

(1)针对出资瑕疵股东的催缴通知应设置<u>不少于 60 日的出资宽限期</u>,催缴书发出即生效,宽限期届满该出资瑕疵股东仍未履行出资义务的,经董事会决议可以向该出资瑕疵股东书面发出**失权通知**,自失权通知发出之日起,该股东丧失其未缴纳出资的股权。

(2)前述丧失的股权应当依法**转让**,或者**减资**并**注销**;6个月内未转让或注销的,由公司**其他股东**按照其出资比例足额缴纳相应出资。

(3)失权股东有异议的,应在接到失权通知之日起30日内向法院起诉。

示例:

①情形四中董事会向出资瑕疵股东K、股东J、股东Q发出催缴通知,在宽限期内,股东K补足了高估作价的20万元差额(后续需要变更货币出资人民币20万元,机器设备出资人民币30万元),股东J仍未补缴出资,股东Q办理了专利权属变更手续并交付专利权至丁公司使用。

②经董事会决议并发出失权通知,股东J丧失未实缴的人民币10万元出资对应的股权,但仍享有剩余人民币50万元已实缴出资对应的股权。

③在失权通知发出后6个月内,股东J应当转让该部分失权股权,或由丁公司进行减资注销处理。

④未转让或减资注销的,股东K、股东Q、股东A应当按照对应出资比例缴纳相应出资,即股东K实缴人民币4.17万元,股东Q实缴人民币2.08万元,股东A实缴人民币3.75万元。

(三)所涉新《公司法》相关条款

第49条、第50条、第51条、第52条、第99条、第107条、第252条

四、股东出资义务的加速到期

(一)基本要求

新《公司法》(2023修订)实施后,**有限责任公司**不能清偿到期债务的,公司或者**已到期债权的债权人**,有权要求**已认缴出资但未届出资期限的股东**提前缴纳出资。

本次《公司法》修订前,现行法规中有关出资义务加速到期的情形主要包括两类:具备破产清算原因的;存在股东恶意延长出资的。本次修订进一步降低了加速到期的门槛,强化保护债权人利益。

(二)建议

基于上述修订,如创业者正在筹划设立公司或正在运营公司,我们建议:

1.在设立公司阶段,应基于经营需要、股东出资能力、投资风险,谨慎理性地设置公司注册资本数额。

2.在公司经营中,应采取一系列的财务管理和风险控制措施,有效地预防和应对不能清偿到期债务的风险,维护企业的健康运营和良好信誉。这些措施包括但不限于:

(1)建立完善的财务管理体系,确保公司财务状况的透明和健康;

(2)密切关注现金流,确保公司有足够的流动资金应对到期的债务;

(3)制定和执行严格的预算控制,避免不必要的支出,确保资金用于最关键的业务领域;

(4)定期进行风险评估,对可能影响债务偿还能力的因素进行监控和控制;

(5)合理规划债务结构,避免过度依赖短期债务,适当增加长期债务的比例,以平衡资金使用和偿还压力;

(6)保持一定的资本储备,以应对可能出现的资金短缺情况;

(7)增强公司的盈利能力,确保有足够的利润覆盖债务成本;

(8)开拓多元化融资渠道,降低对单一融资来源的依赖;

(9)在签订合同时,争取更有利的付款条款,如延长付款期限、分期付款等;

(10)与债权人保持良好的沟通,遇到偿还困难时及时协商,寻求解决方案。

(三)所涉新《公司法》相关条款

第54条

五、未实缴出资股权转让时的法律责任

(一)转让无瑕疵股权

1.基本要求

当股东转让已认缴但未届出资期限的股权时,由受让方承担实缴出资义务;受让方未按期足额实缴的,**转让方承担补充责任**。

即只要转让方在出资期限内对未实缴股权进行转让的,就持续存在对受让方承担补充出资责任的法律风险。

2. 建议

如创业者拟转让无瑕疵的未实缴股权,我们建议:

(1)如不存在出资压力,可先完成实缴后再转让;

(2)如存在一定的出资压力,可要求受让方先将实缴出资款支付至公司账户,再完成后续的转让流程;

(3)如上述两种方案均不能实施,应对受让方的出资能力进行详细的尽职调查,在交易文件中设置相关违约责任以约束受让方的行为。

3. 所涉新《公司法》相关条款

第88条第1款

(二)转让有瑕疵股权

1. 基本要求

股东转让股权存在出资瑕疵情形的,转让方与受让方在出资不足的范围内承担连带责任;受让方**不知道且不应知道**存在出资瑕疵情形的,转让方承担责任。

本次修订设置了举证责任倒置规则,即只有受让方证明其不知道且不应知道转让股权存在出资瑕疵情形的,才可免责。

2. 建议

如创业者拟作为股权转让交易的受让方,我们建议:

(1)在受让前对拟转让股权做好详细的尽职调查,查验拟转让股权所属公司的公司章程、股东协议、转让方履行出资义务的各项文件,出资方式为货币时,应查验银行流水;出资方式为非货币财产时,应查验评估报告、资产转移凭证等;

(2)在交易文件中要求转让方就拟转让股权不存在出资瑕疵作出全面完整的陈述与保证,并设置相应的违约责任。

3. 所涉新《公司法》相关条款

第88条第2款

六、总结

综上所述,新《公司法》(2023修订)实施后,关于股东缴付出资的必知事项,我们总结如下:

1. 新设有限责任公司的注册资本缴付期限缩短为**5年**;

2. 存量有限责任公司的注册资本应在 <u>2032年6月30日前</u>缴足,存量股份有限公司的注册资本应在 <u>2027年6月30日前</u>缴足;

3.出资瑕疵股东不仅需要对公司承担**赔偿责任**,欠缴出资股权还存在**部分失权**的风险;

4.存在出资瑕疵情形的,**公司**、**其他股东**、**负责任的董事**均可能承担相应的法律责任;

5.有限责任公司未能清偿到债务的,**公司和到期债权人**均有权要求尚在出资期限内的股东**提前缴付出资**;

6.无瑕疵股权的转让方应尽量**完成实缴再转让**,股权转让交易中的拟受让方应对标的股权进行**翔实尽职调查再决策**。

06 所有人都能当股东吗？

具备了对公司的投资意愿和投资能力，就可以担任股东吗？成为公司股东还需要考虑哪些因素？以下是一些重点关注事项，供创业者在投资决策、筛选潜在投资人时参考。

一、成为股东的基本要求

结合相关法律法规的规定及实践经验，在考察潜在投资人是否适合成为某一公司的股东时，建议关注以下因素：

1. 投资意愿

是否有意愿成为公司的股东，并认同公司的经营理念和发展方向。

2. 投资能力

是否拥有足够且来源合法的资金进行投资，并能够承担相应的投资风险。

3. 行为能力

是否具有完全民事行为能力。如没有，无民事行为能力人或者限制民事行为能力人需要通过法定代理人实施获取股东资格的行为，并由法定代理人代为行使股东权利、履行股东义务，常见情形如未成年人持股。

4. 诚信记录

是否具有良好的商业信誉，不存在重大违法失信记录。

5. 合法合规

是否存在依法不得投资公司的情形，即潜在投资人是否为法律法规禁止/限制持股的组织或个人。

比如，党政机关、分公司等一般不能作为公司股东；某些具有特定身份的人员，如公务员、党政机关领导干部、公司高管及核心技术人员等，因受到相关法律法规或协议约定的限制，也不能成为全部/部分公司的股东。

除此之外,一些特殊行业可能对公司股东有特定的资格、出资比例及出资金额要求,例如金融、公用事业、垄断行业,以及受外资准入负面清单限制的部分行业。

如果综合以上因素判断后不存在其他持股障碍,潜在投资人则可以作为适格股东持有公司股权。

二、哪些人不能当股东

从股东类型出发,公司的股东通常包括三大类:自然人、法人(如公司)、非法人组织(如合伙企业)。根据现行法律法规的规定,哪些自然人不能当股东?哪些非自然人不能当股东?下文不完全列举了实务中常见的几种被禁止/限制当股东的情形。

(一)自然人

表6-1 自然人的受限范围

序号	身份	受限范围	法律依据
1	在职公务员	不得违反有关规定从事或者参与营利性活动,在企业或者其他营利性组织中兼任职务	《公务员法》第59条
2	辞去公职或者退休的公务员	原领导成员、县处级以上领导职务的公务员3年内,其他公务员2年内,不得从事与原工作业务直接相关的营利性活动	《公务员法》第107条
3	党政机关干部和职工	除中央书记处、国务院特殊批准的以外,不准经商办企业	《关于严禁党政机关和党政干部经商、办企业的决定》《关于进一步制止党政机关和党政干部经商、办企业的规定》
4	辞去公职或者退(离)休后的党政领导干部	3年内不得从事与原任职务管辖业务相关的营利性活动	《关于进一步规范党政领导干部在企业兼职(任职)问题的意见》
5	省(部)、地(厅)级领导干部的配偶、子女	不得在该领导干部管辖的业务范围内投资兴办可能与公共利益发生冲突的企业	《关于"不准在领导干部管辖的业务范围内个人从事可能与公共利益发生冲突的经商办企业活动"的解释》

续表

序号	身份	受限范围	法律依据
6	现役军人	不得经商	《中国人民解放军内务条令(试行)》第105条
7	国有企业领导人、配偶及子女	国有企业领导人员不得从事营利性经营活动和有偿中介活动,不得在本企业的同类经营企业、关联企业和与本企业有业务关系的企业投资入股 国有企业领导人员的配偶、子女及其他特定关系人,不得在本企业的关联企业、与本企业有业务关系的企业投资入股	《国有企业领导人员廉洁从业若干规定》第5条、第6条
8	国有企业职工	职工入股原则限于持有本企业股权;确有必要也可持有上一级改制企业股权,但不得直接或间接持有本企业所出资各级子企业、参股企业及本集团公司所出资其他企业股权 严格限制职工投资关联关系企业;禁止职工投资为本企业提供燃料、原材料、辅料、设备及配件和提供设计、施工、维修、产品销售、中介服务或与本企业有其他业务关联的企业;禁止职工投资与本企业经营同类业务的企业	《关于规范国有企业职工持股、投资的意见》
9	教育部直属高校的党政领导干部	不准违反规定在校内外经济实体中兼职或兼职取酬,以及从事有偿中介活动	《关于进一步加强直属高校党员领导干部兼职管理的通知》
10	证监会系统离职人员	不得在拟IPO企业中不当入股	《监管规则适用指引——发行类第2号》
11	公司特定员工如高级管理人员、核心技术人员等	在职及离职后一定期限内禁止/限制对外投资	以协议约定为主

（二）非自然人

表6-2 非自然人的受限范围

序号	类型	受限范围	法律依据
1	党政机关以及隶属这些机关编制序列的事业单位	不准经商、办企业	《关于进一步制止党政机关和党政干部经商、办企业的规定》
2	军队武警部队政法机关	不再从事经商活动	《关于军队武警部队政法机关不再从事经商活动的通知》
3	高校	除对高校资产公司进行投资外，不得再以事业法人的身份对外进行投资	《关于积极发展、规范管理高校科技产业的指导意见》
4	律师事务所	不得从事法律服务以外的经营活动	《律师法》第27条
5	商业银行	在中国境内不得向非自用不动产投资或者向非银行金融机构和企业投资，但国家另有规定的除外	《商业银行法》第43条
6	分公司	分公司不具有法人资格，其民事责任由公司承担（注：通常不能对外投资当股东）	新《公司法》第13条
7	公司本身	除特定情形外不能收购本公司股份	新《公司法》第162条

（三）新《公司法》对一人公司制度的修订

原《公司法》（2018修正）规定一人公司的股东只能是一名自然人或一名法人，一名自然人只能投资设立一个一人公司，该一人公司不能投资设立新的一人公司。同时，鉴于原《公司法》（2018修正）规定股份有限公司的股东最低人数为2人，一人公司的组织形式仅为有限责任公司。

本次新《公司法》的修订放宽了对一人公司的管制，其实施后新设的一人公司将具有以下特点：

1. 一人公司可以是一人有限责任公司，也可以是一人股份有限公司。

2. 一人公司的股东不再局限于自然人和法人，理论上还可以是非法人机构，比如合伙企业、个人独资企业等。

3. 一名自然人可以设立多个一人公司，这些一人公司可以对外投资设立多个新的一人公司。

三、不适格主体持股的后果

违反相关法律法规规定持有公司股权，相关主体可能面临以下后果。

（一）持股主体

就持股主体而言，违反强制性规定并不必然导致合同无效，需进一步结合《民法典》第153条、《最高人民法院关于适用〈中华人民共和国民法典〉合同编通则若干问题的解释》（以下简称《民法典合同编通则司法解释》）第16条规定的情形加以判断，是否存在不构成无效的例外情形。如由行为人承担公法责任（行政或刑事责任）即可实现该强制性规定的立法目的，则人民法院可认定该合同不因违反强制性规定无效。

基于前述，我们倾向于认为，违反相关法律法规规定持股的民事行为仍然有效。但是，相关行为人需因此承担公法责任，如受到其所在单位及相关部门的行政处理，处理方式包括但不限于责令限期改正、没收违法所得、调离岗位、降职、免职、清退、要求辞去公职、给予组织处理等。

（二）被投资公司

就被投资公司而言，该等不适格持股主体可能影响公司后续融资及IPO进程，需要及时整改规范。

四、总结

综上所述，如创业者正考虑投资一家公司，或创业者所在的公司正在接洽潜在投资人，关于股东的持股资格，我们提供如下建议：

1. 不是所有的人都能当股东，成为股东前应当考察其投资意愿、投资能力、行为能力、诚信记录，并对股东资格进行合法合规审查，以确定潜在投资人是否满足股东适格性要求。

2.在投资入股的交易文件中,拟持股主体应当对其适格性进行适当承诺,交易文件也应设置相应的退出通道。如未来因股东适格性问题需要整改规范的,被投资公司有权要求,且拟持股主体有义务配合公司以相对公允的价格退出公司。

07

新《公司法》实施后，股权还可以代持吗？

新《公司法》(2023修订)第140条第2款规定,禁止违反法律、行政法规的规定代持上市公司股票。该条修订是否意味着,新《公司法》(2023修订)实施后,股权代持行为已被完全禁止？我们认为答案是否定的,以下是基于新《公司法》修订背景下有关股权代持的建议,供创业者参考。

一、新《公司法》实施后，股权代持行为原则有效、例外无效

(一) 现行法律监管体系下股权代持行为的效力认定

根据《民法典》第153条、《最高人民法院关于适用〈中华人民共和国公司法〉若干问题的规定(三)》(2020修正)第24条、《全国法院民商事审判工作会议纪要》(以下简称《九民纪要》)第31条的规定,并结合司法实践经验,在本次《公司法》修订前,实务中有关股权代持行为的效力已基本达成如下共识:

1. 针对有限责任公司及未上市的股份有限公司,如无法律规定的无效事由,代持协议原则上应为有效;

2. 针对已上市的股份有限公司、所处强监管行业的部分公司(如商业银行、保险公司、信托公司等),尽管股权代持行为并未直接违反法律、行政法规的强制性规定,但如股权代持协议的内容,涉及违反包含金融安全、市场秩序、国家宏观政策等公序良俗的地方性法规或者行政规章的,代持协议也可能会被认定为无效。于2023年12月施行的《民法典合同编通则司法解释》第17条进一步明确了因违背公序良俗而导致合同无效的认定规则。

(二) 本次《公司法》修订对股权代持行为的影响

本次新《公司法》(2023修订)有关股权代持的规定体现在"上市公司组织机

构的特别规定"一节中的第140条,其中第1款规定:上市公司应当依法披露股东、实际控制人的信息,相关信息应当真实、准确、完整;第2款规定:禁止违反法律、行政法规的规定代持上市公司股票。

我们理解:

1. 该条修订仅针对代持上市公司股票的行为,并不针对其他类型公司下的股权代持行为。

除上市公司外,其他公司的股权代持行为的效力,仍旧依照现行监管规则下已确定的原则执行。上述理解有待新《公司法》(2023修订)实施后,相关配套规定及其司法解释予以进一步验证。

2. 针对代持上市公司股票的行为效力,目前应以无效为原则

新《公司法》(2023修订)实施后,人民法院报在2024年8月29日发布了有关公司类的法答网精选答问(法答网是最高人民法院为全国四级法院干警提供法律政策运用、审判业务咨询答疑和学习交流服务的信息共享平台),其中就股权代持协议的效力做出了如下答疑意见:

"新《公司法》第140条的主要修订理由为:一是代持上市公司股票涉嫌违反证券账户实名制要求。我国股票市场实行直接持有制度,证券法从开立、使用两个环节规定了证券账户实名制。第106条、第107条规定,投资者应当实名开立账户,并使用实名开立的账户进行交易;第58条规定,任何单位和个人不得违反规定,出借自己的证券账户或者借用他人的证券账户从事证券交易。代持上市公司股票,必然涉及出借、借用证券账户,涉嫌违反证券法关于账户实名制的规定。二是基于防范"影子股东"和资本无序扩张的考虑。近年来,在反腐败斗争和全面加强监管的高压态势下,金融腐败、资本无序扩张的方式更加隐蔽,权钱交易、政商勾结呈现出新形态。一些腐败分子通过股份代持成为"影子股东",借助发行上市等实现非法利益输送和放大;一些企业通过股份代持、多层嵌套等手段形成复杂股权结构,实施规避监管和监管套利,严重破坏金融监管秩序,甚至危害国家政治安全、经济安全、金融安全,亟需加以规范。三是违法代持上市公司股票损害资本市场管理秩序。信息披露真实、准确、完整是资本市场的基本原则。如允许代持上市公司股票,将使得监管机构无法得知股份的实际所有人,容易导致有关上市公司信息披露、控股股东和实际控制人认定、股份减持、关联交易等一系列制度的规制目的落空,损害资本市场秩序和公众投资者的合法权益。因此关于违法代持上市公司股票合同的效力,公司法虽然未作明确规定,但考虑到该条采用了"禁止"这一比较严厉的表述,理解上应属于效力性强制性规定,可以依据《民法典》第153条的规

定，认定代持合同无效。

关于新三板挂牌公司股权代持合同的效力，鉴于现行证券法及资本市场相关制度规则对于非上市公众公司信息披露真实准确完整的原则、股权清晰及证券账户实名制等方面的要求与上市公司总体是一致的，逻辑上应当与上市公司一致，禁止违法代持非新三板挂牌公司股权，在法律适用层面，可将违反相关监管规定认定为属于违反公序良俗的范畴，并由此认定代持合同无效。"

当然，上述观点有待新《公司法》(2023 修订)生效后司法实践进一步检验，为避免因代持行为效力问题引发的潜在纠纷，同时**作为资本市场专业律师，我们不建议投资者在拟上市公司或上市公司中采用代持模式**。

二、股权代持行为中的其他法律风险提示

除前文所述的股权代持协议效力风险外，股权代持行为还可能给代持双方及代持股权所属公司带来以下法律风险。

（一）名义股东可能面临的法律风险

1. 与出资有关的风险

从表面来看，名义股东系公司的显名股东，因此其应承担作为股东的出资义务。如果隐名股东出资不实或出资违约，名义股东应当向公司补足差额，对给公司造成的损失承担赔偿责任。

新《公司法》(2023 修订)实施后，有限责任公司不能清偿到期债务的，公司或者已到期债权的债权人，有权要求已认缴出资但未届出资期限的股东提前缴纳出资。即便隐名股东不存在出资瑕疵情形，如名义股东代持的股权存在部分未届出资期限情形的，名义股东仍有代隐名股东提前缴纳出资的可能性。

如公司存在其他出资瑕疵股东的，名义股东还需要在差额范围内承担连带责任。

以上三种与股东出资有关的风险，详见本书前文：***"05……必须实缴？股东缴付出资必知事项"***。

2. 承担连带清偿责任的风险

根据商法上的公示公信和外观主义原则，第三人对公司登记信息的信赖利益应当受到保护。经工商登记备案的代持股的名义股东属于法律意义上的公司股东，其是对外承担股东责任的直接主体。

基于前述，如果公司股东等负有清算义务的主体没有及时、依法对公司进行清

算,或由于没有履行相关义务,导致无法对公司进行清算的,名义股东需要对公司的债务承担连带清偿责任。

3. 滥用法人人格的风险

在公司经营过程中,如果隐名股东要求名义股东按照其指示对公司进行经营管理或履行股东的权利义务,那么,如果因其指示行为违反《公司法》规定而被公司或其他股东或债权人主张权利,名义股东很可能被牵涉其中。有关公司法人人格否认制度,详见本书的后续文章。

同时,如果同一名名义股东为多名隐名股东代持,各隐名股东对于表决权的行使可能难以达成一致。

4. 额外税负风险

公司发生利润分配时,分红款通常直接支付至名义股东账户,当名义股东为自然人时,将会变相增加其个人的计税基础。

同时,由于现行法律规定并未赋予隐名股东自动显名的权利,因此,隐名股东显名为公司股东在实际操作层面上必须通过股权转让的形式实现,这一过程还可能涉及股权转让所得税。

5. 建议

综上所述,如作为股权代持商业安排中的名义股东,签署股权代持协议时,应重点关注以下事项:

(1)名义股东应与隐名股东就出资义务的履行及风险承担方式予以明确约定,并要求隐名股东在签署代持协议的同时,向名义股东全额支付代持股权对应的实缴出资款;

(2)名义股东应与隐名股东就行使股东权利、履行股东义务,以及公司因破产、清算等事宜可能产生的风险承担方式予以明确约定;

(3)名义股东尽可能地避免在同一公司为多人代持股权,如存在代持多人股权的,可要求各隐名股东将代持股权对应的表决权委托给名义股东且按照名义股东的意志行使;

(4)名义股东应与隐名股东就或有税收损失风险承担方式予以明确约定。

(二)隐名股东可能面临的法律风险

1. 隐名股东显名不能的风险

根据《最高人民法院关于适用〈中华人民共和国公司法〉若干问题的规定(三)》(2020修正)第24条及《九民纪要》第28条的规定,隐名股东显名变更为公司股东,不仅需要名义股东配合,还需经公司其他股东半数以上同意。如隐名股东能够提供证据证明公司过半数的其他股东知道代持情况且未曾提出异议的,即可主张显名。

实务中,考虑到代持行为本身的隐蔽性,部分代持行为在发生时并不被公司其他股东知晓,这就在无形中增加了隐名股东显名的障碍。

2. 名义股东擅自处分代持股权的风险

尽管名义股东及隐名股东就股权代持安排可能签署了具有法律约束力的代持协议并设置相应的违约责任,但仍不能排除名义股东违反代持协议的约定,将登记于其名下的股权转让、质押或者以其他方式处分。根据《最高人民法院关于适用〈中华人民共和国公司法〉若干问题的规定(三)》(2020 修正)第 25 条的规定,如受让人符合善意取得构成要件的,名义股东的股权处分行为有效。

3. 由于名义股东个人原因导致代持股权被处分的风险

除名义股东擅自处分代持股权的风险外,名义股东还可能基于以下情形被动处分代持股权:

(1)名义股东离婚时,代持股权作为夫妻共同财产被分割;

(2)名义股东死亡,其继承人要求继承代持股权;

(3)名义股东的债权人取得针对名义股东的生效判决,该第三人提出针对代持股权的强制执行请求。

4. 隐名股东行使股东权利受限的风险

由于名义股东享有表面的股东权利及义务,因此名义股东存在滥用或消极行使股东权利、拒不履行股东义务的风险。出现该种情形时,不仅可能导致隐名股东遭受损失,还可能对公司治理造成负面影响,比如,公司可能因股权纠纷而无法形成有效决议、**进而陷入股东会僵局**等。

5. 建议

综上所述,如作为股权代持商业安排中的隐名股东,签署股权代持协议时,应重点关注以下事项:

(1)隐名股东与名义股东应就代持还原进行明确约定,如在未来政策允许及条件满足的前提下,双方应尽最大努力对代持股权予以还原;如届时情况不允许的,双方应事先确定一个较为合理且具备可操作性的退出方式。

(2)隐名股东可以要求名义股东将登记于其名下的股权质押给隐名股东或其信赖的第三方,同时在工商登记部门办理股权质押登记。

(3)就名义股东行使股东权利和履行股东义务进行程序性的规定,并设置合理的违约责任。

(三)代持股权所属公司可能面临的法律风险

1. 风险

针对代持股权所属公司,股权代持可能产生如下影响:比如出资无法到位、因股权纠纷无法形成有效决议进而导致公司治理陷入僵局、因不符合股权清晰稳定要求而被终止上市、因不符合信息披露要求而被证券监管机关处罚、被动卷入诉讼等风险。

2. 建议

据此,作为公司一方,建议在融资前审慎对潜在投资人进行背景调查,尽量避免出现股权代持情形。特别地,如公司在中国境内存在上市计划的,根据《监管规则适用指引——关于申请首发上市企业股东信息披露》的有关规定,如拟上市公司历史沿革中存在股份代持情形的,应当在提交首次公开发行股票并上市的申请材料前依法解除,并完整披露代持形成原因、演变情况、解除过程、是否存在纠纷或潜在纠纷。

三、总结

综上所述,股权代持作为一种商业安排,在某些情况下可能由于商业、法律或策略上的原因而被采用,但它涉及一系列的法律、税务和道德风险。创业者应当结合实际情况,审慎选择适用。同时,作为资本市场的专业律师,我们不建议投资者在拟上市公司或上市公司中采用代持模式。

08

让股东和关联公司承担连带责任的"公司法人人格否认"制度是什么？

公司人格独立和股东有限责任是公司法的基本原则，对鼓励投资和促进社会经济发展起到不可或缺的作用。但在实践中，出现了股东滥用该等原则"隔离"责任的情形。为了矫正有限责任制度在特定法律事实发生时对债权人保护的失衡现象，《公司法》规定了公司法人人格否认制度。围绕新《公司法》（2023修订）下公司法人人格否认的定义及适用情形，企业家为避免相关法律风险，应关注下列事项。

一、什么是法人人格否认

作为公司法人人格独立和股东有限责任的例外情形，公司法人人格否认制度要求在特定法律事实发生时，由滥用公司法人独立地位和股东有限责任的股东或其控制的其他企业对公司债务承担连带责任。该制度有助于保护债权人的合法权益，促进社会主体正确发挥公司独立人格和股东有限责任的积极作用。

2005年《公司法》修订时首次将"公司法人人格否认（又称刺破公司面纱、揭开公司面纱）"制度修订入法，2019年最高人民法院印发的《九民纪要》作出了更为详细的规定，新《公司法》（2023修订）对该制度作出了进一步完善，明确了纵向法人人格否认制度和横向法人人格否认制度。

二、纵向法人人格否认

纵向法人人格否认制度调整公司与股东之间的责任关系，要求由滥用公司法人独立地位和股东有限责任的股东对公司的债务承担连带责任。同时符合下列条件的，将适用纵向法人人格否认制度。

08 让股东和关联公司承担连带责任的"公司法人人格否认"制度是什么？

主体上，滥用法人独立人格和股东有限责任的主体为公司股东、实际控制人[尽管《公司法》对此未明确表述包括实际控制人，但如(2019)最高法民申 6232 号民事裁定书所论述的，基于相关法理，应涵盖实际控制人滥用公司法人人格之情形，期待后续新《公司法》(2023 修订)相关司法解释予以进一步明确]。

行为上，相关主体实施了滥用的行为，实践中常见的情形有人格混同、过度支配与控制、资本显著不足等。

（1）人格混同，其根本的判断标准是公司是否具有独立意思和独立财产，主要的表现是公司的财产与股东的财产是否混同且无法区分，业务、人员、住所混同为补强因素。假设：股东 K 总的日常消费由公司承担，债务由公司偿还，且公司对此不作财务记载；公司购置的房、车登记在 K 总名下，由 K 总占有、使用；K 总给其他公司做培训收益的费用，任选打到其个人账户或是公司账户，使 K 总和公司的利益不清。那么，K 总与其公司的人格基本混同。

（2）过度支配与控制，是指股东操纵公司的决策过程，使公司完全丧失独立性，沦为股东的工具或躯壳。股东过度支配与控制公司，严重损害公司债权人利益的，应当否认公司人格。假设，K 总与其实际经营的公司进行交易，约定收益都归 K 总，损失都由公司承担，尽管公司财务觉得对公司不公平，但还是受制于 K 总的意见去盖章、交易，这即是实践中常见的过度支配与控制情形。

（3）资本显著不足，是指公司设立后在经营过程中，股东实际投入公司的资本数额与公司经营所隐含的风险相比明显不匹配。这也是《九民纪要》提及的滥用行为常见情形之一，但新《公司法》(2023 修订)对股东投入公司资本有了新的要求，详见本书前文：***"05……必须实缴？股东缴付出资必知事项"***，可以预见未来这一情形将不再常见。

结果上，相关主体实施的滥用行为严重损害了公司债权人的利益，该严重损害主要指股东滥用权利使公司财产不足以清偿公司债权人的债权。

需要提示的是，在一般的公司法人人格否认民事诉讼中适用的"谁主张，谁举证"原则不完全适用于一人公司，原《公司法》(2018 修正)及新《公司法》(2023 修订)均要求一人公司股东"举证责任倒置"，即只有一个股东的公司，股东不能证明公司财产独立于股东自己的财产的，应当对公司债务承担连带责任。该规则有助于解决实践中一人公司股东与公司更易发生人格混同、过度控制的问题，有助于保护债权人，同时也需要一人公司的股东在日常经营中更加重视个人与公司的区分。

公司法人人格被否认，意味着公司要被注销了吗？《九民纪要》已给出答案：不是的！公司人格否认不是全面、彻底、永久地否定公司的法人资格，而只是在具体案件中依据特定的法律事实、法律关系，突破股东对公司债务不承担责任的一般规则，例外地判令其承担连带责任。也就是说，尽管在特定案件中某公司被否定法人人格，不影响其股东今后正确利用公司法人独立地位和股东有限责任，为自己、为公司、为社会创造更多价值。

三、横向法人人格否认

横向法人人格否认制度调整关联公司之间横向的责任关系。具体而言，股东利用其控制的两个以上公司滥用公司法人独立地位和股东有限责任，逃避债务，严重损害公司债权人利益的，各公司应当对任一公司的债务承担连带责任。尽管横向法人人格否认系首次写入《公司法》，但其已有一定的实践基础，可以说是将实务经验的立法化。

2013年最高人民法院发布的指导案例15号即为横向法人人格否认的典型实践。原告徐工机械公司诉称，被告川交工贸公司拖欠其货款未付，而川交机械公司、瑞路公司与川交工贸公司人格混同，三家公司的实际控制人王某礼及川交工贸公司股东等人的个人资产与公司资产混同，均应承担连带责任，据此请求川交工贸公司支付欠款及利息，川交机械公司、瑞路公司及王某礼等个人对上述债务承担连带清偿责任。法院根据当时《公司法》的规定并基于法人制度设立的宗旨、诚实信用原则等分析，支持了横向法人人格否认，支持由川交机械公司、瑞路公司对川交工贸公司相关债务承担连带责任。该案中，法院认定被告三家公司构成人格混同的理由如下：

一是三家公司人员混同。三家公司的高管、财务人员、工商手续经办人均相同，其他管理人员亦存在交叉任职的情形，川交工贸公司的人事任免存在由川交机械公司决定的情形。

二是三家公司业务混同。三家公司的实际经营中均涉及工程机械相关业务，经销过程中存在共用销售手册、经销协议的情形，对外进行宣传时信息混同。

三是三家公司财务混同。三家公司使用共同账户，以王某礼的签字作为具体用款依据，对其中的资金及支配无法证明已作区分；三家公司与原告之间的债权债务、业绩、账务及返利均计算在川交工贸名下。

因此，三家公司之间表征人格的因素（人员、业务、财务等）高度混同，导致各自财产无法区分，已丧失独立人格，构成人格混同。

该案后，2019年最高人民法院在《九民纪要》中亦作出相关规定：控制股东或实际控制人控制多个子公司或者关联公司,滥用控制权使多个子公司或者关联公司财产边界不清、财务混同,利益相互输送,丧失人格独立性,沦为控制股东逃避债务、非法经营,甚至违法犯罪工具的,可以综合案件事实,否认子公司或者关联公司法人人格,判令承担连带责任。

相较于纵向法人人格否认,新《公司法》(2023修订)在横向法人人格否认规则中使用了"控制"的表述,即股东通过投资关系、协议或者其他安排能够实际支配其行为的公司,都明确列入该规则中。通过多层持股关系、协议安排而试图"藏身"的股东,出现法定情形时,其公司面纱都将被刺破,兄弟公司、子公司都将承担连带责任。

四、实务建议

实践中,不乏企业家深度参与公司经营、聚焦同一领域、控制多家公司且各公司之间关系密切的情形,在正常经营过程中,该如何避免被否认法人独立人格?作为公司法人人格独立和股东有限责任的例外,公司法人人格否认制度的运用将遵循审慎适用的原则,有充分证据证明股东或实际控制人有滥用行为并造成严重损害后果的,相关主体才可能被裁判承担连带责任。实践中,企业家为避免被认定存在滥用行为,可以关注以下几个方面:

1. 财产独立性。公司应设立独立的账户,避免与股东、关联公司的账户、财产相混淆;建立规范的财务制度,设立独立的会计核算体系,确保公司的财务状况真实、准确,即便是一人公司也应做好独立记账,按照《公司法》规定每年年终编制财务会计报告并经审计;公司与股东、关联公司进行关联交易的,应按照公司内部控制制度履行决策程序,并如实作财务记载。

2. 人员独立性。关联公司间应尽量避免中高层管理人员完全相同或大部分重合;关联公司间应独立进行人事决策,股东不应未经适当决策程序即直接干预公司的人事工作;员工在关联公司间移转的,应及时办理劳动关系变更手续,避免人员共用、混用。

3. 业务独立性。公司应有明确的业务范围和经营目标,尽量避免与关联公司重叠或混淆;公司应独立履行业务合同,避免出现接到业务后未经适当程序即直接转给关联公司处理的情形;对外宣传时应避免各公司信息混同。

4. 住所区别性。作为法人人格混同的考量因素之一,建议公司尽量避免与股东、关联公司共用住所、共用联系方式。

五、总结

综上所述,公司法人人格否认制度旨在矫正有限责任制度在特定法律事实发生时对债权人保护的失衡现象,避免使公司成为股东或实际控制人非法牟利的工具。实践中,企业家应避免对公司实施过度支配与控制,做到公司与股东、关联公司的财产、人员、业务独立,住所分开,以避免被认定存在滥用行为。公司规范治理不仅有助于规避不必要的法律风险,也是公司健康成长、行稳致远的关键。

09

担任法定代表人，你需要知道哪些事？

法定代表人是依照法律或者公司章程的规定，代表公司从事民事活动的负责人。法定代表人以公司名义从事的民事活动，其法律后果由公司承受。作为公司主体的"代表"，法定代表人应当由谁担任？要做什么事？可能面临哪些法律风险？能否找人挂名？新《公司法》（2023 修订）均已给出答案。

一、法定代表人由谁担任

来源上，新《公司法》（2023 修订）规定，公司的法定代表人按照公司章程的规定，由代表公司执行公司事务的董事或者经理担任。相较于原《公司法》（2018 修正）规定的"由董事长、执行董事或者经理担任"，因董事长或执行董事只能选任一名［新《公司法》（2023 修订）不再设执行董事］，新《公司法》（2023 修订）客观上扩大了法定代表人的选任来源。新《公司法》（2023 修订）亦新增明确了相关辞任事项，即担任法定代表人的董事或者经理辞任的，视为同时辞去法定代表人。

资格上，由于法定代表人只能在董事或者经理中选任，故法定代表人需具备担任公司董事或者经理的资格。按照新《公司法》（2023 修订）的规定，担任公司董事或者经理的人员，不得存在下列情形：（1）无民事行为能力或者限制民事行为能力；（2）因贪污、贿赂、侵占财产、挪用财产或者破坏社会主义市场经济秩序，被判处刑罚，或者因犯罪被剥夺政治权利，执行期满未逾 5 年，被宣告缓刑的，自缓刑考验期满之日起未逾 2 年；（3）担任破产清算的公司、企业的董事或者厂长、经理，对该公司、企业的破产负有个人责任的，自该公司、企业破产清算完结之日起未逾 3 年；（4）担任因违法被吊销营业执照、责令关闭的公司、企业的法定代表人，并负有个人责任的，自该公司、企业被吊销营业执照、责令关闭之日起未逾 3 年；（5）个人因所负数额较大债务到期未清偿被人民法院列为失信被执行人。

二、法定代表人要做什么事

法定代表人的职责主要是按照公司章程的规定,执行公司事务,以公司名义从事活动,包括对外签约、对企业的生产经营和管理全面负责、代表公司向法院起诉和应诉、接收法律文书等。在符合《公司法》规定的前提下,公司章程可以对法定代表人的职权作出明确规定,但公司章程或者股东会对法定代表人职权的限制,不得对抗善意相对人,即不得以法定代表人超过权限为由向善意相对人主张相关法律行为无效。

为履行上述职责,法定代表人享有下列权利:(1)法定代表人的姓名在公司营业执照中载明;(2)法定代表人以公司名义从事的民事活动,其法律后果由公司承受;(3)法定代表人因执行职务造成他人损害的,由公司承担民事责任,但公司承担民事责任后,依照法律或者公司章程的规定,可以向有过错的法定代表人追偿;(4)法定代表人具有法定的签字权,包括公司申请变更登记的,应经法定代表人签署相关申请书等文件,股东的出资证明书、公司债券亦需经法定代表人签名等。

三、法定代表人面临哪些法律风险

担任法定代表人,可能需要承担相应的民事责任、行政责任和刑事责任,主要如下。

09 担任法定代表人，你需要知道哪些事？

法定代表人可能面临的法律风险

- **民事责任**
  - 法定代表人执行职务造成他人损害且负有过错的，相应的赔偿责任。
  - 法定代表人作为公司董事或经理，实施损害公司利益的行为或存在其他违反忠实勤勉义务的情形而产生的赔偿责任、违规所得收入归公司所有。
  - 破产程序中，因破产企业在特定期间内实施不合理减少企业财产、损害债权人利益的行为，其法定代表人产生的赔偿责任。
  - 因公司在民事诉讼、执行或破产程序中而被采取的限制措施。
  例如：①公司存在未了结的涉外商事纠纷案件的，其法定代表人可能被限制出境；②公司作为被执行人未按要求履行给付义务或被纳入失信被执行人名单的，其法定代表人可能被限制高消费、限制出境；③公司在破产程序中的，其法定代表人未经人民法院许可，不得离开住所地。

- **行政责任**
  - 公司在设立和运作过程中，存在违反《公司法》的特定情形的，其法定代表人可能被处以罚款。
  例如：①虚报注册资本、提交虚假材料或者采取其他欺诈手段隐瞒重要事实取得公司登记的；②公司未依法公示有关信息或者不如实公示有关信息的；③公司在进行清算时，隐匿财产，对资产负债表或者财产清单作虚假记载，或者在未清偿债务前分配公司财产的。
  - 公司在经营过程中违反相关行业法律法规的，其法定代表人可能被处以罚款、没收违法所得、拘留等行政处罚措施。
  例如：①违反《固体废物污染环境防治法》，无许可证或未按照许可证从事收集、贮存、利用、处置危险废物经营活动的；②违反《食品安全法》，生产经营有毒有害食品，情节严重的；③违反《药品管理法》，生产、销售假药，或者生产、销售劣药且情节严重的。

- **刑事责任**
  - 单位犯罪中，法定代表人作为"直接负责的主管人员"而产生的刑事责任，包括有期徒刑、拘役、管制或者剥夺政治权利等。
  例如，单位行贿罪、虚开发票罪、欺诈发行证券罪等。

图 9-1 法定代表人可能承担的法律风险

四、找人挂名法定代表人行不行

找人挂名法定代表人,对公司实际控制人及挂名者的"坏处"均远大于"好处"。对于实际控制人而言,如果挂名者以法定代表人的公示身份擅自代替公司从事经济活动,以公司名义对外签署合同等,往往需要由公司承担相应的法律后果,使公司及实际控制人增加了诸多未知风险。即便挂名者完全按照实际控制人的指示行动,也不意味着完全"隔离风险":一方面,挂名者通常基于实际控制人就最终责任承担的承诺而同意挂名,因公司行为造成挂名者损失的,实际控制人可能面临挂名者各种手段的追索;另一方面,从单位犯罪的刑事责任角度,承担责任的人员通常不仅包括法定代表人,还包括直接负责的主管人员和其他责任人员,实际控制人在单位实施的违法犯罪中起到决定、批准、授意、纵容、指挥等作用的,仍然需要承担相关刑事责任。

对于挂名者而言,相较于因挂名而获得的经济利益、人情关系等,其将面临的法定代表人的风险显然范围更广,潜在的限制高消费、行政处罚等对个人生活、名誉、未来发展等带来的负面影响较大。找人挂名法定代表人,会使实际控制人和挂名者均面临诸多潜在法律风险,不利于公司正常开展经营管理,实际控制人和挂名者最终可能"人(情)""财"两空。

五、总结

综上所述,法定代表人是代表公司从事民事活动的负责人,其可以由代表公司执行公司事务的董事或者经理担任,负责对外签约、对公司的生产经营和管理全面负责、代表公司向法院起诉和应诉等。实践中,法定代表人可能面临一定的民事责任、行政责任、刑事责任风险。了解担任法定代表人的相关事项,可以帮助您更好地履行职责、规避风险。在作出相关决定前,建议您充分了解相关法律法规和公司情况,并根据自身能力和风险承受能力进行谨慎考虑。

10

公司章程究竟要写什么、怎么写？

公司章程是设立公司所必需的调整公司内部组织关系和经营行为的自治规则。作为公司治理的"宪法",公司章程由股东制定,并对公司、股东、董事、监事、高级管理人员具有约束力。一份好的章程将有助于规范公司治理结构,明确各方权责,预防经营风险。新《公司法》(2023修订)下,公司章程究竟要写什么、怎么写？以下要点可供创业者参考。

一、公司章程必备要素

新《公司法》(2023修订)第46条和第95条分别规定了有限责任公司和股份有限公司章程的必备要素,见表10-1。

表10-1 公司章程必备要素

有限责任公司	股份有限公司
(一)公司名称和住所; (二)公司经营范围; (三)公司注册资本; (四)股东的姓名或者名称; (五)股东的出资额、出资方式和出资日期; (六)公司的机构及其产生办法、职权、议事规则; (七)公司法定代表人的产生、变更办法; (八)股东会认为需要规定的其他事项。	(一)公司名称和住所; (二)公司经营范围; (三)公司设立方式; (四)公司注册资本、已发行的股份数和设立时发行的股份数,面额股的每股金额; (五)发行类别股的,每一类别股的股份数及其权利和义务; (六)发起人的姓名或者名称、认购的股份数、出资方式; (七)董事会的组成、职权和议事规则; (八)公司法定代表人的产生、变更办法; (九)监事会的组成、职权和议事规则; (十)公司利润分配办法; (十一)公司的解散事由与清算办法; (十二)公司的通知和公告办法; (十三)股东会认为需要规定的其他事项。

需要说明的是,国有企业、上市公司等特殊类型公司有特别规定的,该等公司章程的设计还需遵循相关规定。

二、各要素具体内容

(一)公司的名称和住所

公司只能登记一个名称,经登记的公司名称受法律保护。公司名称由申请人依法自主申报,一般应当由行政区划名称、字号、行业或者经营特点、组织形式组成,并依次排列。其中:

行政区划名称——应当是企业所在地的县级以上地方行政区划名称。

字号——应当具有显著性,由两个以上汉字组成,可以是字、词或者其组合。

行业或者经营特点——其用语应当根据企业的主营业务和国民经济行业分类标准确定。国民经济行业分类标准中没有规定的,可以参照行业习惯或者专业文献等表述。

组织形式——公司应当在名称中标明"有限责任公司""有限公司"或者"股份有限公司""股份公司"字样。

(二)公司的经营范围

公司的经营范围包括一般经营项目和许可经营项目。经营范围中属于在登记前依法须经批准的许可经营项目,公司应当在申请登记时提交有关批准文件。公司应当按照登记机关公布的经营项目分类标准办理经营范围登记。

(三)公司的注册资本

一般而言,有限责任公司的注册资本为在公司登记机关登记的全体股东认缴的出资额,全体股东认缴的出资额由股东按照公司章程的规定自公司成立之日起5年内缴足。股份有限公司的注册资本为在公司登记机关登记的已发行股份的股本总额,在发起人认购的股份缴足前,不得向他人募集股份。

(四)股东/发起人的姓名或者名称

有限责任公司章程应载明股东的姓名(自然人)或名称(法人或其他组织),股份有限公司章程应载明发起人的姓名或者名称。

所谓"发起人"是股份有限公司范畴的概念,是指创办、筹备股份有限公司的人,通常可以简单地理解为股份有限公司设立时的股东,股份有限公司设立之后引入的投资者仅为股东而非发起人。因此,有限责任公司股东变动的,章程中关于股东的姓名或名称处需作相应调整;股份有限公司设立之后股东变动的,不涉及章程中发起人主体的增减。

(五)股东的出资额(发起人认购的股份数)、出资方式和出资日期

股东的出资额是指股东在公司设立或增减资本时,按照约定的出资方式和出资比例,基于公司注册资本而认缴出资的金额;发起人认购的股份数是指发起人在股份有限公司设立时,按照约定的出资方式和出资比例,基于公司股份总数而认购的股份数。

股东/发起人的出资方式可以为货币出资,也可以为非货币财产出资,如实物、知识产权、土地使用权、股权、债权等,详见本书前文:"**04 …… 除货币外,股东还可以用什么财产出资?**"。

新《公司法》(2023 修订)下,有限责任公司的注册资本应当在公司成立/增资之日起 5 年内缴足,即股东可协商确定 5 年内的某出资日期;而股份有限公司由于需要在成立/增发股份前按照其认购的股份全额缴纳股款,故新《公司法》(2023 修订)不再要求其明确出资日期,详见本书前文:"**05 …… 必须实缴?股东缴付出资必知事项**"。

(六)公司的机构及其产生办法、职权、议事规则

公司的机构主要包括股东会、董事会、监事会、高级管理层(通常合称为"三会一层"),其各自的产生办法、职权、议事规则如下。

1. 股东会

• 产生办法:股东会由全体股东组成。但是,只有一个股东的公司不设股东会,该唯一股东可通过书面形式的《股东决定》行使职权。

• 职权:股东会是公司的权力机构,主要行使下列职权:(1)选举和更换董事、监事,决定有关董事、监事的报酬事项;(2)审议批准董事会的报告;(3)审议批准监事会的报告;(4)审议批准公司的利润分配方案和弥补亏损方案;(5)对公司增加或者减少注册资本作出决议;(6)对发行公司债券作出决议;(7)对公司合并、分立、解散、清算或者变更公司形式作出决议;(8)修改公司章程;(9)公司章程规定的其他职权。

• 议事规则:

(1)会议的召开:

①有限责任公司:股东会会议分为定期会议和临时会议。定期会议应当按照公司章程的规定按时召开。代表 1/10 以上表决权的股东、1/3 以上的董事或者监

事会提议召开临时会议的,应当召开临时会议。

②股份有限公司:股东会应当每年召开1次年会。有下列情形之一的,应当在两个月内召开临时股东会会议:a.董事人数不足《公司法》规定人数或者公司章程所定人数的2/3时;b.公司未弥补的亏损达股本总额1/3时;c.单独或者合计持有公司10%以上股份的股东请求时;d.董事会认为必要时;e.监事会提议召开时;f.公司章程规定的其他情形。

(2)会议的召集与主持:股东会会议由董事会召集,董事长主持;董事长不能履行职务或者不履行职务的,由副董事长主持;副董事长不能履行或者不履行职务的,由过半数的董事共同推举1名董事主持。董事会不能履行或者不履行召集股东会会议职责的,由监事会召集和主持;监事会不召集和主持的,有限责任公司代表1/10以上表决权的股东可以自行召集和主持,股份有限公司连续90日以上单独或者合计持有公司10%以上股份的股东可以自行召集和主持。

(3)会议的通知:召开股东会会议,对于有限责任公司,应当于会议召开15日前通知全体股东,但是,公司章程另有规定或者全体股东另有约定的除外;对于股份有限公司,应当将会议召开的时间、地点和审议的事项于会议召开20日前通知各股东,临时股东会会议应当于会议召开15日前通知各股东。

(4)会议的表决:

①有限责任公司:股东会会议由股东按照出资比例行使表决权,但是,公司章程另有规定的除外。股东会作出决议,应当经代表过半数表决权的股东通过。股东会作出修改公司章程、增加或者减少注册资本的决议,以及公司合并、分立、解散或者变更公司形式的决议,应当经代表2/3以上表决权的股东通过。

②股份有限公司:股东会会议出席股东所持每一股份有一表决权,类别股股东除外。股东会作出决议,应当经出席会议的股东所持表决权过半数通过。股东会作出修改公司章程、增加或者减少注册资本的决议,以及公司合并、分立、解散或者变更公司形式的决议,应当经出席会议的股东所持表决权的2/3以上通过。

(5)会议的记录:股东会应当对所议事项的决定作成会议记录,出席会议的股东应当在会议记录上签名或者盖章。

除该等《公司法》明确规定事项外,股东会的议事方式和表决程序,由公司章程规定。

2.董事会

• 产生办法:董事会由全体董事组成。董事会成员为3人以上,其成员中可以有公司职工代表,但职工人数300人以上的公司,除依法设监事会并有公司职工代表的外,其董事会成员中应当有公司职工代表。职工代表董事由公司职工通过职工代表大会、职工大会或者其他形式民主选举产生,非职工代表董事经股东会选举产生。实践中,根据投资人与公司及其他股东的约定,还可进一步在章程中明确非职工代表董事候选人的产生方式(如创始股东与投资人可分别提名几位候选人)。
需要说明的是,规模较小或者股东人数较少的公司,可以不设董事会,设1名董事,行使《公司法》规定的董事会的职权。

- 职权:董事会的职权主要包括:(1)召集股东会会议,并向股东会报告工作;(2)执行股东会的决议;(3)决定公司的经营计划和投资方案;(4)制定公司的利润分配方案和弥补亏损方案;(5)制定公司增加或者减少注册资本以及发行公司债券的方案;(6)制定公司合并、分立、解散或者变更公司形式的方案;(7)决定公司内部管理机构的设置;(8)决定聘任或者解聘公司经理及其报酬事项,并根据经理的提名决定聘任或者解聘公司副经理、财务负责人及其报酬事项;(9)制定公司的基本管理制度;(10)公司章程规定或者股东会授予的其他职权。

- 议事规则:

(1)会议的召开:

①有限责任公司:新《公司法》(2023修订)未作明确规定,通常由公司根据实际需要在章程中予以明确。

②股份有限公司:董事会每年度至少召开2次会议,每次会议应当于会议召开10日前通知全体董事和监事。代表1/10以上表决权的股东、1/3以上董事或者监事会,可以提议召开临时董事会会议。董事会召开临时会议,可以另定召集董事会的通知方式和通知时限。

(2)会议的召集与主持:董事会会议由董事长召集和主持;董事长不能履行职务或者不履行职务的,由副董事长召集和主持;副董事长不能履行职务或者不履行职务的,由过半数的董事共同推举1名董事召集和主持。

(3)会议的出席与举行:董事会会议应当有过半数的董事出席方可举行。

(4)会议的表决:董事会作出决议,应当经全体董事的过半数通过。董事会决议的表决,应当一人一票。

(5)会议的记录:董事会应当对所议事项的决定作成会议记录,出席会议的董事应当在会议记录上签名。

除该等《公司法》明确规定事项外,董事会的议事方式和表决程序,由公司章程规定。

3. 监事会

• 产生办法:监事会由全体监事组成。监事会成员为 3 人以上,应当包括股东代表和适当比例的公司职工代表,其中职工代表的比例不得低于1/3,具体比例由公司章程规定。职工代表监事由公司职工通过职工代表大会、职工大会或者其他形式民主选举产生,非职工代表监事经股东会选举产生。董事、高级管理人员不得兼任监事。实践中,根据投资人与公司及其他股东的约定,还可进一步在章程中明确非职工代表监事候选人的产生方式(如创始股东与投资人分别可提名几位候选人)。**需要说明的是**:(1)规模较小或者股东人数较少的公司,可以不设监事会,设 1 名监事,行使《公司法》规定的监事会的职权;(2)公司可以按照章程的规定设置由董事组成的审计委员会,行使《公司法》规定的监事会的职权,不设监事会或者监事;(3)有限责任公司经全体股东一致同意,也可以不设监事。

• 职权:(1)检查公司财务;(2)对董事、高级管理人员执行职务的行为进行监督,对违反法律、行政法规、公司章程或者股东会决议的董事、高级管理人员提出解任的建议;(3)当董事、高级管理人员的行为损害公司的利益时,要求董事、高级管理人员予以纠正;(4)提议召开临时股东会会议,在董事会不履行《公司法》规定的召集和主持股东会会议职责时召集和主持股东会会议;(5)向股东会会议提出提案;(6)依照《公司法》的规定,对董事、高级管理人员提起诉讼;(7)公司章程规定的其他职权。

• 议事规则:

(1)会议的召开:有限责任公司监事会每年度至少召开 1 次会议,股份有限公司监事会每 6 个月至少召开 1 次会议。监事可以提议召开临时监事会会议。

(2)会议的召集与主持:监事会主席召集和主持监事会会议;监事会主席不能履行职务或者不履行职务的,由过半数的监事共同推举 1 名监事召集和主持监事会会议。

(3)会议的表决:监事会决议应当经全体监事的过半数通过。监事会决议的表决,应当一人一票。

(4)会议的记录:监事会应当对所议事项的决定作成会议记录,出席会议的监事应当在会议记录上签名。

除该等《公司法》明确规定事项外,监事会的议事方式和表决程序,由公司章程规定。

4. 高级管理层

高级管理层由公司的高级管理人员组成,高级管理人员是指公司的经理、副经理、财务负责人,上市公司董事会秘书和公司章程规定的其他人员,高级管理人员由董事会决定聘任或者解聘。其中,有限责任公司可以设经理,股份有限公司应当设经理,经理对董事会负责,根据公司章程的规定或者董事会的授权行使职权。副经理、财务负责人、上市公司董事会秘书等在各自分管领域配合经理从事相关工作,按照公司章程及其他公司内部控制制度的规定行使职权、作出决策。

(七)公司法定代表人的产生、变更办法

公司的法定代表人按照公司章程的规定,由代表公司执行公司事务的董事或者经理担任,详见本书前文:***"09 ···· 担任法定代表人,你需要知道哪些事?"***。担任法定代表人的董事或者经理辞任的,视为同时辞去法定代表人。法定代表人辞任的,公司应当在法定代表人辞任之日起 30 日内确定新的法定代表人。公司变更法定代表人的,变更登记申请书由变更后的法定代表人签署。

(八)股份有限公司章程的其他必备要素

相较于有限责任公司,股份有限公司章程额外需在公司章程中明确的事项包括:公司的设立方式;公司已发行的股份数和设立时发行的股份数,面额股的每股金额;发行类别股的,每一类别股的股份数及其权利和义务;公司利润分配办法;公司的解散事由与清算办法;公司的通知和公告办法。其中,股份有限公司的设立方式、发行的股份数、面额股、类别股等与股份有限公司的设立及机制密切相关;利润分配方法、解散事由与清算办法、通知和公告办法则是基于股份有限公司的"资合性",为保护股东利益而作的明确要求。

(九)股东会认为需要规定的其他事项

该项为兜底性规定,在不违反法律法规规定的前提下,股东可以通过公司章程充分进行意思自治。

三、公司章程的设计原则

公司章程的设计应当遵循如下原则:

- 合法性原则:公司章程应当符合法律法规的要求,不得违反法律的强制性规定。
- 完整性原则:公司章程应涵盖公司治理的各个方面,避免出现无章可依的情形。
- 明确性原则:公司章程的条款及表述应尽可能明确、具体,避免模糊性和歧义性，以减少潜在的争议和纠纷，尤其是涉及《公司法》中表述为"公司章程另有规定或全体股东另有约定的除外"的部分。

- 可操作性原则：公司章程的规定应当具有实际可操作性，便于公司的日常运营和管理，避免出现理想化而难以实操的规定。

- 适应性原则：公司章程应当结合公司的实际情况，考虑公司的特点和发展需求。简单的模板化或照抄照搬不仅不便于公司治理，可能还会带来不必要的麻烦。实践中，如遇公司登记机关对于未使用"章程范本"而不予/难予办理工商登记/备案的，或因部分条款涉及股东间特殊权利义务安排而不便于通过载入公司章程而被第三方调阅的，在相关条款不违反法律法规规定的前提下，公司股东可采用另行签署《股东协议》的变通方式，平衡和保护各方的权益。

- 便利性原则：公司章程的使用应当具有便利性，例如，公司章程应当结构清晰、逻辑严谨，便于查找和使用；可作灵活化处理的，不必规定得过于具体，避免因公司经营变动而需过于频繁地修改章程。

四、总结

综上所述，公司章程应当按照《公司法》及相关登记管理规定的要求，明确公司名称和住所、经营范围、注册资本、股东的姓名或名称、出资额、出资方式、出资日期、公司的机构及其产生办法、职权、议事规则等事项。公司章程的设计应当遵循合法性、完整性、明确性、可操作性、适应性、便利性等原则。一份符合公司实际且完善的公司章程将为公司的稳健发展奠定坚实的基础。

二 股本设置

11

初创公司存在多名创始人时，如何合理分配股权？

初创公司存在多名创始人时，分配股权是一个既复杂又敏感的问题，需要综合考虑多方面因素。合理的股权结构不仅能激励合伙人积极贡献，还能避免潜在冲突、确保公司长期稳定发展。以下是一些基本原则和建议，以帮助创始人之间在公司初创阶段达成股权分配的相对最优安排。

一、明确商业模式

在进行股权分配前，各创始人应当共同确定初创公司的商业模式，也就是想清楚待设立的公司准备做什么，需要什么资源才能达成目标，比如资金、人力、技术等资源要素以及相应的权重。没有清晰的商业模式，就难以衡量待投入的资源及其价值，而资源价值决定利益结构，利益结构决定治理机制。未进行系统思考就分配股权，对于初创公司而言非常危险。

二、量化评估各创始人的预期贡献

创始人之间应根据各自在初创公司的角色、定位、职责，量化评估各自对初创公司拟投入的资源价值及预期贡献，以相对公平地初步确定各自的初始持股比例。可供评估的因素包括：

1. 资金：每位创始人拟对公司的直接财务投入。
2. 工作量：每位创始人拟对公司投入的时间和精力，包括全职与兼职的区别。
3. 业务资源：是否能够带来公司发展的关键业务资源、客户、合作伙伴。
4. 专业技能和经验：是否具备与公司发展主营业务相匹配的专业技能、行业经验。

通常而言,能够躬身入局在初创公司全职工作、擅长发现及整合公司发展的关键资源的创始人应作为核心创始人,并在初创公司设立阶段持有更高比例的股权。

三、避免绝对平均的股权分配雷区

绝对平均的持股结构看似公平,但可能对初创公司造成以下不利影响。
1. 对内增加公司治理难度,影响决策效率

在绝对平均的持股结构中,由于每个股东都有同等的投票权,责任和权利被平均分配,公司在各项关键决策中都难以作出高效决策,比如董事会成员的选举、重大经营事项的决策、未来发展战略的制定等可能会受到股东之间权力平衡的影响。当出现分歧时,各方将难以达成共识并陷入僵局,甚至导致公司走向衰败。

2. 对外增加公司扩张和融资的难度

潜在投资者和未来合作伙伴在考虑与公司合作时,可能会因为持股结构过于平均而犹豫,因为他们可能更希望看到一个股权明晰、控制权稳定的公司,以确保公司有明确的发展方向、稳定高效且健全的决策机制。

示例:

假设甲公司有两名股东 K 总和 J 总,分别持股 50%。根据该公司章程的规定,重大事项决策应当经代表 2/3 以上表决权的股东通过,其他事项决策应当经代表过半数表决权的股东通过。

在上述治理机制下,只有当 K 总和 J 总意见一致时,所议事项才能经股东会审议通过。换句话说,K 总和 J 总均没有把想做的事做成的把握,但都拥有把不想做的事情否决掉的权利。

上述示例中的股权结构安排对初创公司而言是十分致命的,初创公司多为规模较小的有限责任公司,公司股东人数较少,人合性明显。股东的性格、想法、态度都可能影响公司的稳定性,此时更需要一个相对强势的核心创始人,在关键时刻控制局面、果断决策。在上述示例中,如 K 总持股 51%,J 总持股 49%,则 K 总对甲公司拥有相对控制权;如果 K 总持股 67%,J 总持股 33%,则 K 总对甲公司拥有绝对控制权。

综上,我们通常建议初创公司搭建差别化的股权结构,杜绝绝对平均的股权分配雷区,第一大股东的持股比例远超第二名及第三名股东持股比例之和为宜,明确核心创始人的领导身份和实际控制地位,以最大限度地规避股东会僵局风险,确保

11 初创公司存在多名创始人时,如何合理分配股权?

公司能够高效运作和快速应对市场变化。

四、动态调整各创始人之间的股权

股权结构的设置应该是一个公平、合理和可持续的过程,需要充分考虑合伙人的利益和公司的长远发展。由于初创公司在实际运营中可能会遇到多种不确定因素,各名创始人对公司的实际贡献可能与预先计划存在一定差异,为了最大化地激励各创始人,定期评估和调整股权结构十分必要,基于此,我们通常建议初创公司设置动态股权调整机制,具体包括以下内容。

1. 预留期权池

预留一部分股权,用于奖励对公司发展超出预先计划的创始人,吸引未来合伙人和关键员工。该部分比例没有固定数字,可以结合公司的实际情况确定,一般可预留 10%～20%,由核心创始人作为执行事务合伙人的有限合伙平台持有。

2. 股权分期兑现

为了确保创始团队的稳定,防止部分创始人过早离开公司,确保创始人对公司的持续贡献,可以设置股权分期兑现机制,规定创始人所持股权为限制性股权,达到预先设置的里程碑事件时分批成熟兑现,常见的里程碑事件为达到一定时间或完成一定业绩,如选择时间,长度通常为 3～4 年,每月或每年线性成熟。当发生特定情形时,创始人未兑现的股权将以特定价格转入预留期权池或转给其他创始人,已兑现的股权需将表决权委托给留在公司的其他创始人。

3. 设置合理的退出通道

各名创始人在创业之初,对公司的未来发展总是满怀期待的,但是,随着经营活动的深入和公司规模的扩大,公司业务发展方式及管理方式也会与预先设定有所不同。难免会出现部分创始人认为其所投入的资源价值及所获回报未达到预期,或基于个人财务原因、健康问题、职业发展规划变动等原因而萌生退出意愿。因此,各创始人应在创业之初就考虑并制定合理的退出策略,确保部分创始人因特定情形需要或想要退出时,公司可以平稳过渡,避免因个别成员的退出而造成公司经营困难或产生法律纠纷,进而影响公司的声誉及经营的持续性。

五、签署具备法律约束力的文件

在企业初创阶段,碍于多方因素,部分创始人之间未能达成具有法律约束力的文件，各方之间的安排成为"君子协定"。虽然"君子协定"体现了合作方的信任和尊重，但在法律层面上，一旦出现分歧或争议，可能会导致解决问题变得复杂和困难。

因此，尽管"君子协定"可以作为各方合作的起点，但我们仍建议将其转化为正式的书面协议，以便明确各名创始人之间的权利、义务、责任分配、利益分配等关键问题，这样有助于明确各方预期、减少误解，并在发生纠纷时有据可依。

初创公司在设立阶段均会根据公司登记部门要求签署惯常的《公司章程》，创始人可将相关条款转化到《公司章程》中，也可以另行签署一份《股东协议》，以保障各方的合法权益。

六、总结

综上所述，初创公司存在多名创始人时，合理分配股权需要注意以下事项：

1. 明确商业模式；
2. 量化评估各创始人的预期贡献；
3. 避免绝对平均的股权分配雷区，明确核心创始人的领导身份和实际控制地位；
4. 预留期权池、设置股权分期兑现机制，动态调整各创始人间的股权；
5. 签署具备法律约束力的文件。

12 什么是创始人必知的六大股权生命线?

创业过程中,对于创始人来说,了解和掌握股权管理的关键比例至关重要。这些比例不仅涉及如何合理分配初始股权,还包括如何在公司发展过程中管理股权。以下是创始人必知的关键股权比例,我们将其总结为六大股权生命线。

一、对公司拥有绝对控制权的持股比例——67%

(一)解读

根据新《公司法》(2023修订)第66条、第116条的相关规定,股东会对重大事项作出决议,有限责任公司应当经代表2/3以上表决权的股东通过,股份有限公司应当经出席会议的股东所持表决权的2/3以上通过。法定的重大事项包括修改公司章程、增加或者减少注册资本,公司合并、分立、解散或者变更公司形式。

在公司章程对股东行使表决权的方式无其他特别安排的前提下,2/3以上的表决权对应的持股比例应大于等于66.6666%,便于记忆我们通常表述为67%,此数字意味着对公司拥有绝对控制权。

(二)特别提示

1. 新《公司法》(2023修订)中对于"以上""以下"是否包含本数并无明确规定,结合司法实践、《民法典》及《立法技术规范(试行)(一)》的相关规定,我们认为,"以上""以下"包含本数。

2. "三分之二"系对公司法定重大事项表决比例的最低要求,实践中,公司章程可以在高于2/3之上、法定重大事项之外的范围内进行自治约定。

3. 有关表决权的行使方式,对于有限公司而言,除非公司章程另有规定,否则股东按照出资比例行使表决权;对于股份公司而言,原则上股东所持每一股份有一表决权,但新《公司法》(2023修订)明确未公开发行股份的公司可以发行每一股的表决权数多于或者少于普通股的股份,即可以发行同股不同权的"特别表决权股"。

创始人应当注意,在上述例外情形下,持有 2/3 以上的公司股权可能无法保证对公司的绝对控制。该项特别提示适用于本书其他章节,下文不再赘述。

二、对公司拥有相对控制权的持股比例——51%

（一）解读

根据新《公司法》(2023 修订)第 66 条、第 116 条的相关规定,股东会对除法定重大事项外的其他普通事项作出决议,有限公司应当经代表过半数表决权的股东通过,股份公司应当经出席会议的股东所持表决权过半数通过。

在公司章程对股东行使表决权的方式无其他特别安排的前提下,过半数的表决权对应的持股权比例应超过 50%,便于记忆我们通常表述为 51%,此数字意味着对公司拥有相对控制权。

（二）特别提示

1. 新《公司法》(2023 修订)中对于"过半数"是否包含本数并无明确规定,结合司法实践、《民法典》及《立法技术规范(试行)（一）》的相关规定,我们认为,"过半数"不包含本数。为避免引发股东会决议效力的潜在争议,结合前文所述"以上"包含本数的理解,我们建议创业公司在公司章程中应尽量避免出现"半数以上""二分之一以上"的约定。

2. 原《公司法》(2018 修正)对于有限公司股东会审议通过普通事项的表决比例未进行规定,而是授权公司股东自行通过公司章程约定,但对于公司对股东或实际控制人提供担保[原《公司法》(2018 修正)第 16 条]、股东对外转让股权[原《公司法》(2018 修正)第 71 条]事项,则明确规定需经其他股东所持表决权的过半数通过。相较于原《公司法》(2018 修正),新《公司法》(2023 修订)已明确增加有限公司普通决议的表决比例要求,即过半数。

三、对公司重大事项享有一票否决权的持股比例——34%

（一）解读

对应绝对控制线中的"三分之二以上"要求,持有公司超过 1/3 的表决权,就意味着其他股东持有的表决权未达到 2/3 以上,该股东即可对公司法定重大事项的决策享有一票否决权。

在公司章程对股东行使表决权的方式无其他特别安排的前提下,超过1/3的表决权对应的持股比例应大于33.3333%,为便于记忆,超过1/3我们通常表述为34%。

(二)特别提示

非上市公司的股东可通过公司章程或股东协议,对一票否决权涉及的具体事项及对应持股比例进行自由约定,这一意思自治安排往往出现在企业外部融资过程中。当外部投资人的持股比例较低,难以对股东会法定重大事项甚至普通事项决策拥有话语权时,便会寻求在一些可能影响投资人权利的重大事项上,比如公司资本运作、重大财务支出、重大人事任免中,设置一票否决权来增强对公司的影响力。

站在公司的角度,给投资人过多的一票否决权事项,可能影响公司的决策效率并破坏公司治理结构的平衡,尤其是在公司有多轮投资人的情况下,不同投资人之间、公司与投资人之间潜在的利益冲突和博弈均可能导致公司经营停摆。

因此,我们建议创始人在融资过程中尽量减少相关安排,如基于谈判地位等因素确实无法避免,则需要把握以下原则:

1. 将不同轮次投资人的否决权事项合并,避免给予不同轮次投资人各自不同的一票否决权事项。

2. 一票否决权所涉事项的表决应选择合并投票的方式,避免不同轮次投资人分类表决。

示例:

建议的方式如:未经全体投资人所持表决权过半数的同意,公司不得……

避免的方式如:未经A轮投资人所持表决权过半数的同意、B轮投资人所持表决权三分之二以上同意、C轮投资人所持表决权的全部同意,公司不得……

3. 针对具体的一票否决权事项,建议设置一定的门槛,比如金额门槛和重大影响门槛,降低触发的可能性。

示例:

建议的方式如:未经公司全体投资人一致同意,公司不得发生单笔金额超过5000万元的银行借贷;

避免的方式如:未经公司全体投资人一致同意,公司不得发生银行借贷。

四、提议召开股东会、董事会、请求解散公司的持股比例——10%

表 12-1　持股比例 10% 的相关法律规定

序号	权利类型	有限责任公司	股份有限公司	法律依据	特别提示
1	提议召开临时股东会会议	代表 1/10 以上表决权的股东	单独或者合计持有公司 10% 以上股份的股东	新《公司法》第 62 条、第 113 条	新《公司法》中，取消股东大会表述，统一为股东会
2	自行召集和主持股东会会议	代表 1/10 以上表决权的股东	连续 90 日以上单独或者合计持有公司 10% 以上股份的股东	新《公司法》第 63 条、第 114 条	适用前提：董事会、监事会均未能履行召集和主持职责
3	提议召开临时董事会会议	无规定，理解可在公司章程自治约定	代表 1/10 以上表决权的股东	新《公司法》第 123 条	—
4	请求人民法院解散公司	持有公司全部股东表决权 10% 以上的股东	单独或者合计持有公司全部股东表决权 10% 以上的股东	《最高人民法院关于适用〈中华人民共和国公司法〉若干问题的规定（二）》（2020 修正）第 1 条 新《公司法》第 231 条	适用前提：公司经营管理发生严重困难，继续存续会使股东利益受到重大损失，通过其他途径不能解决的

五、查阅会计账簿、凭证的持股比例——3%

表 12-2　持股比例 3% 的相关法律规定

序号	权利类型	有限责任公司	股份有限公司	法律依据	特别提示
1	查阅会计账簿、会计凭证	无比例限制	连续 180 日以上单独或者合计持有公司 3% 以上股份的股东	新《公司法》第 57 条、第 110 条	新《公司法》实施后，知情权贯穿全资子公司，公司章程可对股份有限公司中持股比例有更低规定

六、临时提案、代位诉讼的持股比例——1%

表12-3 持股比例1%的相关法律规定

序号	权利类型	有限责任公司	股份有限公司	法律依据	特别提示
1	股东会临时提案权	无规定,理解可在公司章程自治约定	单独或者合计持有公司1%以上股份的股东	新《公司法》第115条	—
2	代位诉讼:特定股东为了公司的利益以自己名义直接向法院提起诉讼	无比例限制	连续180日以上单独或者合计持有公司1%以上股份的股东	新《公司法》第189条	新《公司法》实施后贯穿全资子公司,新增双重代位诉讼制度。**适用前提**:公司利益受损,股东穷尽内部救济途径,公司仍不能或怠于诉讼

代位诉讼制度示例,见图12-1。

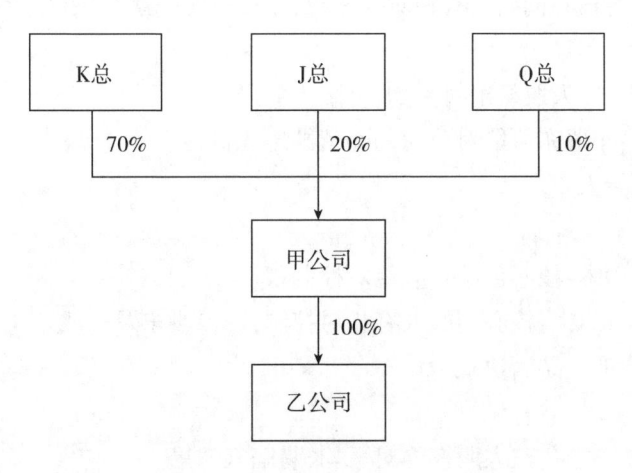

图12-1 代位诉讼制度示例

甲公司有K总、J总、Q总3名股东,分别持股70%、20%、10%,甲公司有一全资子公司乙公司。

普通代位诉讼：

K总作为甲公司的实际控制人，侵犯甲公司的合法利益，用其个人账户代收甲公司款项，股东J总、Q总穷尽甲公司内部救济途径（书面请求董事会/监事会提起诉讼）后，甲公司不能起诉或怠于起诉的，股东J总、Q总有权以自己的名义直接向法院起诉。

双重代位诉讼：

甲公司遵照实际控制人K总的指示，以K总个人账户代收其全资子公司乙公司的收入，损害乙公司的合法利益，甲公司股东J总、Q总书面请求乙公司的董事会、监事会向法院提起诉讼，乙公司不能起诉或怠于起诉的，甲公司的股东J总、Q总有权以自己的名义针对乙公司的情况向法院提起诉讼。

七、合理的股权分配比例示范

结合本书前文："*11 ⸺ 初创公司存在多名创始人时，如何合理分配股权？*"，当公司有多名创始人时，股权分配的合理建议及雷区示范如下：

1. 两名创始人

合理：

70%、30%：核心创始人有绝对控制权。

51%、49%：核心创始人有相对控制权，小股东有一票否决权。

雷区：

50%、50%：二人股权绝对平均，易陷入僵局。

99%、1%：小股东可能对公司的经营缺乏积极性。

2. 三名创始人

合理：

70%、20%、10%：核心创始人有绝对控制权。

51%、26%、23%：核心创始人有相对控制权，二股东及三股东单独不享有一票否决权，合计享有一票否决权。

雷区：

34%、33%、33%：三人股权绝对平均，易陷入僵局。

49%、48%、3%：大股东和二股东的持股比例接近，小股东对公司的重大决策拥有相对话语权。

八、总结

新《公司法》(2023 修订)实施后,创始人应牢记以下六大股权生命线,见表 12-4。

表 12-4 总结

序号	关键股权比例	意义
1	67%	绝对控制线
2	51%	相对控制线
3	34%	一票否决线
4	10%	提议召开临时股东会会议 召集和主持股东会会议 提议召开股份公司临时董事会会议 请求人民法院解散公司
5	3%	查阅股份公司会计账簿、会计凭证
6	1%	股份公司股东会临时提案权 股份公司股东代位诉讼权

13

绝对平均的持股结构下，出现股东会僵局如何破局？

如本书前文 *"11 …… 初创公司存在多名创始人时,如何合理分配股权？"* 所述，绝对平均的持股结构看似公平，但实际可能导致股东会僵局。以股东双方持股比例均为 50% 为例，假设股东会一般事项需经代表过半数表决权的股东通过、重大事项需经代表 2/3 以上表决权的股东通过，股东内部一旦形成分歧，将无法形成有效决议，进而影响公司的经营发展。

基于特定合作背景必须设置该种股权架构时（通常出现在中外合资框架下），在合作之初，合资各方便应通过股东协议或公司章程设定明确的僵局预防和解决机制，以下是一些可供参考的建议。

一、明确一方可控制董事会，降低股东会僵局出现的概率

在股权比例绝对平均的前提下，合资公司的董事席位建议设置为奇数，其中一方应争取控制董事会多数席位，并将董事会表决机制设置为经全体董事的过半数通过。同时，在不违反《公司法》等法律法规规定的前提下，除股东会权力保留事项外，应尽可能地将与公司日常经营相关的其他重大事项决策下移至董事会层面。

该种操作虽不能直接解决股东会僵局，但可以降低股东会僵局的出现概率，并在一定程度上实现董事席位占多数一方的财务并表要求。

示例：

甲公司由 2 名股东 K、J 合资设立，双方各自持股 50%。甲公司董事会由 3 名董事组成，其中股东 K 有权提名 2 名董事，股东 J 有权提名 1 名董事，法定代表人由股东 K 提名的董事中的一人担任。双方进一步约定，在董事候选人符合适用法

律规定的董事任职资格的前提下，各股东应在股东会会议上始终投赞成票，以确保选举每一方各自提名的董事候选人担任董事。据此，股东K通过控制公司董事会多数席位实现了公司日常经营所涉重大事项的控制权。

此外，当合作各方均为自然人，且公司股东人数少、公司规模较小时，也可以考虑不设董事会，仅设董事一人。因在前述情形下，公司股东会和董事会的组成人员可能高度重叠，此时召开董事会及股东会的效果是一样的，为提高经营决策效率，可以争取获得唯一的一名董事席位，并同时担任公司的法定代表人及总经理，以此加强对公司日常经营事项的控制力，降低发生股东会僵局的概率。

二、配合股东行使知情权，定期沟通并评估潜在冲突

股东之间的矛盾可能由多种因素引起，通常涉及公司运营、利益分配、管理控制、战略方向等方面。结合相关实务经验，这些因素多源于股东之间前期沟通不畅、股东难以行使知情权所致。

适逢新《公司法》（2023修订）对股东知情权的进一步修订，有限责任公司及股份有限公司的股东有权查阅、复制公司及全资子公司的章程、股东名册、股东会会议记录、董事会会议决议、监事会会议决议和财务会计报告；有限责任公司的股东以及连续180日以上单独或者合计持有公司3%以上股份的股份公司股东可以自行或委托会计师事务所、律师事务所等中介机构查阅公司及全资子公司的会计账簿、会计凭证。

基于前述法律规定，为减少股东之间的误解和分歧，公司可以就股东知情权的行使进行更细致、更人性化的制度安排，在法律框架内积极主动地向股东提供有关信息，设定定期的沟通机制，提高公司运营和决策的透明度，使股东能够更全面地了解公司的实际情况。通过充分沟通，公司也可以了解合资各方的立场和诉求，提前识别和处理潜在的冲突点，助力共识的最终达成。

三、特定事项预设表决权委托机制或借助外部专家意见

具体到股东会决策中，公司可以事先为不同类型的股东会决策事项预设表决规则，以表决权委托机制为例，当针对特定类型的决策出现股东会僵局情形时，一方应将持有的部分或全部公司股权的表决权委托给另一方行使。表决权委托可以

固定由一方委托另一方,也可以轮流委托。

除表决权委托机制外,在财务、法律或业务发展策略等特定领域事项的决策上,也可以考虑由各股东共同认可的专业顾问提出第三方建议,作为决策的最终依据,以帮助各方达成一致。

四、结构性调整股权结构

如果股东会僵局频繁发生且严重影响公司运营,既有内部调整措施均已失灵,公司可能需要考虑结构性变化,比如:

1. 通过引入新的投资者增资入股,改善公司的股权结构。

2. 现有股东通过对内或对外出售部分或全部公司股权,重新确认公司控股股东地位。比如,公司章程可以规定,在多次发生股东会决策僵局后,一方有权以预先设定的合理价格收购另一方持有的公司全部或部分股权。

五、终局解散

当合资各方在合理期限内穷尽其他内部僵局救济机制仍未能达成解决方案时,可以考虑采取终局解散的方式退出公司,及时止损。合资各方可以在公司章程中预先规定具体僵局情形下的解散触发条件,届时任一股东可以直接援引该条款,行使解散公司的权利。

如股东没有在公司章程中规定相关条款,则可以结合具体情况选择适用法律规定的强制解散条件请求人民法院解散公司。根据《最高人民法院关于适用〈中华人民共和国公司法〉若干问题的规定(二)》(2020 修正)第 1 条的规定,公司经营管理发生严重困难,继续存续会使股东利益受到重大损失,通过其他途径不能解决的,持有公司 10% 以上表决权的股东,可以请求人民法院解散公司,比如,公司持续两年以上无法召开股东会或者股东大会,公司经营管理发生严重困难的;股东表决时无法达到法定或者公司章程规定的比例,持续两年以上不能作出有效的股东会或者股东大会决议,公司经营管理发生严重困难的;公司董事长期冲突,且无法通过股东会或者股东大会解决,公司经营管理发生严重困难的。

六、总结

综上所述,在绝对平均的持股结构中,预防和解决股东会僵局需要股东之间的高度信任、开放沟通以及对公司长期发展目标的共同承诺。通过合理的规划和协议安排,可以最小化股东会僵局的发生,确保公司能够顺利运营和发展。

14

夫妻共同创业时，两人都需要持股吗？

一、前言

根据公开披露的信息，当当网由李国庆、俞渝二人于2000年共同创立，主要从事在线图书销售业务，随后迅速成为中国最大的网上书店；2010年12月，当当网在纽交所正式挂牌上市，成为中国第一家完全基于线上业务、在美国上市的B2C网上商城，上市当日的市盈率超过100倍，上市前李国庆及俞渝分别持有约38.9%及4.9%的A类普通股股票；由于市值未能充分体现公司价值等原因，2016年9月，当当网完成私有化并从纽交所退市；2019年2月，李国庆宣布离开当当网管理层，开启新的创业项目"早晚读书"；同年10月，李国庆受访时披露离开当当网系因俞渝"逼宫"，并在微博宣布已向法院递交与俞渝的离婚诉状；2020年4月及7月，李国庆为与俞渝争夺当当网控制权，带领数名人员相继策划并实施了著名的"抢公章"及"撬保险柜"大战；2020年8月，二人之子李成青向法院递交诉状，请求确认父母为自己代持当当网股权的协议有效；2023年最后一天，李国庆公开宣布已正式离婚，李国庆、俞渝的婚姻至此画上句号。当当网并没有伴随这段婚姻关系一道消亡，而是在俞渝的主导及控制下稳步前行，2023年全年仍保持了5%销售增长的良好数据。

当当网的上述历程反映了中国互联网公司在全球资本市场上的起伏，也充分地暴露出夫妻共同创业给公司发展带来的巨大优势以及难以回避的风险。那么，夫妻共同创业，两人应该如何安排股权？以下分别是共同持股和单方持股可能面临的法律风险及对策建议，供创业者参考。

二、共同持股及单方持股应如何选择

夫妻共同创业时，两人是否都需要持股取决于多个因素，包括但不限于夫妻双方的意愿、商业计划、财税规划、公司治理结构，以及对公司长期发展的共同愿景。

如果两人在公司中扮演不同的角色，并且都对公司的运营和成长作出实质性贡献，那么共同持股可以反映出夫妻双方的贡献和承担的风险；另外，如果一方更倾向于在背后支持，而不直接参与公司的日常管理，则可能会选择单方持股。

又如公司尚在初创阶段，因未来发展不明及资金缺乏等因素，无法提供具有市场竞争力的薪酬吸引人才加入，此时夫妻共同持股不仅可以节省人力成本，与一般合作伙伴相比还具有更强的抗风险能力。但到了创业中后期，公司核心团队组建完成后，夫妻关系在节省人力成本及抵抗风险方面的优势便不再明显，对团队的负面影响却有可能更大，此时则更适宜单方持股。

两种方式并无绝对的对错，A股上市公司中也不乏夫妻档共同持股的明星企业，且依据《民法典》婚姻家庭编第1065条的规定，如公司股权是在双方婚姻关系存续期间取得，除非双方另有约定，否则无论是单方持股还是双方持股，都不会改变所持公司股权为夫妻共同财产、归夫妻共同所有的认定。但创业者在筹划并实施具体的持股方案前，仍应充分了解不同选择可能面临的法律风险，正所谓君子不立于危墙之下。创业之路本身就充满艰辛，婚姻经营更是充满挑战，如何借婚姻关系助力企业发展，又防止感情破裂置企业于险境，是创业夫妻应当共同考虑的问题。

三、共同持股需关注的主要法律问题

（一）存在被认定为实质一人公司的风险

1. 解读

当公司股东仅为夫妻二人时，根据相关司法实践，公司存在被认定为实质一人公司的风险。在这种情形下，《公司法》下一人公司法人人格否认制度的相关条款可能会被启动。为解决实践中一人公司股东与公司更易发生人格混同、过度控制的问题，加大对债权人的保护，原《公司法》（2018修正）及新《公司法》（2023修订）均对一人公司股东实施"举证责任倒置"，即当一人公司的股东不能证明公司财产独立于股东自己的财产的，应当对公司债务承担连带责任。

前述情况的司法判例，如最高人民法院在熊某、沈某申请执行人执行异议再审案[（2019）最高法民再372号]中提出：夫妻双方在婚姻存续期间设立的公司，未能提供财产分割的书面证明或协议的，可以认定为公司注册资本来源于夫妻共同财产，相应地，公司全部股权属于夫妻婚后取得财产，应归双方共同共有。由于该公司的全部股权实质来源于同一财产权，并为一个所有权共同享有和支配，因此该股权主体具有利益的一致性和实质的单一性。此外,夫妻二人均实际参与公司的管理经营,双方的利益高度一致,难以形成有效的内部监督,且公司资产归夫妻二人共同共有,与二人其他资产难以区分。因此,名义上有两名股东的公司应被认定为实质一人公司。

2. 对策建议

尽管实务中有关这一问题存在相反判决,我们仍建议,夫妻共同创业搭设股权结构时应谨慎回避该种持股方案,若确有需要共同持股且股东仅为夫妻二人时,应当从以下方面防范风险:

(1)在公司设立前,对双方用于出资的财产进行明确的财产分割安排,如并非来源于夫妻共有财产,可于公司登记机关主动备案财产分割的书面证明或协议。

(2)公司经营应注意搭设防火墙,避免触发公司法人人格否认制度,比如,完善公司治理机制,强化内部监督;保持财务及资产的独立性,严格区分公司账户与股东账户,建立健全规范的财务制度及内控制度,每年聘请具有资质的会计师事务所对公司的财务报表进行审计等,具体措施详见本书前文:**"08……让股东和关联公司承担连带责任的'公司法人人格否认'制度是什么?"**。

(二)增加公司治理的复杂性

1. 解读

婚姻关系是一种深厚的情感联系,而公司治理则需要理性和客观的决策。当情感与商业决策交织在一起时,夫妻双方可能需要比普通商业伙伴更多的共识和一致,这可能会影响公司的正常运作和决策效率,特别是在面对关键问题时。

又如在家庭中,权力和决策可能是平等或基于特定模式共享的。但在公司经营中,权力分配通常基于职责和能力。如果夫妻双方在公司中的角色和职责不明确,可能会导致权力斗争和管理混乱。最直观的体现即为,当具体决策发生分歧时,员工到底应该听谁的?持有多数股权的一方在家庭生活中可能反倒处于弱势地位,员工基于对两位老板的忌惮可能会增加公司事务执行的复杂性。

在《公司法》语境下,股东权利的行使应以《公司章程》记载的股权比例为准。在《民法典》婚姻家庭编的语境下,除非夫妻双方另有约定,否则在婚姻关系存续期间所取得的公司股权应为夫妻共同财产。这就导致部分夫妻在经营公司期间行使股东权利时,错误地按照《民法典》婚姻家庭编项下的共有规则,以双方持股比例之和的50%行使股东权利。

比如,在著名的李国庆抢公章事件中,根据公开披露信息,彼时经工商登记的北京当当科文电子商务有限公司(以下简称当当科文)的股权结构见表14-1。

表14-1 当当科文的股权结构

序号	股东姓名/名称	持股比例	股东性质
1	俞渝	64.1968%	—
2	李国庆	27.5129%	—
3	天津骞程企业管理咨询合伙企业(有限合伙)	4.4008%	管理层持股平台,根据公开信息披露,多数为跟随李国庆的老部下
4	天津微量企业管理咨询合伙企业(有限合伙)	3.6067%	
5	上海宜修企业管理中心	0.2827%	—

注:根据当当网法务部于2020年7月公布的《当当网股权历史沿革简述》,当当网完成私有化退市时,俞渝、李国庆、二人之子、管理层曾约定在控股公司的持股比例分别为52.23%、22.38%、18.65%、6.74%,因二人之子为外籍,其股权由俞渝、李国庆和管理层按比例代持。扣除代持因素,上述股权同步映射至当当科文即为上表所列示情况。

李国庆在抢公章时所出示的临时股东会决议,在计算其个人所持有的表决权时,采取的方式即为与俞渝所持股权比例之和的一半(45.85485%),通过自行代替法院将夫妻二人股权进行五五分,以增加自己的持股比例。在该份决议中,因李国庆争取了剩余小股东中两家管理层持股平台的支持,按其算法即已合计取得经代表公司53.86235%表决权的股东通过,故其个人认为依据"有效"的股东会决议接管公章、财务章并不违法,整个过程也不涉及"抢"。

2. 对策建议

在本书前文:**"11……初创公司存在多名创始人时,如何合理分配股权?"** 中,我们曾建议存在多名创始人的初创公司应避免绝对平均的股权分配雷区,且为了最大限度地规避股东僵局风险,应当明确核心创始人的领导身份和实际控制地位。在创业中的合伙关系叠加婚姻关系后,前述建议仍非常重要。除此之外,如夫妻共同创业无法回避共同持股的,我们建议双方应当明确各自分工、建立专业的沟通机制,在必要时设立明确的界限来分隔个人与工作生活。通过这些方法,尽可能在保持婚姻关系稳定的同时,确保公司的健康运营和高效治理。

(三)离婚分割股权时需合并计算共同财产

1. 解读

如前文所述,尽管股东权利的行使应以《公司章程》记载的比例为准,但涉及离婚财产分割时,除非夫妻双方另有约定,否则应推定在婚姻关系存续期间双方所取得的公司股权为夫妻共同财产,应合并计算股权比例并进行分割。当夫妻双方共同持股且已通过持股比例明确核心创始人身份时,创始人婚变可能导致公司实际控制权发生变更,进而影响公司的股权稳定性及持续发展。正是基于这一背景,在投融资交易中,投资人非常关注创始人的婚姻状况,并常常要求创始人夫妇签署一系列文件以降低婚变可能带来的负面影响。

回到当当网的案例中,假设双方事先不存在特殊代持事项以及有关夫妻股权分割的特别安排,仅根据当当科文中李国庆与俞渝经工商登记的股权结构以及《民法典》婚姻家庭编的相关规定对二人所持股权进行分割,李国庆最终可以取得当当科文45.85485%的股权,如其可以继续联合小股东的力量,便可实质取得对当当科文的相对控制权。

然而,根据当当网法务部于2020年7月公布的《当当网股东离婚诉讼不影响当当网的运营与治理结构》,俞渝、李国庆于2016年曾达成有关家庭财产分割的书面协议。根据公开披露信息,抢公章事件爆发后,李国庆、俞渝之子李成青曾向法院起诉,请求确认父母为其代持的当当网股权协议有效。通过这一步骤,实现了李成青先把自己的股权独立,父母再分割剩余股权的局面。即便俞渝及李国庆二人早前有关婚内所得股权的分割协议被认定无效,如李成青后续将股权委托母亲俞渝代持,俞渝仍可继续实现对当当网的实际控制。

2. 对策建议

综上,鉴于司法实践中认为将股权分别登记在各自名下的行为不当然构成对夫妻共同财产分割的约定,为了避免创始人婚变后的股权分割导致公司实际控制权发生变更,如夫妻双方中持股比例占多数的核心创始人认为有必要,可以事先以签署股权分割协议的方式明确婚内所得股权的具体归属安排。

四、单方持股需关注的主要法律问题

(一)股权登记在一人名下仍为夫妻共同财产

1. 解读

如前文"离婚分割股权时需合并计算共同财产"部分所述,除非夫妻双方另有约定,否则在认定婚内所得夫妻共同财产时,双方持股和单方持股并无本质差别。

尽管夫妻共同创业仅一人持股可以回避公司治理中的难题,但在进行离婚共有股权分割时,创始人婚变对公司的负面影响更具有杀伤力。这是因为,股权兼具人身权与财产权的双重属性,在进行离婚共有股权分割时,未持股一方通常有两种选择,要么选择折价分割,即要钱;要么选择直接分割股权份额,即要股权。前者需要在确定股权价值后由持股一方筹措资金用于支付对价,后者则需要在实际操作层面通过股权转让的形式实现,这可能导致公司股权结构的根本变化,进而破坏原公司的人合性基础。

除此之外,创始人婚变还可能影响公司的融资及 IPO 进程。以土豆网为例,在土豆网向美国纳斯达克提交上市申请之后,创始人王微的前妻便向法院提起诉讼,要求分割双方在婚姻存续期间王微所持有的土豆网股权。法院随后冻结了部分公司股权,土豆网上市被动中止。其间竞争对手优酷领先土豆上市并受到资本市场的追捧。王微通过变卖股权筹措 700 万美元与前妻达成和解后,不仅削弱了自己对公司的控制力,而且土豆网也错失了最佳上市时机,多种因素影响后土豆网最终于 2012 年被优酷收购。这一案例催生了投融资交易中著名的"土豆条款"的诞生,即投资人要求创始人承诺婚姻变动须经董事会批准方可进行。"土豆条款"后续进一步升级演变为"配偶确认函",要求未持股的创始人配偶签署承诺函,确认其任何时候都不会对公司股权提出任何主张。

2. 对策建议

为避免创始人婚变给公司带来的不利影响,同时兼顾未持股一方的合法权益,我们理解,如夫妻双方未能对婚姻关系存续期间所持公司股权的归属进行事先分割的,可以考虑在实际发生股权分割需求时,同未持股的一方协商优先选择折价分割的方案;或者,如未持股一方优先选择直接分割股权的,应争取协商将其因股权分割所得股权的表决权委托给原本持股的创始人行使,以便将创始人婚变给公司造成的负面影响降到最低。

(二)未持股一方难以行使股东权利

1. 解读

未被登记为股东的一方,虽然根据《民法典》婚姻家庭编第 1062 条的规定,为夫妻股权的共有人,但在《公司法》下,基于商事外观主义原则,其不能直接行使股东权利,对夫妻共有股权没有相关表决权。

2. 对策建议

如未持股一方仍希望对公司经营有一定的话语权,可以考虑作为公司高管介入公司的日常经营管理。但由此又会影响夫妻共同债务的认定,具体详见下文分析。

(三)影响夫妻共同债务的认定

1. 解读

公司在融资过程中可能会与外部投资人签署对赌协议,承诺公司在一定期限内完成合格上市或实现一定的业绩指标,否则投资人有权要求公司和/或创始人进行现金补偿或回购投资人股权。除此之外,投资人通常还要求创始人对融资交易项下公司违约事项承担连带赔偿责任。因此创始人可能面临较大金额的或有负债风险。

根据《民法典》婚姻家庭编第1064条的规定,满足以下情形之一的,即为夫妻共同债务:(1)基于夫妻双方共同签名或者夫妻一方事后追认等共同意思表示所负的债务,即共债共签;(2)夫妻一方在婚姻关系存续期间以个人名义为家庭日常生活需要所负的债务,即一方因日常家事代理所产生的债务;(3)夫妻一方在婚姻关系存续期间以个人名义超出家庭日常生活需要所负的债务,且债权人能够证明该债务用于夫妻共同生活、共同生产经营或者基于夫妻双方共同意思表示。

基于上述法律规定,在部分夫妻共同创业但一人持股的情况下,非持股的一方如在公司担任具体的管理职务,深度参与公司经营,可能会导致作为持股一方的创始人因签署相关对赌协议所负的个人债务转变为夫妻共同债务,进而使创始人夫妇的家庭财产受损。

此外,即便未持股的一方不参与公司经营,部分投资人出于举证责任的需要,依然会要求创始人配偶在"配偶承诺函"等法律文件中确认知悉创始人、公司及投资人相关融资交易文件的签署,以共债共签的形式实现将创始人所负债务确认为夫妻共同债务的目的。

2. 对策建议

因此,为避免家庭财产受损,我们建议:

(1)创始人夫妇应谨慎评估风险及收益,确认未在公司持股的一方是否有必要深度参与公司的日常经营管理;

(2)即便未持股一方不参与公司的日常经营管理,也应谨慎审阅"配偶确认函"或类似法律文件,签署前应当确认当中是否包括投资人为实现共债共签目的而设置的追认条款;

(3)创始人在融资交易文件中应当明确个人所负债务的上限,比如,约定债务承担以其所持有的公司股权价值为限,且不累及其他个人财产、家庭财产、夫妻共同财产等;创业前即建立夫妻财产隔离机制并在融资交易文件中明示投资人。

五、总结

综上所述,夫妻共同创业时,双方是否都需持股应基于彼此的商业目标、个人财务规划以及对未来的预期进行决定。无论选择何种方式,应尽可能地采取措施隔离风险,并应确保所有决定都在法律文件中得到妥善记录,以保护双方的权益。

15 创始人如何利用类别股拥有更多的投票权？

公司在发展过程中，往往需要依靠股权融资获取所需的资金和资源。天使轮、种子轮、A轮、B轮……随着融资轮次的增加，创始人的股权被不断稀释，可能会面临控制权被削弱或转移的风险。为平衡融资需求与控制权的保持，以有利于公司的可持续发展，一些境外公司在数十年前即开始通过设置特别表决权股，使创始人在持股比例较低的同时拥有较高比例的投票权。新《公司法》(2023修订)关于类别股的规定为此等股权设计在境内的落实铺上了红毯。创始人如何利用类别股拥有更多投票权？且看新《公司法》(2023修订)的相关规定。

一、类别股的含义

新《公司法》(2023修订)下，股份有限公司可以按照公司章程的规定发行下列与普通股权利不同的类别股：

1. 【优先/劣后股】优先或者劣后分配利润或者剩余财产的股份；
2. 【特别表决权股】每一股的表决权数多于或者少于普通股的股份；
3. 【转让受限股】转让须经公司同意等转让受限的股份；
4. 【其他类别股】国务院规定的其他类别股。

其中，优先/劣后股与投融资实践中常见的优先分红权、优先清算权相对应，它们为投资人提供了额外的激励和保护机制，有助于增加公司的融资机会和吸引力；转让受限股则对应创始人股权转让限制事项，有助于鼓励创始人着眼并投身于公司的长远发展、避免短视行为，也使外部投资人在股权结构和公司发展方面更有安全感。新《公司法》(2023修订)明确了这两类类别股，将有助于解决实践中因各地市场主体登记管理部门把握尺度不同，导致的股东特别权利难以在备案的公司章程中体现(而仅能通过股东协议等落实)的困扰。

特别表决权股更是新《公司法》(2023修订)的一大亮点。相较于新《公司法》(2023修订)以"列举+概括"方式明确的类别股,原《公司法》(2018修正)仅原则性规定"国务院可以对公司发行本法规定以外的其他种类的股份,另行作出规定"。实践中,自2019年科创板开始,至2023年全面注册制的落实,境内A股上市规则陆续明确允许设置特别表决权的公司上市,但需要其满足市值、营业收入方面的指标要求。本次新《公司法》(2023修订)对特别表决权股的规定,有助于各类符合条件的公司通过该等制度更好地运用公司组织机制,平衡创始人、投资人及公司的利益,为各方创造更大价值。

需要说明的是,新《公司法》(2023修订)仅在股份有限公司相关章节中规定了类别股,而在有限责任公司规则部分未予体现。我们理解,这并不意味着有限责任公司不允许设置类别股,而是基于有限责任公司的"人合性",相关特别权利安排更易于通过合同形式予以确定和落实,无需完全套用股份有限公司具有格式化乃至公示性质的章程规定,不影响有限责任公司股东间对相关权利安排的实践。

二、类别股的实践意义

通过设置类别股,创始人与投资人之间可以有更多议价方式,通过给予某些方面的优惠,换取对自己更为重要的权利,如通过赋予投资人享有优先分配利润的权利,谈判换取创始人享有特别表决权股的权利等。在目前明确的三类类别股中,特别表决权股对创始人控制权保持的作用是最直观的,通过以下几个案例可以看出:

• 京东,2020年港股上市时,设置了每股20票投票权的类别股,实际控制人刘强东的持股比例为15.1%,而对应的投票权高达78.4%(其2014年在美国纳斯达克上市时也发行了20倍投票权的类别股);

• 优刻得,2020年科创板上市时,设置了每股5票投票权的类别股,共同实际控制人季昕华、莫显峰及华琨合计持股比例为26.83%,而对应的投票权高达64.71%;

• 百度,2021年港股上市时,设置了每股10票投票权的类别股,实际控制人李彦宏的持股比例为17%,而对应的投票权高达57%(其2005年在美国纳斯达克上市时也发行了10倍投票权的类别股);

• 云从科技,2022年科创板上市时,设置了每股6票投票权的类别股,实际控制人周曦通过常州云从持股23.32%,而对应的投票权高达64.6%。

由此可见,特别表决权股的设置能够帮助创始人在持有较低股权比例的同时,

享有更多的投票权,亦即表决权、话语权。特别表决权安排下,股东持有的投票权总数可以参考如下公式:

$$投票权总数 = 普通股股数 + 类别股股数 \times 投票权倍数 n$$

示例:假设A股份公司有若干股东,分别为K总和其他投资人。K总为创始人,持股比例20%(对应20万股股票),其中8万股为普通股,12万股为具有特别表决权的类别股,投票权倍数为n;其他投资人合计持股比例80%(对应80万股股票),均为普通股。

情形一:

$n=5$,则K总享有的投票权总数为8万+12万×5=68万份,其他投资人享有的投票权总数为80万份,此时,其他投资人合计的投票权占所有股东投票权过半数。

情形二:

$n=8$,则K总享有的投票权总数为8万+12万×8=104万份,其他投资人享有的投票权总数为80万份,此时,K总的投票权占所有股东投票权过半数。

可以看出,设置多少份类别股以及多少倍投票权倍数,均影响着最终的投票权总数以及创始人对公司的控制力,创始人可以通过测算来预计设置的类别股数量及投票权倍数。结合《公司法》关于重大事项须经2/3以上表决权通过的规定,通过设置使创始人持有的投票权过半数但低于2/3,能够在增强创始人控制权和保障其他股东参与公司治理的权利这两者间形成较好的平衡,构建有效的公司治理机制;但如果创始人希望获得对公司的绝对控制,则可以通过设置更高的投票权倍数使其持有的投票权占比超过2/3。有关股权管理的关键比例,详见本书前文:"12……什么是创始人必知的六大股权生命线?"。

三、设置类别股应当考虑的因素

首先,应当充分认识类别股的优劣势。类别股的优势明显,主要包括:(1)助力投融资主体双方共赢,满足市场主体不同投资偏好下的不同投资需求,有助于公司实现融资需求与控制权保持的平衡;(2)优化公司治理结构,促进投资人确定自己是"出钱"还是"出招"的定位,提高公司的决策效率,也可以帮助持股较少的股东充分参与公司决策;(3)有助于降低交易成本,相较于原《公司法》(2018修正)下,实践中投融资双方往往每次交易都要分别对合同内容逐项进行反复磋商后达成合意,类别股的设置将使实践中被证明更具有优势的资本结构安排更易于复制,简化交易程序,缩减磋商时间。但是,类别股尤其是特别表决权的劣势也不可忽视,其核心在于,将大量权力集中在少数人手中,容易造成管理中独裁的发生,且在创始人的控制权与基于持股比例的收益权相分离的情况下,理论上创始人可能会面临自身利益与股东利益的取舍,进而产生机会主义行为的可能性更大。

其次,如何与投资人谈判是设置类别股应考虑的重要因素。一方面,创始人如希望设置特别表决权股,在其迫切需要融资时,往往需要在表决权外的其他方面作出更多让步,如分红的优先级、创始人股权转让限制、对赌及回购等,这些让步从长远角度考虑到底是否值得,是创始人需要在谈判时综合考虑的。另一方面,特别表决权股往往只掌握在少数人手中,流通性低,使得外部并购难度加大,降低了公司在并购市场上的吸引力,投资人通过并购退出及获得高额收益的难度加大,因此在与投资人谈判时,创始人需要考虑如何强化现有"卖点",使公司本身对投资人更具有吸引力。

最后,只有选择最适合公司自身发展的类别股设置方案,才能真正发挥类别股的优势,实现公司、创始人、投资人多赢的局面。具体而言,设置哪些类别股、设置多少类别股、类别股有怎样的发行条件、后续类别股又该如何转让或处置,需要结合公司当前需求、发展阶段以及未来规划综合考虑。例如,新《公司法》(2023 修订)规定,公开发行股份的公司不得发行特别表决权股,但公开发行前已发行的除外。对于有上市计划的公司而言,则需预先考虑到未来上市融资对股权稀释的影响,相应确定公开发行前类别股的数量及相应的投票权倍数。

四、总结

综上所述,新《公司法》(2023 修订)规定的优先/劣后股、特别表决权股、转让受限股等类别股可以满足不同投资偏好下的不同投资需求,有助于创始人在持股比例较低的情况下依旧把握住公司的控制权。其中,特别表决权股的设置可以实现一股享多倍投票权,对于创始人利用类别股拥有更多投票权具有最为直接且直观的作用。设置类别股,应当充分认识类别股的优劣势、考虑如何与投资人谈判、选择适合公司自身发展的设置方案,方能充分发挥类别股对公司、创始人、投资人目标实现的特别优势与价值。

16

创始人如何选择持股方式？

——直接持股还是间接持股

在创业公司的胚胎期，创始人不仅需要决定股权的分配比例，也需要精心构建持股结构。然而，这是否意味着更多的股权层级能带来更大的优势？在选择间接持股的方式时，创始人又应如何作出决策？针对上述问题，我们将探讨直接持股与间接持股的优缺点，并分析每种持股结构背后的深层次考量因素和潜在风险，供创始人在进行股权设计时参考。

一、法律风险

公司股东的有限责任意味着无论股东是通过直接持股还是间接持股方式持有公司股权，在公司未被否认法人独立人格的前提下，公司股东的责任仅限于其认缴的注册资本额，但不同持股方式下股东承担有限责任的范围不同。

示例1：

甲公司是一家有限责任公司，共有4位创始人股东，分别为股东K、股东J、股东Q、股东A，其中股东K为直接持股，股东J通过乙公司间接持股，股东Q通过作为丙合伙企业的普通合伙人间接持股，股东A作为丙合伙企业的有限合伙人间接持股。具体如图16-1所示。

16 创始人如何选择持股方式?

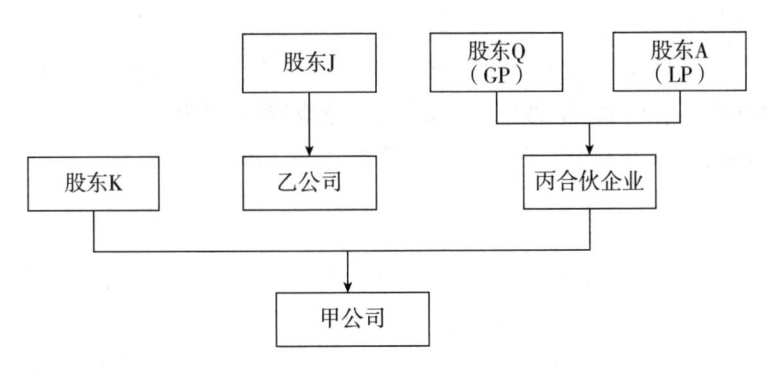

图 16-1 示例 1 图示

在示例 1 中,股东 K 以其认缴的甲公司注册资本为限承担有限责任,股东 J 以其对乙公司认缴的注册资本为限承担有限责任,股东 Q 以丙合伙企业认缴的甲公司注册资本为限承担有限责任(但股东 Q 作为丙合伙企业的普通合伙人,对丙合伙企业的债务承担无限连带责任),股东 A 以其认缴的丙合伙企业份额为限承担有限责任。

二、控制权

(一)控制权的实现

直接持股和间接持股均可以实现对公司的控制,不同持股方式下实现控制的路径不同。

示例 2:

仍以甲公司为例,股东 K 可以通过直接持有甲公司多数股权实现控股;股东 J 可以通过直接控制乙公司再通过乙公司持有甲公司多数股权实现控股;股东 Q 可以通过担任丙合伙企业执行事务合伙人再通过丙合伙企业持有甲公司多数股权实现控股;但股东 A 基于其有限合伙人的身份,不能作为丙合伙企业的执行事务合伙人,无法通过控制丙合伙企业间接实现对甲公司的控股。

(二)控制权的稳定

1. 创始团队间接持股

创始人之间可以通过签署《一致行动协议》来维持创始人对公司的控制,以此在引入投资人时降低因股权稀释导致失去控制权的风险。同时,创始团队也可以通过间接持股的方式将"一致行动"的合意固定,降低因个别创始人出现不可抗力情形时对创始团队整体表决份额造成影响的风险,例如个别创始人因债务纠纷股权被强制执行的,或者由于离婚、继承等原因造成股权分割的,或因被采取封控、治安管理措施或刑事强制措施而无法出席股东会等情形。

示例3:

仍以甲公司为例,若股东K、股东J、股东Q、股东A均通过乙公司间接持股实现对甲公司的控股,则在对甲公司进行决策时,均以乙公司作为股东进行表决。若甲公司引入投资人后乙公司合计持有甲公司67%的表决权,其中股东A间接控制甲公司20%的表决权,此时股东A因离婚纠纷造成股权被平均分割,但基于股东K、股东J、股东Q、股东A仍能控制乙公司,故不会影响乙公司控制甲公司对重大事项的决策。

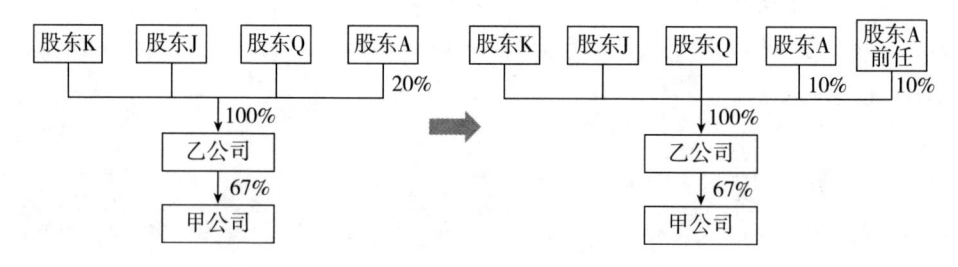

图16-2 示例3图示

2. 设立间接持股平台

(1) 以公司为持股平台

通过设立夹层公司实现间接持股的初创公司,在发展的过程中夹层公司可以演变为一个间接持股平台。这样的结构在吸引投资者或实施股权激励计划时更具有灵活性,不会对初创公司的原有股权架构造成影响,创始人通过控制间接持股平台,可以有效地保持控制权的稳定。

示例4:

仍以甲公司为例,股东J控制的乙公司实际为创始团队预留的间接持股平台,通过转让股东J持有的乙公司股权引入新的投资人,若股东J仍持有乙公司多数股权,则创始团队在甲公司的表决权将不会因为引入投资人而降低。

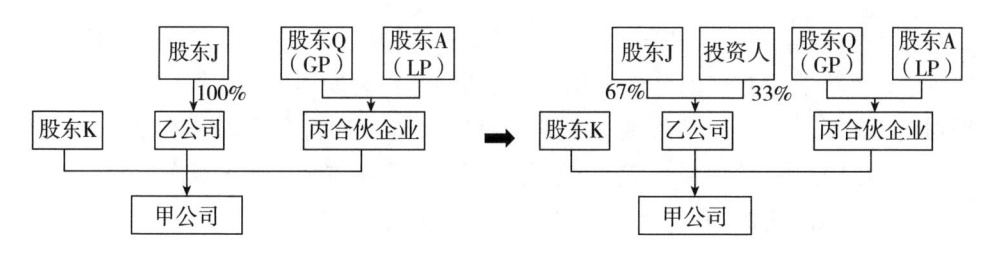

图 16-3 示例 4 图示

(2) 以有限合伙企业为持股平台

有限合伙企业依据《合伙协议》的规定进行运作,通常情况下执行事务合伙人有权决策并执行有限合伙企业的大部分事务,而执行事务合伙人必须是普通合伙人,且无需普通合伙人持有特定的份额比例。因此,有限合伙企业常被用作引入投资者或实施股权激励的持股平台。相较于以公司作为持股平台,这种结构允许创始人在释放更多股权的同时又能保持控制权的稳定,实现以较小的资本撬动更大的杠杆。

示例 5:

仍以甲公司为例,股东 Q 控制的丙合伙企业实际为创始团队预留的间接持股平台,通过转让股东 Q 持有的丙合伙企业份额引入新的投资人,在保持股东 Q 始终作为丙合伙企业的执行事务合伙人的前提下,股东 Q 可以释放其持有的绝大多数丙合伙企业的份额,同样能使创始团队在甲公司的表决权保持不变。进一步上翻,若股东 Q 先设立丁公司,以丁公司担任丙合伙企业的普通合伙人,则股东 Q 的有限责任范围可能进一步缩小,实现了资本杠杆的最大化。

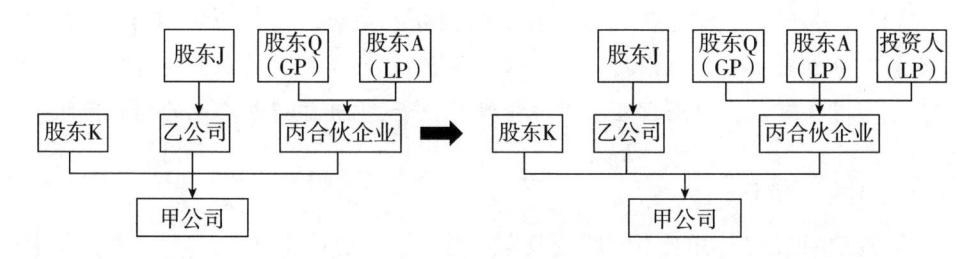

图 16-4 示例 5 图示

三、税负成本

(一)利润分配

除非章程另有规定,股东拥有按其持股比例获得公司利润分配的权利,公司将在就其所得缴纳企业所得税后,向公司的股东进行分红,直接持股和通过合伙企业持股的自然人股东获得的分红依据"利息、股息、红利所得"缴纳个人所得税。需特别提示的是,合伙企业无需缴纳企业所得税,即最终分配到个人时不存在双重征税;企业法人股东获得的分红免于缴纳企业所得税,在该企业法人股东再向其自然人股东分红以后依据"利息、股息、红利所得"缴纳个人所得税。

示例6:

仍以甲公司为例,若甲公司进行利润分配,股东K、股东Q、股东A分别就各自分红所得缴纳个人所得税;乙公司就其分红所得免于缴纳企业所得税,在乙公司向股东J进行分红以后,股东J再行缴纳个人所得税;丙合伙企业无需缴纳所得税。

(二)再投资或转增资本

公司盈利后股东拟进行再投资的,不同持股方式再投资的税负成本不同。直接持股和通过合伙企业持股的自然人股东应该先依据其获得的利润分配缴纳个人所得税,再进行再投资;而基于企业法人股东获得的分红免于缴纳企业所得税原则,企业法人股东基于其收到的分红直接再投资的,无需缴纳企业所得税,企业法人股东的自然人股东亦无需缴纳个人所得税。转增股本视同先分红再投资,税负成本与再投资相同。

示例7:

仍以甲公司为例,若甲公司盈利后股东有意向进行再投资或转增股本,除非直接通过甲公司对外投资,否则均应先按照利润分配纳税。具体而言,股东K、股东Q、股东A分别就各自分红所得缴纳个人所得税;乙公司取得分红后免于缴纳企业所得税,股东J可以直接通过乙公司进行对外投资,重新组建新产业的创始团队。

(三)股权转让

若股东拟退出公司的,不同的持股方式对应不同的转让方式,自然人股东直接转让其持有的股权或合伙企业份额的,应缴纳个人所得税;间接持股的自然人股东先转让夹层公司持有的创始公司股权的,应由夹层公司先缴纳企业所得税,自然人股东再以夹层公司向其分红的所得缴纳个人所得税;如夹层使用合伙企业的,合伙企业无需缴纳企业所得税。

示例8：

仍以甲公司为例，若股东K转让其持有的甲公司股权，或股东J转让其持有的乙公司股权，或股东Q、股东A转让各自持有的丙合伙企业份额的，股东K、股东J、股东Q、股东A应分别就各自转让所得缴纳个人所得税，若乙公司转让甲公司股权的，乙公司应先就其转让所得缴纳企业所得税，在乙公司向股东J进行分红后，股东J再缴纳个人所得税。

四、总结

综上所述，在选择持股方式时，应充分认识到直接持股与间接持股各自在法律风险、控制权分配以及税务成本等方面的差异。没有哪一种持股方式存在绝对的优劣，因此，创始人在作决策时需要全面考虑诸多因素，如创始团队的构成、对决策权的控制需求、公司的成长战略等。在此基础上，可以结合实际状况，灵活选择直接持股、间接持股，或是将两者结合使用，以期达到持股结构的最优化。

三

三会运行

17

公司一定要有董事会和监事会吗？

新《公司法》(2023修订)对公司治理结构的设置提供了更加灵活和多元化的配置选项,公司可以根据自身规模、业务特点和股东意愿等因素选择是否设立董事会和监事会。那么,新《公司法》(2023修订)对于董事会和监事会设置的规定具体有哪些变化？企业家及存量公司应对这些变化又该如何进行决策？我们将对新《公司法》(2023修订)涉及的上述问题进行解读,供读者参考。

一、董事会相关规定的变化

(一)取消"执行董事",可以不设董事会

新《公司法》(2023修订)第75条和第128条均规定,规模较小或者股东人数较少的有限责任公司或股份有限公司,可以不设董事会,设一名董事,行使董事会职权。删除了原《公司法》(2018修正)设一名董事时该董事应为"执行董事"的称谓,同时新增股份有限公司可以不设董事会的规定。

(二)修改董事会成员的人数限制

原《公司法》(2018修正)第44条和第108条规定,有限责任公司设董事会的,董事会成员为3人至13人;股份有限公司应设董事会且成员为5人至19人。而新《公司法》(2023修订)将有限责任公司和股份有限公司的董事会人数规定统一为3人以上,未设置上限,一方面为股东提名推荐董事参与公司事务提供更大的空间,另一方面也降低了股份有限公司前期选任董事的人数压力。

(三)修改董事会的法定权限

新《公司法》(2023修订)第67条中删除了"董事会对股东会负责"的规定,并且对董事会原有的职权进行了调整,取消其"制订公司的年度财务预算方案、决算方案"的职权,同时新增股东会有权授权董事会承担其他职能。这意味着,公司可以通过章程的约定或股东会决议具体确定董事会的职权边界,结合董事会成员的构成,可以有效划分不同股东对公司事务的参与程度。

示例 1:

甲公司共有 K、J、Q、A 4 位股东,其中股东 K 为控股股东且负责甲公司的日常经营及管理,股东 J、股东 Q 希望参与甲公司事务决策,股东 A 不愿过多参与甲公司事务。在此情形下,股东 K、股东 J、股东 Q 或其提名并经股东会选举的人员可以作为公司董事组成董事会,通过公司章程授权董事会职权的形式将股东会法定决策事项之外的多数事项交由董事会决议。

二、监事会相关规定的变化

(一)有限责任公司可以不设监事

不同于原《公司法》(2018 修正)对于股东人数较少或者规模较小的有限责任公司可以设一名至二名监事而不设监事会的规定,新《公司法》(2023 修订)进一步简化小规模有限责任公司的治理结构,明确股东人数较少或者规模较小的有限责任公司经全体股东一致同意也可以不设监事。

(二)股份有限公司可以不设监事会

与董事会的修改相似,新《公司法》(2023 修订)实施后,规模较小或者股东人数较少的股份有限公司可以不设监事会,设一名监事,行使监事会职权。

(三)审计委员会可以取代监事会

新《公司法》(2023 修订)第 69 条和第 121 条规定,有限责任公司和股份有限公司可以按照公司章程的规定在董事会中设置由董事组成的审计委员会,行使监事会的职权,不设监事会或者监事。即公司能够根据自身情况设立单层监督结构,通过董事会下设审计委员会行使监督职能。

(四)修改监事会的法定职权

新《公司法》(2023 修订)第 80 条新增监事会有权要求董事、高级管理人员提交执行职务的报告,为监事会行使"对董事、高级管理人员执行职务的行为进行监督"的职权提供更具可操作性的法律依据,为监事会监督职能的落实提供制度支撑。

三、董事会审计委员会与监事会的制度选择

（一）董事会审计委员会的职权

本次《公司法》修订之前，董事会审计委员会的设置常见于上市公司及拟上市公司，其法定职权也分布在不同板块的上市规则中，多集中于审阅财务报告、监督和评估内外部审计工作以及决定聘任或解聘公司财务负责人及会计师事务所等财务事项的监督职能。结合现有实务经验，董事会审计委员会与监事会并非绝对的二选一，对于已设立董事会审计委员会的存量公司而言，仍可以保持现有的治理结构，二者各司其职；新《公司法》（2023修订）实施后，如存量公司的董事会审计委员会修订职权范围包含了原有监事会职权的，则可以选择取代监事会。

（二）董事会审计委员会取代监事会的可行性

对于董事会审计委员会的构成，新《公司法》（2023修订）仅规定股份有限公司的董事会审计委员会成员为3名以上，过半数成员不得在公司担任除董事以外的其他职务，且不得与公司存在任何可能影响其独立客观判断的关系；而对有限责任公司董事会审计委员会的构成未进行规定。

同时，新《公司法》（2023修订）对监事会构成的规定则延续原《公司法》（2018修正），即公司监事会成员为3人以上的，监事会成员中职工代表的比例不得低于1/3，且董事、高级管理人员不得兼任监事，这意味着若部分股东希望同时参与公司决策和监督，需要提名不同的人员分别担任董事和监事，且若监事会成员超过3人的，还需预留职工监事的席位。在这方面，董事会审计委员会的单层监督模式能够一定程度上简化公司的治理结构，同时缓解股东提名董事及监事会成员的负担，对于初创有限责任公司而言，其董事会审计委员会的构成、议事方式和表决程序的自主权较大，这一优势更为明显。

示例2：

仍以甲公司为例，若股东J、股东Q希望参与甲公司事务决策的同时监督甲公司规范运行，股东A也有相同意愿。在此情形下，股东K、股东J、股东Q、股东A或其提名并经股东会选举的人员可以作为公司董事组成董事会，同时股东J、股东Q、股东A或其提名并经股东会选举的董事组成董事会审计委员会行使监事会职权，即能满足股东J、股东Q、股东A行使监督权利的意愿，又不受限于董事、高级管理人员不得担任监事的限制，甲公司也无需选举职工监事。

（三）董事会审计委员会取代监事会的必要性

新《公司法》(2023 修订)第 68 条和第 120 条规定，职工人数 300 人以上的有限责任公司和股份有限公司，除依法设监事会并有公司职工代表外，其董事会成员中应当有公司职工代表。换言之，当公司职工人数在 300 人以上时，如选择以董事会审计委员会代替监事会的组织架构的，仍需要选举公司职工代表董事。控股股东和持股比例相对较高的投资人往往较为重视他们在董事会中的席位，除非进一步扩增现有董事会人数，否则在保持现有董事会人数不变的基础上，协调拥有董事提名权的股东释放一名席位给职工代表董事，往往会难以实现。因此对于已设立董事会审计委员会的上市公司和拟上市公司而言，公司职工人数超过或可能超过 300 人的，公司管理层应当审慎评估是否将监事会的职权并入董事会审计委员会，避免因此引发董事会席位纷争。

四、总结

综上所述，新《公司法》(2023 修订)在一定程度上增强了公司对于治理架构设计的自主性，使得公司能够根据自身特点和需求灵活构建适合公司发展阶段的治理体系。此外，针对董事会审计委员会可能取代监事会的法律变化，创始人和存量公司需要审慎分析这一变革可能带来的连锁效应，结合公司的长远发展和整体规划作出最合适的决策。

18

股东应该如何"用好"股东会？

股东会是由全体股东组成的公司权力机构，股东通过股东会的具体运作实现其权利。原《公司法》（2018修正）下，股份有限公司的全体股东组成"股东大会"；新《公司法》（2023修订）删除了"股东大会"的概念，与有限责任公司的权力机构一律称为"股东会"。作为公司股东利益的依托，股东会应当基于《公司法》和公司章程规定的内容和程序行使职权。股东应该如何"用好"股东会？以下是一些结合法律规定与实操经验的建议。

一、理解股东会的职权

要"用好"股东会，首先要理解股东会要做什么、能做什么。新《公司法》（2023修订）第59条明确了股东会的职权，主要包括以下内容。

1. 重大人事决定：选举和更换董事、监事，决定有关董事、监事的报酬事项。

股东是公司的所有者，通过选任董事和监事具体实施公司的管理和监督。董事、监事的报酬由股东会决定，主要是避免董事、监事利用其优势地位作出更有利其自身而对公司不利的决定。

相较于原《公司法》（2018修正），新《公司法》（2023修订）第71条增加了股东会对董事的无因解除权，明确股东会可以决议解任董事，解任自决议作出之日即生效。同时也给无因解除权的行使增加了限制，如果股东会无正当理由在董事任期届满前行使解除权的，被解任的董事可以要求公司予以赔偿。

除前述事项外，结合新《公司法》（2023修订）第68条及第76条的规定，我们理解股东会能够选举和更换的董事及监事仅为非职工代表董事及监事，职工代表董事及监事应由公司职工通过职工代表大会、职工大会或者其他形式民主选举产生。

2. 重大运行监督：审议批准董事会、监事会的报告。

董事会作为公司的决策机构、监事会作为公司的监督机构，其重大事项需要向股东会报告,包括但不限于其一定期限内的履职情况、公司业绩和经营状况、公司内部控制情况等。

3. 重大资本运作决策:对公司增加或者减少注册资本作出决议;对发行公司债券作出决议(可以授权董事会);对公司合并、分立、解散、清算或者变更公司形式作出决议。

前述关乎公司发展的重大决策应当由股东会作出。其中,相较于原《公司法》(2018 修正),新《公司法》(2023 修订)新增"股东会可以授权董事会对发行公司债券作出决议"的规定,该修改更便于公司债券发行的内部决策,也更符合实操需求。

4. 重大财务方案审批:审议批准公司的利润分配方案和弥补亏损方案。

作为公司的重大财务事项,公司的利润分配方案和弥补亏损方案经董事会提出,并由股东会审议批准后方可实施。

需要特别注意的是,公司利润分配方案应当符合新《公司法》(2023 修订)第 210 条、第 212 条有关分配顺序及程序的规定,否则股东应当将违反规定分配的利润退还公司,且决议将因内容违反法律强制性规定而存在效力瑕疵。相较于原《公司法》(2018 修正),新《公司法》(2023 修订)第 211 条增加了股东对违法利润分配给公司造成损失的赔偿责任。

5. 其他重大事项:修改公司章程,公司章程规定的其他职权。

公司章程对股东会职权进行自治赋权时,应注意股东会法定职权的边界,不得违反法律、行政法规的强制性规定,同时也应避免不当限制股东权利。比如,除第 59 条外,新《公司法》(2023 修订)第 15 条第 2 款明确,有限责任公司为公司股东或者实际控制人提供担保的,应当经股东会决议。

二、积极参加股东会会议

1. 参会准备

股东在接到股东会会议通知后,应当充分阅读会议资料,存在疑问的,可在会前或会上请董事会予以释明。有条件的,股东最好以现场方式参加会议,除能够与其他股东、董监高充分交流外,会场设在公司办公地址的,还能够实地考察公司的运行状态、员工工作氛围等;不便现场参会的,根据公司章程和会议通知的内容,还可以以电子通信方式如电话、视频等方式参会,或者委托代理人代为出席股东会会议。需要说明的是,有限责任公司的股东对职权范围内事项以书面形式一致表示同意的,可以不召开股东会会议,直接作出决定,并由全体股东在决定文件上签名或者盖章。

2. 临时提案

除既有议题外,股份有限公司的股东还可以提出临时提案。具体而言,单独或者合计持有公司1%以上股份的股东,可以在股东会会议召开10日前提出临时提案并书面提交董事会。临时提案应当有明确议题和具体决议事项。董事会应当在收到提案后2日内通知其他股东,并将该临时提案提交股东会审议;但临时提案违反法律、行政法规或者公司章程的规定,或者不属于股东会职权范围的除外。相较于原《公司法》(2018修正)规定的"单独或者合计持有公司3%以上股份的股东"可以提出临时提案,新《公司法》(2023修订)降低了持股比例要求,旨在进一步强化股东民主参与公司治理。

3. 主动召集

董事会未召集股东会会议的,股东可以直接召集吗?新《公司法》(2023修订)规定,董事会不能履行或者不履行召集股东会会议职责的,由监事会召集和主持;监事会不召集和主持的,有限责任公司代表1/10以上表决权的股东可以自行召集和主持,股份有限公司连续90日以上单独或者合计持有公司10%以上股份的股东可以自行召集和主持。

三、合理行使表决权

1. 长远考虑

根据会议资料和会上沟通,股东应当基于自己对公司事务的了解和判断合理行使表决权。在行使表决权时,不仅要考虑短期利益,更要考虑公司的长远发展,确保决策有利于公司的可持续发展。以审议"利润分配方案"为例,除考虑利润分配能快速实现投资利益外,股东还应结合公司整体的盈利状况,考虑公司未来的资金需求、是否有对外投资或扩张的打算、将盈余留作公司使用是否对公司长期发展与收益更有利等。

2. 审慎投票

通常而言,股东应当对提交表决的提案发表以下意见之一:同意、反对或弃权。未填、错填、字迹无法辨认的表决票或未投的表决票均视为投票人放弃表决权利,其所持股份数的表决结果将计为"弃权"。有限责任公司的股东会就一般事项作出决议,应当经**代表过半数表决权的股东**通过,作出修改公司章程、增加或者减少注册资本的决议,以及公司合并、分立、解散或者变更公司形式的决议,应当经**代表**

2/3 以上表决权的股东通过;股份有限公司的股东会就一般事项作出决议,应当经**出席会议的股东所持表决权过半数**通过,作出修改公司章程、增加或者减少注册资本的决议,以及公司合并、分立、解散或者变更公司形式的决议,应当经**出席会议的股东所持表决权的 2/3 以上**通过。因此,在公司章程对股东行使表决权的方式无其他特别安排的前提下(具体而言,对有限责任公司,公司章程可以规定不按照出资比例行使表决权;对股份有限公司,符合条件可以发行同股不同权的特别表决权股份),即便是持股比例较低的股东,也可能因为处在决策比例线边缘而对审议结果起到决定性作用。有关股权管理的关键比例,详见本书前文:*"12……什么是创始人必知的六大股权生命线?"*。

四、法定情形下可请求收购股权

有下列情形之一的,对股东会该项决议投反对票的股东可以请求公司按照合理的价格收购其股权/股份,公开发行股份的公司除外,见表 18 – 1。

表 18 – 1　可请求公司收购股权的情形

	有限责任公司	股份有限公司
异议股东回购请求权适用事项	(一)公司连续 5 年不向股东分配利润,而公司该 5 年连续盈利,并且符合《公司法》规定的分配利润条件; (二)公司合并、分立、转让主要财产; (三)公司章程规定的营业期限届满或者章程规定的其他解散事由出现,股东会通过决议修改章程使公司存续。 自股东会决议作出之日起 60 日内,股东与公司不能达成股权收购协议的,股东可以自股东会决议作出之日起 90 日内向人民法院提起诉讼	(一)公司连续 5 年不向股东分配利润,而公司该 5 年连续盈利,并且符合《公司法》规定的分配利润条件; (二)公司转让主要财产; (三)公司章程规定的营业期限届满或者章程规定的其他解散事由出现,股东会通过决议修改章程使公司存续。 自股东会决议作出之日起 60 日内,股东与公司不能达成股份收购协议的,股东可以自股东会决议作出之日起 90 日内向人民法院提起诉讼

综上所述,股东会是由全体股东组成的公司权力机构。股东要想"用好"股东会,应当在充分理解股东会职权的基础上,积极参加股东会会议,合理行使表决权,发生法定情形的,对股东会相关决议投反对票的股东还可以请求公司收购其股权/股份。充分发挥股东会的职权,将使公司的运行沿着符合股东利益与追求的方向发展,助力投资目标的实现。

19

小股东如何利用董事会增强影响力？

公司的董事会由全体董事组成，在其职权范围内，对内管理公司事务、对外代表公司执行事务。小股东如作为少数股东参与投资，在持股比例不占优势的情况下，如何利用董事会增强自己在公司的影响力？以下是一些结合法律规定与实操经验的建议。

一、小股东参与董事会的重要性

股东会和董事会是公司的核心治理机构，一般而言，公司的日常经营事项主要由董事会决定。相较于原《公司法》（2018 修正），新《公司法》（2023 修订）删除了董事会"制订公司的年度财务预算方案、决算方案"的职权，同时新增明确股东会有权授权董事会承担其他职能。这意味着，在不违反法律法规规定的前提下，除股东会权力保留事项外，公司可将日常经营相关的其他决策事项下移至董事会层面。因此，小股东如果能够在董事会中占有一席之位，便可大幅提升对公司事务的参与程度及影响力。

二、取得董事会席位

（一）取得董事提名权

新《公司法》（2023 修订）及原《公司法》（2018 修正）均未明确董事提名权的归属，在上市公司治理话语体系内，董事提名权往往与提案权的行使条件挂钩。比如，《上市公司章程指引》（2023 修订）第 54 条第 1 款规定，公司召开股东大会，董事会、监事会以及单独或者合并持有公司 3% 以上股份的股东，有权向公司提出提案；第 82 条第 1 款规定，董事、监事候选人名单以提案的方式提请股东大会表决。在非上市公司治理话语体系内，由于缺乏董事提名权的法定标准，实务中主要以股东间协商确定董事席位及具体分配方案为主，落实到《公司章程》等法律文件中的表述也并不统一，常见的如股东有权推荐/提名/委派/委任董事。为便于下文展开，我们暂且统一表述为董事"提名"权。

鉴于此，非上市公司的小股东应当在投资过程中主动向公司及控股股东、实际控制人争取董事提名权，并通过《公司章程》等法律文件加以固定，即明确公司董事会由几名董事组成、有权提名董事的股东是谁及其有权提名的董事数量。

不同类型的小股东在争取董事提名权时具有不同的优势，比如：

1. 若小股东为创始团队成员之一，可以结合自身对公司拟投入或已投入的资源价值，凭借与公司控股股东、实际控制人共患难的创业经历及信任基础进行谈判；

2. 若小股东为机构投资人尤其是产业投资人时，可将投资金额以及公司对当前轮次融资资金需求的紧迫性作为筹码，结合自身的投资经验、在相关行业或产业的影响力、上下游资源的整合调配能力作为抓手进行谈判。

（二）确保提名董事当选

新《公司法》（2023 修订）及原《公司法》（2018 修正）均规定选举董事系股东会的法定职权，由于小股东在持股比例上天然不占优势，故而在取得董事提名权后，应当通过制度及协议安排确保其提名的董事经股东会审议通过，举例如下：

1. 在《公司章程》等法律文件中明确以下事项：

（1）各股东应在股东会会议上始终投赞成票，以确保选举小股东提名的董事候选人担任董事；

（2）审议并修改《公司章程》等法律文件中有关小股东的董事提名权时，应当经全体股东表决通过，或至少应当包括该名小股东的同意，也就是赋予小股东一票否决权，以确保其董事提名权的行使不受损害；

（3）其他股东转让股权时，应负责确保受让方承继转让方在前述法律文件项下所承担的义务，以确保公司发生股权变动引入新股东后，小股东的董事提名权及其行使不受影响。

2. 设计累积投票制度，即每一股份/注册资本拥有与应选董事人数相同的表决权，股东拥有的表决权可以集中使用，对此我们将在后文作专篇分析。

在相关法律文件已对小股东提名董事当选作出充分保障的前提下，若其余股东未按照约定执行的，小股东可以通过诉讼手段进行司法救济。例如，若其余股东在选举小股东提名的董事时未按照章程约定投票导致小股东提名的董事未当选的，小股东可以向法院提起股东会决议撤销之诉；若小股东提名的董事经股东会审议当选后公司不配合办理工商变更登记手续的，小股东可以向法院提起变更公司登记之诉。

(三)保持董事会席位

小股东提名的董事成功当选后,为防止其余股东变相削弱小股东提名董事在董事会中的影响力,小股东应要求在相关法律文件中对董事会席位的维持作出特别约定,举例如下。

1. 其余股东不得任意更换、罢免小股东提名的董事,也不得未经小股东同意增加或减少董事会席位,改变董事会结构;

2. 除全体股东一致同意外,若任一董事被罢免后董事会人数低于《公司章程》约定人数的,在按照既有股东提名安排改选出的新董事就任前,被罢免董事应当继续履行董事职务;

3. 审议并修改相关法律文件中的前述条款时,应当经全体股东表决通过,或至少应当包括该名小股东的同意;

4. 其他股东转让股权时,应负责确保受让方承继转让方在前述法律文件项下所承担的义务。

综合上述建议,假设股东K系甲公司的小股东,经与甲公司控股股东J谈判取得一名董事会席位,则《公司章程》就该事项的条款可参考如下表述:

公司设董事会,其成员为5人,股东K有权提名一名董事候选人,在选举或罢免股东K提名的董事候选人时,其余股东均应与股东K保持相同立场的表决,若其余股东不出席股东会或者出席股东会但表决与股东K立场不同(包含投相反立场票、投弃权票和不投票)的,均视为已作出与股东K立场相同的表决。除全体股东一致同意外,若董事被罢免后董事会人数低于本章程约定人数的,在按照股东间既有董事提名安排改选出的新董事就任前,被罢免董事继续履行董事职务。公司股东会会议作出修改章程前述条款的决议,必须经股东K表决通过。任一股东转让公司股权的,应确保受让方受前述条款约束并配合签署相关法律文件。

三、充分利用董事会席位

(一)提高董事会会议召开门槛

小股东可以通过其提名的董事出席董事会充分发挥监督作用。一方面,尽管小股东也具有法定的知情权,但通过其提名的董事,可以在董事会职权范围内更加及时、便利地了解公司的运营情况。例如,股东有权查阅、复制公司的董事会会议决议,但如《公司章程》等未明确董事会决议应在作出后几日内主动提交给股东查阅,那么股东对于董事会决策情况的了解可能相对滞后,而提名董事的股东则有机会更及时地了解和监督。另一方面，小股东可以通过其提名的董事出席董事会参与未达股东会审议标准的事项，对控股股东起到一定的监督和制衡作用，避免出现控股股东"一言堂"，有助于防范控股股东滥用职权。

新《公司法》(2023修订)新增有限责任公司董事会会议应当有过半数的董事出席方可举行，实操中小股东可以根据自身取得的董事会席位情况提高前述标准，例如，约定董事会经全体董事过半数出席方可举行，其中应当包括小股东提名董事，或直接约定为董事会经全体董事出席方可举行。

(二)提高董事会会议表决通过门槛

小股东可以通过其提名的董事行使一票否决权。新《公司法》(2023修订)新增有限责任公司董事会作出决议应当经全体董事的过半数通过，具备谈判地位的非上市公司小股东，比如具有产业协同资源的机构投资人、掌握核心技术能力的创始团队成员，可以在前述法定最低要求的基础上在董事会表决机制上设置专属的一票否决权，赋予小股东提名董事针对特殊事项的特别权利，以增强其影响力。例如，在《公司章程》等法律文件中，约定董事会就某些与小股东利益紧密相关的重大事项决策时，如关联交易、对外担保、重大资产处置等，应当经过该名小股东提名的董事同意，或直接约定为应当经全体董事一致同意。

(三)明确有权提议召开临时董事会

原《公司法》(2018修正)及新《公司法》(2023修订)均未规定在有限责任公司中提议召开临时董事会的规则，小股东可以参考股份有限公司中的规定，通过设置其提名的董事有提议召开临时董事会的权利，为其提名董事履行董事职责提供制度保障。当董事会其他董事怠于履行职责时能够挺身而出，防止由于未及时履行董事义务而承担赔偿责任。

示例：

仍以甲公司为例，小股东K提名的董事Q入选董事会，在董事Q参与公司治理的过程中，发现甲公司的另一股东J未按期足额缴纳其出资，而董事会其他董事未能按照新《公司法》(2023修订)的相关规定履职，怠于履行董事会的催缴义务和/或发出失权通知，此时董事Q便可以提议召开董事会要求董事会履行职责。即使董事会未能召开或未能通过该等决议，只要董事Q保留了履行上述程序的法律文件，我们理解董事Q不应属于负有责任的董事，继而亦无需承担赔偿责任。

(四)参与选举公司高级管理人员

决定聘任或者解聘公司经理、副经理、财务负责人等高级管理人员及其报酬系董事会的法定职责,小股东可以通过其提名的董事参与聘任或者解聘公司管理团队。一方面,可以第一时间了解公司管理团队的背景、简历,审查其任职资格,对于不符合任职资格的高级管理人员的人选进行否决和剔除,或者在该等人员当选后第一时间向法院提起董事会决议无效之诉;另一方面,若公司其余董事选举高级管理人员出现平票时,小股东所提名董事的这一票就显得尤为重要,小股东可以借此契机更深入地参与公司的具体经营。

四、设置董事会观察员

若小股东为主要追求投资回报的一般财务投资人,其通过提名董事参与公司的日常经营管理所需投入的精力、基于董事身份所需承担的法律风险与其所追求的投资回报可能不成正比。通常来说,该类型的小股东争取董事提名权的必要性不大,如内部评估后确有需要,可以考虑联合其他小股东与自己共同提名一名董事,或者放弃争取董事席位,转而争取一名董事会观察员席位。

投融资实践中,董事会观察员可以参加董事会会议,获得董事会会议的所有资料,但无相应的发言权和表决权,不能参与董事会会议的实质性讨论。结合谈判地位,部分投资人还可以要求,其委派的董事会观察员可在董事会后以书面形式提出正式的建议,公司应在一定期限内以书面形式进行答复。当董事会观察员认为董事会决议程序、内容有违反规定,或者侵犯了公司或投资人的权益时,可以向公司提出建议并要求公司作出解释。这种折中方案既可以回避股东间因董事会席位可能产生的潜在冲突,又能在一定程度上提高小股东对公司日常经营事务的知情权,变相督促与监督公司规范运营。

五、总结

综上所述,公司的日常经营事项主要由董事会决定,小股东可以通过争取董事席位或董事会观察员席位的形式增强自己在公司中的影响力,实操中为确保小股东提名董事顺利当选并稳固董事会席位,应当将各方合意共识形成的安排明确规定于《公司章程》等法律文件中,以保障来之不易的董事会席位得以真正实现,并贯彻公司治理的各个环节,从而最终达到深入参与公司经营、充分发挥监督作用的目的。

20 如何确定最适合公司的董事会成员人数？

不同公司的董事会成员人数根据其发展阶段、规模及规划等各有不同。实践中，根据原《公司法》（2018 修正）的规定，最少的董事会成员人数为有限责任公司 3 名，最多的董事会成员人数为股份有限公司 19 名。而新《公司法》（2023 修订）对董事会成员人数上下限作出了调整，在此背景下，如何确定最适合公司的董事会成员人数？以下是一些结合法律规定与实操经验的建议。

一、关于董事会人数设置的法定要求

原《公司法》（2018 修正）规定：有限责任公司的董事会成员为 3 人至 13 人，两个以上的国有企业或者两个以上的其他国有投资主体投资设立的有限责任公司，其董事会成员中应当有公司职工代表；其他有限责任公司董事会成员中可以有公司职工代表；股份有限公司设董事会，其成员为 5 人至 19 人，董事会成员中可以有公司职工代表。

相较于原《公司法》（2018 修正），新《公司法》（2023 修订）在董事会设置方面作了以下修改：

1. **调整董事会人数的上下限要求**。有限责任公司和股份有限公司的董事会人数均为 3 人以上，未设置上限。

2. **调整职工董事的设置规则**。凡是职工人数 300 人以上的公司（无论公司类型、是否国资），除依法设监事会并有公司职工代表的外，其董事会成员中均应当有公司职工代表。

二、确定董事会成员人数的考虑因素

新《公司法》（2023 修订）下，要确定公司董事会的最终人数，建议从董事会规

模、席位分配、奇偶数等方面综合考虑。

（一）董事会规模

1. 创始团队对董事会席位的需求。这往往是确定董事会人数要考虑的首要因素。创始团队伴随公司的设立与成长，是作为董事执行公司事务的合适人选，且这些人选对公司的主人翁感和责任感最强，提出想担任董事的创始团队成员，通常不会被拒绝。

2. 对不同专业背景及经验的需求。如果董事会始终由几位背景相似、观念类同的成员组成，可能难以对公司发展提出显著创新的意见，且可能始终在某些专业背景或经验方面有所欠缺。适当引入外部董事，有利于加强董事会组成的人员多样性，也可能产生一定的"鲶鱼效应"，促使现有董事成员产生新的思考与动力。

3. 对资金、资源的需求。一方面，在投融资实践中，投资人以能否取得董事会席位确定是否投资的情况并不罕见；另一方面，更多的董事往往意味着更丰富的资源，董事可以在融资渠道、业务方向等方面为公司提供更多的帮助。

4. 董事之间彼此的沟通与了解。通常而言，董事会成员规模较小的，其董事间彼此沟通与交流更为紧密，不仅有利于互相团结，而且在了解各方背景、立场、思维方式、行为风格的前提下，讨论将更加深入与高效，更易达成共识。

5. 决策效率与行政成本。实操中，董事会会议的通知与召集、会议的现场安排、各董事发表看法、各董事思考与决策、表决情况的统计、会议决议的签署等，均影响着决策的时间和效率。规模较大的董事会会议往往行政成本较高，决策效率也受到多重因素的影响。

综合上述，不同规模的董事会对应的优劣势，见表20-1。

表20-1 不同规模董事会的优劣势

规模	优势	劣势
小规模	·董事间沟通便利，更容易"劲往一处使" ·讨论往往更快，决策效率相对较高 ·董事之间互相了解，有利于决策判断 ·董事对工作更有主人翁感和责任感，更乐于投入与付出	·缺乏多样化的专业背景或观点 ·资金和资源获取途径相对较少 ·需要提出能替代"董事会席位"的吸引投资人的条件
大规模	·更具多样性，可以就同一事项获得多方角度的见解 ·便于满足投资人需求、处理投资人关系 ·更多的社会资源，便于融资、扩展业务	·决策效率相对较低，会议相关行政工作更为烦琐 ·董事之间难以产生深度交流 ·董事的主人翁感和责任感相对较低

（二）董事会席位分配

1. 对控制权保持的需求。如本书前文："**19······小股东如何利用董事会增强影响力？**"所述，董事会是公司的核心治理机构，公司的日常经营事项主要由董事会决定，董事会席位的分配往往与控制权密切相关。实际控制人为保持控制权，需要争取控制董事会中的多数席位，而少数股东在持股比例不占优势的情况下，往往希望通过在董事会中占有一席之位，来提升对公司事务的参与度。当股东人数较多、股权比例较为分散时，如多个少数股东均希望取得董事会席位，控股股东便不得不增加董事会人数以满足各方对席位分配的需求。

2. 需满足职工董事的法定要求。新《公司法》（2023 修订）要求职工人数 300 人以上的公司其董事会成员中均应当有公司职工代表，但依法设监事会并有公司职工代表的除外。董事会中的职工代表由公司职工通过职工代表大会、职工大会或者其他形式民主选举产生，其代表着公司职工的利益。因此，在董事会成员的配置上，应当根据实际情况预留一定的职工董事席位。

3. 考虑独立董事的设置。鉴于境内上市公司应当建立独立董事制度，且独立董事占董事会成员的比例不得低于 1/3，故上市公司及拟上市公司应当设置一定的独立董事席位。例如，非独立董事拟确定为 6 位的，独立董事应至少为 3 人（独立董事人数应大于等于非独立董事人数的一半）。非上市公司也可以根据需要设置独立董事，但无法定比例限制。因此，独立董事的设置也将影响董事会成员的人数。

（三）奇偶数的选择

由于董事会决议一般应当经全体董事的过半数通过，公司通常将董事会成员设置为奇数，以避免在决策时出现平局而无法通过、影响决策效率的情况。但董事会成员也并非不可以为偶数。一方面基于董事辞职、解任等原因，有时会被动出现董事会成员为偶数的情况；另一方面，也存在有意设置董事会成员为偶数的情况，例如著名的 Apple Inc.（苹果公司）长期保持董事会成员为 8 名。

尽管董事会成员为偶数时，可以在一定程度上促使董事决策更为谨慎，一定意义上还可以起到控制风险的作用。但是，由此带来的董事会僵局和决策效率低下的问题将给公司带来巨大的负面影响。如基于特定背景必须设置董事会人数为偶数的，公司应当预先设置一定的平局应对机制，例如：（1）董事会表决出现平局的，议案未予通过，实质性修改后提交董事会表决的，应当作为新的议案重新表决；（2）董事会表决出现平局时，应当将相关议案提交股东会审议；（3）如出现董事会在重大决策方面长期无法形成有效决议的极端僵局情况,监事会以及单独或者合并持有公司1%以上股份的股东,有权向公司提出修改公司章程的提案,将公司章程载明的公司董事会人数修改为奇数,以打破董事会僵局情况等。

需要说明的是,在境内上市监管环境下,董事会成员为偶数将面临监管层面关于控制权是否稳定、决策机制是否有效等问询。作为资本市场的专业律师,我们不建议拟上市公司或上市公司设置董事会成员为偶数。

三、总结

综上所述,在符合法律最低要求的基础上,董事会的人数应当从董事会规模、席位分配、奇偶数等方面综合考虑后确定。

21

累积投票制到底有什么用？

2012年5月25日，格力电器(000651)召开2011年年度股东大会，会议对第九届董事会换届选举的议案进行了表决。其中，由控股股东格力集团(珠海格力集团股份有限公司)推荐的董事候选人周少强支持率仅为36.6%，未能当选，但由两家小股东提名的董事候选人冯继勇以超过100%的支持率当选董事。是什么使得小股东的提名董事能在选举中获得远超大股东提名董事的支持率？答案就是：累积投票制。

一、累积投票制的含义与作用

累积投票制，是指股份有限公司的股东会选举董事或者监事时，每一股份拥有与应选董事或者监事人数相同的表决权，股东拥有的表决权可以集中使用。简单来说，就是参与投票的股东所持总票数等于股东所持的股份数与应选董事或者监事人数相乘。例如，公司拟选举3位董事，候选人分别为K、J、Q 3人，累积投票制下，股东持有的表决权由每一股一票变为每一股三票。假设某小股东仅持有一股公司股份，则小股东既可以为每一候选人各投一票，也可以为其中一位候选人投两票、另外一位投一票，还可以集中将三票都投给同一人，如图21-1所示。

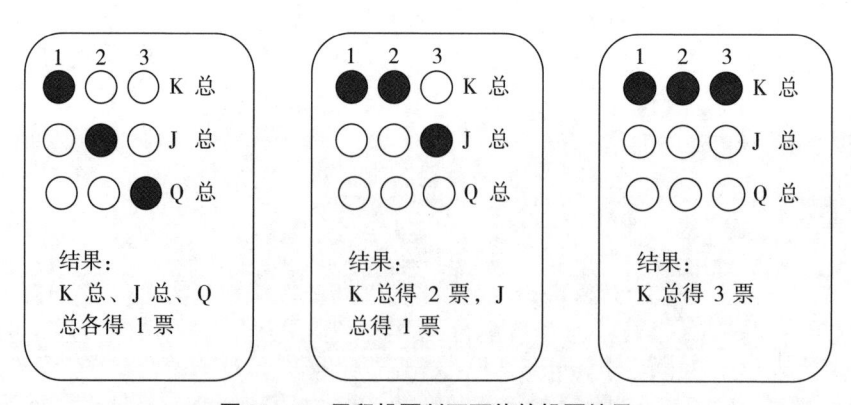

图21-1 累积投票制下可能的投票结果

与累积投票制相对应的是直接投票制。直接投票制可以简单地理解为每一股份有一表决权,在选举董事或监事的语境下,即每股股份在每个董事/监事席位上均享有一票的表决权。由于股份公司选举董事/监事需要经出席会议的股东所持表决权过半数通过,如果某一股东持有51%的股份,在直接投票制下,不管董事会有多少席位,其都可以以相对多数的投票权使其提名的候选人全部当选,中小股东的参与对结果不会有实质影响。不同于直接投票制的一事(人)一议、大股东对每一候选人都有决定性的投票权(可以理解为表决权可重复使用),累积投票制是多事并议,把整个选举安排看作一个整体,股东可将所持票数总和在不同候选人间分配使用(表决权不能重复使用,给一个人多些就给其他人少些)。如果大股东为争取多个董事/监事席位而使票数在多人间分散、稀释,而中小股东为争取一个或几个席位而使票数在一人或几人间集中、累积,则中小股东有可能突破大股东对董事会/监事会席位的垄断,使自己提名的候选人当选。

累积投票制可以说是对"资本多数决"原则的矫正或补充,其对于维护中小股东利益、防止大股东全面操纵董事/监事会、降低集中决策风险、促进董事/监事会的内部制衡起到一定的积极作用。累积投票制为中小股东将代表其利益的代言人选入董事/监事会创造了可能,避免其因无法影响投票结果而产生的"理性的冷漠",有助于维护中小股东的投资热情和参与公司治理的动力。

二、累积投票制的具体示例

累积投票制具有博弈性,大股东和中小股东选择不同的投票策略,将会产生不同的选举结果。示例如下:

假设某公司有两个股东(作为"大股东"和"中小股东"的简化模型),股本为100股,A股东持有60股,B股东持有40股,公司采用累积投票制选举5位董事。则A持有的股份对应300票(60×5),B持有的股份对应200票(40×5)。

情形一:A股东希望自己提名的5位候选人当选,取得全部董事会席位,而B股东希望通过集中投票的方式争取多数席位,投票的结果可能如下,见表21-1。

表21-1 情形一列表

A股东的候选人	300票	B股东的候选人	200票
A1	58	B1	67
A2	59	B2	67

续表

A 股东的候选人	300 票	B 股东的候选人	200 票
A3	60	B3	66
A4	61		
A5	62		

由于累积投票制最终是按所得同意票数多少的排序确定当选者(且当选者所获票数应达到出席会议的股东所持表决权过半数),此等情形下,B 股东的 3 位提名候选人均当选,而 A 股东仅有 2 位候选人当选。B 股东通过累积投票制实现了持股较少但占得董事会多数席位的局面。

情形二:如果 A 股东知道了 B 股东将争取多数董事会席位,则可通过适当调整投票策略,使自己提名的多数董事当选,投票的结果可能如下,见表 21-2。

表 21-2　情形二列表

A 股东的候选人	300 票	B 股东的候选人	200 票
A1	76	B1	67
A2	75	B2	67
A3	74	B3	66
A4	73		
A5	2		

此等情形下,A 股东有 4 位提名候选人当选,而 B 股东仅有 1 位候选人当选。

可见,持股数和拟选席位确定的情况下,股东的不同投票策略在相互影响下可能产生截然不同的选举结果。

三、累积投票制面临的挑战

根据前述,累积投票制下,中小股东可以通过局部集中的投票方式使自己提名的董事或监事候选人当选,但累积投票制不是一经适用即可实现该目的,其可能面临的挑战主要包括:

1. 投票策略的选择。如前文所述,中小股东要综合自己的期望、自己具体所持表决权数、对大股东策略的了解和判断,综合考虑或调整自己的投票策略,以确保自己提名的至少一位以及尽可能多的候选人当选。

2. 大股东持股比例过高。在大股东持股比例极高的情况下,可能产生绝对优势,中小股东即便全部联合起来也仍然无法通过累积投票制选出自己中意的董事/监事。如上例中 A 股东持有的表决权达到了 84%,除非 A 股东有极差的投票策略,否则 B 股东即便将所有投票权累积给一位候选人也无法当选。又如大股东持股比例相对较高,而其余中小股东持股过于分散,考虑到中小股东可能有对大股东的盲目跟投或放弃投票的"理性冷漠",仅靠部分小股东亦难以实现目标。

3. 待选人数的多寡。根据累积投票制的数学原理,待选董事/监事人数越多,表决权扩大倍数越大,成功选出一名董事/监事所需的股份数就越少。简单来说,待选人数越多则中小股东成功概率就越高。原《公司法》(2018 修正)规定,股份有限公司的董事会成员为 5~19 人,而新《公司法》(2023 修订)取消了该等人数上限要求,将有限责任公司和股份有限公司的董事会人数规定统一为 3 人以上。如果董事会成员较少,或公司采取分批选举等方式使每次待选人数较少,将大大削弱累积投票制的作用。

4. 大股东的罢免。虽然董事/监事的选举可以适用累积投票制,但其在罢免时并不适用,不排除大股东利用持股优势罢免中小股东所提名的董事/监事的可能。但是,新《公司法》(2023 修订)新增规定,股东会无正当理由在董事任期届满前决议将其解任的,该董事可以要求公司予以赔偿。相信该规定也会在一定程度上减少大股东无正当理由罢免董事情形的发生。

四、累积投票制的适用情形

对于累积投票制的适用,我国采取了强制主义和"选入式"的许可主义相结合的模式,即某些情形下必须适用累积投票制,某些情形下可以适用累积投票制。目前,累积投票制的适用情形,见表 21-3。

表 21-3 累积投票制的适用情形

类型	法规依据
一般股份有限公司(非上市/挂牌)	原《公司法》(2018 修正)第 105 条第 1 款规定:股东大会选举董事、监事,可以依照公司章程的规定或者股东大会的决议,实行累积投票制。新《公司法》(2023 修订)第 117 条第 1 款规定:股东会选举董事、监事,可以按照公司章程的规定或者股东会的决议,实行累积投票制。
挂牌公司	《全国中小企业股份转让系统挂牌公司治理规则》第 24 条规定:股东大会选举董事、监事时,应当充分反映中小股东意见。鼓励挂牌公司股东大会在董事、监事选举中推行累积投票制。采用累积投票制的挂牌公司应当在公司章程中规定具体实施办法。

续表

类型	法规依据
上市公司	《上市公司治理准则》第 17 条规定：董事、监事的选举，应当充分反映中小股东意见。股东大会在董事、监事选举中应当积极推行累积投票制。单一股东及其一致行动人拥有权益的股份比例在 30% 及以上的上市公司，应当采用累积投票制。采用累积投票制的上市公司应当在公司章程中规定实施细则。 《上市公司独立董事管理办法》第 12 条规定：上市公司股东大会选举两名以上独立董事的，应当实行累积投票制。鼓励上市公司实行差额选举，具体实施细则由公司章程规定。 中小股东表决情况应当单独计票并披露。
有限责任公司	未禁止。

五、总结

综上所述，累积投票制为中小股东打破大股东对董（监）事会席位的垄断创造了可能，有助于维护中小股东利益、防止大股东全面操纵董事会、降低集中决策风险、促进董事会的内部制衡。但是，投票策略的选择、大股东持股比例过高、待选人数的多寡、大股东的罢免也将影响累积投票制的效果。现行法规对一般股份有限公司、挂牌公司、上市公司适用累积投票制的情形作出了不同规定，同时也未禁止有限责任公司股东在公司章程中对累积投票制进行自治安排，符合必须适用情形的，应当注意累积投票制的正确适用，属于可以、鼓励适用或未禁止情形的，可以根据累积投票制的作用、价值等考虑在公司章程中作出相关规定。

22

这些股东会及董事会决议可能不成立、无效或被撤销

公司成立之初,合作伙伴之间基于建立良好合作关系的共同愿景,可能会忽视对股东会或董事会的表决机制进行详尽约定,或者在公司运行过程中未能严格遵循《公司法》和《公司章程》的规定召集和召开会议。一旦合作伙伴之间出现分歧,股东会或董事会决议的瑕疵便可能导致决议不成立、无效或被撤销,进而使公司治理陷入僵局。对于企业家来说,厘清并尽可能规避这三种瑕疵情形,是实现有效公司治理的重要一环。

一、决议不成立

(一)未召开股东会、董事会会议作出决议

股东会、董事会未召开的,决议不成立。《最高人民法院关于适用〈中华人民共和国公司法〉若干问题的规定(四)》(2020修正)对未召开股东会但决议成立的例外情形进行了规定,即股东以书面形式对拟议事项一致表示同意的,或者《公司章程》规定可以不召开股东会而直接作出决定的,由全体股东在决定文件上签名、盖章即可形成决议。

新《公司法》(2023修订)虽未列明该等例外情形,但仍保留了股东会以书面形式一致表示同意的可以不召开股东会会议的规则,依据体例解释和意思自治原则,在股东一致书面表示同意或《公司章程》另有规定的情形下,未召开股东会不应视为决议不成立,董事会决议亦应参考前述标准进行判断。上述观点有待新《公司法》(2023修订)生效后司法实践进一步检验。

(二)股东会、董事会会议未对决议事项进行表决

若召开会议但未对决议事项进行表决,则该决议不成立。这包括两种情况:一是最终决议的内容与会议中实际表决的事项不一致,二是决议事项超出了会议实

际表决的范围。例如，如果决议事项与会议的讨论和表决内容存在差异，或者包含了未在会议上讨论和表决的事项，这部分内容应被视为未经表决的。同样地，如果决议是将实际表决的事项拆分或部分截取后得出的结果，且这种处理方式改变了原讨论和表决的意图甚至表决结果，则这样的决议也不应被视为成立。

（三）出席会议的人数或者股东所持表决权不符合《公司法》或者《公司章程》规定

新《公司法》（2023 修订）规定董事会会议应当有过半数的董事出席方可举行，而未规定举行股东会会议所需的出席会议股东所持表决权的最低比例，将更多的权限交由公司自行决定。对此，公司可以在《公司章程》中根据自身的股权结构具体设定，站在大股东立场，可以要求适当降低出席会议股东所持表决权的最低比例，以此降低决议不成立的风险，增强其对会议召开的控制力；若站在小股东立场，则可以要求适当提高出席会议股东所持表决权的最低比例，以此提高召开会议的门槛，增加其在公司决策时的参与权。

（四）会议的表决结果未达到《公司法》或者《公司章程》规定的通过比例

新《公司法》（2023 修订）对董事会和股东会的表决通过比例已有明确的规定，股东会表决通过比例详见本书前文："**12 —— 什么是创始人必知的六大股权生命线？**"，公司可以通过《公司章程》在法定事项之外、法定最低表决通过比例之上，进一步进行自治安排。在实务中，由于表决权计算错误或签名伪造等原因导致实际表决结果未满足通过比例的，通常依照该条款被认定为决议不成立。

（五）新《公司法》删去了兜底情形

需要特别注意的是，新《公司法》（2023 修订）第 27 条吸收了《最高人民法院关于适用〈中华人民共和国公司法〉若干问题的规定（四）》（2020 修正）中有关决议不成立的前述 4 种情形，但删去了"导致决议不成立的其他情形"这一兜底条款。实操中，部分法院曾依据该兜底条款将未履行会议通知义务的会议决议认定为不成立。新《公司法》（2023 修订）实施后，预计未被通知参加会议的股东或董事将只能通过决议无效或可撤销规则加以救济。

二、决议无效

原《公司法》(2018 修正)及新《公司法》(2023 修订)均规定，公司股东会、董事会的决议内容违反法律、行政法规的无效。实操中，通常认为违法侵害股东、董事、监事等主体的法定权利的，适用决议无效规则；反之，具有合理事由限制该等主体法定权利的，不应认定为无效。前者如超越股东会职权作出的股东会决议、违法解除公司股东资格的决议；后者如在股东经公司催告仍未履行出资义务时公司作出的股东失权决议。此外，《最高人民法院关于适用〈中华人民共和国公司法〉若干问题的规定(三)》(2020 修正)关于股东未履行或者未全面履行出资义务或者抽逃出资时，公司根据股东会决议对其利润分配请求权、新股优先认购权、剩余财产分配请求权等股东权利作出相应的合理限制的决议不应认定为无效的规则，是否会在新《公司法》实施后相关司法解释中加以明确，需要持续关注。

三、决议可撤销

原《公司法》(2018 修正)及新《公司法》(2023 修订)均规定，股东会、董事会的会议召集程序、表决方式违反法律、行政法规或者公司章程，或者决议内容违反公司章程的，股东可以自决议作出之日起 60 日内，请求人民法院撤销。同时，新《公司法》(2023 修订)吸纳了《最高人民法院关于适用〈中华人民共和国公司法〉若干问题的规定(四)》(2020 修正)中决议可撤销的例外情形，即股东会、董事会的会议召集程序或者表决方式仅有轻微瑕疵，对决议未产生实质影响的除外。

结合司法实践经验，当前实务中对于"轻微瑕疵"的认定，较多以程序瑕疵是否会导致相关股东/董事无法公平地参与多数意思的形成以及获取对此所需的信息为判定标准。该等瑕疵是否对决议产生实质影响还需结合个案情况具体判断，如通知时限与《公司章程》规定的时间相差一两天，因不具有影响决议结果的可能性，一般被认定为轻微瑕疵。

鉴于相关司法解释并未明确轻微瑕疵的认定标准，实务中也存在大量同案不同判的情形。以会议实际审议事项与通知事项不一致时决议是否可撤销为例，部分法院基于体系解释认为法无禁止即可为，法律未规定会议通知的必备内容，因而决议有效；也有部分法院认为临时变更议案使得股东/董事未有充分时间分析议题内容进而无法公平参与会议、发表意见，影响股东/董事行使权利因而判决撤销决议。

四、决议纠纷实务

在股东会、董事会决议存在不成立、无效或可撤销情形时,相关主体可以通过提起公司决议纠纷之诉请求法院判决决议不成立、无效或撤销。

(一)诉讼当事人

1. 原告

根据《最高人民法院关于适用〈中华人民共和国公司法〉若干问题的规定(四)》(2020 修正)的规定以及司法实践经验,决议不成立或决议无效的案件原告应为股东、董事、监事等与股东会、董事会决议内容有直接利害关系的人,如高级管理人员、职工、债权人等;决议可撤销案件的原告应为在起诉时具有公司股东资格的公司股东。

2. 被告及第三人

根据《最高人民法院关于适用〈中华人民共和国公司法〉若干问题的规定(四)》(2020 修正)的规定,决议不成立、无效或者撤销决议的案件,应当列公司为被告;对决议涉及的其他利害关系人,可以依法列为第三人,如其他股东、董事。

(二)诉讼时效

现行法律法规均未规定决议不成立或决议无效情形下的诉讼时效期间,一般认为公司决议不成立或决议无效情形下的公司决议之诉既不适用诉讼时效也不适用除斥期间。

针对决议可撤销情形,原《公司法》(2018 修正)规定,股东可以自相关决议作出之日起 60 日内,请求人民法院撤销,即决议撤销之诉明确适用 60 日的除斥期间,该期间不得变更、中断和延长。新《公司法》(2023 修订)在前述规定的基础上,新增未被通知参加股东会会议的股东自知道或者应当知道股东会决议作出之日起 60 日内,可以请求人民法院撤销;自决议作出之日起 1 年内没有行使撤销权的,撤销权消灭。我们理解新《公司法》(2023 修订)前述修订在维护股东合法权益的同时兼顾了公司治理的效率和稳定性,既保障了未被通知参加股东会的股东能适时行使撤销权以纠正违反相关规则的股东会决议,又避免了公司和债权人长期处于不确定法律关系的状态,维护商事交易的安全。

(三)管辖法院

根据《民事诉讼法》和《最高人民法院关于适用〈中华人民共和国民事诉讼法〉

的解释》规定,因公司决议纠纷提起的诉讼,由公司住所地人民法院管辖。

(四)法律效果

新《公司法》(2023修订)将决议不成立的法律效果与决议无效和撤销情形一同规定,即公司股东会、董事会决议被人民法院宣告无效、撤销或者确认不成立的,公司应当向公司登记机关申请撤销根据该决议已办理的登记,公司根据该决议与善意相对人形成的民事法律关系不受影响。

五、总结

表 22-1 总结

类型	决议不成立	决议无效	决议可撤销
适用情形	1.未召开股东会、董事会会议作出决议 2.股东会、董事会会议未对决议事项进行表决 3.出席会议的人数或者所持表决权数未达到《公司法》或者公司章程规定的人数或者所持表决权数 4.同意决议事项的人数或者所持表决权数未达到《公司法》或者公司章程规定的人数或者所持表决权数 新《公司法》(2023修订)删去兜底条款	决议内容违反法律、行政法规	1.股东会、董事会的会议召集程序、表决方式违反法律、行政法规或者公司章程 2.决议内容违反公司章程
原告	公司股东、董事、监事等		公司股东
被告	公司		
第三人	决议涉及的其他利害关系人		
起诉时限	不适用除斥期间和诉讼时效		自决议作出之日起60日内 未被通知参加股东会会议的股东自知道或者应当知道股东会决议作出之日起60日内,最长不超过自决议作出之日起1年
管辖法院	公司所在地人民法院		
法律效力	与善意相对人形成的民事法律关系不受影响		

综上所述,股东会和董事会作为公司决策的重要机构,其决议的形成应遵循法

定程序和议事规则,了解决议可能无效、不成立或被撤销的情况,有助于公司在日常运营中避免此类风险。此外,公司可以在不违反《公司法》的前提下,在公司章程中明确董事会和股东会的召集、召开和表决等相关事项,制定既合法又便于操作的议事规则。

23

召开三会必须要有会议记录吗？

上市公司基于其特有的公众属性，在公司治理层面通常有着较高的标准。比如，证监会及沪深北各交易所的监管规则均对上市公司召开股东会、董事会、监事会（以下简称三会）应形成的会议记录及其记载事项、签署安排作出了明确规定。那么，对公司治理要求没那么高的非上市公司而言，召开三会也要制作会议记录吗？会议记录和会议决议有什么本质区别？会议记录应当包括哪些内容，又需要哪些人签署？针对上述问题，我们结合实务经验总结了如下操作指引。

一、制作三会会议记录的重要性

（一）制作三会会议记录系《公司法》的明确规定

原《公司法》（2018修正）及新《公司法》（2023修订）均明确规定，公司召开股东会、董事会、监事会，应当对所议事项的决定作成会议记录，并由相关人员签署。因此，我们理解，会议记录属于公司召开三会时的必备文件，即使是非上市公司，也不能通过公司章程对是否制作三会会议记录进行意思自治的安排。

实践中，部分非上市公司将"会议记录"与"会议决议"混淆，其中以仅制作并签署会议决议、不制作会议记录的情况最为常见。在司法实践中，三会会议决议不会仅因无对应的会议记录而被认定为无效，法院在判断股东会决议的效力时，会综合考虑是否存在其他证据证实股东会的召开、决议形成过程中的程序合规性以及股东对决议内容的确认等因素。

结合相关司法判例，以股东会为例，我们认为，股东会会议决议是记载各股东依职权对所议事项作出的最终决定，它应包括参会且拥有表决权的股东对议案的表决结果；而股东会会议记录，则是对会议召集、召开、讨论、表决等全过程的详细记录。从内容范围上讲，一份完整的三会会议记录应当覆盖会议决议之内容。

未能依法制作会议记录虽不会直接影响会议决议的效力，但可能给利益相关方带来其他法律风险，具体详见下文所述。

（二）三会会议记录系判断三会决议是否存在效力瑕疵的重要证据

如前文所述，会议记录虽然本身并非会议有效的要件，但其作为证明要件可以佐证其他程序瑕疵的存在，进而对公司决议效力产生影响。与简单记录表决结果的会议决议相比，会议记录是对公司三会决策过程的完整记录，一份翔实的会议记录记载了出席会议的人员、各位参会人员在会议中就相关议题的讨论及意见。通过比照会议记录，可以清晰、直观、高效确认是否存在导致三会决议效力瑕疵的情形，例如，最终决议的内容与会议中实际表决的事项是否存在不一致，会议决议事项是否超出了会议实际表决的范围，出席会议的人数或者股东所持表决权是否符合《公司法》或《公司章程》的规定，会议的召集程序和表决方式是否违反规定等。有关股东会及董事会的效力瑕疵情形，详见本书前文："**22······这些股东会及董事会决议可能不成立、无效或被撤销**"。

江苏省泰州市中级人民法院在史某与江苏天鹅乐器有限公司二审民事判决书[（2015）泰中商终字第00102号]中提出：根据上诉人提交的股东会《会议记录》以及录音看，并没有股东对解散公司董事会、监事会以及有关选举执行董事、监事、新章程讨论、表决内容的相关记录。而会议记录是体现股东会召开过程、举行了哪些议程，体现各股东意志的重要依据。故被上诉人要求依法撤销涉案股东会决议符合法律规定。

（三）三会会议记录系异议股东及中小股东保障权益的重要依据

1. 系异议股东行使回购请求权的依据

根据新《公司法》（2023修订）的相关规定，对特定事项投反对票的股东，可以请求公司按照合理价格收购其股权，上述事项如：公司连续5年不向股东分配利润，而公司该5年连续盈利，并且符合公司法规定的分配利润条件的；公司合并、分立、转让主要财产；公司章程规定的营业期限届满或者章程规定的其他解散事由出现，股东会通过决议修改章程使公司存续的。

四川天府新区成都片区人民法院在邱某与成都极焱文化传播有限公司请求公司收购股份纠纷一审民事判决书[（2019）川0192民初5357号]中提出：首先，虽然极焱公司临时会议记录中形成了"对公司办公用品进行处置，对二手办公用品进行处置"的决议内容，但邱某表示对此无法发表意见，且未在该会议决议"投反对票股东"处签字确认；其次，即使邱某于会议结束后以发函的形式向极焱公司明确了其投反对票的意见，极焱公司在工商部门登记备案的有关2019年9月10日形成的股东会决议中并未载明对公司主要财产进行处置的内容,仅仅将极焱公司监事由邱某变更为朱某。故本案中并不存在邱某主张公司回购股权的法定情形,邱某要求极焱公司以 10000 元回购公司股权于法无据,法院对此不予支持。

2. 系中小股东提起解散公司之诉的重要凭证

根据《最高人民法院关于适用〈中华人民共和国公司法〉若干问题的规定(二)》(2020 修正)第 1 条的规定,公司经营管理发生严重困难,继续存续会使股东利益受到重大损失,通过其他途径不能解决的,单独或者合计持有公司 10% 以上表决权的股东,可以请求人民法院解散公司,比如,股东表决时无法达到法定或者公司章程规定的比例,持续两年以上不能作出有效的股东会或者股东大会决议,公司经营管理发生严重困难的。

因此,对于异议股东及中小股东而言,通过股东会会议记录并固定自己对相关议案的异议证据,以及股东会连续一定时间无法形成有效决议,十分重要。

(四)三会会议记录系董事、监事的免责利器

通过会议记录,还可以了解公司相关事项的决策过程以及董事、监事的履职情况,一旦出现法律纠纷,会议记录将可能成为扭转局面的关键证据。

比如,新《公司法》(2023 修订)第 125 条规定,股份公司的董事应当对董事会的决议承担责任,董事会的决议违反法律、行政法规或者公司章程、股东会决议,给公司造成严重损失的,参与决议的董事对公司负赔偿责任;经证明在表决时曾表明异议并记载于会议记录的,该董事可以免除责任。

又如,新《公司法》(2023 修订)进一步明确了董监高"忠实"与"勤勉"义务的内涵,强化了董监高的赔偿责任,无论是忠实义务项下对关联交易、谋取商业机会、同业竞争的前置审批程序,还是勤勉义务项下有关股东出资、财务资助、分红、减资、清算事项的合规要求,均可以通过会议记录的形式,体现董事、监事等利益相关人士是否在执行职务过程中,为公司最大利益履职。

因此,完整翔实的会议记录,可以作为董事、监事在特定情形下免责的利器。

(五)三会会议记录系公司股东知情权的行使载体

新《公司法》(2023 修订)规定,股东有权查阅、复制公司及其全资子公司的股东会会议记录,股份公司应当将股东会会议记录、董事会会议记录、监事会会议记录置备于公司。

因此,公司未能规范制作三会会议记录的,将可能侵害股东的知情权。

二、三会会议记录应记载的事项

结合三会会议记录在公司治理中的重要作用,参考上市公司的要求,我们总结了三会会议记录中应当记载的事项,非上市公司可以结合实际情况选择适用并在公司章程中进一步明确:

1. 会议的召开时间、地点、议程。
2. 会议的召集人、主持人、记录人。
3. 会议的通知时间。
4. 会议的出席情况:
   (1)股东会:出席会议的股东或其委托代理人人数、所持有表决权的股份/股权数及占公司股比;
   (2)董事会:出席董事的姓名以及受他人委托出席董事会的董事姓名;
   (3)监事会:出席监事的姓名。
5. 会议的列席情况:
   (1)股东会:可以要求董监高列席会议,并接受股东质询;
   (2)董事会:经理应当列席会议,监事可以要求列席并提出质询或建议。
6. 会议的召开形式和表决形式:
   现场、电子通信等。
7. 对每一提案的审议经过、发言要点和表决结果。
8. 参会有权人士对议案的质询意见或建议以及相应的答复或说明。
9. 计票人、监票人。
10. 会议中发生的其他应记载的事项。
11. 签署页。

三、三会会议记录的签署建议

如条件允许,我们建议参加三会的所有人士均应在会议记录中签字,如难以实现,建议对会议全程进行录音录像,并至少保证如下主体完成签署,见表23-1。

表 23-1　三会会议记录的签署建议

会议类别	签署建议
股东会	有限公司：出席会议的股东/代理人、记录人 股份公司：主持人、出席会议的董事、记录人，同时保存出席股东的签名册及代理出席的委托书
董事会	出席会议的董事、记录人
监事会	出席会议的监事、记录人

四、总结

综上所述，为避免潜在争议，我们建议：

1. 具备条件的非上市公司应当规范三会运作治理标准，召开会议时应当制作详细完备的会议记录，同步进行录音录像，会后妥善保存。

2. 股东、董事、监事在参加三会时，应积极参与讨论并明确表达意见；提供决议签字页或对会议文件进行签署前，应确认所载内容与实际情况是否相符；提前释放签字页的，应在页眉或页脚注明具体用途，比如限制对具体事项的审议，避免公司另作他途。

24 公司一定要有职工代表大会吗？

新《公司法》（2023修订）新增公司应当建立健全以职工代表大会为基本形式的民主管理制度，同时增加解散、申请破产为应当听取公司工会意见，并通过职工代表大会或者其他形式听取职工的意见和建议的事项，一定程度上扩大了职工民主管理的权限。以下梳理了职工大会及职工代表大会的相关规则，供企业家参考。

一、职工大会还是职工代表大会

职工大会及职工代表大会是企业民主管理制度的两种形式，二者在性质、任务、职权方面没有区别，均为公司实行民主管理的基本形式、协调劳动关系的重要制度以及职工行使民主管理权力的重要机构。职工代表大会在具体工作制度方面增加了职工代表大会代表的选举、罢免等内容。公司应当根据职工人数确定召开职工代表大会或者职工大会。

根据中华全国总工会发布的《职工代表大会操作指引》，企业职工人数在50人以下的应当召开职工大会，部分地方法规将这一门槛提高到100人。通常认为，企业职工人数在100人以下的，由企业自行决定是否建立职工代表大会制度。若不建立职工代表大会制度的，召开职工大会时，全体职工均有权出席会议并行使表决权；若建立职工代表大会制度的，首先需要进行的是选举职工代表，选举应遵循以下规则。

1. 人数要求

根据《企业民主管理规定》，职工代表人数按照不少于全体职工人数的5%确定，最少不少于30人。各省、自治区、直辖市可以根据实际情况，制定具体的职工代表大会条例或企业民主管理条例，对不同职工规模下的企业所需选举的职工代表人数进行细化，举例如下。

(1)《上海市职工代表大会条例》规定:

①职工人数在 100 人至 3000 人的,职工代表名额以 30 名为基数,职工人数每增加 100 人,职工代表名额增加不得少于 5 名;

②职工人数在 3000 人以上的,职工代表名额不得少于 175 名;

③职工人数不足 100 人,实行职工代表大会制度的,职工代表名额不得少于 30 名。

(2)《浙江省企业民主管理条例》规定:

①职工不满 100 人的企业召开职工代表大会,代表名额不得少于 30 名;

②职工超过 100 人不满 1000 人的企业,代表名额以 40 名为基数,职工每增加 100 人,代表名额增加 7 名;

③职工超过 1000 人不满 5000 人的企业,代表名额以 100 名为基数,职工每增加 1000 人,代表名额增加 20 名;

④职工 5000 人以上的企业,代表名额不得少于 200 名。

2. 人员构成

《企业民主管理规定》规定,与企业签订劳动合同建立劳动关系以及与企业存在事实劳动关系的职工,有选举和被选举为职工代表大会代表的权利。身份构成上,职工代表大会的代表由工人、技术人员、管理人员、企业领导人员和其他方面的职工组成;其中,企业中层以上管理人员和领导人员一般不得超过职工代表总人数的 20%;有女职工和劳务派遣职工的企业,职工代表中应当有适当比例的女职工和劳务派遣职工代表。部分省份的地方法规对职工代表的构成有进一步的要求,如《浙江省企业民主管理条例》要求女职工代表的比例不得低于女职工在单位职工中所占比例;残疾人职工代表的比例不得低于残疾人职工在单位职工中所占比例。

3. 选举/罢免方式

选举、罢免职工代表应当召开全体职工会议,经 2/3 以上职工参加并经全体职工的过半数通过方为有效。

二、职工大会及职工代表大会职权

职工大会及职工代表大会作为公司的民主决策机构,为保障职工知情权、参与权、表达权和监督权等民主权利得以行使,《公司法》、《企业民主管理规定》及《劳动合同法》等法律法规及规范性文件赋予其以下职权。

（一）听取公司各项情况及报告

1. 听取公司主要负责人关于企业发展规划、年度生产经营管理情况的报告；

2. 听取公司改革以及经营方面的重大问题和制定重要规章制度情况的报告；

3. 听取公司用工、劳动合同和集体合同签订履行情况的报告；

4. 听取公司安全生产情况的报告；

5. 听取公司缴纳社会保险费和住房公积金等情况的报告。

职工大会及职工代表大会有权听取上述情况及报告，并提出意见和建议。新《公司法》（2023修订）新增公司研究决定解散、申请破产时，应当通过职工代表大会或者其他形式听取职工的意见和建议，这一变化在一定程度上增强了职工在公司作出决定解散或申请破产决策时的话语权。为保障这一制度落实，未来工商登记部门在受理注销申请或法院在审查公司主动申请破产的案件中，是否会将职工大会或职工代表大会作为必要的前置程序，有待相关配套规定对实际操作层面的具体执行细节予以进一步明确。

（二）审议直接涉及劳动者切身利益的事项

1. 审议公司制定、修改或者决定的有关劳动报酬、工作时间、休息休假、劳动安全卫生、保险福利、职工培训、劳动纪律以及劳动定额管理等直接涉及劳动者切身利益的规章制度或者重大事项方案；

2. 审议通过集体合同草案；

3. 审议按照国家有关规定提取的职工福利基金使用方案、住房公积金和社会保险费缴纳比例和时间的调整方案；

4. 审议劳动模范的推荐人选等重大事项。

职工大会及职工代表大会有权审议上述直接涉及劳动者切身利益的事项，并提出意见和建议。《企业民主管理规定》第21条规定，职工代表大会（含职工大会）在其职权范围内依法审议通过的决议和事项具有约束力，非经职工代表大会同意不得变更或撤销；企业应当提请职工代表大会审议、通过、决定的事项，未按照法定程序审议、通过或者决定的无效。在司法实践中，《最高人民法院关于审理劳动争议案件适用法律问题的解释（一）》亦明确用人单位根据《劳动合同法》第4条规定（审议上述第1项事项的程序），通过民主程序制定的规章制度，不违反国家法律、行政法规及政策规定，并已向劳动者公示的，可以作为确定双方权利义务的依据。换言之，若公司制定的与劳动者切身利益有关的规章制度，未满足民主程序要求、内容合法要求及公示要求之一的，均不可以作为确认双方权利义务的依据。

此外，新《公司法》(2023修订)第17条第1款新增将"休息休假"事项作为公司工会可以代表职工与公司签订集体合同的内容，系对《劳动合同法》第51条相关规定的回应。

(三)选举职工代表参与公司治理或破产程序

1.选举或者罢免职工董事、职工监事；
2.选举依法进入破产程序公司的债权人会议和债权人委员会中的职工代表；
3.根据授权推荐或者选举公司经营管理人员。

职工大会及职工代表大会有权选举上述职工代表参与公司治理或破产程序，在企业运行过程中表达职工意见。新《公司法》(2023修订)延续了公司监事会成员为3人以上的，其监事会成员中职工代表的比例不得低于1/3的规则，同时新增职工人数300人以上的有限责任公司和股份有限公司，除依法设监事会并有公司职工代表的外，其董事会成员中应当有公司职工代表。这一变化为达到一定规模的公司职工参与公司决策、维护自身合法权益提供了制度性保障。

(四)审查监督公司劳动制度执行情况及民主评议领导人员

1.审查监督公司执行劳动法律法规和劳动规章制度情况；
2.民主评议公司领导人员，并提出奖惩建议。

职工大会及职工代表大会有权审查监督公司劳动制度执行情况及评议公司领导人员，若公司未按照劳动法律法规和劳动规章制度执行的，职工大会及职工代表大会有权审议通过符合劳动法律法规和劳动规章的公司制度，经公示后可以作为职工与公司产生纠纷时的制度依据。职工大会及职工代表大会对公司领导人员的民主评议结果及奖惩建议可以提交监事或监事会，或由公司职工代表董事或职工代表监事汇总职工大会及职工代表大会意见形成议案提交董事会或监事会审议。

(五)法律法规规定的其他职权

职工大会及职工代表大会的职权较多散落于地方性法规、行政规章中，例如《江苏省工资支付条例》第39条第2款规定，用人单位确因生产经营困难，资金周转受到严重影响无法在约定的工资支付周期内支付劳动者工资的，应当以书面形式向劳动者说明情况，在征得工会或者职工代表大会(职工大会)的同意后，可以延期支付工资，但最长不得超过30日；又如《住房公积金管理条例》第20条第2款规定，对缴存住房公积金确有困难的单位，经本单位职工代表大会或者工会讨论通过，并经住房公积金管理中心审核，报住房公积金管理委员会批准后，可以降低缴存比例或者缓缴；待单位经济效益好转后，再提高缴存比例或者补缴缓缴。

三、职工大会及职工代表大会的运作

根据《企业民主管理规定》的相关规定,职工代表大会(或职工大会,下同)的运作应遵循以下要求。

（一）会议召开

职工代表大会每年至少召开一次,会议的召开必须有 2/3 以上的职工代表出席。

（二）会议议题和议案

职工代表大会议题和议案应当由企业工会听取职工意见后与企业协商确定,并在会议召开 7 日前以书面形式送达职工代表。

（三）会议的表决

职工代表大会选举和表决相关事项,必须按照少数服从多数的原则,经全体职工代表的过半数通过。对重要事项的表决,应当采用无记名投票的方式分项表决。

四、总结

综上所述,公司是否设立职工代表大会制度应根据公司职工人数和当地法律法规予以确定。无论是否实行职工代表大会制度,公司都应按照相关规定建立职工民主管理制度。企业家在公司管理过程中,应遵守相关法律法规等规定,确保制定的劳动管理制度得以有效运行,切实保障职工的知情权、参与权等合法权益,避免在劳资纠纷中因上述事项存在瑕疵而处于被动地位。

四 公司治理

25

选谁来做董监高？这个决定很重要！

公司的董事、监事和高级管理人员是公司治理的重要组成部分，也是确保公司健康、稳定和可持续发展的关键。在选择董监高时，通常需要考虑哪些因素？以下是一些重点关注事项，供企业家决策时参考。

一、董监高的重要性及基本构成

（一）重要性

董监高在公司治理结构中扮演着关键角色，他们的选择将从以下方面对公司产生深刻影响。

1. 战略决策

董事会负责制定公司的长远发展战略，这些决策将直接影响公司的未来方向和业绩。选择具有远见卓识和高瞻远瞩的董事会成员，对公司的发展至关重要。

2. 监督管理

监事会对董事会及高级管理人员进行监督，确保他们的决策和行为符合公司及股东的最佳利益。监事会的独立性和专业性对于防范内部人控制、确保公司合规经营极为重要。

3. 执行力

高级管理层负责日常运营决策的执行，他们的能力直接关系到公司战略能否有效实施。选择高效、有经验的管理团队，有助于提升公司的运营效率和竞争力。

4. 风险控制

董监高负责识别和管理公司面临的各种风险，包括市场风险、财务风险、法律风险等。他们的专业能力和判断力对于预防和应对风险影响深远。

5. 公司形象

董监高的形象和声誉直接影响投资者和公众对公司的看法。选择具有良好的职业道德和社会责任感的人士,有助于树立公司的正面形象。

6. 合规经营

董监高需要确保公司遵守相关法律法规,特别是在当前强调法治精神和规范治理的大环境下,合规经营对公司可持续发展意义重大。

7. 沟通利益相关者

董监高是公司与股东、员工、客户、供应商等利益相关者沟通的桥梁。他们的沟通能力和对各方利益的平衡能力,对维护公司稳定和谐的外部环境非常重要。

8. 影响上市

如公司有登陆境内资本市场计划的,管理团队的稳定与否也会对上市产生影响,如在主板上市的,最近 3 年内董事、高级管理人员不得发生重大不利变化;在科创板、创业板、北交所上市的,最近 2 年内董事、高级管理人员不得发生重大不利变化。

综上,董监高的选择是公司治理中最为关键的环节之一,直接关系到公司的健康发展、市场竞争力、长期稳定及资本运作。因此,公司在选择董监高时,需要非常慎重,确保所选人员具备相应的任职资格、专业能力、经验和道德标准以及稳定性。

(二) 基本构成

有关董监高的设置、组成及人数要求,我们在本书前序多篇文章中已做了详尽介绍,比如,"10……公司章程究竟要写什么、怎么写?""17……公司一定要有董事会和监事会吗?""19……小股东如何利用董事会增加影响力?""20……如何确定最适合公司的董事会成员人数?""24……公司一定要有职工代表大会吗?"。

为便于后文的展开,我们简要总结了新《公司法》(2023 修订)实施后董监高构成的关键要点,见表 25 - 1。

表 25 - 1 董监高构成的关键要点

类型	人数要求	来源	任期	特别关注事项
董事	不设董事会时,为 1 名	—	由公司章程规定,但每届任期不得超过 3 年。任期届满,连选可以连任	董事可以兼任公司经理。职工人数 300 人以上的公司,除依法设监事会并有公司职工代表的外,其董事会成员中应当有公司职工代表。公司董事会中设置审计委员会的,可以由职工代表董事担任;其中股份有限公司董事会设置审计委员会的,人员为 3 名以上,过半数成员不得在公司担任除董事以外的其他职务,且不得与公司存在任何可能影响其独立客观判断的关系
	设董事会时,为 3 名以上	职工代表董事应为公司职工,由职工大会或职代会等形式民主选举和更换;非职工代表董事不强制要求为公司职工,由股东会选举和更换		

续表

类型	人数要求	来源	任期	特别关注事项
监事	不设监事会时，为1名	—	每届任期为3年。任期届满，连选可以连任	董事、高级管理人员不得兼任监事。 职工代表的比例不得低于监事会人数的1/3，具体比例由公司章程规定
	设监事会时，为3名以上	职工代表监事应为公司职工，由职工大会或职代会等形式民主选举和更换； 非职工代表监事不强制要求为公司职工，由股东会选举和更换		
高级管理人员	公司的经理、副经理、财务负责人、上市公司董事会秘书和公司章程规定的其他人员，无人数上限要求	为勤勉尽责的履职，原则上应为公司的全职员工，由董事会聘任或者解聘	由公司章程规定，任期届满，连聘可以连任	上市公司董事会中兼任公司高级管理人员以及由职工代表担任的董事人数总计不得超过公司董事总数的1/2

二、董监高的法定任职资格

根据现行法律法规的规定，董监高的法定任职资格是什么？换句话说，哪些人将因为法律法规的限制而不能当董监高，对此我们做了如下梳理。

(一)《公司法》的一般规定

根据新《公司法》(2023修订)第178条第1款的规定，有下列情形之一的，不得担任公司的董事、监事、高级管理人员：

1. 无民事行为能力或者限制民事行为能力；
2. 因贪污、贿赂、侵占财产、挪用财产或者破坏社会主义市场经济秩序，被判处刑罚，或者因犯罪被剥夺政治权利，执行期满未逾5年，被宣告缓刑的，自缓刑考验期满之日起未逾2年；
3. 担任破产清算的公司、企业的董事或者厂长、经理，对该公司、企业的破产负有个人责任的，自该公司、企业破产清算完结之日起未逾3年；
4. 担任因违法被吊销营业执照、责令关闭的公司、企业的法定代表人，并负有

个人责任的,自该公司、企业被吊销营业执照、责令关闭之日起未逾 3 年;

5. 个人因所负数额较大债务到期未清偿被人民法院列为失信被执行人。

(二)特定身份的限制

除前述新《公司法》(2023 修订)的一般规定外,具有特定身份背景的部分自然人也不能担任董监高,见表 25-2。

表 25-2 董监高对特定身份的限制

序号	身份	受限范围	法律依据
1	在职公务员	不得违反有关规定在企业或者其他营利性组织中兼任职务	《公务员法》第 59 条
2	辞去公职或者退休的公务员	原系领导成员、县处级以上领导职务的公务员 3 年内,其他公务员 2 年内,不得到与原工作业务直接相关的企业或者其他营利性组织任职	《公务员法》第 107 条
3	现职和不担任现职但未办理退(离)休手续的党政领导干部	未经批准不得在企业兼职(任职)	《关于进一步规范党政领导干部在企业兼职(任职)问题的意见》
4	辞去公职或者退(离)休的党政领导干部	3 年内不得到本人原任职务管辖的地区和业务范围内的企业兼职(任职);3 年内拟到本人原任职务管辖的地区和业务范围外的企业兼职(任职)的,必须由本人事先向其原所在单位党委(党组)报告,由拟兼职(任职)企业出具兼职(任职)理由说明材料,所在单位党委(党组)按规定审核并按照干部管理权限征得相应的组织(人事)部门同意后,方可兼职(任职)。3 年后到企业兼职(任职)的,应由本人向其所在单位党委(党组)报告,由拟兼职(任职)企业出具兼职(任职)理由说明材料,所在单位党委(党组)按规定审批并按照干部管理权限向相应的组织(人事)部门备案	《关于进一步规范党政领导干部在企业兼职(任职)问题的意见》
5	现役军人	不得经商,不得从事本职以外的其他职业和网络营销、传销、有偿中介活动	《中国人民解放军内务条令(试行)》第 105 条

续表

序号	身份	受限范围	法律依据
6	国有企业领导人	不得未经批准兼任本企业所出资企业或者其他企业、事业单位、社会团体、中介机构的领导职务,或者经批准兼职的,擅自领取薪酬及其他收入	《国有企业领导人员廉洁从业若干规定》第5条第6项
7	离职或退休后的国有企业领导人	离职或者退休3年内,不得在与原任职企业有业务关系的私营企业、外资企业和中介机构担任职务、投资入股,或者在上述企业或者机构从事、代理与原任职企业经营业务相关的经营活动	《国有企业领导人员廉洁从业若干规定》第6条第7项
8	国有企业中层以上管理人员	不得在职工或其他非国有投资者投资的非国有企业兼职	《关于规范国有企业职工持股、投资的意见》
9	国有独资公司的董事、高级管理人员	未经履行出资人职责的机构同意,不得在其他有限责任公司、股份有限公司或者其他经济组织兼职	新《公司法》第175条
10	教育部直属高校的党政领导干部	不准违反规定在校内外经济实体中兼职或兼职取酬,以及从事有偿中介活动	《关于进一步加强直属高校党员领导干部兼职管理的通知》
11	挂牌公司的董事、高管的配偶和直系亲属	不得在董事、高管任职期间担任挂牌公司监事	《全国中小企业股份转让系统挂牌公司治理规则》第48条
12	上市公司独立董事	不得在上市公司兼任除董事会专门委员会委员外的其他职务	《上市公司治理准则》第34条
13	上市公司高管	不得在控股股东担任除董事、监事以外的其他行政职务	《上市公司治理准则》第69条
14	在上市公司控股股东单位担任除董事、监事以外其他行政职务的人员	不得担任上市公司的高管	《上市公司章程指引》第126条

(三) 拟上市公司的特殊规定

如公司有意登陆境内资本市场,区分不同的上市板块,董监高的选任还需要满足以下要求,见表25-3。

1. 基本要求

表25-3 董监高的基本要求

拟上市板块	要求	法律依据
上交所、深交所各板块	董监高不存在如下情形: 最近3年内受到中国证监会行政处罚,或者因涉嫌犯罪正在被司法机关立案侦查或者涉嫌违法违规正在被中国证监会立案调查且尚未有明确结论意见等情形	《首次公开发行股票注册管理办法》第13条
北交所	董监高不存在如下情形: (1)最近12个月内受到中国证监会及其派出机构行政处罚,或因证券市场违法违规行为受到全国中小企业股份转让系统有限责任公司、证券交易所等自律监管机构公开谴责; (2)因涉嫌犯罪正被司法机关立案侦查或涉嫌违法违规正被中国证监会及其派出机构立案调查,尚未有明确结论意见	《北京证券交易所股票上市规则(试行)》第2.1.4条
新三板挂牌	董监高不存在如下情形: (1)最近12个月内被中国证监会及其派出机构采取行政处罚; (2)因涉嫌犯罪正被司法机关立案侦查或涉嫌违法违规正被中国证监会及其派出机构立案调查,尚未有明确结论意见; (3)被列为失信联合惩戒对象且尚未消除; (4)被中国证监会及其派出机构采取证券市场禁入措施或被全国股转公司认定其不适合担任挂牌公司董事、监事、高级管理人员,且市场禁入措施或不适格情形尚未消除	《全国中小企业股份转让系统股票挂牌规则》第16条

2. 独立董事及董事会专门委员会

针对拟在沪深北交易所上市的公司,依据《上市公司独立董事管理办法》,各拟上市板块所在交易所的《股票上市规则》及规范运作指引等的要求,还应当在董事会中设置独立董事及董事会审计委员会,并可以根据需要设置提名、薪酬与考核、战略等专门委员会;拟在新三板挂牌的公司,鼓励但不强制在董事会中设立独立董事。

基于前述,存量有限公司如拟于股改完成后的短期内递交上市申请的,建议公司于股改时同步完成独立董事的聘任及专门委员会的设立;如股改后的短期内无上市安排,考虑到设立独立董事需要公司承担额外的独立董事津贴等成本,建议独立董事的聘任及专门委员会的设立可以推迟进行。

三、其他需关注的因素

满足法定的任职资格要求只是筛选董监高的最低标准,鉴于新《公司法》(2023修订)对公司董监高的勤勉义务和忠实义务均提出了更高要求,因此,公司还需要针对道德品质、专业能力、经验业绩等方面对候选人进行详细的背景调查,全面衡量候选人是否具备履行职务所必需的知识、技能和素质,可供考量的因素如下。

1. 专业能力和经验

专业能力和知识能够为公司的发展提供战略指导和决策支持,而过往的工作经验和取得的业绩往往能预示其在公司未来的表现。

2. 道德和职业操守

良好的道德和职业操守是董监高的重要品质,具备诚信、正直的品质有助于董监高履职中勤勉尽责和忠实义务的实现,实质降低不正当利益的牟取、商业秘密的泄露等侵害公司利益情形出现的概率。

3. 声誉和背景

是否与上家单位存在纠纷,是否受竞业限制协议约束,是否存在职业污点也是需要重点考察的一部分,候选人过往经历和在行业内的声誉可能会影响公司的形象和市场信心。

4. 团队协作和领导力

董监高成员需要具备良好的团队协作精神和领导力,能够激励和带领团队实现公司的战略目标。

5. 行业洞察力和前瞻性

董监高需要对公司所在行业有深入的了解和洞察力,能够把握市场趋势和机遇,为公司的发展制定合理的战略,同时也应具有风险意识,关键时刻能够识别并控制风险。

6. 充足的履职时间

是否具有充足的时间和精力可以满足履职需求。

四、不适格董监高的更换

就公司而言,不适格的董监高不仅影响公司的经营发展,还可能影响公司后续融资及 IPO 进程,需要及时整改规范。

如公司违反新《公司法》(2023 修订)第 178 条规定选举、委派董事、监事或者聘任高级管理人员的,该选举、委派或者聘任无效;如公司董监高在任职期间出现《公司法》规定的不符合任职资格所列情形的,公司应当解除其职务。

如公司董监高存在其他不适格情形的,公司应当相应通过股东会、职工代表大会或董事会履行罢免及更换程序,及时消除该等不适格人员给公司造成的负面影响。

五、总结

综上所述,董监高的选择是一个综合考量的过程,需要结合公司的具体情况和发展阶段,全面评估候选人的各项素质和能力,以确保选出的董监高能够为公司的长期发展贡献力量。

26 新《公司法》实施后，董监高应该如何履职？

董监高作为公司治理的关键一环，因享有对公司日常经营事务的决定性管控权，是否履职、按什么标准履职均可能对公司股东、职工、债权人利益产生实质影响。本次新《公司法》(2023修订)进一步明确了董监高"忠实"与"勤勉"义务的内涵，强化了董监高的赔偿责任，正所谓能力越大，责任越大。那么，忠实与勤勉的要求是否意味着董监高需要对公司经营的所有不利后果承担全面的赔偿责任？董监高又该如何应对？以下是新《公司法》(2023修订)实施后董监高的履职指南，供利益相关人士参考。

一、董监高的忠实义务

（一）基本要求

新《公司法》(2023修订)第180条第1款规定，董事、监事、高级管理人员对公司负有忠实义务，应当采取措施避免自身利益与公司利益冲突，不得利用职权牟取不正当利益。与勤勉义务相比，忠实义务更为强调董监高的消极义务，即要求董监高不得基于其在公司的特定身份，利用关联关系、职务之便为个人牟取不正当利益，将个人利益凌驾于公司利益之上。

（二）具体情形

具体而言，新《公司法》(2023修订)第181~184条详细列举了忠实义务对应的若干绝对禁止和相对禁止情形，董监高应当尤其注意。

1. 绝对禁止行为

新《公司法》(2023修订)第181条规定，董监高不得有下列行为：

(1)侵占公司财产、挪用公司资金；

(2)将公司资金以其个人名义或者以其他个人名义开立账户存储；

（3）利用职权贿赂或者收受其他非法收入；

（4）接受他人与公司交易的佣金归为己有；

（5）擅自披露公司秘密；

（6）违反对公司忠实义务的其他行为。

2. 相对禁止行为

相对禁止行为，是指在履行特定的前置程序或符合一定条件后董监高才可以实施的行为，具体列举如下。

（1）限制关联交易

新《公司法》（2023 修订）第 182 条规定，董监高直接或者间接与本公司订立合同或者进行交易，应当就与订立合同或者进行交易有关的事项向董事会或者股东会报告，并按照公司章程的规定经董事会或者股东会决议通过。

董监高的近亲属，董监高或其近亲属直接或间接控制的企业，以及与董监高有其他关联关系的关联人，与公司进行交易时适用前款规定。

（2）限制谋取商业机会

新《公司法》（2023 修订）第 183 条规定，董监高不得利用职务便利为自己或者他人谋取属于公司的商业机会。但是，有下列情形之一的除外：

①向董事会或者股东会报告，并按照公司章程的规定经董事会或者股东会决议通过；

②根据法律、行政法规或者公司章程的规定，公司不能利用该商业机会。

（3）限制同业竞争

新《公司法》（2023 修订）第 184 条规定，董监高未向董事会或者股东会报告，并按照公司章程的规定经董事会或者股东会决议通过，不得自营或者为他人经营与其任职公司同类的业务。

（三）相对禁止行为的回避表决程序

新《公司法》（2023 修订）第 185 条规定，董事会就前述关联交易、谋取商业机会、同业竞争所涉的事项决议时，关联董事不得参与表决，其表决权不计入表决权总数。出席董事会会议的无关联关系董事人数不足 3 人的，应当将该事项提交股东会审议。

（四）违反忠实义务的法律后果

新《公司法》（2023 修订）第 22 条规定，董监高不得利用关联关系损害公司利益，违反前款规定，给公司造成损失的，应当承担赔偿责任。

新《公司法》(2023修订)第186条规定,董监高违反忠实义务规定所得的收入应当归公司所有。

新《公司法》(2023修订)第190条规定,董事、高级管理人员违反法律、行政法规或者公司章程的规定,损害股东利益的,股东可以向人民法院提起诉讼。

除前述新《公司法》(2023修订)规定的民事赔偿责任外,于2024年3月1日实施的《刑法修正案(十二)》,首次将"非法经营同类营业罪""为亲友非法牟利罪""徇私舞弊低价折股、出售公司、企业资产罪"的适用对象从国有公司、企业的相关人员扩展到了民营企业的董监高及相关人员。因此,董监高违反忠实义务使公司利益遭受重大损失的,还可能被追究刑事责任。

(五)董监高履职指南

就新《公司法》(2023修订)项下董监高的忠实义务,我们建议:

1. 严守底线不动摇,绝对禁止事项不能做;

2. 前置程序不能忘,相对禁止事项谨慎做。

二、董监高的勤勉义务

(一)基本要求

新《公司法》(2023修订)第180条第2款规定,董事、监事、高级管理人员对公司负有勤勉义务,执行职务应当为公司的最大利益尽到管理者通常应有的合理注意。与忠实义务相比,勤勉义务则更强调董监高的积极义务,即要求董监高在执行职务时,应当为公司的最佳利益以良善管理人的细心尽普通谨慎之人的合理注意。

(二)具体情形

新《公司法》(2023修订)对董监高的勤勉义务要求贯穿了公司设立至清算注销的全生命周期,具体列举如下。

1. 董事:核查出资、催缴出资

(1)法律规定

新《公司法》(2023修订)第51条第1款规定,有限责任公司成立后,董事会应当对股东的出资情况进行核查,发现股东未按期足额缴纳公司章程规定的出资的,应当由公司向该股东发出书面催缴书,催缴出资。

(2)法律后果

未及时履行前款规定的义务,给公司造成损失的,负有责任的**董事**应当承担赔偿责任。

2. 董监高：严防抽逃出资

(1) 法律规定

新《公司法》(2023修订)第53条第1款规定，公司成立后，股东不得抽逃出资。

《最高人民法院关于适用〈中华人民共和国公司法〉若干问题的规定(三)》(2020修正)第12条规定，常见的抽逃出资情形如：制作虚假财务会计报表虚增利润进行分配；通过虚构债权债务关系将其出资转出；利用关联交易将出资转出；其他未经法定程序将出资抽回的行为。

(2) 法律后果

违反抽逃出资规定的，股东应当返还抽逃的出资；给公司造成损失的，负有责任的**董事**、**监事**、**高级管理人员**应当与该股东承担连带赔偿责任。

《最高人民法院关于适用〈中华人民共和国公司法〉若干问题的规定(三)》(2020修正)第14条将抽逃出资情形下董监高的赔偿责任限制在"协助"，新《公司法》(2023修订)则进一步扩大，即便董监高未能主动"协助"，疏于监督、消极不作为也应当担责。

3. 董事：确保董事会决议合规

(1) 法律规定

新《公司法》(2023修订)第125条规定，股份有限公司的董事应当对董事会的决议承担责任。

(2) 法律后果

董事会的决议违反法律、行政法规或者公司章程、股东会决议，给公司造成严重损失的，参与决议的董事对公司负赔偿责任；经证明在表决时曾表明异议并记载于会议记录的，该董事可以免除责任。

4. 董监高：确保财务资助合规

(1) 法律规定

新《公司法》(2023修订)第163条第1款、第2款规定，公司不得为他人取得本公司或者其母公司的股份提供赠与、借款、担保以及其他财务资助，公司实施员工持股计划的除外。

为公司利益，经股东会决议，或者董事会按照公司章程或者股东会的授权作出决议，公司可以为他人取得本公司或者其母公司的股份提供财务资助，但财务资助的累计总额不得超过已发行股本总额的10%。董事会作出决议应当经全体董事的 2/3 以上通过。

(2) 法律后果

违反前两款规定,给公司造成损失的,负有责任的董事、监事、高级管理人员应当承担赔偿责任。

5. 董监高:确保执行职务合规

新《公司法》(2023 修订)第 188 条规定,董事、监事、高级管理人员执行职务违反法律、行政法规或者公司章程的规定,给公司造成损失的,应当承担赔偿责任。

6. 董事、高级管理人员:避免执行职务侵权

新《公司法》(2023 修订)第 191 条规定,董事、高级管理人员执行职务,给他人造成损害的,公司应当承担赔偿责任;董事、高级管理人员存在故意或者重大过失的,也应当承担赔偿责任。

7. 董监高:确保分红合规

(1) 法律规定

新《公司法》(2023 修订)第 210 条第 1 款、第 2 款规定,公司分配当年税后利润时,应当提取利润的 10% 列入公司法定公积金。公司法定公积金累计额为公司注册资本的 50% 以上的,可以不再提取。公司的法定公积金不足以弥补以前年度亏损的,在依照前款规定提取法定公积金之前,应当先用当年利润弥补亏损。公司弥补亏损和提取公积金后所余税后利润才可以进行分红。

除此之外,新《公司法》(2023 修订)第 225 条第 3 款还规定,公司如通过减资弥亏损的,在法定公积金和任意公积金累计额达到公司注册资本 50% 前,不得分红。

(2) 法律后果

新《公司法》(2023 修订)第 211 条规定,公司违反规定向股东分配利润的,股东应当将违反规定分配的利润退还公司;给公司造成损失的,股东及负有责任的董事、监事、高级管理人员应当承担赔偿责任。

8. 董监高:确保减资合规

(1) 法律规定

新《公司法》(2023 修订)第 224 条、第 225 条规定,公司减少注册资本,应当编制资产负债表及财产清单。普通减资程序应当自股东会作出减少注册资本决议之日起 10 日内通知债权人,并于 30 日内在报纸上或者国家企业信用信息公示系统公告。以减资方式弥补亏损的,无需通知债权人,但仍应当自股东会作出减少注册资本决议之日起 30 日内在报纸上或者国家企业信用信息公示系统公告。

(2)法律后果

新《公司法》(2023修订)第226条规定,违反规定减少注册资本的,股东应当退还其收到的资金,减免股东出资的应当恢复原状;给公司造成损失的,股东及负有责任的董事、监事、高级管理人员应当承担赔偿责任。

9. 董事:及时清算

(1)法律规定

新《公司法》(2023修订)第232条规定,董事为公司清算义务人,应当在解散事由出现(公司章程规定的营业期限届满、股东会决议解散、公司被吊销营业执照、法院判决公司解散)之日起15日内组成清算组进行清算。

(2)法律后果

董事作为清算义务人未及时履行清算义务,给公司或者债权人造成损失的,应当承担赔偿责任。

10. 董事:积极履行清算职责

(1)法律规定

新《公司法》(2023修订)第232~238条规定,清算组由董事组成,清算组成员履行清算职责,负有忠实义务和勤勉义务。例如,勤勉尽责地清理公司财产,分别编制资产负债表和财产清单;在清算组成立之日起10日内通知债权人,并于60日内在报纸上或者国家企业信用信息公示系统公告;处理与清算有关的公司未了结的业务;清缴所欠税款以及清算过程中产生的税款;清理债权、债务;分配公司清偿债务后的剩余财产;代表公司参与民事诉讼活动。

(2)法律后果

清算组成员怠于履行清算职责,给公司造成损失的,应当承担赔偿责任;因故意或者重大过失给债权人造成损失的,应当承担赔偿责任。

(三)董监高履职指南

就新《公司法》(2023修订)项下董监高的勤勉义务,我们建议:

1. 担任董监高前,审慎对拟任职公司进行筛选及背调;任职过程中如存在无法保障董监高依法依规履职情形的,应及时辞任止损。

2. 主动要求任职公司配置董监高责任险,降低履职过程中的或有风险。

3. 熟悉有关公司治理方面的法律法规及公司章程的相关规定,了解财务资助、分红、减资、清算等事项的基本流程,了解抽逃出资及瑕疵出资的常见形式。

以核查股东出资义务为例,董事履职操作指南如下。

(1)董事应督促董事会及时核查股东出资情况,核查内容包括但不限于:以货币出资的,查验银行流水;以非货币出资的,查验资产评估报告及交付证明。经核查后如存在出资瑕疵情形的,应及时发出催缴通知。

（2）董事会怠于履行相关职责的,董事应自行以书面留痕方式履行相关核查义务,主动要求股东提供相关资料。

（3）预先在公司章程中为董事履职提供制度保障,比如有限公司中建议明确提议召开临时董事会的规则,当董事会或其他董事怠于履行职责时能够有制度机制挺身而出,防止由于董事会未及时履行义务而承担赔偿责任。

4. 依法依规地履行董监高的义务,参加会议前充分阅读会议资料,存在疑问的,在会前或会上提请公司予以释明;对议案有异议的,书面留痕提出反对意见;要求公司对董监高会议制作详细的会议记录并由参会人员签字。

5. 严守底线思维,审慎行事,履职过程主动留存证据。

6. 发生纠纷时,力争从不存在故意和重大过失方面积极举证。

三、挂名董监高、事实董事/高管、影子董事/高管

（一）挂名有风险,辞任需尽快

挂名董监高,是指在一些企业中,某些人员虽然被登记为公司的董监高,但实际上并不参与公司的实际管理或者履行职务。这种情况在实务中较为常见,尤其是一些家族企业或中小企业。挂名董监高的常见产生背景如,公司董监高换届后未能及时办理工商变更、挂名董监高身份信息被冒用、实际控制人等事实管理层因特殊身份限制或规避风险需求不适宜显名为董监高、出于家族企业传承或获取额外的商业机会的目的将具有影响力的人挂名为董监高等。

鉴于新《公司法》（2023修订）对董监高的的职责和法律责任有了更明确的要求,对于不履职的董监高也有了更为严格的处罚措施,为避免潜在风险,我们建议挂名董监高审慎自查并评估相关风险,结合自身的实际情况尽快辞任并督促公司及时办理工商变更手续。

（二）事实董事等同于董事

1. 事实董事

事实董事,是指虽未被正式认命为董事,但实际履行董事职能的人。新《公司法》（2023修订）第180条第3款对事实董事的责任予以明确,即公司的控股股东、实际控制人不担任公司董事但实际执行公司事务的,适用有关董事忠实与勤勉义务的规定。

本新增条款与挂名董监高的问题相伴而生,新《公司法》(2023修订)实施后,在公司实际执行事务的"事实董事"通过"挂名董事"逃避法律责任已不具有可行性。

2. 事实高管

尽管本次新《公司法》的修订未明确实务中另一种常见的"事实高管"的责任承担方式,但结合相关司法实践的经验,部分在公司中实质承担高管职责,但公司章程或内部任免文件未列明其为高管的人员也可能被视同事实高管承担相关法律责任。

如广西壮族自治区高级人民法院发布的《广西壮族自治区高级人民法院民事审判第二庭关于审理公司纠纷案件若干问题的裁判指引》第34条即明确,任何实际上享有或行使董事、高管职权的人员,都可以属于勤勉义务的责任主体,具体有两类情形:(1)名义不适格但实质适格。例如,名为公司部门经理(负责人)或办公室主任(负责人),但实际上享有总经理或副经理的职位或职权。(2)不显名的实质适格。例如股东、控股股东或实际控制人未在公司中显名任职,但在公司经营中却实际享有管控与决策权,他们实质上行使了公司董事、高管的职权。

反映上述裁判思路的司法判例如,最高人民法院在周某、甘肃中集华骏车辆有限公司再审审查与审判监督民事裁定书[(2019)最高法民申2728号]中提出:甘肃中集华骏公司聘任周某担任该公司营销部经理,全面主持公司销售和采购供应工作。在此期间,甘肃中集华骏公司并没有设立副总经理,周某实际上行使的是公司高级管理人员的职权。其妻与亲属成立关联公司并转让关联公司股权的行为,与周某任营销部经理及离任具有同步性,周某未如实向公司报告该事项,在公司和前述关联公司达成交易后,利用职权,不及时收回资金,客观上给公司造成了经济损失,应当承担赔偿责任。

新《公司法》(2023修订)实施后,我们倾向于认为事实高管的责任承担方式将延续现有裁判规则,建议利益相关人士从严规范自身行为。

(三)影子董事/高管需连带

影子董事/高管,是指虽然名义上不是公司的董事/高管,但公司董事/高管通常按照其指示或意愿行事的人。新《公司法》(2023修订)第192条对影子董事/高管的责任予以明确,即公司的控股股东、实际控制人指示董事、高级管理人员从事损害公司或者股东利益的行为的,与该董事、高级管理人员承担连带责任。

四、总结

综上所述,短期来看,新《公司法》(2023 修订)实施后将可能引发董监高辞任潮,但长期来看,新《公司法》(2023 修订)的实施将更有利于公司治理行为的规范,市场也将会真正筛选出能力与职责匹配的董监高。据此,建议公司控股股东、实际控制人、董监高等利益相关人士,牢记新《公司法》(2023 修订)项下董监高的责任和义务,勤勉尽责的履职(见表 26-1)。

表 26-1 总结

义务类型	具体情形	利益受损主体	承担责任主体	承担责任形式	法律依据
忠实义务	不当利用关联关系	公司	董监高	赔偿责任	新《公司法》第 22 条
忠实义务	违反法律、行政法规或公司章程的规定	股东	董事、高管	可提起诉讼	新《公司法》第 190 条
勤勉义务	股东存在瑕疵出资	公司	董事	赔偿责任	新《公司法》第 51 条
勤勉义务	股东存在抽逃出资	公司	董监高	连带赔偿责任	新《公司法》第 53 条
勤勉义务	股份公司董事会决议违反法律、行政法规或者公司章程、股东会决议	公司	董事	赔偿责任	新《公司法》第 125 条
勤勉义务	公司违规提供财务资助	公司	董监高	赔偿责任	新《公司法》第 163 条
勤勉义务	执行职务违反法律、行政法规或者公司章程的规定	公司	董监高	赔偿责任	新《公司法》第 188 条
勤勉义务	执行职务侵权	其他人	董事、高管	赔偿责任	新《公司法》第 191 条
勤勉义务	公司违规分红	公司	董监高	赔偿责任	新《公司法》第 211 条

续表

义务类型	具体情形	利益受损主体	承担责任主体	承担责任形式	法律依据
勤勉义务	公司违规减资	公司	董监高	赔偿责任	新《公司法》第226条
勤勉义务	董事未及时履行清算义务	公司、债权人	董事	赔偿责任	新《公司法》第232条
忠实勤勉	董事怠于履行清算职责	债权人	董事	赔偿责任	新《公司法》第238条

27

公司发生关联交易应注意什么?

关联交易是公司商业活动中的常见安排,《公司法》并不禁止,但不当的关联交易将使公司面临一定的合规风险。例如,大连市某粮食有限公司曾在接受税收检查时,被发现账目中有大笔"赔本"玉米销售业务,经大连市国税局第一稽查局查证,锁定了该公司向关联企业低价销售玉米、逃避纳税的证据,最终该局依法对该公司作出调增应纳税所得额690余万元,弥补亏损590万元,补征增值税、所得税及滞纳金共180万元的处理决定。因此,公司发生关联交易应注意什么?以下内容供企业家参考。

一、关联交易的定义与特点

关联交易,是指公司与其关联方之间发生的转移资源或义务的行为或事项,不论是否收取价款。对于关联方的认定,通常以存在可能导致公司利益转移的关系为认定依据,但不同规则可能因侧重点不同而在具体范围上略有差异,见表27-1。

表27-1 关联交易的具体认定

法律依据	具体内容	侧重点
新《公司法》(2023修订)第265条第4项[原《公司法》(2018修正)与之规定相同]	关联关系,是指公司控股股东、实际控制人、董事、监事、高级管理人员与其直接或者间接控制的企业之间的关系,以及可能导致公司利益转移的其他关系。但是,国家控股的企业之间不仅因为同受国家控股而具有关联关系。	相关方不得利用关联关系损害公司、小股东或债权人的利益。

续表

法律依据	具体内容	侧重点
《企业会计准则第36号——关联方披露》第4条、第6条	下列各方构成企业的关联方： (一)该企业的母公司。 (二)该企业的子公司。 (三)与该企业受同一母公司控制的其他企业。 (四)对该企业实施共同控制的投资方。 (五)对该企业施加重大影响的投资方。 (六)该企业的合营企业。 (七)该企业的联营企业。 (八)该企业的主要投资者个人及与其关系密切的家庭成员。主要投资者个人，是指能够控制、共同控制一个企业或者对一个企业施加重大影响的个人投资者。 (九)该企业或其母公司的关键管理人员及与其关系密切的家庭成员。关键管理人员，是指有权力并负责计划、指挥和控制企业活动的人员。与主要投资者个人或关键管理人员关系密切的家庭成员，是指在处理与企业的交易时可能影响该个人或受该个人影响的家庭成员。 (十)该企业主要投资者个人、关键管理人员或与其关系密切的家庭成员控制、共同控制或施加重大影响的其他企业。 仅仅同受国家控制而不存在其他关联方关系的企业，不构成关联方。	基于确保会计主体披露信息的完整性、可靠性，认定关联方时侧重于对企业财务和经营政策造成影响的主体。
《上市公司信息披露管理办法》第62条第4项	关联人包括关联法人(或者其他组织)和关联自然人。 具有以下情形之一的法人(或者其他组织)，为上市公司的关联法人(或者其他组织)： 1.直接或者间接地控制上市公司的法人(或者其他组织)； 2.由前项所述法人(或者其他组织)直接或者间接控制的除上市公司及其控股子公司以外的法人(或者其他组织)； 3.关联自然人直接或者间接控制的，或者担任董事、高级管理人员的，除上市公司及其控股子公司以外的法人(或者其他组织)； 4.持有上市公司5%以上股份的法人(或者其他组织)及其一致行动人； 5.在过去12个月内或者根据相关协议安排在未来12个月内，存在上述情形之一的；	以上市公司及其控股子公司为利益共同体，更加关注共同体之外可能产生利益倾斜的主体。

续表

法律依据	具体内容	侧重点
	6. 中国证监会、证券交易所或者上市公司根据实质重于形式的原则认定的其他与上市公司有特殊关系，可能或者已经造成上市公司对其利益倾斜的法人(或者其他组织)。 具有以下情形之一的自然人，为上市公司的关联自然人： 1. 直接或者间接持有上市公司5%以上股份的自然人； 2. 上市公司董事、监事及高级管理人员； 3. 直接或者间接地控制上市公司的法人的董事、监事及高级管理人员； 4. 上述第1、2项所述人士的关系密切的家庭成员，包括配偶、父母、年满18周岁的子女及其配偶、兄弟姐妹及其配偶，配偶的父母、兄弟姐妹，子女配偶的父母； 5. 在过去12个月内或者根据相关协议安排在未来12个月内，存在上述情形之一的； 6. 中国证监会、证券交易所或者上市公司根据实质重于形式的原则认定的其他与上市公司有特殊关系，可能或者已经造成上市公司对其利益倾斜的自然人。	
特定行业规则	特定行业有特别规定的，适用相关规定。例如，《银行保险机构关联交易管理办法》规定，银行保险机构的关联自然人还包括具有大额授信、资产转移、保险资金运用等核心业务审批或决策权的人员。	基于相关行业的特点及监管要求确定。
相关主体间特别约定	相关主体间可基于特定目的就关联方范围作出约定。例如，股东间可在投资协议、股东协议等文件中就关联方范围作出约定。	基于相关主体的关注事项确定。

关联交易在商业活动中的积极作用通常在于，基于投资、任职及亲属因素等形成的稳定关系，有助于交易各方减少信息不对称、节省谈判时间、增强合同履约可靠性，这种特点是从事关联交易的主要驱动力。但是，关联交易也具有隐蔽性、复杂性的特点，可以被用于实现不正当目的，如粉饰利润、调节财务指标、侵占公司利益等，导致公司或股东的合法利益被损害。

二、关联交易的合规要求

1. 价格具有公允性

前言所述案例即为因关联交易价格不公允而被补征税款、滞纳金。根据我国《企业所得税法》和《企业所得税法实施条例》的相关规定，关联交易应当符合独立交易原则，即像不存在关联关系一样，按照公平成交价格和营业常规进行业务往来。不符合独立交易原则而减少企业或者其关联方应纳税收入或者所得额的，税务机关有权按照合理方法调整，视情况补征税款并处以罚息。

除税务合规外，价格的公允性往往与业绩的真实性相关，相关方可以通过控制关联交易价格的高低控制业绩或实现利益转移。此等行为一方面不利于公司的健康发展，可能有损股东或债权人的利益，负有责任的利益相关方还需对公司的损失承担赔偿责任；另一方面在公司的融资或上市过程中发现该等情形的，需要进行整改规范，否则可能影响融资或上市的结果。比如，新《公司法》（2023 修订）第 22 条即规定，公司的控股股东、实际控制人、董事、监事、高级管理人员不得利用关联关系损害公司利益。违反前款规定，给公司造成损失的，应当承担赔偿责任。《首次公开发行股票注册管理办法》第 12 条则规定，拟上市主体应当业务独立、资产完整，不存在严重影响独立性或显失公平的关联交易。

2. 履行相应决策程序

因关联交易并不是在完全竞争的市场环境中形成，而是在参与交易的各关联方的利益牵扯下达成的交易，故履行恰当的决策程序、执行严格的回避表决程序，并经董事会或股东会审议，能够帮助决策层及时了解、判断、决定关联交易的必要性和可行性，在一定程度上避免损害公司利益的情况发生。

新《公司法》（2023 修订）规定，董事、监事、高级管理人员及其近亲属，前述主体直接或者间接控制的企业，以及与董事、监事、高级管理人员有其他关联关系的关联人，与公司订立合同或者进行交易，应当按照公司章程的规定经董事会或者股东会决议通过。在就关联交易事项进行表决时，关联董事或关联股东应当回避表决。

由于上市公司具有公众性质，因此相关法规及沪深北各板块监管规则对关联交易的决策程序规定得更为具体，如明确哪些事项、多大规模的关联交易应当履行何等决策程序。非上市公司也可以根据需要在公司章程中自行设定相关决策要求，如投资人担心控股股东利用关联交易损害公司利益的，可要求对其关联交易事项享有一票否决权等。

3. 按规定如实披露

《企业会计准则第36号——关联方披露》规定,企业与关联方发生关联交易的,应当在附注中披露该关联方关系的性质、交易类型及交易要素。交易要素至少应当包括:(1)交易的金额;(2)未结算项目的金额、条款和条件,以及有关提供或取得担保的信息;(3)未结算应收项目的坏账准备金额;(4)定价政策。如实披露关联交易,有助于财务报表使用者判断企业的真实财务情况。除此之外,为便于上市公司的广大投资者及时了解公司的关联交易信息,上市公司发生关联交易的,还应按相关规定履行信息披露义务,对具体关联交易情况进行及时公告。

三、关联交易的注意事项

为满足上述合规要求,公司在关联交易方面应当注意以下几点。

1. 完善关联方统计工作

只有准确、完整地统计关联方清单,才能正确地履行决策、披露义务。公司应当指定特定部门或专人负责定期统计及更新关联方清单,对其进行定期审查和核实,以符合公司的实际情况变化;此外,公司还应明确汇报机制,现有关联方信息发生变化的,如董事、高级管理人员新增对外控制企业的,相关人员应当在指定期限内及时上报;确保关联方清单应有处可查,在进行具体交易时方能准确、高效地查询及判断是否需履行相关决策程序等。

2. 建立关联交易管理制度

通过公司章程或设立专项制度,明确规定包括但不限于下列事项:(1)关联方的范围;(2)关联交易的类型,即哪些事项构成关联交易,如购买原材料、燃料、动力,销售产品、商品,提供或者接受劳务等;(3)关联交易的决策程序,明确董事会、股东会等不同审议层级对应的关联交易金额范围,明确表决过程中的回避和表决通过条件;(4)关联交易定价方式,如按先后顺序参照政府定价、政府指导价、独立第三方的市场价格或收费标准、关联方与独立于关联方的第三方发生非关联交易价格、合理成本费用加合理利润等确定。

3. 加强培训及各部门协同

通过培训等方式使股东、董监高、员工认识到关联交易管理的重要性,其具体规定、审批流程等,以便在关联交易发生时尤其是员工能够及时、正确地处理。

加强各部门协同,例如,业务部门应当在发生疑似关联交易时,同财务部门或其他管理关联方清单的主体确认是否为关联交易并按内部管理制度进行相应处理，需要履行决策程序的，应逐级传递至董事会或股东会审议决策，在取得审议通过的结果前，用印部门不得对关联交易文件进行用印。总之，关联交易的管理是系统性工作，需要各部门的重视与互相配合。

四、总结

综上所述，正当的关联交易对公司的良性发展有一定的积极作用，但由于关联交易的隐蔽性、复杂性，不正当的关联交易可能损害公司、股东、债权人的利益。关联交易要满足合规要求，应当价格公允、程序合法、具有商业合理性，并按规定如实披露。为实现该等合规目标，公司应当注意完善关联方统计工作、建立关联交易管理制度、加强培训及各部门协同。

28

公司进行担保时应注意什么？

在公司经营过程中，担保是一种常见的融资和信用增强手段。随着新《公司法》（2023修订）的实施，公司在进行担保活动时需要更加注重合规性和风险控制。以下将结合新《公司法》（2023修订）的规定，探讨公司在担保过程中应注意的事项，以确保合法合规并有效管理风险。

一、担保的概述

（一）担保的类型

1. 担保物权（物保）

担保物权，是指为了担保债权的实现，由债务人或第三人提供特定的物作为担保，当债务人不履行债务时，债权人有权对该担保物进行折价、拍卖或变卖，并从所得价款中优先受偿的权利。常见的担保物权包括抵押权、质权和留置权。其中，抵押权、质权系依据当事人的合同而设立的约定担保，留置权则是直接依据法律的规定而设立，无需当事人之间特别约定的法定担保。

担保物权具有以下特点：

（1）从属性：担保物权以债权的存在为前提，随债权的产生而产生，随债权的消灭而消灭。

（2）不可分性：债权人在全部债权受清偿前，可就担保物的全部行使权利。例如，甲公司以自有的高价值房产向乙公司提供抵押担保，乙公司行使抵押权的，可以主张拍卖整个房产并在拍卖价款中取回相当于债务的金额。但是，留置权人行使留置权，如果留置财产为可分物的，留置财产的价值应当相当于债务的金额。

（3）物上代位性：担保物灭失、毁损后所获得的赔偿金等，成为担保物权的代位物。

2. 保证担保(人保)

保证担保,是指保证人和债权人约定,当债务人不履行债务时,保证人按照约定履行债务或者承担责任的行为。保证人承担保证责任的方式包括一般保证和连带责任保证。除法定特殊情形外,一般保证的保证人在主合同纠纷未经审判或者仲裁,并就债务人财产依法强制执行仍不能履行债务前,有权拒绝向债权人承担保证责任;而连带责任保证的债务人不履行到期债务或者发生当事人约定的情形时,债权人可以请求债务人履行债务,也可以请求保证人在其保证范围内承担保证责任。

保证担保同样具有从属性。保证合同是主债权债务合同的从合同。主债权债务合同无效的,保证合同无效,但是法律另有规定的除外。保证合同也具有相对独立性,即保证合同有独立于主合同外的成立、无效或失效的要件。

3. 定金(钱保)

定金,是指当事人为了保证债务的履行,约定由一方先行支付给对方一定数额的货币作为债权的担保。

定金具有以下特点:

(1)从属性:定金随主合同的存在而存在,随主合同的消灭而消灭。主合同消灭时,如果不存在违约行为,或者虽然存在违约行为但双方协商一致解除合同,定金应返还。

(2)惩罚性:如果给付定金的一方不履行约定的债务,无权要求返还定金;收受定金的一方不履行约定的债务,应当双倍返还定金。

(3)实践性:定金合同自实际交付定金时成立。

(二)担保的设立

部分担保自担保合同生效即设立,部分担保需办理登记后设立,见表28-1。

表28-1 担保的设立时点

类型	担保的基础	担保的设立时点
抵押	财产	以不动产抵押的,抵押权自登记时设立;以动产抵押的,抵押权自抵押合同生效时设立,但未经登记的,不得对抗善意第三人
质押	财产	以可以转让的基金份额、股权、可以转让的知识产权中的财产权、现有的以及将有的应收账款出质的,质权自办理出质登记时设立。 以汇票、本票、支票、债券、存款单、仓单、提单出质的,质权自权利凭证交付质权人时设立;没有权利凭证的,质权自办理出质登记时设立

续表

类型	担保的基础	担保的设立时点
留置	财产	债务已届清偿期限时可以由债权人决定设立
保证	保证人的财产和信用	保证合同生效时
定金	金钱	交付定金时

（三）担保的并存

同一债权可以由多种方式担保，同一方式也可以担保多项债权。担保出现并存时，其清偿顺序可能直接影响担保的效果，常见的并存情形及清偿顺序如下。

1. 同一债权既有人保又有物保

被担保的债权既有物的担保又有人的担保的，债务人不履行到期债务或者发生当事人约定的实现担保物权的情形，债权人应当按照约定实现债权；没有约定或者约定不明确的：

（1）债务人自己提供物的担保的，债权人应当先就该物的担保实现债权。同一债权既有债务人自己提供的物的担保，又有第三人提供的担保，承担了担保责任或者赔偿责任的第三人，主张行使债权人对债务人享有的担保物权的，人民法院应予支持。

（2）第三人提供物的担保的，债权人可以就物的担保实现债权，也可以请求保证人承担保证责任。提供担保的第三人承担担保责任后，有权向债务人追偿。

2. 同一动产同时涉及抵押、质押和留置

（1）同一动产向两个以上债权人设定抵押时：①抵押权已经登记的，按照登记的时间先后确定清偿顺序；②抵押权已经登记的先于未登记的受偿；③抵押权未登记的，按照债权比例清偿。

（2）同一动产既设立抵押权又设立质权的，拍卖、变卖该财产所得的价款按照登记交付的时间先后确定清偿顺序。

（3）同一动产上已经设立抵押权或者质权，该动产又被留置的，留置权人优先受偿。

二、担保合同的内容及其审查

（一）担保合同的主要内容

公司拟进行担保时，应审慎确认担保合同的内容，使其准确、完整，主要包括以下内容。

1. 债务的具体描述:确保合同中对债务的描述准确、清晰,包括债务的金额、期限、用途等。

2. 担保的方式和性质:明确担保的方式是一般担保还是连带担保,这对担保人的责任承担有着重要影响。例如,当事人在保证合同中对保证方式是一般保证或是连带责任保证,没有约定或者约定不明确的,按照一般保证承担保证责任。又如,同一债务有两个以上保证人的,保证人应当按照保证合同约定的保证份额,承担保证责任;没有约定保证份额的,债权人可以请求任何一个保证人在其保证范围内承担保证责任。

3. 担保的金额范围:确定担保范围是否包括本金、利息、违约金、损害赔偿金等。

4. 担保的时间范围:明确担保相关的时间范围。例如,债权人与保证人可以约定保证期间,但是约定的保证期间早于主债务履行期限或者与主债务履行期限同时届满的,视为没有约定;没有约定或者约定不明确的,保证期间为主债务履行期限届满之日起 6 个月。

5. 排除事项:考虑是否存在特定的排除事项,例如由于不可抗力等原因导致的债务免除。

6. 附加条件和限制:确认是否存在附加条件或限制,如担保人在特定情况下的抗辩权等。

7. 合同的其他条款:与其他条款相互印证,确保合同范围的界定与整体合同的意图和目的一致。

(二)担保合同内容应符合法律规定

为使担保合同合法有效、实现各方担保目的,担保合同的内容应当符合法律规定,包括但不限于以下内容。

1. 担保的主体应当符合法律规定

例如,《民法典》第 683 条规定,机关法人不得为保证人,但是经国务院批准为使用外国政府或者国际经济组织贷款进行转贷的除外。以公益为目的的非营利法人、非法人组织不得为保证人。

2. 担保的主债务应当符合法律规定

例如,根据新《公司法》(2023 修订)第 163 条第 1 款、第 3 款规定,公司不得为他人取得本公司或者其母公司的股份提供担保,公司实施员工持股计划的除外。违反前述规定,给公司造成损失的,负有责任的董事、监事、高级管理人员应当承担

28 公司进行担保时应注意什么？

赔偿责任。

3. 担保责任的范围应当符合法律规定

例如，《九民纪要》第 55 条规定，担保人承担的担保责任范围不应当大于主债务，是担保从属性的必然要求。当事人约定的担保责任的范围大于主债务的，如针对担保责任约定专门的违约责任、担保责任的数额高于主债务、担保责任约定的利息高于主债务利息、担保责任的履行期先于主债务履行期届满，等等，均应当认定大于主债务部分的约定无效，从而使担保责任缩减至主债务的范围。

三、签署担保合同应履行的决策程序

（一）提供担保：按规定履行决策程序

新《公司法》（2023 修订）第 15 条规定："公司向其他企业投资或者为他人提供担保，按照公司章程的规定，由董事会或者股东会决议；公司章程对投资或者担保的总额及单项投资或者担保的数额有限额规定的，不得超过规定的限额。

公司为公司股东或者实际控制人提供担保的，应当经股东会决议。

前款规定的股东或者受前款规定的实际控制人支配的股东，不得参加前款规定事项的表决。该项表决由出席会议的其他股东所持表决权的过半数通过。"

根据上述规定，对于一般的担保事项，可按公司章程或制度的规定履行相应董事会或股东会决策程序；但对于为股东或实际控制人提供担保的，必须均经股东会决议，且相关股东应回避表决。该要求有助于防范股东或实际控制人滥用优势地位、损害公司利益。

对于未经适当决策程序而签订的担保合同，其并不必然无效，具体效力还需结合相对人是否善意等进行判断，详如下述。

（二）接受担保：审查对方的决策文件

担保人未履行相应决策程序且债权人未适当审查其决策文件、不构成善意相对人的，可能导致担保无效。

例如，2013 年 4 月，理文公司与高邑粤东公司签订《定作合同》，约定高邑粤东公司向理文公司定作纸品，高邑粤东公司应月结定作价款，对此，保证人江西粤东公司、李某枫分别与理文公司签订《担保书》，同意对高邑粤东公司的合同义务承担连带保证责任。由于高邑粤东公司未就 2018 年 9 月、10 月的三批次合计约 44.4 万元的货物进行结算，理文公司向法院起诉请求高邑粤东公司支付相应货款、保证人承担连带清偿责任。**法院查明**，保证人李某枫系高邑粤东公司的控股股

东、法定代表人;在保证人江西粤东公司签订《担保书》时,李某枫同时为江西粤东公司的控股股东、法定代表人。以江西粤东公司名义出具《担保书》的经办人员即为李某枫,理文公司未审查江西粤东公司的章程亦未要求江西粤东公司提供董事会或股东会决议。据此,法院认为江西粤东公司在未经有效股东会决议的情况下为股东李某枫控股的高邑粤东公司提供担保,应认定系李某枫越权代表行为,且不构成表见代表,应认定对江西粤东公司不发生法律效力。[(2019)苏05民终2549号]

法院在分析中提到,《公司法》已规定公司对外担保的决策机制,理文公司应基于通常商人之注意,在促成担保、获取商业目的之前要求审查其他股东的意思表示而防止其接受担保的行为造成他人利益的损害,理文公司在接受担保时未审查江西粤东公司股东会决议,不构成善意相对人,该案不适用表见代表规则,担保行为对江西粤东公司无效。

因此,公司在接受担保时,应注意审查担保方的相关决策文件,履行适当的注意义务,以确保担保合同的有效性。

四、担保合同履行的注意事项

担保合同履行情况的跟进与监督是实现各方担保目的的重要一环。跟进担保合同的履行,应关注如下事项:

1. 定期检查担保物的状况:确保担保物的价值没有减少或受到损害,包括其物理状态的未受减损,以及其市场价值的保持情况。担保期间,担保财产毁损、灭失或者被征收等,担保物权人可以就获得的保险金、赔偿金或者补偿金等优先受偿;被担保债权的履行期限未届满的,也可以提存该保险金、赔偿金或者补偿金等。因此,及时发现担保物的状况变化对于担保权利的实现具有重要意义。

2. 持续监控主债务人的财务状况:无论是提供担保方还是接受担保方,均应持续监控主债务人的财务状况,以评估其是否有能力履行债务,便于及时采取应对措施。

3. 关注履约期限:确保主债务人在规定的时间内履行债务。接受担保方可以在履约期限届满前,适时敦促主债务人按时偿还债务;提供担保方可以通过关注履约期限,与相关债务人、债权人及时沟通,适时调整资金安排,为可能需要承担的担保债务做准备。

4. 及时采取措施:如果发现主债务人的财务状况恶化或有违约迹象、担保物价值贬损的,接受担保方应及时采取补救措施,如要求补充担保物等,补充的担保物应与原担保物具有相当的价值和可变现性,且应审查补充担保物的合法性和权属情况,以避免法律纠纷。

5. 及时追偿债务:作为提供担保方,履行担保责任后,应及时向主债务人追偿;该债务同时由多人担保的,如涉及代其他担保人承担责任,应按照约定及时向其他担保人追偿。为保障追偿效果,提供担保方也可事先要求主债务人提供反担保,即为保障担保人将来承担担保责任后对债务人的追偿权的实现而设定担保,加强债务追偿的保障。

五、总结

综上所述,公司提供担保时,应注意履行相应决策程序;接受担保时,应注意审查担保方的相关决策文件,以确保担保合同的效力。公司发生担保时,应审慎确认合同内容,使其内容准确完整、符合法律规定。此外,各相关方应注意定期检查担保物的状况、持续监控主债务人的财务状况、关注履约期限、及时采取措施、及时追偿债务,以确保主债务或担保债务的实现,保护自身利益。

29

竞业协议应该如何约定与履行？

在当今激烈竞争的商业环境中，保护公司的核心竞争力至关重要。竞业协议作为常见的法律工具，承载着公司信息保密和防范竞争对手挖角的重要使命。竞业协议应该如何约定与履行？详见下列关注事项。

一、竞业限制的含义与作用

竞业限制，是指对原用人单位负有保密义务的劳动者，于离职后在约定的期限内，不得生产、自营或为他人生产、经营与原用人单位有竞争关系的同类产品及业务，不得在与原用人单位具有竞争关系的用人单位任职。

由于部分员工可能对公司的经营和技术情况了如指掌，员工离职后基于专业经验、涉足领域等，也往往选择与原单位任职相同或相似的工作。一旦从事这些工作，很可能帮助原单位的竞争对手取得更多竞争优势，泄露原单位秘密信息的情况更易发生也更难以发现和取证。因此，公司可以通过与相关员工达成竞业协议的方式，避免离职员工从事与在本公司相同或相似的工作，以保护其商业秘密和竞争优势。

二、竞业协议的关注要点

（一）竞业限制的适用人员

竞业限制的人员限于用人单位的高级管理人员、高级技术人员和其他负有保密义务的人员。竞业限制的范围、地域、期限由用人单位与劳动者约定，竞业限制的约定不得违反法律、法规的规定。

公司签订竞业限制协议的对象，不得是公司的任意员工，而应当是前述负有保密义务的人员，否则可能面临竞业协议无效的后果。如在（2023）沪01民终5678号判决书中，法院认为，鉴于竞业限制制度本身系立法者对用人单位的商业秘密与劳动者的择业自由两种法益进行利益衡量后作出的制度安排,竞业限制制度客观上对劳动者的择业自由构成一定限制,故竞业限制义务主体应当严格限缩在法律规定的主体范围内,否则不仅会影响劳动者的合法就业权利,也会影响整个社会劳动力资源的正常流动。该案中,由于用人单位未能举出确凿、充分的证据证明相关员工属于竞业限制义务的适格主体,而实际是将竞业限制协议扩大适用于普通劳动者,违反了法律的强制性规定,故法院认定双方所签竞业限制协议应属无效,相关员工无需履行竞业限制义务,亦无需支付竞业限制违约金。

(二)竞业限制的范围

通常而言,与公司签署竞业协议的人员,不得到与本公司生产或者经营同类产品、从事同类业务的有竞争关系的其他用人单位,或者自己开业生产或者经营同类产品、从事同类业务。实践中,为最大限度地保护公司权益,公司可能会尽可能地放宽竞业限制的范围。但是,竞业限制的范围不得过宽以至于剥夺员工的自主择业权,且需要能够证明竞争关系的存在。

在最高人民法院指导性案例190号中,上诉人王某曾在被上诉人万得公司工作,并与其签订了竞业限制协议,其中约定"竞业行为指员工自己或与其他个人或组织合作,直接或间接地从事竞争性业务,或为竞争性单位提供服务或劳务"。离职次月,王某加入了哔哩哔哩公司,万得公司以两家公司营业执照所载经营范围存在重合(如均涉及计算机软硬件的开发、销售,相关领域的技术开发、技术转让、技术咨询、技术服务等)为由,认为王某违反了竞业限制义务并要求其支付违约金200万元。法院认为,竞业纠纷案件中,竞争关系的审查不应拘泥于营业执照登记的营业范围。互联网企业往往在注册登记时,经营范围都包含了软硬件开发、技术咨询、技术转让、技术服务,如仅以此为据,显然会对互联网就业人员尤其是软件工程师再就业造成极大障碍,对社会人力资源造成极大的浪费,也有悖于竞业限制制度的立法本意。故在判断是否构成竞争关系时,还应当结合公司实际经营的内容是否重合、服务对象或者所生产产品的受众是否重合、所对应的市场是否重合等多角度进行审查。据此,法院最终认定两家公司在经营模式、对应市场和受众方面都存在显著差异,不能仅因经营范围存在重合而认定为竞争关系,判决王某无需支付违反竞业限制违约金。

(三)竞业限制的期限

《劳动合同法》明确规定,竞业限制期限不得超过二年。据此,如果约定的竞业期限超过二年,则超过二年的部分无效。竞业限制的期限应当合理确定,过长或过短都可能带来问题。过长的竞业期限可能给公司带来不必要的补偿金经济负担，且超过二年的部分无效；过短的竞业期限可能无法有效保护用人单位的商业秘密和竞争优势，对原单位造成不利影响。

合理确定竞业限制的期限应当综合考虑以下因素：

1. 商业秘密的保护需求：评估公司商业秘密的重要性和保密性，以及其在市场上的竞争优势；

2. 行业特点：不同行业的竞争情况和发展速度不同，需要根据行业特点确定竞业期限；

3. 员工的职位和影响力：高级管理人员和关键技术人员可能对用人单位的竞争优势产生更大的影响，其竞业期限可能需要更长。

（四）竞业限制的经济补偿

竞业限制的经济补偿本质上是对限制员工自主择业权的补偿。补偿金由公司与员工协商确定，应当约定明确、具体，过高的补偿金有可能给公司带来与竞业价值不相匹配的较重经济负担，但补偿金也不得过低，否则在发生争议时可能会经法院裁量调整。与竞业限制补偿金相关的常见争议及解决情况如下。

1. 未约定经济补偿

《最高人民法院关于审理劳动争议案件适用法律问题的解释（一）》（以下简称《劳动争议司法解释（一）》）第36条规定，当事人在劳动合同或者保密协议中约定了竞业限制，但未约定解除或者终止劳动合同后给予劳动者经济补偿，劳动者履行了竞业限制义务，要求用人单位按照劳动者在劳动合同解除或者终止前12个月平均工资的30%按月支付经济补偿的，人民法院应予支持。前款规定的月平均工资的30%低于劳动合同履行地最低工资标准的，按照劳动合同履行地最低工资标准支付。

部分地区对竞业限制补偿金亦有专门规定。例如，《深圳经济特区企业技术秘密保护条例》规定，竞业限制协议约定的补偿费，按月计算不得少于该员工离开企业前最后12个月月平均工资的1/2。约定补偿费少于上述标准或者没有约定补偿费的，补偿费按照该员工离开企业前最后12个月月平均工资的1/2计算。

2. 约定的经济补偿低于最低工资标准

实践中，关于约定的经济补偿低于最低工资标准产生的争议主要有两类：一是《劳动争议司法解释（一）》规定的补偿金标准明确适用于未约定经济补偿的情形，但双方已约定了明确但低于最低工资标准的经济补偿，是否可优先适用双方的约定？二是竞业协议约定的补偿标准低于最低工资标准，是否因违反了强制性规定而导致竞业协议无效?

根据相关司法案例,多数法院认为,竞业协议约定的补偿标准低于最低工资标准不必然导致竞业协议整体无效,而是低于最低工资标准的部分约定无效,公司应当按照最低工资标准予以补足。如在(2023)沪02民终4918号判决书中,法院认为,相关司法解释为了防止用人单位以各种手段故意降低约定的补偿金标准,以减少其支付义务,故以最低工资标准为兜底基数,即如双方约定低于最低工资标准的,则低于最低工资标准的部分无效,补足至该标准。

3. 约定的经济补偿不低于最低工资标准但低于平均工资的30%

除前述部分地区对竞业限制补偿金有专门规定外,对于约定的经济补偿不低于最低工资标准但低于平均工资的30%的,司法实践中多数法院认为该等补偿金约定系当事人双方意思自治,不违反其他法律规定的前提下应属有效。

需要说明的是,除前述多数法院观点外,实践中也存在与之不同的裁判结果。在公司或个人面临相关争议时,建议参考最新法规及当地裁判机构的最新案例,或咨询专业律师的意见。

(五) 竞业限制的违约金

公司出于对违约金威慑效果或竞业损失补偿的高期待,可能会主张约定由员工承担较高乃至过高的竞业限制违约金。但是,如员工违约金与员工在原单位的工作年限和工作职责、员工的主观因素和违约行为、竞业限制的经济补偿金额、原公司的过错程度等严重不匹配,实践中,经涉诉员工请求,可能经法院判定酌情调减违约金,即高额违约金可能不会得到全额支持。

例如,在(2021)苏0583民初21574号判决书中,原告昆山博益鑫成公司主张被告单某按《竞业限制协议》的约定支付竞业限制违约金100万元,法院最终酌情将被告应当支付的违约金调整为4万元。该案中,法院综合了被告为最低级别的研发人员、在原告处的在职期间收入较低、虽然参与研发但并非核心成员、对原告的商业秘密或技术秘密的掌握程度较低、竞业限制补偿金较低等因素,认定双方签订的协议约定的权利义务明显不对等,违约金明显过高,不利于双方利益的平衡,应当依法予以调整。

三、竞业协议履行中的常见问题

(一) 公司未付补偿金,员工是否可以不履行竞业限制义务

不一定。由于公司原因导致未付补偿金达3个月,且员工依法请求解除后,方

可解除竞业限制义务。

《劳动争议司法解释(一)》第 38 条规定,当事人在劳动合同或者保密协议中约定了竞业限制和经济补偿,劳动合同解除或者终止后,由于用人单位的原因导致 3 个月未支付经济补偿,劳动者请求解除竞业限制约定的,人民法院应予支持。

该规定中有两个要点。一是未付补偿金的原因来自用人单位,如劳动者指定补偿金收款账户错误导致未能收到补偿金的,不属于可依法解除的情形。二是劳动者应采取解除竞业限制约定的动作,如与用人单位协商一致解除,或者通过仲裁、诉讼方式请求解除。实践中,存在劳动者直接通过行动表示不再履行竞业限制约定的情形,对此各地法院判决情况有差异:部分法院认为,在用人单位未支付经济补偿的情形下,劳动者未提出解除竞业限制约定的,其应受竞业限制协议的约束,如(2019)京 01 民终 10981 号判决书所述;部分法院则支持劳动者通过行动解除了竞业协议,如《浙江省高级人民法院民事审判第一庭、浙江省劳动人事争议仲裁院关于审理劳动争议案件若干问题的解答(三)》表示,劳动合同解除或者终止后,由于用人单位原因未支付经济补偿达 3 个月,劳动者此后实施了竞业限制行为,视为劳动者已以其行为提出解除竞业限制约定,用人单位要求劳动者承担违反竞业限制违约责任的,不予支持。

对于因未收到补偿金而希望主动解除竞业限制协议的员工,我们建议:

1. 未在约定期限内收到补偿金的,可以以书面形式提请原单位按照约定支付补偿金;

2. 由于原单位的原因导致 3 个月未支付经济补偿的,员工可以以书面形式提请与原单位解除竞业限制协议,并请其在限期内回复;

3. 未按期回复或未同意解除的,根据当地规定或为审慎起见,员工可以通过向仲裁机构、法院请求等方式解除竞业限制协议。

(二)公司不需要员工继续履行竞业限制义务,是否可以解除竞业协议

可以,但需要额外支付 3 个月的竞业限制补偿金。

《劳动争议司法解释(一)》第 39 条规定,在竞业限制期限内,用人单位请求解除竞业限制协议的,人民法院应予支持。在解除竞业限制协议时,劳动者请求用人单位额外支付劳动者 3 个月的竞业限制经济补偿的,人民法院应予支持。

(三)员工支付违约金后,是否可以从事竞业工作

不一定,用人单位要求其继续履行竞业限制义务的,仍须继续履行。

《劳动争议司法解释(一)》第 40 条规定,劳动者违反竞业限制约定,向用人单

位支付违约金后,用人单位要求劳动者按照约定继续履行竞业限制义务的,人民法院应予支持。

(四)员工违反竞业限制义务,公司是否可以起诉竞争对手

公司不应以违反竞业限制约定为由起诉竞争对手,但可以以不正当竞争、侵犯商业秘密、职务发明纠纷等事由起诉竞争对手。

由于竞业限制协议具有合同的相对性,只约束合同双方,故对第三方即竞争对手不具有约束力。但是,不当的挖角行为可能涉及对市场竞争秩序的扰乱,因损害其他竞争者合法权益而为《反不正当竞争法》所规制,公司也可以以竞争对手通过该跳槽员工获取、侵犯其商业秘密为由,请求其根据《反不正当竞争法》或《民法典》承担侵权责任。此外,根据《专利法》及《专利法实施细则》的规定,劳动者个人在离职后1年内作出的,与其在原单位承担的本职工作或者原单位分配的任务有关的发明创造是职务发明创造,权利归属于原单位。如该员工作为新单位知识成果发明人的,亦可以以该等知识产权权属纠纷为由向竞争对手提起诉讼。

四、总结

综上所述,竞业协议的约定与履行是一个涉及多要素的复杂过程,需要双方的共同努力和配合。公司在制定协议时,应遵循合法、合理、公平的原则,审慎确定其适用的人员、范围、期限,合理确定经济补偿金和违约金,以保护自身的合法权益。员工在签署协议后,应严格遵守协议约定,拟解除协议时,应当与公司协商一致或依法请求解除。只有公司和员工都能认真对待并履行竞业协议,才能维护市场竞争的公平性,保护各方的利益。

30 为什么说小股东知情权保护是悬在公司治理头上的利剑？

在公司治理架构中，通常情况下大股东对于公司的决策起着决定性作用，而持股比例较低的小股东则较难对公司的经营策略产生显著影响。更重要的是，小股东在获取公司信息上往往处于不利地位，其股东知情权无法得到充分保障。针对这一问题，新《公司法》(2023 修订)对股东的知情权做出了进一步的强化，扩展了股东行使知情权的法定权限，为股东提供了更加坚实的权利保障，同时推动公司治理的规范化。以下是关于新《公司法》(2023 修订)中股东知情权规定的一些详细解读，供企业家参考。

一、法规修改对比

原《公司法》(2018 修正)及其司法解释与新《公司法》(2023 修订)就股东知情权的相关规定对比，见表 30 - 1。

表 30 - 1 股东知情权的对比

	原《公司法》(2018 修正)及其司法解释	新《公司法》(2023 修订)
有限责任公司	原《公司法》第 33 条　股东有权查阅、复制公司章程、股东会会议记录、董事会会议决议、监事会会议决议和财务会计报告。 股东可以要求查阅公司会计账簿。股东要求查阅公司会计账簿的，应当向公司提出书面请求，说明目的。公司有合理根据认为股东查阅会计账簿有不正当目的，可能损害公司合法利益的，可以拒绝提供查阅，并应当自股东提出书面请求之日起十五日内书面答复股东并说明理由。公司	第 57 条　股东有权查阅、复制公司章程、股东名册、股东会会议记录、董事会会议决议、监事会会议决议和财务会计报告。 股东可以要求查阅公司会计账簿、**会计凭证**。股东要求查阅公司会计账簿、**会计凭证**的，应当向公司提出书面请求，说明目的。公司有合理根据认为股东查阅会计账簿、**会计凭证**有不正当目的，可能损害公司合法利益的，可以拒绝提供查阅，并应当自股东提出书面请求之日起十五日内书面答复股东并说明理由。公司拒绝提供查阅的，股东可

续表

	原《公司法》(2018修正)及其司法解释	新《公司法》(2023修订)
	拒绝提供查阅的,股东可以请求人民法院要求公司提供查阅。 《最高人民法院关于适用〈中华人民共和国公司法〉若干问题的规定(四)》(2020修正)第10条第2款 **股东依据人民法院生效判决查阅公司文件材料的,在该股东在场的情况下**,可以由会计师、律师等依法或者依据执业行为规范负有保密义务的中介机构执业人员辅助进行。	以向人民法院提起诉讼。 股东查阅前款规定的材料,可以委托会计师事务所、律师事务所等中介机构进行。 股东及其委托的会计师事务所、律师事务所等中介机构查阅、复制有关材料,应当遵守有关保护国家秘密、商业秘密、个人隐私、个人信息等法律、行政法规的规定。 股东要求查阅、复制公司全资子公司相关材料的,适用前四款的规定。
股份有限公司	原《公司法》第97条 股东有权查阅公司章程、股东名册、**公司债券存根**、股东大会会议记录、董事会会议决议、监事会会议决议、财务会计报告,对公司的经营提出建议或者质询。	第110条 股东有权查阅、复制公司章程、股东名册、股东会会议记录、董事会会议决议、监事会会议决议、财务会计报告,对公司的经营提出建议或者质询。 连续一百八十日以上单独或者合计持有公司百分之三以上股份的股东要求查阅公司的会计账簿、会计凭证的,适用本法第五十七条第二款、第三款、第四款的规定。公司章程对持股比例有较低规定的,从其规定。 股东要求查阅、复制公司全资子公司相关材料的,适用前两款的规定。 上市公司股东查阅、复制相关材料的,应当遵守《中华人民共和国证券法》等法律、行政法规的规定。

二、股东知情权行使主体

(一)直接持股及部分间接持股股东(仅限于全资子公司)

1.查阅、复制公司章程、股东名册、股东会会议记录、董事会会议决议、监事会会议决议和财务会计报告

根据新《公司法》(2023修订)的规定,公司股东不论持股比例大小,均有权查阅、复制公司章程、股东名册、股东会会议记录、董事会会议决议、监事会会议决议和财务会计报告,且未规定公司可以拒绝股东查阅、复制前述资料的情形。

2.查阅公司会计账簿、会计凭证

根据新《公司法》(2023修订)的规定,有限责任公司股东不论持股比例大小,

均有权查阅公司会计账簿、会计凭证，而股份有限公司除公司章程有更低规定外，仅连续 180 日以上单独或者合计持有公司 3% 以上股份的股东有权要求查阅公司的会计账簿、会计凭证。这一规定考虑到股份有限公司股东人数众多、股份分散的实际情况，在确保股东知情权得以实施的同时，避免股东滥用这一权利。此外，新《公司法》（2023 修订）允许股份有限公司在公司章程中设定更低持股比例标准，为股份有限公司的小股东争取较法规更高水平的知情权留下空间。至于上市公司股东知情权的具体实施，则交由《证券法》和其他相关法律法规进一步明确。

3. 实质性剥夺股东知情权的约定无效

根据《最高人民法院关于适用〈中华人民共和国公司法〉若干问题的规定（四）》（2020 修正）第 9 条的规定，公司以其章程、股东之间的协议等实质性剥夺股东依据公司法规定查阅或者复制公司文件材料的权利为由拒绝股东查阅或者复制的，人民法院不予支持。这意味着，公司章程和股东协议就股东知情权行使设定的持股比例要求，或者对某些特定情形下股东知情权行使的限制等实质性剥夺股东知情权的约定无效，以确保股东权利不受公司章程或股东协议不合理限制。该等规定未在新《公司法》（2023 修订）文本中体现，期待未来通过司法解释或配套法规进一步落实和完善。

4. 查阅全资子公司的相关资料

新《公司法》（2023 修订）允许股东延伸其知情权的行使范围，当股东投资的公司对外投资设立全资子公司时，股东有权行使查阅该等全资子公司的相关资料的权利。上述规则在一定程度上增强了小股东在公司治理中的话语权，防止大股东通过设立全资子公司的形式规避小股东的监督，促进公司的透明度和规范治理，为股东提供了更加全面和有效的信息获取途径。

(二) 股东有权委托会计师事务所、律师事务所等中介机构行使权利

新《公司法》（2023 修订）允许股东在查阅公司会计账簿、会计凭证时委托会计师事务所、律师事务所等中介机构进行，删去了《最高人民法院关于适用〈中华人民共和国公司法〉若干问题的规定（四）》（2020 修正）规定的股东必须取得人民法院生效判决且该股东应在场的前提条件。这一变化意味着股东行使知情权时无需经历烦琐的司法程序，可以更加直接和便捷地利用专业机构的帮助，降低了股东的时间和经济成本。即使股东自身专业能力有限，也能够通过专业机构的帮助，有效识别公司存在的或潜在的财务或法律问题，为股东提供了更加实用和便捷的法律支持。

三、股东知情权行使范围

（一）股份有限公司新增股东有权复制、查阅公司相关资料

新《公司法》（2023修订）将股东有权查阅和复制公司章程、股东名册、股东会会议记录、董事会和监事会会议决议、财务会计报告，以及有权查阅公司会计账簿、会计凭证的规定，从仅适用于有限责任公司修改为同样适用于股份有限公司，使得无论股东所在的公司类型如何，在满足股东资格的前提下，均有权查阅（或复制）公司的关键文件，以进一步保护股东权益。

（二）新增股东可以查阅会计凭证

在司法实践中，不同法院对于原《公司法》（2018修正）规定的会计账簿是否包含会计凭证的口径不一，新《公司法》（2023修订）对这一分歧进行回应，即明确股东有权查阅会计凭证，同时延续现行规定，明确若公司有合理根据认为股东查阅会计账簿、会计凭证有不正当目的且可能损害公司合法利益的，公司可以拒绝提供查阅。我们认为，原《公司法》（2018修正）规定股东可以要求查阅公司会计账簿，但并未规定股东可以查阅原始凭证和记账凭证，旨在保障股东查阅权的同时，防止和避免小股东滥用知情权干扰公司的正常经营活动[1]；在原《公司法》（2018修正）及新《公司法》（2023修订）均已对小股东滥用知情权干扰公司正常经营活动时公司有权拒绝股东行使知情权进行例外规定的前提下，不应在股东合理行使其权利时再次进行限制，否则将与设置股东知情权制度的目的背道而驰。新《公司法》（2023修订）的这一规定，为股东知情权的有效行使提供了法律依据，由于会计凭证作为会计账簿的产生依据，股东应当有权查阅。

需要注意的是，《最高人民法院关于适用〈中华人民共和国公司法〉若干问题的规定（四）》（2020修正）对有限责任公司股东有不正当目的的情形进行了列举，而新《公司法》（2023修订）增加关于会计凭证的规定，是否也会相应增加认定股东具有不正当目的的情形，以及该等情形是否同等适用于股份有限公司，有待司法解释或配套法规对此进一步明确。

---

[1] 参见人民法院案例库参考案例：（2020）最高法民再170号"美国阿某斯公司诉河北阿某斯公司股东知情权纠纷案"。

四、总结

股东的知情权是股东依法参与公司治理、维护自身合法权益的基础性权利,若股东行使知情权后发现公司其他股东或者董监高侵害公司合法利益的,有权要求其他股东或者董监高承担赔偿责任,详见本书前文:*"26 …… **新《公司法》实施后,董监高应该如何履职?**"*;若股东发现公司监事会或者董事会怠于履行职责的,股东有权提起代位诉讼。

综上所述,通过保障股东知情权的行使,有利于提高公司治理水平,增强公司运营的透明度,有利于及时发现和纠正公司在经营过程中可能出现的问题,使公司在大股东和小股东的共同监督下依法、合规、稳健地发展。

31

分红不能随意，这些你记住了吗？

"天下熙熙，皆为利来；天下攘攘，皆为利往。"在商事活动中，创始人开设公司、投资人投资公司最基本的动机便是追求利润、获取经济回报。公司在管理层的带领下通过生产经营产生收入后，股东就可以马上分红了吗？公司进行分红有什么前提条件、需要考虑什么因素、实施什么程序？新《公司法》(2023修订)实施后，分红规则又有了哪些新变化？针对上述问题，我们总结了以下非上市公司的分红攻略，供利益相关人士参考。

一、分红的前提条件

(一)税后有利润

公司通过向客户销售产品或提供服务产生实际收入后，并不意味着马上可以分红，还必须具备盈利能力。简言之，公司的收入只有在扣除所有成本、费用和税款后，仍有剩余的，才具备向股东分红的基本前提。

示例：(特别提示：示例仅为便于理解目的而编制，不代表专业财务核算，下同)

情形1：甲公司当年销售自行研发的产品取得收入500万元，扣除原材料采购成本200万元、直接人工成本60万元、销售和管理费用100万元、缴纳企业所得税35万元，仍有剩余105万元，此时公司具备分红的基本前提。

情形2：甲公司当年销售自行研发的产品取得收入500万元，因原材料价格上涨，扣除原材料采购成本400万元、直接人工成本60万元、销售和管理费用100万元后，无剩余且亏损60万元，此时公司无法分红。

(二)账面无累计未弥补亏损

原《公司法》(2018修正)及新《公司法》(2023修订)均规定，公司在实施分红前不得存在累计未弥补亏损。相较于原《公司法》(2018修正),新《公司法》(2023修订)进一步扩展了公司可用于弥补亏损的形式,新增资本公积、实收资本(允许减资)可用于弥补亏损,有助于缩短初创公司股东取得分红的等待期,相关修订总结见表31-1。

表31-1 弥补亏损顺序

项目	原《公司法》(2018修正)	新《公司法》(2023修订)
弥补亏损顺序	当年税后利润、任意公积金、法定公积金	当年税后利润、任意公积金、法定公积金、资本公积、实收资本
法律依据	第166条、第168条	第210条、第214条、第225条

示例:

情形3:

甲公司2018年设立时的注册资本为200万元,股东K、股东J为创始股东,分别持股70%及30%,原始出资分别为140万元及60万元。股东Q作为外部投资人,看好甲公司的发展,于2020年按照公司投前估值2000万元对公司增资500万元,认购单价为10元/出资额,其中50万元计入公司的注册资本,剩余450万元计入公司的资本公积金。本次增资完成后,公司的注册资本增至250万元。

假设甲公司自2018年设立以来因研发产品一直亏损,累计账面未弥补亏损为800万元。自2020年产品上市起,公司产生收入,当年即扭亏为盈并连年盈利,其中2020年税后利润300万元,2021年税后利润400万元,2022年税后利润500万元。

根据原《公司法》(2018修正)的规定,因资本公积金不能弥补亏损,公司在2020~2022年每年必须先用税后利润弥补亏损,在账面累计亏损打平前,股东始终无法获得分红。

根据新《公司法》(2023修订)的规定,公司可依次用2020年税后利润300万元、因融资取得的450万元资本公积金、2021年税后利润中的50万元弥补亏损,至此,公司最早可使用2021年的税后利润对股东进行分红。

(三)已依法提取公积金

1.法定公积金:应当提

公司在弥补完亏损后仍有剩余利润的,应当提取利润的10%列入公司法定公积金。公司法定公积金累计额为公司注册资本的50%以上的,可以不再提取。

2. 任意公积金:自愿提

公司从税后利润中提取法定公积金后,经股东会决议,还可以从税后利润中提取任意公积金。

3. 特别提示:减资补亏后的分红限制

需要特别注意的是,新《公司法》(2023修订)规定,公司通过减少注册资本弥补亏损的,在法定公积金和任意公积金累计额达到公司注册资本50%前,不得进行分配利润。

综上,公司按照上述规则弥补亏损和提取公积金后仍有剩余税后利润的,可以对股东进行分配。

二、分红的分配比例

(一)基本原则:按出资比例分配

有限责任公司按照股东实缴的出资比例分配利润,股份有限公司按照股东所持有的股份比例分配利润。公司持有的本公司股份不得分配利润。

(二)允许例外:可以另行约定其他分配比例

有限责任公司的全体股东可以约定不按实缴出资比例进行分红,实现特定股东在顺序上的优先或劣后,在数量上多分、少分,甚至不分的可能性。由于有限责任公司人合属性更强,因此例外分红的规则要求应当经全体股东一致同意。

股份有限公司可以通过公司章程另行规定分红规则,比如,新《公司法》(2023修订)实施后,股份有限公司可以发行优先或者劣后分配利润的类别股。由于股份有限公司的资合属性更强,因此新《公司法》(2023修订)仅要求例外分红规则在公司章程中事先明确即可,每次分红前无需全体股东一致同意。

三、分红需履行的程序

(一)股东会审批

原《公司法》(2018修正)及新《公司法》(2023修订)均规定,公司的利润分配方案和弥补亏损方案应当由董事会制定,由股东会审议批准。因此,公司在实施分红前,应就分配方案履行股东会的审批程序。除非公司章程另有规定,该事项须经有限责任公司代表过半数表决权的股东通过,须经股份有限公司出席会议的股东所持表决权过半数通过。

(二)董事会执行

相较于《最高人民法院关于适用〈中华人民共和国公司法〉若干问题的规定(五)》(2020 修正)第 4 条的规定,新《公司法》(2023 修订)将执行分红的法定最长期限由 1 年缩短为 6 个月,并明确应由董事会执行股东会的分配方案。

四、分红所得如何缴纳所得税

(一)股东为自然人

股东为自然人的,根据《个人所得税法》第 3 条的规定,应就在中国境内因投资非上市公司而取得的分红,按照 20% 缴纳个人所得税。但是,当股东为外籍的,根据《财政部、国家税务总局关于个人所得税若干政策问题的通知》第 2 条第 8 项的规定,其从外商投资企业取得的分红暂免征收个人所得税。

(二)股东为公司

股东为居民企业的,根据《企业所得税法》第 26 条的规定,在中国境内因投资非上市公司而取得的分红,免征企业所得税。

股东为非居民企业的,根据《企业所得税法实施条例》第 91 条的规定,取得来源于中国境内居民企业的分红时,减按 10% 的税率征收企业所得税。若投资方所在国(或地区)与我国签订的相关税收协定中适用低于 10% 税率的,**按协定低税率计征**。

(三)股东为个人独资企业、合伙企业

股东为个人独资企业的,对外投资分回的利息或者股息、红利,不并入企业的收入,而应单独作为投资者个人取得的利息、股息、红利所得,按"利息、股息、红利所得"应税项目计算缴纳个人所得税,税率为 20%。

股东为合伙企业的,合伙企业为透明纳税主体,本身无纳税义务,其穿透后的自然人合伙人,对外投资的分红按照"利息、股息、红利所得",缴纳个人所得税;非自然人合伙人,投资收益不构成免税收入,需要按照法人企业适用的所得税税率缴纳企业所得税。

五、违法分红的法律后果

新《公司法》（2023 修订）第 211 条规定，公司违法向股东分配利润的，股东应当将违反规定分配的利润退还公司；给公司造成损失的，股东及负有责任的董事、监事、高级管理人员应当承担赔偿责任。

六、长期不分红的法律后果

新《公司法》（2023 修订）第 89 条规定，公司连续 5 年不向股东分配利润，而公司该 5 年连续盈利，并且符合本法规定的分配利润条件，对股东会该项决议投反对票的股东可以请求公司按照合理的价格收购其股权。

七、总结

综上所述，非上市公司的分红攻略总结如下：

1. 顺序上，公司的税后利润在弥补亏损、提取公积金后才可进行分红；

2. 比例上，除非另有约定，有限公司按照股东实缴的出资比例分配利润，股份公司按照股东所持有的股份比例分配利润；

3. 时间上，董事会应当在股东会决议后 6 个月内进行分配；

4. 处理上，公司违法分红的，股东应当退还，给公司造成损失的，股东及负有责任的董事、监事、高级管理人员应当承担赔偿责任；公司连续 5 年有利不分的，股东有权要求公司回购所持股权。

五

股权激励

32

公司什么时候进行股权激励比较合适？

无论公司处于何种阶段，人才始终是推动公司发展的核心因素。股权激励作为一种有效的留才和激励机制，正被越来越多的公司所采纳。那么，公司究竟在何时实施股权激励更为恰当？所处不同阶段的公司应当如何选择适宜的股权激励模式？以下是一些结合实务经验的总结，供企业家参考。

一、常见的股权激励模式

目前，境内公司使用比较广泛并且具有代表性的股权激励模式主要分为两大类：**权益结算类（实股激励）、现金结算类（虚股激励）**。

（一）权益结算类

常见模式如**股票期权、限制性股票、业绩股票**，该类模式的主要优点是能够让激励对象获得实际的股权，从而增强他们的归属感并激发其积极参与公司事务的意愿。此外，该类激励模式通常不需要公司支付大量现金，相反却能够带来现金流入，可以缓解公司或相关股东的资金压力。然而，这类激励模式的主要缺点是会引起公司股本结构的变动，不仅涉及相对烦琐的工商变更程序，还会导致原有股东持股比例的稀释。

1. 股票期权（含股权期权，下同）

股票期权，指公司授予激励对象在未来一定期限内以预先确定的价格和条件，购买公司一定数量股票的权利。在行权条件达成后，激励对象有权行使这种权利，也可以放弃这种权利。股票期权通常不得用于转让、质押或者偿还债务。

股票期权的最终价值体现在行权时的价差上，该等权利的执行即为一种激励，是否起到完全的激励效果，取决于相关持有者是否通过努力从而提升了公司股票价格，因为如果公司股票的未来市场价格低于行权价，则股票期权将毫无价值。

2. 限制性股票（含限制性股权，下同）

限制性股票，指公司为了实现某一特定目标，无偿将一定数量的股票赠与或者以较低的价格授予激励对象，在公司和/或激励对象实现预定目标后，激励对象方才有权获得限制性股票的完全支配权，即"股票解锁"。如果公司和/或激励对象未能实现预定目标，或发生激励对象在股票解锁前离开公司等情形的，相应限制性股票将被回购。

授予激励对象限制性股票，需要在股权激励计划中规定激励对象获授股票的条件、禁售期限、解锁安排及解锁条件等事项。激励对象在获得限制性股票后即成为公司股东，享有相应的股东权利，但在限制性股票解锁前，激励对象无权通过任何方式支配或处置该等限制性股票。

3. 业绩股票

业绩股票，指公司预先确定一个合理的业绩目标和一个科学的绩效评估体系，如果激励对象经过努力后实现了该目标，则公司授予其一定数量的股票或提取一定比例的奖励基金购买股票后授予该激励对象。如果激励对象的业绩目标未实现，或发生非正常离职等情况时，其未兑现部分的业绩股票将予以取消。

业绩股票与限制性股票的主要区别在于，前者只有在完成公司确定的业绩目标之后，公司才会授予一定数量的股票；而后者是在公司事先无偿将一定数量的股票赠与或者以较低的价格授予激励对象，只有实现预定目标，激励对象才可以将限制性股票抛售或转让并从中获利。

（二）现金结算类

常用模式如**股票增值权**、**股票分红权**，该类模式的主要优点在于不影响公司现有的股本结构，缺点是公司需要大量现金进行支付。因该类激励模式可以实现经济性收益与股东权益类权利的分离，不受实体股东的人数限制，常见于激励对象众多的"独角兽"企业。

1. 股票增值权

股票增值权，指公司授予激励对象在未来一定时期和约定条件下，获得规定数量的股票价格（价值）上升所带来收益的权利。被授权人在约定条件下行权，公司按照行权日与授权日二级市场股票的差价（或事先约定的方式确定的公司股票价格/价值的差价）乘以授权股票数量，发放给被授权人现金。拥有股票增值权的激励对象并不拥有现实股票的所有权（不拥有该等股票对应的表决权，股票增值权通常也不能用于转让、质押或者偿还债务等）。股票增值权的行权期设定一般较长，有助于约束激励对象的短期行为，激励对象获得的收益由公司用现金支付，其实质是奖金的延期支付。

2. 股票分红权

股票分红权,指公司授予激励对象在未来一定时期和约定条件下,获得规定数量的股票对应的分红权,该种模式能够让激励对象清晰地看到自己参与的激励计划在财务上的影响。与股票增值权类似,拥有股票收益权的激励对象并不拥有现实股票的所有权,其实质仍是奖金的延期支付。

二、公司所处的发展阶段

不同发展阶段的公司所面临的挑战和机遇不同,对员工的贡献度和希望通过股权激励实现的目标也会有所差异。因此,在合适的发展阶段选择与之匹配的股权激励模式便尤为重要。

(一) 初创期

创业初期公司规模较小,人才竞争压力也相对较小,但拥有较大的发展潜力。此时实施股权激励能够有效地吸引和留住合伙人级别的关键人才,共同承担创业风险。在该阶段,由于公司的现金流普遍紧张,应当避免现金结算类的激励工具,优先选择权益结算类工具中的限制性股票或股票期权模式,以激发关键人才积极参与并推动公司成长的主观能动性,同时还可以给公司发展带来一定的资金流入,缓解创业初期的资金压力。

(二) 成长期

随着公司业务的逐步扩张,市场竞争越发激烈,人才成为关键发展要素之一。此时公司更希望通过股权激励保持核心团队的稳定性,提升员工积极性,激励员工为公司快速增长作出贡献,以增强公司整体竞争力。与初创阶段相比,公司在成长期的资金压力虽有好转,但现金流仍应主要用于业务扩展和抢占市场份额中,因此,在该阶段,我们建议公司针对不同层级员工的需求,设定差异化的激励模式,例如对核心高管、核心技术人员,可以释放一定股权,采用权益结算类工具中的业绩股票或限制性股票为佳;对中层干部,采用现金结算类工具中的股票分红权或直接发放绩效奖金为佳。

(三) 成熟期

公司发展到成熟期,已经拥有较大经营规模和一定行业地位,市场份额相对稳定,盈利能力强,现金流充裕。在此阶段,股权激励的主要功能应是维持企业活力,预防人才流失，助力公司可持续发展。因此，如公司暂时没有登陆境内资本市场计划的，我们建议优先选择现金结算类工具，此模式既可以通过现金对员工进行大规模激励，又能避免公司股权结构的变化；如公司存在明确的境内 IPO 计划的，我们则推荐使用权益结算类工具中的限制性股票，以防止因采用虚拟股激励等现金结算类工具而造成的公司股权结构不清晰，给公司上市造成实质法律障碍。

（四）"瓶颈"期

在公司经过高成长期及成熟期后，尤其是处于产业调整阶段的"瓶颈"期时，实股激励已不具有吸引力，公司应当优先通过现金激励的方式，激发员工为公司的创新和转型提供支持，帮助公司突破发展"瓶颈"。

三、需要考虑的其他因素

（一）盈利状况

公司在不同的盈利状况和盈利预期下，需要审慎考虑是否实施股权激励以及选择何种股权激励方案。若公司拥有充足的现金流和资本积累，可以为股权激励提供财务支持，通过选择多种股权激励模式实现利益最大化；当公司盈利稳定但面临增长放缓的挑战时，实施股权激励可以成为激发员工潜能、推动创新和转型的有效手段，选择那些能够激励员工积极寻求改进和创新模式的股权激励方案；若盈利状况不佳或对预期盈利持悲观态度时，实施股权激励需要更加谨慎。

（二）法律监管环境

现行法律法规对公众公司实施的股权激励已有较为明确的监管规则，沪深北各交易所及全国中小企业股份转让系统亦对公众公司以限制性股票、股票期权、员工持股计划等方式实行股权激励的实施条件、程序和操作要点进行了规范。

但对于非公众公司而言，实施股权激励则缺乏相应具有可操作性的指引，主要适用《公司法》《合伙企业法》等一般规定。实践中，大量非公众公司，尤其是科技型、创业型公司，普遍通过借鉴并改造上市公司的股权激励方式设计适合自身需求的股权激励方案，从实践操作来看，常见方式主要为权益结算类中的限制性股票和业绩股票两种。若非公众公司在股权激励方案有效期内拟进行新三板挂牌或 IPO 申报的，应结合相关监管规则设计符合拟上市板块要求的股权激励方案。

四、总结

综上所述,公司在决定是否实施股权激励以及选择何种激励方案时,需要综合考虑自身的发展阶段、盈利状况、市场环境、员工结构以及财务能力等多方面因素。在符合法规的前提下,选择合适的激励时机与方式,有助于实现股权激励的最佳效果。

33 激励载体怎么选，直接持股还是间接持股？

股权激励是激发员工积极性、加强团队凝聚力和提高经营效率的重要手段。在股权激励的实施过程中，激励对象可以直接持有公司股权，也可以通过持股平台间接持有公司股权。公司可以根据激励目标、员工类别和预期效果，结合实际情况选择最合适的激励载体。以下是一些可供考量的选择因素，供企业家参考。

一、直接持股

直接持股即激励对象以个人名义直接持有公司股权，具体如图33-1所示。

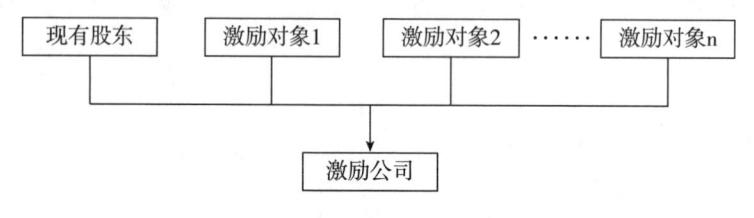

```
现有股东    激励对象1    激励对象2  ……  激励对象n
                         ↓
                       激励公司
```

图33-1 直接持股示意图

1. 优势

（1）可行使股东权利，激励效果明显

激励对象通过直接持股可以取得股东身份，有权参与公司治理并行使相应的股东权利，直观的感受自身行为对公司利益的影响，通过与公司利益的紧密绑定，更有助于激发其工作积极性和创造力。

（2）减持便捷，符合条件可享受税收优惠

若公司未来拟登陆资本市场，直接持股的激励对象在锁定期届满后便可在二级市场减持，退出渠道通畅。同时，根据《关于上市公司股息红利差别化个人所得税政策有关问题的通知》和《关于继续实施全国中小企业股份转让系统挂牌公司股息红利差别化个人所得税政策的公告》的相关规定,持股超过一定期限的激励对象在缴纳股息红利所得税时还可以享受一定减免,具体见表33-1。

表33-1 激励对象的所得税减免

激励对象持股期限	上市公司/新三板挂牌公司
1个月以内(含1个月)	股息红利所得全额计入应纳税所得额
1个月以上至1年(含1年)	股息红利所得暂减按50%计入应纳税所得额
超过1年	股息红利所得暂免征收个人所得税

2. 劣势

(1)增加公司的管理成本

对于公司而言,如果直接持有公司股权的激励对象人数较多,公司集中管理难度将会成倍增加,例如,激励对象由于离职等原因导致持股情况频繁变动的,公司将不得不办理工商登记变更手续并履行相关内部决策程序,对公司的高效运营产生不利影响。

(2)增加股权分散的风险

直接持股可能导致公司股权过于分散,影响公司的控制权稳定。比如,当众多激励对象与公司创始人的意见发生分歧时,通过股东会投反对票可能会阻碍公司快速形成有效决策。又如,若公司未能对激励股权设置限售规定或激励股权已经解除限售的,激励对象将有权通过股权转让的方式为公司引入新的股东,这可能导致公司股权结构的变动不受创始团队控制,包括但不限于引入不适格股东影响公司IPO进程、引入存在竞业限制的人员影响公司业务拓展等。除股东因出资瑕疵导致失权外,原《公司法》(2018修正)和新《公司法》(2023修订)均未规定股东强制除名/失权的其他制度,即在公司与激励对象出现不可调和的矛盾时,公司较难形成有效股东会决议强制要求激励对象退出公司。

(3)激励人数有限

需要特别注意的是,对于非公众公司而言,有限责任公司应当由50个以下股东出资设立,股份有限公司的发起人不得超过200人。向特定对象发行证券累计超过200人的将被视为《证券法》的公开发行,需报经国务院证券监督管理机构或者国务院授权的部门注册。公司在确定直接持股的激励对象数量时需注意符合法律法规的上限规定。

3. 适用的激励对象类型

通过直接持股方式激励的员工不宜过多,激励对象通常适用于公司的高级管理人员、核心技术人员以及对公司发展有重大贡献的少数核心员工。在确认直接持股的激励对象范围前，公司应对激励对象的工作能力及职业操守进行深入了解和细致评估，确保该等直接持股的激励对象对公司的发展方向、未来规划和战略目标与创始团队保持基本一致的认识和期待。

二、间接持股

间接持股指激励对象通过持股平台间接持有公司股权，实务中，常用的持股平台主要包括有限责任公司、有限合伙企业两类，具体如图33-2所示。

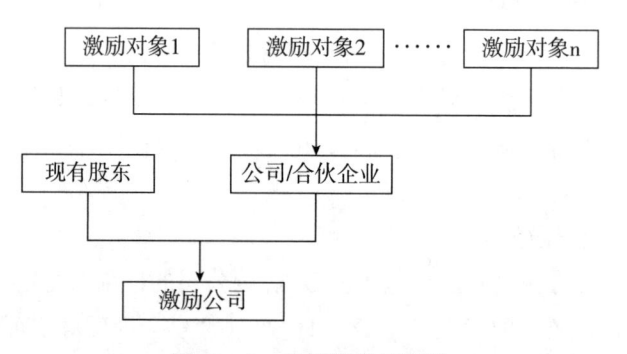

图33-2 间接持股示意图

1. 优势

（1）保持公司控制权稳定

通过间接持股的方式，创始人可以通过控制持股平台增强对公司的控制权，并进一步主导持股平台表决权的行使。比如，以公司作为持股平台的，持股超过50%即可取得相对控制权，持股超过67%即享有绝对控制权；新《公司法》(2023修订)实施后，持股平台也可以通过设置特别表决权股的方式，使创始人以较少的股权享有对持股平台具有控制力的投票权；如以有限合伙企业作为持股平台的，创始人仅需持有较少的合伙份额并担任普通合伙人便可实现对持股平台的控制，在该等情形下，尽管创始人作为普通合伙人需对合伙企业承担无限责任，但若该合伙企业仅作为员工持股平台的载体而无其他经营安排的，其整体风险相对可控。如创始人仍希望进一步降低无限责任风险的，可以考虑通过再设立一个夹层公司担任普通合伙人来实现。

（2）便于统一管理及风险隔离

当激励对象由于离职等原因需要退出股权激励计划时，间接持股的安排仅需在持股平台内部调整股权结构或合伙份额即可,操作简单快捷,不会直接影响公司的股权结构。就两种持股平台对比而言,有限合伙企业比有限责任公司更具有人合性,合伙人之间的权利义务关系、收益分配方式、入伙退伙程序等均可以通过合伙协议自行约定。除此之外,实践中往往通过合伙协议授予执行事务合伙人较大权限,除法定保留事项外,执行事务合伙人有权单独处理绝大部分合伙事务,包括但不限于授权其办理退伙事项并签署变更所需文件的权利,激励对象进出程序灵活,这样的设置使得有限合伙企业持股平台更有利于公司及创始人加强对持股平台的控制和对激励对象的约束。

此外,当激励对象与公司发生争议时,直接持股的形式极易演变为股东诉讼,而设置持股平台的作用,在于这道"防火墙"可以使该等诉讼或纠纷能够在持股平台内解决,从而达到风险隔离的效果。

(3)上市时不直接受锁定规则限制

原《公司法》(2018修正)及新《公司法》(2023修订)均规定,公司公开发行股份前已发行的股份,自公司股票在证券交易所上市交易之日起一年内不得转让,即若公司存在上市计划且在上市之前已实施股权激励的,直接持股股东(含激励对象)锁定期至少为1年,实际控制人及其一致行动人的近亲属、董监高的锁定期根据不同上市板块规则执行。

现行监管规则对激励对象减持其持有的持股平台股权或份额未进行限制,即不适用直接持股法定锁定期1年的规则,但激励对象有其他特殊身份,或进行自愿性承诺的除外。

(4)扩大股权激励人数

当公司激励对象人数众多时,间接持股的方式可以通过搭设多个持股平台,突破直接持股时的股东人数上限。

2.劣势

(1)退出通道不畅

间接持股虽有其优势,但也存在无法回避的劣势。对于激励对象而言,间接持有的公司股权在公司IPO时虽不适用直接持股的法定锁定期,但由于其无法在二级市场减持,因此其流动性和退出通常较直接持股更为狭窄。

但对公司而言,这种持股模式可以较好地鼓励激励对象更加专注于激励股权带来的分红收益,促使激励对象积极提升公司利润,支持和执行公司成本控制措施以及各项制度,有助于公司的长期健康发展。

(2)可能涉及双重缴税

选择以公司作为持股平台的,若激励对象通过转让持股平台直接持有的公司股权实现变现的,就转让所得需要双重征税,税收负担较直接持股和以有限合伙企业间接持股(详见本书前文:"*16 …… 创始人如何选择持股方式？——直接持股还是间接持股*")更重。

3.适用场景

间接持股的激励方式通常适用于公司的中高层管理人员、业务骨干以及其他优秀员工,在符合各持股平台人数上限的情况下,可以通过搭设多个持股平台激励更多的员工。

三、总结

表 33-2 直接持股与间接持股对比

	直接持股	间接持股
股权流动性	较高	较低
锁定期	公司上市后至少1年	除另有约定、承诺或具有其他需锁定的身份外,减持其持有的持股平台股权或份额无限制
管理难度	股权分散,较难管理;激励对象股权变动将直接改变公司的股权结构	便于统一管理与约束,保持公司控制权的稳定;激励对象股权变动不直接改变公司的股权结构
税收	个人所得税	以公司作为持股平台涉及双重税收
适用场景	高级管理人员、核心技术人员以及对公司发展有重大贡献的少数核心员工	中高层管理人员、业务骨干以及其他优秀员工

34

激励股权来源怎么选，股权转让还是增资？

非公众公司在实施股权激励时，激励股权来源主要有股权转让和增资两种，不同激励股权来源对公司股权结构、认购价款流转路径和缴税义务等方面将产生不同的影响。以下是这两种激励股权来源的对比和分析，供企业家参考。

一、股权转让

股权转让，指激励对象通过受让现有股东持有的公司股权的方式获得激励股权，激励股权来源通常为实际控制人、创始团队或其他拟出让公司股权的公司现有股东。该种方式的交易双方为现有股东与激励对象，激励对象需将激励股权认购价款直接支付至拟转让股权的现有股东，现有股东根据转让所得缴纳所得税。若现有股东为自然人的，根据《关于完善股权激励和技术入股有关所得税政策的通知》(财税〔2016〕101号)的规定，实施股权激励的公司为个人所得税扣缴义务人。

对于作为激励股权来源的现有股东而言，他们可以通过取得激励对象的认购款缓解自己的资金压力，但激励股权的转让价格通常会低于公司股权同期的公允价格，其主要目的仍在于激励员工而非助力现有股东变现。对于未出让股权的其他股东而言，股权转让方式的优点是不会稀释其股权比例，但因低于公司股权同期公允价格实施的股权激励可能产生的股份支付处理将会对公司的当期净利润产生一定影响。

需要注意的是，新《公司法》(2023修订)新增当股东转让已认缴但未届出资期限的股权时，若受让方未按期足额实缴的，由转让方承担补充责任的规定，即若转让的激励股权在转让时尚未完全实缴的，作为出让方的现有股东对激励对象的实缴义务承担补充责任。鉴于此，我们建议在激励计划和激励协议中明确激励对象的实缴义务以及对应的违约责任，包括但不限于出让方有权回购未履行实缴义务部分的股权；或者根据激励对象的支付能力和激励股权定价机制，提前完成股权实缴，具体如，当出让方不存在出资压力的，可以先完成实缴后再转让给激励对象；当出让方存在一定出资压力的，可以适当调整激励对价，要求激励对象先将对价中的实缴出资款支付至公司账户，再完成后续转让手续。

二、增资

增资，指激励对象通过认购公司新增注册资本的方式获得激励股权，该方式的交易双方为激励对象和公司，激励对象需将激励股权认购价款直接支付至公司，除部分地区税务局另有规定外，激励对象一般不涉及缴税义务。

对于公司而言，公司直接取得激励股权认购价款，可以增加公司的资金储备，有利于公司进行业务拓展。对于公司现有股东而言，通过增资实施股权激励将导致现有股东的股权比例被动稀释，并且低于公司股权同期公允价格实施的股权激励仍可能产生股份支付从而影响公司的当期净利润。

需要注意的是，若现有股东中包含投资人的，通常会在投资协议中约定反稀释条款，即公司不得以低于当期投资人投资/增资于公司时相应的每单位购买价格进行增资扩股，否则公司或控股股东应当对投资人进行股权补偿或现金补偿，若股权激励的价格低于前述每单位购买价格的，将会触发反稀释条款并引发相关方的补偿义务。鉴于此，若公司拟进行股权激励的，应当在引入投资人的投资协议中明确公司实施股权激励时不适用反稀释条款，或在实施股权激励前取得投资人的书面豁免。

此外，若现有股东中包含国有股东的，通过增资方式实施股权激励稀释现有股东股权的，还应当根据国有股权管理的相关规定履行相应的国资监管程序。

三、考虑事项

1. 股权结构

公司应充分考虑现有的股权结构以及计划用于激励的股权份额，无论是通过增资还是股权转让的方式，都会在不同程度上引起现有股东持股比例的变化，进而可能导致部分股东持股比例跨越关键节点，详见本书前文 **"12……什么是创始人必知的六大股权生命线？"**，因此公司需要审慎评估这些变化对股权结构和企业控制权的影响。

2. 现有股东权利

公司应充分考虑现有股东在不同激励方案下的权利行使并履行必要程序,例如,有限责任公司股东对外转让股权时,其他股东在同等条件下享有的优先购买权;公司融资交易中约定反稀释条款时,投资人享有的补偿权;国有股东股权被动稀释时,公司应当履行的评估程序。公司应当提前与现有股东进行充分沟通,就上述权利的豁免或调整达成一致,就必要程序进行前置沟通,避免在激励方案实施过程中出现障碍或纠纷。

3. 资金流向

公司应综合考虑未来发展需求、现有股东的资金状况和需求,以确定合适的款项流向。在权衡各种因素时,亦需充分考虑内部和外部因素,确保激励方案既公平合理,又能够有效推动公司目标的实现。

4. 税务影响

企业应考虑股权激励的税务成本因素,例如,在股权转让方案下出让方需就转让所得履行相应的缴税义务,低于公司净资产或同期公允价值进行股权转让的,仍存在被主管税务机关进行纳税调整的风险,相比之下增资模式通常不涉及激励对象的即时缴税义务。

四、总结

综上所述,非公众公司在设计股权激励计划时,应综合自身的具体状况、战略目标,以及此次激励的目标和拟激励对象的需求,全面考虑股权结构、现有股东权益、资金流动性和税务影响等多方面的因素,选择股权转让、增资或二者结合的激励方案,使得股权激励能够真正发挥激励作用,推动企业的发展。

35

激励对象如何选？

正确选择激励对象是充分发挥股权激励作用、实现激励效果的重要一环。选择错误的激励对象不仅可能无法实现公司与员工共赢的效果，还可能影响公司未来的融资与上市、产生清退的困扰等。激励对象如何选？以下是一些可供考量的选择因素，供企业家参考。

一、激励对象的选择范围

原《公司法》(2018修正)及新《公司法》(2023修订)均未对股权激励对象的选择范围作出规定，原则上，只要是不被禁止持股的人员都可以成为激励对象。实务中，非公众公司通常参照上市公司及挂牌公司的标准选择股权激励对象，以上市公司为例，《上市公司股权激励管理办法》第8条规定："激励对象可以包括上市公司的董事、高级管理人员、核心技术人员或者核心业务人员，以及公司认为应当激励的对公司经营业绩和未来发展有直接影响的其他员工，但不应当包括独立董事和监事。外籍员工任职上市公司董事、高级管理人员、核心技术人员或者核心业务人员的，可以成为激励对象。单独或合计持有上市公司5%以上股份的股东或实际控制人及其配偶、父母、子女，不得成为激励对象。下列人员也不得成为激励对象：(一)最近12个月内被证券交易所认定为不适当人选；(二)最近12个月内被中国证监会及其派出机构认定为不适当人选；(三)最近12个月内因重大违法违规行为被中国证监会及其派出机构行政处罚或者采取市场禁入措施；(四)具有《公司法》规定的不得担任公司董事、高级管理人员情形的；(五)法律法规规定不得参与上市公司股权激励的；(六)中国证监会认定的其他情形。"

从可选的范围来看，对于各类非公众公司，建议优先从董事、高级管理人员、核心技术人员或者核心业务人员，以及公司认为应当激励的对公司经营业绩和未来发展有直接影响的其他员工中选择激励对象，这些人员是经实践证实有益于公司长远发展的股权激励对象。

需特别注意的是，非公众公司的股权激励对象不必然需要与公司存在劳动关系，例如董事与公司之间为聘用关系而无劳动关系的，也可以成为激励对象。但是，与公司不存在劳动关系而仅有劳务关系的顾问成为激励对象的，可能会导致公司在融资或申报上市过程中被重点关注如下问题：该类人员担任顾问而不与公司建立劳动关系的原因、是否存在违反现所在单位相关规定或前单位竞业限制约定的情形、是否与公司存在关联关系或潜在利益输送安排等。因此，非公众公司拟将该等顾问作为激励对象的，需结合前述因素审慎考虑。

实践中，还存在将与公司不存在劳动关系、劳务关系的外部人员如客户、供应商关键人员作为激励对象的情形。我们理解，激励对象应为对公司有一定历史贡献或未来贡献的人员，外部人员原则上不应作为公司的激励对象。从上市申报案例来看，对于将外部人员作为激励对象的公司，监管部门往往会关注是否存在利益输送的情形，如以低价股权换取高利润业务等，对于此等质疑则通常需结合激励股权定价依据、业务定价公允性等方面进行解释。因此，非公众公司拟将该等外部人员作为激励对象的，需结合前述因素审慎考虑。

从不可选的范围来看，由于《公司法》未对激励对象的选择范围作出禁止性规定，非公众公司与上市公司及挂牌公司相比具有更多的选择空间。除此之外，根据法律法规规定不得持股的人员不得成为股权激励对象，如在职公务员、现役军人等，详见本书前文：*"06 …… 所有人都能当股东吗？"*。

二、激励对象选择的考量因素

在确定激励对象的选择范围后，对具体人员的选择建议考量下列因素。

1. 任职的岗位与职责

根据公司具体岗位及职责对公司运营和战略实施的重要性，优先考虑那些对公司业绩和成功至关重要的岗位人员。例如，董事、高级管理人员由于影响着公司的发展方向，因此往往是优先考虑的激励对象。对于掌握公司核心技术和业务的人员，对其进行激励将对公司的具体经营产生更为直接的效果，也会间接鼓励其他员工力争上游。除此之外，执行层面的员工也可以作为股权激励的储备对象，以提高一线员工的工作积极性。

2. 对公司的贡献和价值

相较于历史的贡献和价值，为了更好实现"激励"的目的，提高员工的绩效，建议侧重于选择可能在未来对公司有较大贡献和价值的人员,以激发其工作潜力。对于公司有重大历史贡献和价值的人员,也可以作为激励对象,以作为对其的回报且有利于在员工中树立榜样的形象。

3. 忠诚度和稳定性

由于股权激励具有长期性,且激励对象对于其他员工具有一定的示范性,因此需要激励对象对公司具有较高的忠诚度。员工在公司的工作年限可以作为考量因素,长期服务的员工往往对公司有较高的忠诚度;对于就职年限不长的员工,则可以通过其日常工作态度、对公司战略和文化的认同程度等方面进行评估。公司往往期待激励对象在公司的任职具有稳定性,但从另一个角度来看,对于那些对公司发展较为重要、有一定离职可能性且其离职将对公司造成较大影响的员工,实际上公司可以通过股权激励的方式强化其在公司的稳定性。

4. 员工个人的激励需求

员工个人对激励方式的需求也会直接影响股权激励的效果。由于股权激励强调未来的利益,且多数股权激励计划中,员工需要以较低的价格而非无偿取得股权,因此,对于一些对现金流需求较高,甚至有房贷、车贷等资金压力的员工,股权激励并不一定合适,对于这类员工可以以绩效奖励等方式进行激励。对于对短期经济利益要求不高,但期待有更高归属感、荣誉感的员工,进行股权激励将产生更好的效果。因此,要使股权激励对公司、对员工都发挥最佳的效果,公司需要在确定激励对象前与其进行充分沟通,了解各方需求。

三、激励对象的选择人数

通过划范围、选人员,已经可以形成激励对象的初步名单,但公司还需结合下列因素,适当增减或平衡激励对象的人选,以确定激励对象的最终名单。

首先,激励对象人数占比不宜过大,否则会影响激励效果。股权激励本身应当具有稀缺性,才会使激励对象有更强烈的责任感和使命感,更有动力为公司的成功而奋斗。如果太多员工分享这一激励,个别员工可能会感到自己的努力对公司整体表现的影响微乎其微,从而减弱他们的工作动力和归属感。激励对象人数较少时,每个对象可能获得的股权份额也相对较大,激励效果更集中,能更好地激发其积极性和工作动力。此外,较少的激励对象有助于建立更紧密的合作关系,增强激励对象对公司的认同感和归属感。判断激励对象人数占比是否过大,没有一个确定的数字标准,而需要综合行业特点等因素进行判断。例如,对于劳动密集型、组织架构简单的制造行业公司,股权激励的效果往往不明显,在此类公司中,对于普通的一线员工,可以通过增加基础工薪的方式提高其劳动热情和创造力;而对于人力资本型、行业竞争力大的传媒行业公司,则可能有更多的对象适合通过股权激励的方式使其与公司绑定。

其次,激励对象人数应在不同的层级和部门中相对平衡。平衡的激励对象分布能够确保公司内部的公平性,避免因激励对象人数过于集中,使员工认为某些部门或层级的员工被过度优待而产生不满情绪。平衡的激励对象分布也将促进公司的全面发展,充分激发各个层级、不同部门员工的积极性和创造力,有助于优化公司的组织结构和运营流程。平衡的激励对象分布还有助于公司培养和储备人才,通过激励不同层级和部门的员工,公司可以发现和培养潜在的领导人才,为未来的人才需求做好准备。

最后,激励对象人数应当符合相关法规对股东人数的限制。对于非公众公司而言,原《公司法》(2018 修正)及新《公司法》(2023 修订)均规定,有限责任公司应当由 50 个以下股东出资设立,股份有限公司的发起人不得超过 200 人。激励对象与既有股东人数合计不应超过相关法规对股东人数的限制。但是,这一问题也可以通过设立持股平台、使全体激励对象基于持股平台而被计为一名股东而解决,详见本书前文:"*33 …… 激励载体怎么选,直接持股还是间接持股?*"。此外,根据现行证券监管规则,拟上市/挂牌的公司还需注意股权结构穿透后股东总人数不得超过 200 人,而符合证券法律规定、全国中小企业股份转让系统相关规则的员工持股平台方可不作穿透。

四、总结

表 35-1 如何选择合适股权激励对象

方式	非公众公司考虑因素
划范围	1. 建议选择:董事、高级管理人员、核心技术人员或者核心业务人员,以及公司认为应当激励的对公司经营业绩和未来发展有直接影响的其他员工 2. 谨慎选择:独立董事、监事、外部人员(如客户供应商) 3. 不得选择:不得持股的对象(如禁止持股的公务员等)
选人员	1. 任职的岗位与职责 2. 对公司的贡献和价值 3. 忠诚度和稳定性 4. 员工个人的激励需求

续表

方式	非公众公司考虑因素
定人数	1. 激励对象人数占比不宜过大 2. 激励对象人数应在不同的层级和部门中相对平衡 3. 激励对象人数应当符合相关法规对股东人数的限制

综上所述,选择合适的股权激励对象是一项关键而复杂的任务,需要通过划定选择范围、考量相关因素,并结合人数限制等综合确定。通过精心筛选激励对象,公司能够激发员工的积极性和创造力,提升团队凝聚力和工作效率,进而促进公司的长期稳定发展。

36

激励股权价格和数量怎么定？

确定激励价格和数量是激励机制设计中的关键环节之一，直接影响到激励效果的好坏。对于企业家来说，合理地制定激励价格和数量，可以更好地激发员工的积极性和创造力，提高企业的竞争力。以下将从确定激励价格和数量的方法以及需考虑的因素展开，供企业家参考。

一、激励价格

激励价格即激励对象获得每一激励份额所支付的对价。对于公众公司而言，其股价公开透明，激励价格也受到相关法规的约束，例如，《上市公司股权激励管理办法》（2018修正）规定，上市公司在授予激励对象限制性股票时，其授予价格不得低于股票票面金额，且原则上不得低于下列价格较高者：(1)股权激励计划草案公布前1个交易日的公司股票交易均价的50%；(2)股权激励计划草案公布前20个交易日、60个交易日或120个交易日的公司股票交易均价之一的50%；上市公司在授予激励对象股票期权时，其行权价格不得低于股票票面金额，且原则上不得低于下列价格较高者：(1)股权激励计划草案公布前1个交易日的公司股票交易均价；(2)股权激励计划草案公布前20个交易日、60个交易日或者120个交易日的公司股票交易均价之一。又如，《非上市公众公司监管指引第6号——股权激励和员工持股计划的监管要求（试行）》规定，挂牌公司实施股权激励计划的，限制性股票的授予价格原则上不得低于有效的市场参考价的50%；股票期权的行权价格原则上不得低于有效的市场参考价。

而非公众公司由于不受这些规定限制，其股权激励价格由公司自行决定，定价方式更加灵活，通常有以下4种方式。

1. 零对价

零对价，指激励对象以无偿或极低的对价（如总价1元的象征性价格）获得激励股权。实务中,零对价的股权激励往往会在公司实际控制人以自有股权向创始团队或关键高级管理人员授予股权时出现,这些激励对象通常已经对公司投入了大量的初始资本,包括但不限于时间、精力和资金,他们的个人利益与公司的未来发展紧密相连,通过该等极具吸引力的价格,奖励和留住对公司有重要贡献的核心人物。

2. 根据注册资本定价

根据注册资本定价,指激励对象以1元/注册资本或1元/股的对价获得激励股权。这种定价方式在初创企业中较为常见,尤其是公司还未产生收入的情况下,激励对象以有限的激励成本取得激励股权,在一定程度上激发他们对公司贡献的积极性。但这一定价往往没有反映出公司成立后经营状况的潜在变化,可能会导致激励对象对公司价值的误判。

3. 根据净资产定价

根据净资产定价,指激励对象以公司每一激励份额对应的净资产为基础,适当上浮或下浮确定的对价获得激励股权。这种定价方式常见于具有一定规模的公司,能够直观地反映公司激励股权的账面价值,但局限性在于未能反映因公司发展预期而产生的未来价值。

4. 根据同期公允价值定价

根据同期公允价值定价,指激励对象以公司最近引入的外部投资人的增资价格为基础,适当下浮确定的对价获得激励股权。采用这种定价方式,可以确保激励对象对公司股权的价值有一个清晰的认识,从而更好地体会股权激励的实际价值。然而,这种方法的缺点在于,激励价格往往较高,可能会给激励对象带来较大的经济压力,影响激励对象的认购积极性。

二、激励数量

激励数量,指激励对象获授的激励股权数量,包括总量和个量。公众公司受《上市公司股权激励管理办法》(2018修正)以及各板块上市规则、新三板挂牌规则规定限制,沪深主板、科创板/创业板和北交所/新三板的上市/挂牌公司全部在有效期内的股权激励计划所涉及的标的股票总数分别累计不得超过该公司股本总额的10%、20%、30%;且非经股东大会特别批准,任何一名激励对象累计获得股票不得超过该公司股本总额的1%。对于非公众公司而言,原《公司法》(2018修正)和新《公司法》(2023修订)均未对股权激励的数量作出限制。

1. 总量

公司在制定股权激励计划时,应充分考虑股权结构的稳定性,避免触及股权比例的关键节点,详见本书前文:*"12 ···· **什么是创始人必知的六大股权生命线?**"*。具体而言,公司需要仔细评估和管理历次股权激励的规模,每一轮激励的总量应当根据当时激励目标及拟激励人员的情况综合决定。同时,由于早期股权激励方案可能会因后续投资者加入导致激励股份被稀释,公司应在发展初期就预留一定的空间,以适应未来的融资需求。

2. 个量

公司授予每个激励对象的份额应根据自身的实际情况和激励对象的人数,制定每个激励对象授予股份的配比。为达到最大限度激发激励对象激励性的目的,公司可以采取动态授予机制,根据时间节点或业绩指标分阶段发放激励份额,或通过实施多次激励计划,灵活调整激励力度和时间安排,确保激励计划的持续性,避免一次性分配造成的利益固化。

三、注意事项

公司在确定股权激励的价格和数量时,需考虑以下4个因素。

1. 股份支付

公司以低于同期公允市场价格的金额将股权授予激励对象时,应当将市场价格和授予价格之间的差额计提管理成本,即确认股份支付。若公司激励价格较低、激励数量较大的,对应的股份支付成本也将增加,从而影响公司的当期净利润。若公司拟进行IPO申报的且因激励计划导致在报告期内进行股份支付处理的,对公司申报财务数据将产生影响。

2. 激励对象的经济成本

激励对象的经济成本包括向激励对象支付的激励对价以及由此产生的税负成本,且低于公司净资产或同期公允价值进行股权转让的,存在被主管税务机关进行纳税调整的风险。公司应当考虑拟激励对象的期望、需求和普遍的资金实力,设定合理的激励价格和激励数量,或制定分期付款等支付方案。

3. 股权结构

公司应考虑股权的集中度、创始股东的持股比例以及企业规模,结合激励对象的岗位、人数和激励目标确定激励的价格和数量,以确保激励计划的有效性和股权结构的稳定性。此外,还需兼顾原股东的利益,确保激励方案的公平性和合理性,防止股权过度稀释。

4. 激励的持续性

通常而言，同次激励方案中的激励价格应保持一致，即"同股同价"；在公司不亏损的前提下，后期的激励价格应高于早期的激励价格，以鼓励激励对象长期的业绩提升。**此外**，公司应根据不同激励对象的特点和目标，制定出具有持续性的激励方案；通过少量多次、针对性强的激励方案，可以更好地维持员工的积极性和忠诚度。

四、总结

合理控制激励股权的价格和数量，是股权激励成功的关键。企业在实施股权激励时，应充分考虑公司、激励对象和其他股东的需求，制订具有发展性和持续性的激励计划。

37

新《公司法》实施后，激励股权如何预留？

如前文所述,现行法律法规对公众公司实施的股权激励已有较为明确的监管规则,针对激励股权预留事项,上市公司及挂牌公司均允许设置不超过当次股权激励计划拟授予权益数量20%的预留权益,以便在股东大会审议通过股权激励计划后12个月内明确授予对象并完成后续激励。对于非公众公司而言,是否有必要预留激励股权？预留的方式及比例如何把握？新《公司法》(2023修订)实施后,预留过程有哪些注意事项？针对上述问题,我们结合实务经验总结了如下操作指引。

一、预留激励股权的重要性

（一）什么是预留激励股权

预留激励股权,是指公司在初创阶段或者在首次实施股权激励时,事先在股权结构中保留的一部分专门用于未来授予员工、管理层或其他关键人员的股权,它具有以下特点:

1. 计划性:在公司成立之初或早期阶段进行的预留规划；

2. 目的性:专门为激励相关人员而设置,通过股权赋予利益,激发特定人员的积极性和归属感；

3. 灵活性:可以根据公司发展阶段和激励对象的实际情况进行分配或收回。

（二）预留激励股权的重要性

1. 激励现有员工、吸引未来人才

公司在股权结构中明确预留用于激励员工的股权,对现有员工可以起到潜在的暗示和激励意义,意味着现有员工通过自身努力不仅可以获得基本的劳动报酬,还可能通过获得公司股权间接享受公司经营发展带来的超额回报；对于未来拟引进的人才，预留的激励股权则是公司招聘时的有力谈判筹码，尤其是在公司初创阶段无法给出高薪的情况下，预留的激励股权可以用于补偿管理层及骨干共同参与创业的风险。

2. 避免公司股权结构的频繁变动

在本书前文："*34 …… 激励股权来源怎么选，股权转让还是增资？*"中，我们曾提到，无论是通过增资还是股权转让的方式实施股权激励，都会在不同程度上引起现有股东持股比例的变化，进而可能导致部分股东的关键利益受到影响。比如，公司拟通过股权转让激励员工的，需要确定由谁转让股权，而不同的转让时点、转让时公司所处的阶段都会对转让价格产生实质影响，进而给转让方带来一定的税负成本；公司拟通过增资激励员工的，需要考虑增资对现有股东股权稀释的影响，公司中如有国有股东的，低于国有股东入股公司的价格对员工进行股权激励的，可能因涉及国有资产流失而难以满足国资监管的相关要求；当公司股权结构较为分散时，股权激励的实施可能会导致部分股东的持股比例跨越关键节点，影响股东权利的行使甚至公司控制权的稳定等（详见本书前文："*12 …… 什么是创始人必知的六大股权生命线？*"）。

因此，公司在成立之初或早期阶段就事先规划并预留激励股权，可以有效地避免股权激励的实施对公司股权结构的影响，使得公司在确定股权激励的来源、数量、价格时有更多的操作空间和选择余地。

3. 便于动态调整股权

在本书前文："*11 …… 初创公司存在多名创始人时，如何合理分配股权？*"中，我们曾建议初创公司设置动态股权调整机制，其中即包括预留期权池。通过预留的这部分股权，灵活地调整创始股东间的股权、处理激励员工的进出，甚至还可以用于吸引外部投资人。比如，在公司未能达到实施股权激励的节点或预留的股权未能全部释放给员工时，超额预留的激励股权可以对外转让以吸引外部投资人；现有的创始团队成员或激励对象发生特定情形退出公司时，已授予的激励股权可以以特定的价格转回预留的期权池；反之，为公司发展作出突出贡献的员工则可以通过预留机制被授予更多的激励股权。

因此，设置一定比例的预留激励股权可以使公司在股权结构分配上始终处于一个进可攻、退可守的局面。

二、预留激励股权的持有形式

（一）放在核心创始人名下

放在核心创始人名下，是指预留激励股权由核心创始人代为持有，在将来引入新合伙人或实施股权激励计划时进行股权转让。

该种持有形式常见于控制权明确尤其是一人创业的情况，便于作为实际控制人的核心创始人加强对公司的控制权，同时也因缺乏明确的预留文件和明显区别于核心创始人自行持有股权的外观载体，对现有员工的潜在激励意义较弱，对未来拟引入的人才缺乏证明力。公司在是否能够实施股权激励以及实际可激励的股权上限上容易受核心创始人影响，产生"一言堂"的情况。

此外，伴随着公司不同的发展阶段和股权激励的实施时点，在落实股权激励政策时会给核心创始人转让股权带来不同的税负成本。公司如在提交上市申请前12个月内通过核心创始人对激励对象实施股权转让的，激励对象可能会因此而被要求适用3年的锁定期，即承诺所持新增股份自取得之日起36个月内不得转让。

（二）在多名创始人间平均分配

在多名创始人间平均分配，是指预留激励股权由多名创始人按照相对持股比例分配，分别代为持有，在将来引入新合伙人或实施股权激励计划时分别按比例进行股权转让。

该种持有形式常见于多人共同创业的情况，在确认激励股权来源时基于公平原则更易接受，有助于减少创始人之间的分歧。缺点与将预留激励股权放在核心创始人名下虽无本质差异，但仍有一处突破，即当公司未来实施股权激励时，理论上每名创始人都要按相对持股比例进行一次股权转让，流程更为烦琐。

（三）直接放在新设持股平台

直接放在新设持股平台，是指直接设立一个或多个持股平台（常见为有限合伙企业，也可以设立公司）持有预留激励股权，并由公司核心创始人（通常为实际控制人）或其指定人士作为普通合伙人，其他联合创始人作为有限合伙人。在将来公司引入新合伙人或实施股权激励计划时，可以由预留持股平台向激励对象直接转让持有的公司股权，也可以由预留持股平台的合伙人向激励对象转让合伙份额，使激励对象间接持有公司股权。

该种持有形式一劳永逸，可以充分地发挥预留激励股权的积极意义，优点是可以通过实际控制人担任普通合伙人的操作确保其控制权不被稀释,方便公司进行股权激励的实施和管理并进行风险隔离;缺点是视持股平台的普通合伙人选择方案,整个持股平台可能因被实际控制人控制而在上市后按照证券监管要求锁定3年。具体详见本书前文:*"33……激励载体怎么选,直接持股还是间接持股?"*。

三、预留激励股权的比例设置

激励股权预留的合适数量取决于多个因素,包括公司的规模、发展阶段、财务状况、业务需求以及人才战略等。预留过少,可能导致激励股权不够分配时需要额外履行相应程序增发激励股权;预留过多,如公司有意在境内登陆资本市场的,申报IPO前未发放完毕的激励股权需要及时明确权属。通常而言,预留的激励股权比例在10%~20%较为常见,公司在确定具体数字时,可以综合考虑如下因素。

1. 公司的发展阶段

创立之初的公司可能需要预留更多股权以吸引和留住关键人才。

2. 未来的融资计划

存在后续融资需求的,为避免持续的融资稀释激励股权的价值,需要适当提高预留比例。

3. 行业竞争情况

所处行业正处于竞争激烈环境的,可能需要更多股权来吸引优秀人才。

4. 代为持有主体的财务状况

新《公司法》(2023修订)实施后,新设有限公司的注册资本缴付期限缩短为5年。因此,公司在考虑预留激励股权比例时,需要结合股权激励的实施时点以及代为持有激励股权的股东的资金实力进行综合考量,避免因预留规模过大面临的实缴困难,进而导致的激励股权因欠缴出资所面临的失权风险。

5. 对控制权的影响

如公司实际控制人不作为预留激励股权持股平台的普通合伙人的,在考虑预留激励股权数量时,需确保预留股权不会影响公司的控制权稳定。

四、新《公司法》对预留激励股权的影响

新《公司法》(2023修订)实施后,非公众公司预留激励股权将在以下几个方面受到影响:

1. 如上文所述,受限于新《公司法》(2023修订)有限公司注册资本的限期认缴制,公司在预留激励股权时需要综合考虑预留份额对应的实缴金额及股权激励计划的预计实施时间,谨慎确认预留规模。

2. 受限于新《公司法》(2023修订)有关转让无瑕疵股权法律责任的规定,如预留激励股权以股权转让方式实施的,无论是来源于作为核心创始人的大股东,还是来源于多名共同创始人,只要转让方在出资期限内对未实缴股权进行转让的,就持续存在对受让方承担补充出资责任的法律风险。

3. 受限于新《公司法》(2023修订)横向法人人格否认制度的明确,预留激励股权的持股平台如同为实际控制人控制的,当实际控制人利用其控制的公司和持股平台滥用公司法人独立地位和股东有限责任,逃避债务,严重损害公司债权人利益的,持股平台和公司需要就对方的债务承担连带责任。

就上述事项,详见本书前文:**"05 ⋯⋯ 必须实缴?股东缴付出资必知事项"** **"08 ⋯⋯ 让股东和关联公司承担连带责任的'公司法人人格否认'制度是什么?"**。

五、总结

综上所述,对于非公众公司而言,新《公司法》(2023修订)实施后,仍有必要预留一定的激励股权,预留的方式建议选择新设有限合伙企业作为持股平台,预留比例建议在10%~20%区间内结合实际情况具体确认,预留过程需注意新《公司法》(2023修订)实施后有关注册资本限期实缴的要求。

38 激励对象参与股权激励的资金来源有哪些？

激励对象参与股权激励的本质亦是一种投资行为，基于投资风险，激励对象应当结合自身的财务状况和风险承受能力划定安全边界，审慎确认最终认购的激励股权数量，并按照激励文件的约定向指定主体按时、足额支付股权激励认购价款。实务中，激励对象参与股权激励的资金来源有哪些？存在资金压力的激励对象可以向公司或实际控制人借款吗？针对上述问题，我们结合实务经验总结了如下操作指引。

一、自有资金

任何投资均存在风险，激励对象参与股权激励时更应量力而行，其中，可自主支配、无需外部借入的自有资金应为激励对象参与股权激励的主要资金来源，这种资金来源可以有效避免因外部借贷给激励对象带来的还款压力和潜在的债务风险，无需支付利息等额外资金成本，形式主要包括个人积累的工资性收入、投资收益等。

二、银行贷款

部分激励对象为缓解资金压力，可能会选择银行贷款的方式借钱参与股权激励，实务中，不少商业银行或金融机构也推出了类似产品，需要特别注意的是，尽管相关法律法规并不禁止或限制激励对象向银行等金融机构融资，但激励对象采取该种出资方案时应当关注如下问题。

1. 资金成本

通过银行等金融机构融资必然涉及利息，尽管股权激励可能带来潜在的收益，比如获得公司成长带来的价值增长,通过分红或转让取得相对可观的收益,但是,股权激励通常着眼于对员工的长期激励,如果公司仍处于早期阶段,每年尚未产生可分配收益或距离上市仍有一定时间,可能会导致激励对象在短期内面临较大的资金成本和还款压力。

2. 提前还款风险

如选择信用贷产品的,除了年化借款利率较高、借款周期较短、额度较低之外,还需关注该类产品对借款资金使用用途的限制,如明确禁止用于股票等风险投资的,可能面临违约及被要求提前还款的风险。我们不建议激励对象使用该种方式获得参与股权激励的资金。

三、第三方借款

1. 公司

针对公众公司,现行《上市公司股权激励管理办法》第 21 条及《非上市公众公司监管指引第 6 号——股权激励和员工持股计划的监管要求(试行)》均明确禁止公司为激励对象依据股权激励计划获取有关权益提供贷款以及其他任何形式的财务资助,包括为其贷款提供担保。

本次新《公司法》的修订,删除了股份公司不得直接或者通过子公司向董事、监事、高级管理人员提供借款的规定,同时在第 163 条明确股份公司实施员工持股计划的,公司可以为其提供财务资助,第 2 款进一步明确:"为公司利益,经股东会决议,或者董事会按照公司章程或者股东会的授权作出决议,公司可以为他人取得本公司或者其母公司的股份提供财务资助,但财务资助的累计总额不得超过已发行股本总额的百分之十。董事会作出决议应当经全体董事的三分之二以上通过。"有限公司则不受限于该条规定,仍延续原《公司法》(2018 修正)的规定,对公司提供财务资助无禁止性规定。

鉴于在公众公司话语体系下,"员工持股计划"与"股权激励"并不完全相同,新《公司法》(2023 修订)规定的"员工持股计划"是否包含"股权激励",有待相关配套规定予以进一步明确。

在相关事项明确前,我们建议公众公司仍遵循现有的监管规则,避免由公司向激励对象提供财务资助;非公众公司如有明确上市计划的,谨慎操作;非公众公司中暂无上市计划的有限公司,公司可为激励对象提供财务资助,但执行过程中应注意如下事项:

（1）履行相应决策程序。激励对象如为公司董监高或其关联方的，依据新《公司法》(2023 修订)第 182 条的规定，其与公司发生的借款事项属于关联交易，应当就该事项向董事会或者股东会报告，并按照公司章程的规定履行相应的董事会或者股东会决策程序。

（2）把握借款比例，不建议全部出资均来源于公司借款。

（3）确保交易流水清晰可查。公司提供借款、激励对象对公司增资建议分别进行，避免以抵销等方式处理由于无实际资金转移过程而被认定为虚假出资。

（4）还款计划需明确可执行，激励对象未偿还借款前，取得的激励股权建议锁定处理，不能依约偿还的公司应及时回购注销。

2. 股东借款

无论是公众公司还是非公众公司，现行法律法规均不禁止股东为激励对象提供借款等财务资助事项，法不禁止皆可为，我们理解该种操作具备可行性。需特别注意的是，对于拟上市公司而言，股东尤其是实际控制人向激励对象提供财务资助的，可能会被监管部门质疑是否存在股权代持，需要谨慎为之，确实无法避免的，执行过程中应注意如下事项：

（1）双方应签订书面《借款协议》；

（2）借款期限的约定不得偏离市场惯例；

（3）借款利息的约定建议比照银行同期借款利率，无息或低息借款需有合理解释；

（4）还款计划需明确可执行，借款及还款流水的凭证应清晰可查。

四、总结

综上所述，投资有风险，入场需谨慎。激励对象参与股权激励的资金来源主要包括自有资金和自筹资金，在合法合规的前提下，自筹资金包括但不限于银行融资、公司及股东提供的财务资助，激励对象应当结合自身财务情况、风险承受能力，审慎确认参与股权激励的额度、合理规划认购资金来源。

39

希望通过股权激励刺激公司业绩，如何设置业绩指标？

股权激励是刺激公司业绩提升的一个重要手段。然而，要真正实现这一目标，合理设置业绩指标至关重要。业绩指标的设置不仅关乎激励机制的有效性，更直接影响公司的发展方向和未来前景。那么，业绩指标应该如何设置？以下是一些可供考量的因素，供企业家参考。

一、业绩指标应具有的特点

在公司的股权激励计划中，科学、合理的业绩指标应当具有如下特点。

1. 客观性与可量化。业绩指标应当基于可观测、可验证的数据而设置，能够通过具体数值进行衡量，具有一定的可比性，即可以横向与其他同行业公司相比，或纵向与公司自身历史数据相比。

2. 相关性与挑战性。业绩指标应当与公司战略和长期目标紧密相关，同时具有一定的挑战性，即具有一定难度但仍可达成，能够引导员工行为与公司发展同步，有利于促进公司竞争力的提升。这意味着业绩指标不应脱离实际、过于理想化，以避免给员工带来过大的压力，造成负面影响。

3. 透明性与公平性。业绩指标的评价标准和过程应当公开，确保信息对所有相关人员可见。对所有激励对象公正，确保努力得到合理评价。

4. 适应性与综合性。业绩指标应能够适应外部市场环境的变化和公司内部战略的调整，存在不同考核期的，应根据实际情况评估并设置不同的业绩指标。业绩指标还应综合考虑财务、市场、管理等多方面因素，在不同角度下综合考量确定。

二、业绩指标的类型

对于非公众公司，原《公司法》(2018修正)及新《公司法》(2023修订)均未明确对股权激励业绩指标的具体要求，但上市公司和挂牌公司适用的相关规定可以作为非公众公司的参考。

《上市公司股权激励管理办法》第10条第2款规定，激励对象为董事、高级管理人员的，上市公司应当设立绩效考核指标作为激励对象行使权益的条件；第11条第1款、第2款、第3款规定，绩效考核指标应当包括公司业绩指标和激励对象个人绩效指标。相关指标应当客观公开、清晰透明，符合公司的实际情况，有利于促进公司竞争力的提升。上市公司可以公司历史业绩或同行业可比公司相关指标作为公司业绩指标对照依据，公司选取的业绩指标可以包括净资产收益率、每股收益、每股分红等能够反映股东回报和公司价值创造的综合性指标，以及净利润增长率、主营业务收入增长率等能够反映公司盈利能力和市场价值的成长性指标。以同行业可比公司相关指标作为对照依据的，选取的对照公司不少于3家。激励对象个人绩效指标由上市公司自行确定。

《非上市公众公司监管指引第6号——股权激励和员工持股计划的监管要求(试行)》第1条第6款规定，激励对象为董事、高级管理人员的，挂牌公司应当设立绩效考核指标作为激励对象行使权益的条件。绩效考核指标应当包括公司业绩指标和激励对象个人绩效指标。相关指标应当客观公开、清晰透明，符合公司的实际情况，有利于促进公司竞争力的提升。

参考上述规定及相关公开案例，公司层面业绩指标的类型主要包括以下几种。

1.反映公司盈利能力和市场价值的成长性指标，如净利润、营业收入、主营业务收入等。此类考核指标能够真实反映公司的经营情况、盈利能力和成长性、主要经营成果和市场占有能力等，是衡量公司经营效益的主要指标，据此设定的业绩考核目标有助于提升公司的竞争能力，调动员工的工作积极性。对于具体指标，还可以根据实际需要进行条件限定。例如，科大国创(300520)在《2024年限制性股票激励计划(草案)》中，为公司层面设定的业绩考核指标为"数字化应用业务板块营业收入"，这与本次选择的激励对象即"对公司数字化应用业务板块经营业绩和未来发展有重要影响的员工"和推动数字化应用业务的激励目的密切相关。

2.反映股东回报和公司价值创造的综合性指标，如净资产收益率、每股收益、每股分红等。此类考核指标能够反映股东权益的收益水平情况，可以衡量公司运用自有资本的效率。从股权激励的最终目的来看,此类激励指标与股东价值回报关系更紧密,某种程度上也有助于增强投资者对公司的信心,提升公司的市场形象。

3. 反映特定行业或业务需求的实操性指标。例如,医药制造业上市公司贝达药业(300558)在《2023年限制性股票激励计划(草案)》中,设定的业绩指标包括获受理的IND(新药临床试验申请)数量、获受理的NDA(新药注册上市申请)/BLA(生物制品许可申请)数量;计算机制造业上市公司龙腾光电(688055)在《2021年限制性股票激励计划(草案)》中,设定的业绩指标包括知识产权累计获得数;水上运输业上市公司上港集团(600018)在2021年公告的《A股限制性股票激励计划(草案)》中,设定的业绩指标包括母港集装箱吞吐量。此类考核指标对员工业务实操具有很强的指导性,但此类指标通常作为辅助性而非主要的考核指标,用于限定业绩考核的底线。

公司在设定具体业绩指标时,可以将不同的业绩指标相组合,要求同时满足多个指标要求的才符合条件。例如,中炬高新(600872)在《2024年限制性股票激励计划(草案)》中,为第一个解除限售期设置的业绩考核条件为:(1)以2023年为基准,2024年营业收入增长率不低于12%;(2)2024年营业利润率不低于15%;(3)2024年净资产收益率不低于14%。但考虑到指标过多可能增加达成目标的难度、挫伤员工积极性,建议业绩指标不宜超过3个,或规定多个指标只要满足其中1~2个即可。

个人绩效考核层面,则可根据公司现行员工绩效考核制度执行,根据员工完成的工作量、工作质量、客户满意度、出勤率等综合评分或评级,以满足特定的分数或评级要求为取得激励股权的前提条件,或确定最终能实际取得的股份数量比例。

三、业绩指标的数值

选定业绩指标的类型后,业绩指标的数值通常可以根据以下一种或几种方式确定。

1. 明确具体的业绩指标数值。常见表述如:某考核年度净利润不低于具体金额、某考核年度净资产收益率不低于具体比例等。该等具体的指标金额需要公司根据行业发展特点、公司本身发展阶段和实际情况,经过合理经营预测并兼顾激励计划的激励作用,综合考量确定。

2. 明确相较此前的增长率。常见表述如:以激励计划发布前一年的净利润为基数,各考核年度净利润增长率不低于特定比例等。该等增长率指标能够以公司的实际经营情况为基础,除同样需经合理预测并兼顾激励作用外,还可清晰体现公司追求的发展趋势,对投资人的积极影响更为直观。

3. 设定数值区间。业绩指标可以设定特定的数值区间,实现目标指标的方可取得全部激励股权,达到最低指标但未实现目标指标的可以取得相应减少比例的激励股权。例如,富创精密(688409)在《2024 年限制性股票激励计划(草案)》中,为 2024 年考核年度设定的净利润目标值为 4 亿元、触发值为 2.5 亿元,当 2024 年实际净利润 A≥4 亿元时,公司层面归属比例 X = 100%;当 4 亿元 > A≥3.5 亿元时,X = 45%;当 3.5 亿元 > A≥3 亿元时,X = 33%;当 3 亿元 > A≥2.5 亿元时,X = 26%;当 A < 2.5 亿元时,X = 0%。同时,对激励对象个人层面的绩效考核要求也设定了区间,对于激励对象考核结果的 5 个档次 A+、A、B、C、D,实现 B 及以上级别的个人层面归属比例为 100%,考核评级为 C 的可归属比例为 80%,考核评级为 D 则个人层面归属比例为 0。综合上述,<u>激励对象当年实际归属的限制性股票数量 = 个人当年计划归属的数量 × 公司层面归属比例 × 个人层面归属比例</u>。当年由于考核原因不能归属或不能完全归属的限制性股票则作废失效。

4. 设定参考下限。根据公司的发展重点和关注方向,可以在主要业绩目标外,设计一定的辅助参考下限,如同行业指标、主营业务比重、研发支出占营业收入比重等。例如,青山纸业(600103)在《2024 年限制性股票激励计划(草案)》中,为第一个解除限售期设定的业绩考核条件为:(1)以 2021～2023 年净资产收益率均值为基数,2024 年净资产收益率增长率不低于 9%,且<u>不低于同行业均值或对标企业 75 分位值水平</u>;(2)以 2021～2023 年净利润均值为基数,2024 年的净利润增长率不低于 15%,且<u>不低于同行业均值或对标企业 75 分位值水平</u>;(3)2024 年<u>主营业务收入占营业收入比重不低于 95%</u>。

四、总结

综上所述,业绩指标可以选取如净利润等反映公司盈利能力和市场价值的成长性指标,如净资产收益率等反映股东回报和公司价值创造的综合性指标,或其他反映特定行业或业务需求的实操性指标。在具体业绩指标数值设置方面,可以选取具体数字、增长率、设定区间或下限要求,经过合理经营预测并兼顾激励计划的激励作用,综合考量确定最终的业绩指标。

40

激励股权的锁定期设置多久合适？

如前文所述，现行法律法规对公众公司实施的股权激励已有较为明确的监管规则，针对激励股权的锁定期，上市公司及挂牌公司均要求限制性股票的授予日与首次解除限售日之间的间隔不得少于 12 个月。对于非公众公司而言，是否有必要针对激励股权设置锁定期？锁定期的设置需要考虑哪些因素？针对上述问题，我们结合实务经验总结了如下操作指引。

一、锁定期的重要性

（一）什么是锁定期

锁定期又称限售期，指股权激励计划设定的激励对象行使权益的条件尚未成就，激励股权不得转让、用于担保或偿还债务等处分受限的期间。在锁定期内，激励对象通常需要继续为公司服务，达到一定的业绩目标或满足其他条件，才能解锁股权并获得相应的权益。

对于非公众公司而言，现行法律法规对授予员工的激励股权锁定期没有强制性规定，主要由公司和激励对象协商确定。

（二）锁定期的重要性

合理的锁定期设置有助于公司实现实施股权激励的目的，它的重要性主要体现在以下几个方面：

1. 保证人才的稳定性：促使激励对象关注公司的长期发展，减少短期行为。

2. 防止短期套利：避免激励对象在获得激励股权后立即抛售，获取短期利益。

3. 提升公司业绩：通过在锁定期内设置一定的业绩指标，促使激励对象与公司的利益更加紧密地联系在一起，激励对象为了实现激励股权的价值增长，会努力提升公司业绩。

二、设置锁定期需考虑的因素

锁定期的长短可以根据公司的具体情况和战略目标设置,一般来说,锁定期越长,对激励对象的长期约束作用越强,但过长的锁定期也可能影响激励对象的积极性。在设置激励股权的锁定期时,建议公司考虑如下方面。

(一)公司预期通过股权激励计划实现的业绩指标

通常而言,公司实施股权激励计划的重要目的之一便是刺激公司业绩。在设置股权激励锁定期时,公司应当结合业绩指标的实现难度和时间周期,合理规划锁定期。关于业绩指标的设置,详见本书前文:"**39……希望通过股权激励刺激公司业绩,如何设置业绩指标?**"

(二)公司所处的发展阶段

早期阶段的公司可能需要较长的锁定期,以确保员工与公司共同成长。对于非上市公司而言,由于激励股权不具备在二级市场流通的可能性,为了实现激励目的,实务中常见的锁定期通常与公司上市相关联,比如,将锁定期约定为自激励对象持有激励股权直至公司完成首次公开发行股票并上市后的一定期限内,一方面保证公司上市前股权结构的稳定性,另一方面以上市为目标激励员工更好地为公司服务,以实现激励股权的价值增长,使员工未来能够获得超额的价值回报。

(三)激励对象的可接受程度

设置锁定期时还应当考虑激励效果,比如过长的锁定期可能降低激励的吸引力,而过短的锁定期可能无法达到长期激励的目的。

(四)激励对象的特殊身份

激励对象如具有特殊身份且直接持有公司的激励股权的,在设置锁定期时还需要遵守《公司法》的如下特别规定,见表40-1。

表40-1 对特殊身份激励对象的规定

股东身份	原《公司法》(2018修正)第141条	新《公司法》(2023修订)第160条
股份公司的发起人股东	自公司成立之日起一年内不得转让持有的公司股份。	无

续表

股东身份	原《公司法》(2018 修正) 第 141 条	新《公司法》(2023 修订) 第 160 条
股份公司的董监高	在任职期间每年转让的股份不得超过其所持有本公司股份总数的 25%； 所持本公司股份自公司股票上市交易之日起一年内不得转让； 离职后半年内，不得转让其所持有的本公司股份。	在就任时确定的任职期间每年转让的股份不得超过其所持有本公司股份总数的 25%； 所持本公司股份自公司股票上市交易之日起一年内不得转让； 离职后半年内，不得转让其所持有的本公司股份。
股份公司非控股股东、实际控制人、董监高的其他直接股东	持有的公司公开发行股份前已发行的股份，自公司股票在证券交易所上市交易之日起一年内不得转让。	持有的公司公开发行股份前已发行的股份，自公司股票在证券交易所上市交易之日起一年内不得转让。

(五)其他考虑因素

1. 行业特点：某些行业的发展周期较长，可能需要更长的锁定期。
2. 人才竞争：考虑市场上同类公司的激励政策，以保持竞争力。
3. 合理空间：根据公司发展情况和员工表现，公司应预留适时调整锁定期的合理空间。

三、拟上市公司的特殊关注事项

(一)股份支付的处理

根据中国证监会发布的《监管规则适用指引——发行类第 5 号》"5-1 增资或转让股份形成的股份支付"，拟上市公司激励股权的锁定期设置可能影响股份支付处理中等待期的认定，进而对公司报告期内的财务数据产生影响，具体如下：

股份立即授予或转让完成且没有明确约定等待期等限制条件的，股份支付费用原则上应一次性计入发生当期，并作为偶发事项计入非经常性损益。设定等待期的股份支付，股份支付费用应采用恰当方法在等待期内分摊，并计入经常性损益。

(二)与上市计划匹配

如公司在实施股权激励计划时已有较为明确的上市申请计划的,我们建议在设置相关锁定期时,应当覆盖适用的拟上市板块对应的锁定要求。暂不确定拟上市板块的,应在激励文件中明确约定,在IPO申报前,公司有权要求激励对象配合公司签署股份锁定的书面承诺文件,具体锁定期根据我国法律法规的规定以及证券监管机构或证券交易所的审核实践或要求确定。

四、总结

综上所述,锁定期的设置应在激励效果和公司利益之间取得平衡,根据公司的具体情况进行合理确定。通常而言,非公众公司激励股权的常见锁定期时长为3~5年,如公司在实施股权激励时有明确上市计划的,可进一步结合股份支付处理给公司财务数据造成的影响并结合拟上市板块的监管要求,确定合适的锁定期时长。

41

股权激励中能否作出上市承诺？

上市承诺通常于拟上市公司引入外部投资人时作出,若拟上市公司未在承诺期限内完成首次公开发行股票并上市的,外部投资人有权要求拟上市公司和/或其控股股东、实际控制人等承诺主体进行股权回购或现金补偿。拟上市公司在设计股权激励方案时,可能基于特定背景考虑向全部激励对象或部分核心激励对象作出上市承诺,以下将对股权激励中上市承诺的可行性及必要进行分析,供企业家参考。

一、特定背景

公司成长至一定阶段时,维持与公司行业特性及发展阶段相匹配的重要员工尤为关键,特别是对于那些在可预见未来内将走向上市的公司,招募具备资本市场经验的人才显得格外重要,而股权激励计划往往是吸引这类人才的关键手段。这类人才通常会对所获得股权激励的数量以及公司上市时间表给予高度关注。因此,无论出于企业自身的主动决策还是相关人员的主动要求,将公司对于上市期限的承诺明确地包含在股权激励计划之中,都可能成为一种实际需求。

二、相关规则及案例

1. 上市承诺原则上有效

关于非公众公司股权激励中的上市承诺,现行法规并未明确禁止;换言之,若承诺内容不存在《民法典》规定的无效民事行为之情形的,该等承诺应当视为有效。此外,依据2019年最高人民法院发布的《九民纪要》,对于投资方与目标公司及其股东或实际控制人之间订立的对赌协议,原则上认定有效,同理我们理解公司及相关主体在股权激励计划中对激励对象作出的上市承诺,亦应认为原则上有效。

鉴于此，若拟上市公司在股权激励计划中作出上市承诺，在相关条件触发时，被承诺的激励对象有权根据该承诺要求相关主体履行股权回购或现金补偿义务。

2. 可能需在上市申报前解除

根据《首次公开发行股票注册管理办法》，发行人应当满足股份权属清晰，不存在导致控制权可能变更的重大权属纠纷的要求。若拟上市公司在 IPO 申报前实施的股权激励中存在对激励对象作出上市承诺的，可能导致在 IPO 申报期间内因激励对象行使回购权而引发的拟上市公司股份变动，进而不符合境内首发上市的相关审核要求。因此，为满足监管要求，拟上市公司在进行 IPO 申报前，可能需要对股权激励计划中的相关承诺条款进行调整。

此外，上市承诺是否可能被认定为存在上市障碍的，可以参考《监管规则适用指引——发行类第 4 号》对于"对赌协议"的核查要求：

投资机构在对发行人进行投资时约定对赌协议等类似安排的，保荐机构及发行人律师、申报会计师应当重点就以下事项进行核查并发表明确核查意见：一是发行人是否为对赌协议的当事人；二是对赌协议是否存在可能导致公司控制权变化的约定；三是对赌协议是否与市值挂钩；四是对赌协议是否存在严重影响发行人持续经营能力或者其他严重影响投资者权益的情形。存在上述情形的，保荐机构、发行人律师、申报会计师应当审慎论证是否符合股权清晰稳定、会计处理规范等方面的要求，不符合相关要求的对赌协议原则上应在申报前清理。

发行人应当在招股说明书中披露对赌协议的具体内容、对发行人可能存在的影响等，并进行风险提示。

解除对赌协议应关注以下几个方面：

(1) 约定"自始无效"的，对回售责任"自始无效"相关协议签订日在财务报告出具日之前的，可视为发行人在报告期内对该笔对赌不存在股份回购义务，发行人收到的相关投资款在报告期内可确认为权益工具；对回售责任"自始无效"相关协议签订日在财务报告出具日之后的，需补充提供协议签订后最新一期经审计的财务报告。

(2) 未约定"自始无效"的，发行人收到的相关投资款在对赌安排终止前应作为金融工具核算。

3. 案例

公司实施的股权激励价格通常显著低于外部投资人的入股价格，激励员工与通过高溢价和高估值进入公司的外部投资人相比，并不具有签署包含上市承诺等对赌条款的商业合理性,实务中也并不常见,经检索案例,近年来在股权激励中作出上市承诺的申报公司较为少见,且在上市申报前即已失效,以宝丰能源(600989,2019年5月16日上交所主板上市)为例,2017年5月、6月,宝丰集团分别与员工持股平台智信合达、智德汇、智合汇及瑞德恒通签订了《股份转让协议》,《股份转让协议》约定:"若宝丰能源未能在新股东首笔股权转让价款支付日起36个月内或双方另行书面约定的其他时间内完成首次公开发行股票并上市,则宝丰集团将按照股份转让价款加8%年费率回购新股东受让的全部股份。回购条款自宝丰能源经其保荐人保荐并向中国证监会递交首次公开发行并上市申请文件之日起失效。若宝丰能源上市失败或撤回上市申请材料,则回购条款自动恢复效力。"

需要特别注意的是,根据2023年5月的IPO窗口指导意见,带恢复条款的对赌相关规定(如与实控人的回购、若未成功上市需恢复回购约定等)可能被视为清理不彻底,需要在IPO申报前彻底解除,否则可能构成上市的实质障碍。

三、建议

尽管在股权激励中设计上市承诺在操作上是可行的,但这种做法在一定程度上显示出公司在保留关键人才方面的底气不足。股权激励的核心在于员工对公司未来成长和前景的信任与期待,而上市仅是众多发展途径中的一种。若公司只能依赖上市承诺来维持人才队伍的稳定,某种程度上也表明公司在业务实力、行业竞争力、企业文化等方面的"不自信"。

此外,若公司仅能在人才谈判中通过承诺上市取得优势,这也在一定程度上反映出公司在这些人才的议价能力上存在劣势,这种情况还可能引起投资者对公司管理层稳定性的担忧,从而造成长期的负面影响。

作为专业的资本市场律师,我们建议公司避免在股权激励方案中包含上市承诺,这样的做法可能会给公司及其控股股东的股权结构带来不必要的稳定性风险,对公司未来登陆资本市场增加障碍。相反,公司应当专注于增强自身在人才市场竞争的能力,提升企业的核心竞争力,从而在无需依赖上市承诺的情况下,有效地吸引和保留人才。

四、总结

拟上市公司在制订激励计划时,可以考虑在符合法律法规的前提下向激励对象作出上市承诺,但需谨慎评估其必要性,并在激励方案中详细阐述上市承诺的具体条款和条件,以及未能上市时的处理机制,以便能够有效地激励员工,同时降低可能产生的负面影响。

42

股权激励的流程有哪些？

在了解如何确定股权激励计划的载体、价格、数量和激励对象等具体内容后，公司应当履行哪些程序方能确保激励计划得以顺利实施呢？具体来说，股权激励计划的执行可以分为制订计划、内部决策和实施计划三个阶段，以下将概述这三个阶段的核心内容，帮助公司更有效地推进股权激励计划的落地。

一、制订计划

1. 确定计划目的

公司需要在其确定的适合执行股权激励的时点，结合本次股权激励的预期目标，制定本次股权激励的整体方针和方向，确定本次股权激励拟采用的一种或几种激励模式。

2. 确定执行机构

为推动股权激励计划的落地，公司应当确定股权激励计划的具体执行人员，搭建股权激励工作小组或股权激励管理委员会（以下统称执行机构），负责执行股权激励的具体事宜。执行机构应当根据拟执行的股权激励规模确定团队成员人数，成员通常包括公司的实际控制人/创始团队代表和高级管理人员代表。

3. 制定时间表

执行机构应当制定本次股权激励工作的时间表，统筹安排股权激励计划涉及的各个步骤完成节点并罗列每一步骤可能遇到的问题及其应对方案，以便有序推动股权激励计划的实施。

4. 拟定激励计划草案

执行机构负责拟定激励计划草案，主要从以下4个方面入手。

（1）定位：参考与公司同行业同阶段公司的股权激励计划，结合本次股权激励目标，确认适合当下公司发展阶段的定价方式和激励力度。

(2)定量：评估股权激励计划可能产生的财务影响，包括但不限于股份支付涉及的费用摊销和潜在的税负成本，确定本次股权激励的激励总量和锁定期间。

(3)定人：确定激励对象范围，了解拟激励对象对公司激励股权的认购意愿和个人认购能力，以确认本次股权激励的数量以及价格浮动范围。实际操作中，部分执行机构可以通过向员工发送书面的认购需求确认函，双向沟通各自的意愿，但需要注意的是，鉴于此时激励计划尚未经过公司内部决策程序审议生效，应当在确认函中注明"本次认购以公司股东会/董事会等权力机构最终审议通过的股权激励计划为前提"。

(4)定性：确保激励计划符合相关法律法规的规定和公司章程、股东协议等协议的约定，尤其是对于拟上市公司而言，若该等激励计划在报告期内甚至申报时仍在执行的，应当审查是否符合拟上市板块的相关监管规则，并在激励计划草案中明确该激励计划可以根据相关法律法规规定或上市监管机构要求作出合规性修改。

5. 与主要人员进行预沟通

执行机构应当及时就股权激励计划的实施进展与董事和主要股东等主要人员进行沟通，并将股权激励计划草案初稿提交相关人员审阅，及时回复相关人员提出的疑问，采纳相关人员的有利建议，直至股权激励计划取得各方一致意见。

注：在拟定股权激励计划的激励模式、激励股权来源、激励载体、激励对象、激励价格、激励数量、认购资金来源等内容时的注意事项，详见本书前文所述。

二、内部决策

在制定股权激励计划草案之后，执行机构需将该草案提交给公司**董事会和/或股东会进行审议**，只有经过公司内部决策机构审议通过，该激励计划方能正式生效。根据现行法律法规的规定，公众公司实施股权激励计划必须经过股东大会审议通过，而非公众公司，则未有法规对其应履行的内部决策程序作出规定。通常认为，如果股权激励计划的实施将导致公司股权结构变动或修改公司章程等根据《公司法》以及公司章程规定应当召开股东会审议的情形，该等股权激励计划应当提交股东会审议，而若不涉及必须经过股东会审议的情形时，由公司自行决定是否经过股东会审议。

尽管如此，我们仍然建议非公众公司实施股权激励计划时有条件的均应履行股东会审议程序，一方面股权激励产生的股份支付问题关系到全体股东的利益，应当通过股东会的形式让全体股东发表意见；另一方面股权激励可能触发投资人的反稀释等特殊权利条款,通过召开股东会并取得投资人同意的表决结果,可以避免引发公司与投资人之间的潜在争议。

三、实施计划

股权激励计划经过公司内部决策程序审议通过后,将来到烦琐的实施阶段,这一阶段主要由执行机构负责。主要有以下事项。

1. 发出认购通知

执行机构向激励对象发出正式的认购通知,告知激励对象其根据已生效的股权激励计划被授予的激励股权额度及价格,请激励对象确认其在授予额度内拟认购的数量。

2. 签署认购协议

执行机构根据激励对象确认的认购数量与其签署认购协议,就股权激励形式、其认购数量、认购价格以及其他权利义务进行约定。

3. 发出缴付通知(如涉及)

执行机构向激励对象发出认购款缴付通知,要求激励对象在认购协议载明的期限内缴付认购款,若为股票期权激励模式则不涉及当即缴付。如果激励对象未在缴付通知载明的期限内完成缴付义务的,公司可向激励对象发出终止通知,或直接在缴付通知中载明,由于激励对象原因未能按时足额支付激励对价的,认购协议自动终止,且激励对象自动丧失取得激励股权的权利。

4. 签署工商变更所需文件(如涉及)

执行机构应协调激励对象签署工商变更所需文件,根据激励方式的不同选择性签署增资协议、股权转让协议、合伙份额转让协议或合伙协议等文件。若为现金结算类激励模式则通常不涉及工商变更。

5. 办理工商变更(如涉及)

执行机构应在准备工商变更文件时与工商窗口预沟通所需材料,如确认是否需要先行办理完税手续等。执行机构在收集全套资料后应及时办理工商变更登记手续。

6. 行权/解除限售(如涉及)

若股权激励计划设置考核标准并分批次行权或解除限售的,执行机构应根据各激励对象的考核结果,汇总激励对象每一阶段的行权/解除限售情况,及时提交公司内部决策机构进行审议并完成行权/解除限售。

7.回购激励股权(如涉及)

若出现激励对象与公司解除/终止劳动/劳务关系情形,或者公司和/或激励对象未达到考核业绩等激励计划约定的异动情形的,将可能触发公司或实际控制人/创始团队的回购义务。在此种情形下,执行机构应当及时协调相关激励对象签署相应法律文件并及时办理工商变更手续。

除上述事项外,若股权激励计划根据现实情况需要调整的,应当由执行机构拟定调整方案并提交公司内部决策机构审议。

四、总结

股权激励计划的实施是一个系统工程,需要公司全面考虑各方面因素,选择合适的执行机构人员,确保激励计划推进的科学性和有效性。

43

常说的授予日、行权日是什么？
——激励对象速查指南

股权激励计划中常涉及的授予日、行权日等"专业术语"到底是什么意思？本文带你快速掌握！

1. 标的股权：指根据股权激励计划，激励对象有权获授或者购买的公司股权。

2. 权益：指激励对象根据股权激励计划获得的公司股权、股权期权。

3. 授出权益（授予权益、授权）：指公司根据股权激励计划的安排，授予激励对象限制性股权、股权期权的行为。

4. 行使权益（行权）：指激励对象根据股权激励计划的规定，解除限制性股权的限售、行使股权期权购买公司股权的行为。

5. 分次授出权益（分次授权）：指公司根据股权激励计划的安排，向已确定的激励对象分次授予限制性股权、股权期权的行为。

6. 分期行使权益（分期行权）：指根据股权激励计划的安排，激励对象已获授的限制性股权分期解除限售、已获授的股权期权分期行权的行为。

7. 预留权益：指股权激励计划推出时未明确激励对象、股权激励计划实施过程中确定激励对象的权益。

8. 授予日或者授权日：指公司向激励对象授予限制性股权、股权期权的日期。对于上市公司而言，授予日、授权日必须为交易日。

9. 限售期：指股权激励计划设定的激励对象行使权益的条件尚未成就，限制性股票不得转让、用于担保或偿还债务的期间。对于上市公司而言，自激励对象获授限制性股票完成登记之日起算。

10. 可行权日：指激励对象可以开始行权的日期。对于上市公司而言，可行权日必须为交易日。

11. 等待期：指股权期权授予日至可行权日之间的期间。

12. 有效期：自股权期权首次授权之日起至所有股权期权行权或注销之日止；

或自限制性股权首次授予登记完成之日起至所有限制性股权解除限售或回购注销完毕之日止。

13.授予价格：公司向激励对象授予限制性股权时所确定的、激励对象获得公司股权的价格。

14.行权价格：公司向激励对象授予股权期权时所确定的、激励对象购买公司股权的价格。

44

激励员工与普通股东的权利义务一样吗？

激励员工获授激励股权或行权后即成为公司的股东。同样作为公司股东，激励员工与普通股东的权利义务一样吗？理解下列异同，有助于企业家更好地运用股权激励工具。

一、二者的相同点

激励员工与普通股东对公司利益的关注和追求往往是一致的，二者都希望通过自身对公司的贡献或决策提升公司价值，促进公司长期稳定发展，以实现最终的收益。同样，二者在一定程度上都要承受公司经营风险可能带来的影响。

在股东权利方面，除另有限制外，激励员工与普通股东都可以享有参与股东会并决策的权利（对直接持有公司股权的激励员工而言更为直观，对通过持股平台间接持有公司股权的激励员工，需要通过持股平台间接行使股东权利），可以监督公司的经营活动，取得公司的分红，能够依法转让其持有的公司股权并据此取得投资收益。在股东义务方面，二者都要根据法律规定或各方约定，及时足额履行对公司的出资义务。

二、二者的区别

激励员工取得的公司股权因具有激励性质，价格往往相较于普通股东更低。基于此等激励目的和价格差异，激励员工与普通股东的权利义务存在差异，且往往表现为激励员工的股东权利相对受限、义务相对更多，二者的主要区别如下。

（一）业绩条件

如本书前文"*39 …… 希望通过股权激励刺激公司业绩，如何设置业绩指标？*"所述，公司可以在激励计划中设置一定的业绩条件刺激公司业绩的提升，只有实现考核期相应业绩指标的,激励员工方可取得相应的激励股权。在股权激励的语境下,公司的业绩情况反映了激励对象在促进公司发展方面的价值,激励员工作为义务方,未帮助公司实现目标业绩的,其取得的激励股权将相应受限,如尚未行权的期权将被注销等。而在股权投资的语境下,普通股东与公司也可以约定一定的业绩条件(业绩对赌),但此时公司和/或实际控制人为义务方,公司未实现目标业绩的,则股东有权获得相应补偿。

(二)分期取得

激励股权可以约定分为不同阶段逐步授予或解锁,与激励员工的业绩或服务期限相挂钩。例如,约定员工在未来几年内分别实现多少业绩的,方可逐步按比例取得全部激励股权。这种方式有助于为激励员工提供长期、稳定的刺激,使激励计划更有持续性和阶段适应性,为公司提供长期的活力。而普通股东通常则是一次性取得股权,依股东名册主张行使股东权利。

(三)表决权

公司可以在激励计划中对激励员工的表决权作出限制。从激励员工的角度,其参与激励计划的目的往往是通过取得股权分享公司收益,或未来退出变现,而未必有意参与公司的经营决策(后者一般可以通过任职调整如争取担任董监高,或通过普通的入股方式实现)。从公司的角度,在激励员工非公司董监高时,由于其所从事具体职务的限制及持股比例整体较低,可能也难以在公司重大事项方面作出适当及有影响力的决策。因此,公司可以与激励员工约定其所得激励股权的表决权受到一定限制。实操中,激励员工直接持股或通过有限公司持股平台间接持股的,一般通过约定将激励股权对应的表决权委托给控股股东或实际控制人行使,进行表决权的限制与调整;激励员工通过合伙企业持股平台间接持股的,一般约定通过担任有限合伙人取得投资收益,而涉及公司事务的决策则均由实际控制人或其指定的人员担任持股平台的普通合伙人来实际执行。

(四)锁定期

如本书前文"**40 激励股权的锁定期设置多久合适?**"所述,激励计划中可以设置一定的锁定期,锁定期内激励员工行使权益的条件尚未成就的,激励股权不得转让、用于担保或偿还债务。而对于普通股东而言,除有法定要求或特别投资背景外,一般不会与公司约定锁定期等转让限制。

(五)权利丧失条件

由于激励股权具有一定的激励属性和人身依附性,激励员工可能受限于更多的权利丧失条件,常见情形如激励员工违反公司规章制度、离职、受到刑事处罚等,则激励股权将需按激励计划约定的方式处置,而普通股东适用的权利丧失条件可能相对更少。以股权继承为例,激励计划中通常约定,激励股权如发生继承事项,则继承人有义务应激励计划管理主体的要求,将激励股权转让给指定主体;而普通股东未必受此限制。新《公司法》(2023修订)规定,自然人股东死亡后,其合法继承人可以继承股东资格,但有限责任公司章程另有规定或股份转让受限的股份有限公司章程另有规定的除外。

三、二者的实现依据

激励员工权利义务的实现依据主要为激励计划、授予协议、公司章程/合伙协议,其主要内容分别如下。

- 激励计划:激励计划是股权激励的根本依据。其主要规定激励计划的目的、激励方式与股权来源、激励计划的管理和实施主体、激励对象的资格条件及份额分配、激励股权的授予方式和时间、激励股权的对价及支付、激励股权对应的权利、激励股权的流转条件与方式等。
- 授予协议:授予协议是特定激励对象取得激励股权的直接依据,其本质上是激励股权/持股平台份额的认购协议。其中载明激励员工的个人信息、其取得的激励股权数量与对价、争议解决条款,以及激励计划涉及的其他与激励对象权利义务密切相关的内容。
- 公司章程/合伙协议:公司章程/合伙协议是激励对象行使权利或履行义务的具体依据,涉及激励股权取得与流转的具体途径等。在公司层面以直接持股方式激励或通过有限责任公司持股平台激励的,激励对象的权利义务依托于公司章程实现。新《公司法》(2023修订)下,股份有限公司还可以借助类别股为股权激励创造更便捷的实现方式,详见本书前文:*"15……创始人如何利用类别股拥有更多的投票权?"*。通过有限合伙企业持股平台进行激励的,激励对象的权利义务则依托于持股平台的合伙协议实现。

普通股东权利义务的实现依据主要为公司章程、增资协议、股东协议/投资协议等股东和公司达成的协议,各文件之间彼此呼应或互为补充,共同构成股东权利义务实现的全部依据。

四、总结

综上所述,激励员工与普通股东由于均为公司股东且对公司利益的关注和追求往往一致,其权利义务具有诸多相同点。但是,由于激励员工取得的股权具有激励性质,其往往在业绩条件、分期取得、表决权、锁定期、权利丧失条件等方面与普通股东有所不同。除公司章程外,激励员工实现权利义务的依据还将包括激励计划、授予协议等,而普通股东实现权利义务的依据还可能包括增资协议、股东协议/投资协议等。

45

激励计划生效后还能变更吗?

公司在实施股权激励计划时应当定期评估激励计划的执行情况,保持与激励对象的沟通,尽管股权激励计划原则上不应随意发生变更,但若出现制定股权激励计划时未预料到的重大变化,确有必要时可对尚未实施完毕的股权激励计划作出调整,以实现激励效果的最大化。

一、法律法规规定

对于公司内部决策程序而言,《上市公司股权激励管理办法》第50条第2款和《非上市公众公司监管指引第6号——股权激励和员工持股计划的监管要求(试行)》第1条第14项均规定,上市公司/挂牌公司对已通过股东大会审议的股权激励方案进行变更的,应当及时公告并提交股东大会审议,且不得包括下列情形:(1)导致加速行权或提前解除限售的情形;(2)降低行权价格或授予价格的情形。而现行法律法规均未规定非公众公司已通过股东会或董事会等内部决策程序审议的股权激励计划的变更程序,通常认为,如果股权激励计划的变更将导致非公众公司发生根据《公司法》以及公司章程规定应当召开股东会或董事会审议的情形时,该等股权激励计划变更应当提交股东会或董事会审议,而若不涉及必须经过股东会或董事会审议的情形时,可由非公众公司通过股权激励计划自行约定应当经过何种程序审议。

对于公司与激励对象签署的《认购协议》等法律文件的效力而言,除《认购协议》等法律文件另有约定外,根据《民法典》的相关规定,我们认为,对《认购协议》等法律文件的任何变更均应当经过协议签署各方协商一致同意。这意味着,公司通过履行内部决策程序对股权激励计划进行变更的,并不当然代表公司有权据此单方变更其与激励对象签署的《认购协议》等配套法律文件。为避免因股权激励计划变更而产生与激励对象的潜在争议,我们建议:首先,公司在制定股权激励计划时即应尽可能全面地预见未来可能出现的市场环境、行业竞争等变化因素,降低股权激励计划变更的可能性,保障股权激励计划执行的稳定;其次,各方应在股权激励计划及配套的《认购协议》等法律文件中对股权激励计划变更的条件与处理方式进行明确约定,例如,在公司上市或被整体收购等情形需要回购全部激励股权的,相关回购价格的确定方式;在市场环境、行业竞争、公司业绩等出现剧烈波动的情况下,确需变更激励计划的,应事先确定剧烈波动的认定幅度、激励计划变更的大致应对方向等,使变更情形出现时能够有据可依。

实践中,非公众公司实施的股权激励可以根据不同类型的变更分别约定需履行的内部决策程序,而不同的决策程序往往系公司实际控制人/创始团队、其他股东与激励员工共同博弈的结果。例如,公司实际控制人/创始团队往往对股权激励效果更为重视,希望在实际情况与考核标准出现严重偏差时能够快速、高效地调整考核标准,尽量减少履行烦琐的变更决策程序;其他股东则更加关注公司的股权结构、激励价格,不希望变更对自身权益产生重大不利影响,因此往往希望任何变更均应履行股东会程序以保障其知情权;而激励员工受限于其有限权利及持股比例,难以在变更时左右决策机构,只能寄希望于在制定激励计划时即明确约定激励计划的制定及变更均需履行同样的内部决策程序。

二、股东会审议

若股权激励计划制定时系经过股东会审议后生效,一般认为对于该股权激励计划的变更亦应当经过股东会审议方可生效,但股东会另有授权的除外。实操中,股东会往往将股权激励计划实施的大部分具体事项授权给董事会及执行机构,仅保留部分关键事项的决策权。例如,为防止董事会任意修改激励价格和激励数量,应当在股权激励计划中明确修改股权激励计划中的定价规则和数量时应当经过股东会审议方可生效。

需要注意的是,股权激励计划中的定价规则包括但不限于约定行权价格根据行权前公司最新财务数据或公允价格确定,以及约定回购价格应当扣除已分配利润等计算方式,依据该等计算方式确定的价格可以被认为是执行股权激励计划,而非对激励价格的调整,从而可以授权董事会或执行机构实施。

已转让股权的激励对价能否变更?案例如下。

苏州天脉导热科技股份有限公司(创业板 IPO 注册阶段公司,以下简称苏州天脉)首次申报的报告期内实施股权激励,其股权激励转让价格由3元/出资份额调整为1.8元/出资份额,被监管部门问询相关会计处理的合规性,该等股权激励过程中员工出资来源以及是否存在代他人持股的情况。苏州天脉回复称,其于2020年6月12日召开2020年第二次临时股东大会审议通过了《关于公司实施员工股权激励的议案》,实际控制人谢毅将其所持有的员工持股平台苏州天忆翔的253.81万元份额转让给20名公司员工,经各方协商,股权激励转让价格为3元/出资份额,上述员工以自筹资金分别向实际控制人支付了转让价款。但由于员工普遍反映经济压力较大,实际控制人在与部分核心员工沟通并经慎重考虑后,将上述转让价格调整为1.8元/出资份额。谢毅在2020年度内已将20名激励对象多支付的出资份额转让款全部退还给20名激励对象。本次股权激励计划对股权激励转让价格作了调整,但调整的时间前后跨度很短且在同一年度内,可以视为参与多方对转让价格的修正,所以发行人以调整后的股权激励转让价格1.8元/出资份额(换算为实际入股发行人的股权价格为 $1.80 \times 253.81/152.50 = 3.00$ 元/股)作为转让价格,确认本次股权激励的相关费用。

根据上述案例,非公众公司在特殊情况下可以在授予激励股权后变更激励价格,但需要特别注意的是,相关修改应限于尚未实施完毕的股权激励计划,对于符合行权条件且已经认购完成的期权以及解锁期届满的限制性股票等已归属的激励股权,通常应根据原激励计划执行后续安排,不应再通过变更股权激励计划的方式增加新的权利义务约定。

三、董事会审议

董事会审议股权激励计划变更的权力来源有两种,一是股权激励计划制定时经董事会审议通过后即生效,则该股权激励计划的变更亦通过经董事会审议即可生效;二是股东会授权董事会审议该等变更事项。对于实际控制人/创始团队而言,将尽可能多的权力留在董事会或其控制的执行机构能够更好地帮助其控制股权激励计划的实施。

以考核业绩为例,公司在实施股权激励计划时,公司及员工个人的业绩标准与公司的实际情况可能出现非常大的落差,不论是业绩过好还是业绩过于不理想,都可能降低员工的工作积极性,从而影响激励效果。因此,公司应当及时关注股权激励计划的考核业绩标准与事实情况的适配性,评估激励效果,通过调整业绩指标的数值、区间或者种类等形式,将业绩指标调整为更符合公司实际情况的标准,而该等标准往往由公司的实际管理层把握会更为精确,将该等权力留在董事会层级,可以增加公司的决策速度,提供变更的灵活性。

四、执行机构决定

执行机构负责股权激励计划的实施,通常仅是执行者而非决策者,但有一种例外情况,即实际控制人/创始团队完全控制了公司董事会,其余股东并未通过董事席位争取到其在股权激励计划中发表意见的权利,则为了进一步提高决策效率,公司直接将部分事项的决策权授权给执行机构。

需要注意的是,与上文提及的定价规则一致,若员工出现离职、意外事件等股权激励计划约定的回购情形时,通常由执行机构负责实施并相应对持股平台章程/合伙协议以及股权激励计划约定的人数进行调整,该等调整应当视为股权激励计划的执行,而非对股权激励计划的修改,从而可以通过在制定股权激励计划时即明确授予执行机构执行,提升股权激励计划实施的效率。

此外,不论根据股权激励计划约定确定的决策机构为何,执行机构均应当负责变更涉及的方案制定、确定方案合法性、预沟通、提交决策机构审议、落实工商变更等必要事项。

五、总结

股权激励计划的实施是一个复杂的过程,会不可避免地受到法律法规更新、公司战略调整、市场波动等外部环境和内部经营状况的潜在影响。因此,在股权激励计划制定之初就需要预见并计划可能发生的变化,并为这些可能性制定相应的变更程序,同时确保参与股权激励的员工理解并同意这些变更程序,从而使公司在面对各种突发情况时掌握主动权。

46

激励员工退出机制怎么设计？

在激励员工取得激励股权后的限售期内，可能发生多种事由使其需要退出激励安排，不再持有激励股权。事先在股权激励计划中明确退出机制，有助于高效解决激励员工退出问题，并在一定程度上避免了激励员工与公司"分手"时的纠缠。常见的激励员工退出事由有哪些？退出机制该怎么设计？详见下列要点。

一、激励员工常见退出事由

由于激励员工基于"员工"身份取得激励股权，因此激励员工离职是其退出激励计划的最常见事由，除此之外，激励员工还可能面临因意外事件分割激励股权、因公司控制权转移而被要求转让激励股权等情形，具体如下。

1. 激励员工非过错离职

非过错离职，主要是指激励员工并非由于自身故意违反法律法规、公司规章制度或存在严重失职等过错行为而离开公司的情况。一般包括激励员工与公司协商一致解除劳动关系，或由于激励员工退休不再返聘、死亡、伤残、疾病不能继续胜任原岗位，或公司进行经济性裁员或破产导致与公司劳动关系终止等情形。

关于员工主动辞职，部分激励计划会将其列为非过错离职的情形，而部分激励计划会将其视同过错离职处理。二者的区别在于，激励员工退出激励计划时因转让激励股权而取得的对价可能不同，详如下述。如果将员工主动辞职列为非过错离职情形，需要注意将其同时存在过错情形作除外约定，避免出现员工已触发过错离职事项但尚未办理离职时主动辞职，而使其能够单方面控制自己是否属于过错离职的情况。

2. 激励员工过错离职

过错离职，主要是指激励员工由于自身存在特定的不当行为而导致的离职。常见情形如：(1)违反与公司的劳动/劳务合同或规章制度、公司章程、激励计划或法律法规政策;(2)激励员工从事了违法行为或受到行政、刑事处罚;(3)有不忠于公司的行为,包括但不限于任职期间投资或受雇于与公司业务有直接或间接竞争的公司或其他实体,或从与公司的关联交易中获得利益(但事先向公司披露并按公司规定经批准的除外);(4)激励员工违反其与公司之间的任何协议,包括但不限于泄露公司商业秘密等保密信息,实质上没有履行或拒绝履行作为公司雇员、董事或顾问的义务(但因激励员工死亡或丧失劳动能力的除外);(5)激励员工违反公司规章制度并给公司的声誉、财产或其他雇员造成损失、损害或伤害或不利影响;(6)激励员工有其他任何对公司或其业务、声誉或财务状况造成不利影响的行为;(7)激励计划执行机构根据公司实际情况认定的激励员工作出的对公司有不良影响的其他行为。

通常情况下,激励员工虽存在过错离职情形但尚未离职的,部分激励计划仍规定公司有权要求激励员工退出激励计划。

3. 激励员工因意外事件分割激励股权

如果激励员工在解决婚姻财产权利时,按照婚姻家庭法律进行转让,或根据其他法律的强制规定或法院、仲裁机构的判决或裁决,需对被授予的激励股权进行分割,激励股权被分割给第三方的部分等同于激励员工退出部分,也需要有明确的处理机制。

4. 公司控制权转移

如果发生出售、处置公司全部或实质全部资产的交易事项,或因重组安排、兼并、合并等类似交易使得公司交易前的所有股东在交易后的公司或者继承主体中持有低于50%的股权,一般被认定为控制权转移。由于公司的实际控制人在公司的股权激励计划决策中具有重要话语权,而控制权转移后由于不同实际控制人的商业考量不同,或公司主营业务变更的实际需求等,可能需要对激励计划进行变更,因此,事先明确该等退出事由及相应机制,有助于便捷地解决相关问题。

二、退出回购安排

激励员工退出时,其激励股权一般需按照激励计划的约定进行回购处理,但对于非公众公司而言,也可以根据激励计划的约定保留激励股权而不予变更。存在回购安排的,回购主体及回购价格通常约定如下。

1. 回购主体

激励员工退出时,根据激励计划的约定,可以要求其将激励股权转让给特定主体(特定主体回购)或由公司回购并注销激励股权(公司回购)。对于非公众公司而言,由于特定主体回购更具程序便利性(不需要公司回购注销涉及的减资公示等流程),且能够由实际控制人或激励计划执行机构持续跟踪和掌握激励股权的分配情况,实操中通常约定由特定主体回购。对于公众公司而言,《上市公司股权激励管理办法》和《非上市公众公司监管指引第6号——股权激励和员工持股计划的监管要求(试行)》均明确对尚未解除限售的限制性股票的处理方式为公司回购,无法指定主体回购。

对于特定主体回购,该特定主体通常可以约定为实际控制人或其指定主体。但实践中一个常见的争议问题为,回购事项触发后,该特定主体是否必须回购?这一争议往往发生于激励计划的约定未充分明确且回购对价较高而实际控制人等特定主体出于资金压力等原因不想回购之时。虽然实际控制人或其指定主体回购激励股权可以增强控制权的稳定性,但考虑到可能的资金压力等情况,实际控制人存在该等顾虑时,我们建议,可以通过在激励计划中约定,自激励员工触发退出事件后特定期限内,实际控制人或其指定主体有权但无义务回购激励股权,给予相关回购主体一定的选择空间。

2. 回购价格

实践中,常见的激励股权回购价格约定有:(1)激励员工已实际支付的激励对价;(2)激励员工已实际支付的激励对价加一定利息;(3)回购事项触发时激励股权对应的公司净资产值。选择何种回购价格,通常与回购事由紧密相关。例如,激励员工非过错离职的,可以约定回购价格为激励对价加一定利息,由回购方支付激励员工一定的资金占用成本;过错离职的,可以约定回购价格仅为激励对价,激励对价的资金占用成本则由过错激励员工自行承担,同时应进一步明确,激励员工由于过错离职原因而需对公司承担任何赔偿责任的,激励员工还应另行向公司赔偿;因意外事件分割激励股权、公司控制权转移等非因激励对象主观意愿而触发回购的,则可以约定为公司净资产值等体现其退出时公司及激励员工自身贡献价值的相对公允的价格。

需要说明的是,激励计划中也可以概括性地约定回购价格届时由双方协商确定,为未来留有充分空间,但是我们不建议这样处理。如公司与激励员工在商定激励方案这一"蜜月期"内都未能约定明确,更难以期待双方在"分手期"顺利达成一致。

三、退出的具体流程设计

尽管激励计划等文件对激励员工的退出路径作了明确约定，但在实际办理时，需要提交符合工商管理部门要求的文件才能完成激励员工退出的工商变更登记。实践中，激励员工出于不想退出、与公司之间不愉快等种种原因，可能不愿配合按照激励计划的约定签署相关变更文件，由此给公司造成困扰。鉴于此，公司可以预防性地在激励计划相关文件中，设置激励员工如不配合签署相关文件的处理方式。

以合伙企业持股平台为例（系目前较常见的股权激励持股方式，其他持股方式可以参照处理），激励员工可以通过退伙（包括当然退伙和除名退伙）和合伙份额转让的方式实现退出，三种方式对比见表46-1。

表46-1 三种退出方式对比

	当然退伙	除名退伙	合伙份额转让
定义	也称法定退伙，是指在合伙企业中，合伙人由于法律规定的事由出现（包括法律规定或者合伙协议约定合伙人必须具有相关资格而丧失该资格），不得不退伙的情形	也称开除退伙，是指在合伙人出现法定事由的情形下（包括发生合伙协议约定的事由），由其他合伙人决议将该合伙人除名	合伙人可以按照《合伙企业法》的规定和合伙协议的约定，将其持有的合伙份额转让给其他合伙人或合伙人以外的人
特点	可以通过事先在合伙协议中约定有限合伙人（激励员工）必须具有相关资格，如与公司存在劳动关系或担任特定职务等，一旦激励员工离职或者不再担任某些重要岗位，则可适用当然退伙。该等方式无需拟退出的激励员工以及其他合伙人表态	合伙人发生合伙协议约定的除名事由，经其他合伙人一致同意，可以决议将其除名。由于"合伙协议约定的事由"较为灵活，可以设置相较于当然退伙更个性化的除名事由。除名退伙在程序上通常要求：①其他合伙人一致同意，被除名的合伙人在除名决议中没有表决权；②形成合伙决议；③书面通知被除名人	更适用于与离职员工"和平分手"，通过份额转让协议等确定的权利义务相对明确，后续可能产生的争议相对较少。份额转让的方式通常需要转受让双方签署份额转让协议。但是，根据实践案例，如事先在合伙协议中就离职员工出让份额的对象、价格、期限、方式、程序等约定明确，类似于完整的份额转让合同时，也可能具有一定单方变更或起诉执行的可操作性

续表

	当然退伙	除名退伙	合伙份额转让
问题	各地工商主管部门对于该等退伙情形的登记要求不尽相同，部分工商主管部门可能仍要求退伙的合伙人签署相关文件	冲突性较强。程序上需其他合伙人一致同意，相对复杂，且《合伙企业法》还赋予被除名合伙人明确的救济权利，即其对除名决议有异议的，可以在 30 日内向人民法院起诉	对激励员工的配合要求较高，考虑到不配合的可能性，可以事先在合伙协议中约定明确的转让事项，但能否为工商部门或法院认可存在一定的不确定性

综合上述，对于激励员工的退出机制设计，我们建议采用"份额转让＋授权办理"或"份额转让＋当然退伙兜底"的方式。份额转让的方式最易为各方接受、可以通过书面协议落地、权利义务明确，适合作为激励员工退出的主要途径。作为防止激励员工届时不配合的处理方式，可以在合伙协议等文件中明确约定份额转让的主要事项，并约定就该等退出转让事项授权合伙企业的执行事务合伙人代为办理相关工商变更手续；或者以当然退伙兜底，即在合伙协议中约定有限合伙人（激励员工）必须具有公司员工身份等资格，份额转让难以操作时，可以寻求通过当然退伙方式使其退出持股平台。

四、总结

激励员工退出机制的设计具有相当的重要性和复杂性，需要明确具体的退出事由并将其适当分类，确定由公司、实际控制人与激励员工均认可的回购价格。退出流程上，既要充分考虑各方意愿、便利性，也要考虑激励员工不配合等假设情形，并在前期文件约定中事先做好准备。

六

公司融资

47

公司经营所需的资金从哪里来？
——公司融资方式概述

钱虽不是万能的，但对于公司运营来说，没钱却是万万不能的，比如，公司为了开展生产经营的场所准备、人力成本支出、原材料采购、新产品研发、市场推广营销等均离不开资金的支持，一旦现金流断裂，将直接导致公司经营受阻。那么，公司经营所需的资金究竟从何而来，公司的融资方式主要有哪些？公司经营过程中如何保障资金流的稳定？针对上述问题，我们整理了下文供企业家参考。

一、创始人的初始/追加投入

（一）初始投入

如前文所述，在多数经营载体的初设阶段，开展业务经营的首要资金来源于创始人的初始投入，货币则是最为常见的出资方式之一。如创始人选择公司作为经营载体，除用较为稀缺的流动资金进行股东出资外，还可以使用可用货币估价、可依法转让、未被法律行政法规禁止的非货币财产出资。非货币出资虽可减轻股东现金出资的压力，但同时也将产生税务成本，为了保证公司运营所需的基本现金流，建议平衡货币与非货币财产出资的比例。具体详见本书前文：**"04……除货币外，股东还可以用什么财产出资？""05……必须实缴？股东缴付出资必知事项"**。

（二）追加投入

当创始人投入的初始资金使用完毕，且公司尚未盈利时，公司想要进一步发展且创始人具备相应资金能力的，往往会通过追加投资的方式进一步向公司提供资金支持。

需要特别注意的是，如该等追加投资以公司资本金的形式体现，其实质为股东增资，公司应及时履行股东会等内部审批程序，对应调整公司的注册资本、股东的持股比例、修改公司章程，并进行相应的账务处理，股东追加投资进行打款时应备注为增资款。

如创始人暂不想以股东增资的形式追加投资,那么该等追加投入对公司的实质为股东借款,建议公司与股东签署书面《借款协议》,就借款期限、借款利息等事项进行明确约定。此外,因创始人通常为公司的控股股东、实际控制人,同时亦可能担任公司的董事、监事或高级管理人员,其与公司发生的借款属于关联交易,公司应根据公司章程等内部规定就《借款协议》的签署履行相应的董事会或者股东会决策程序,具体详见本书前文:**"27……公司发生关联交易应注意什么?"**。

二、生产经营的留存收益

公司具备盈利能力后,税后利润可以在弥补亏损、提取公积金后对股东进行分红,具体详见本书前文:**"31……分红不能随意,这些你记住了吗?"**,股东在取得相应的分红后,可以对公司进行再投资。但是,当自然人股东直接持股或通过合伙企业间接持股时,先分红、再投资的路径使自然人股东需要依据其获得的利润分配先行缴纳个人所得税,具体详见本书前文:**"16……创始人如何选择持股方式?——直接持股还是间接持股"**。因此,如股东考虑以公司经营所得对公司追加投资的,可以根据相应的税务成本确定当期是否分红以及具体的分红规模,并通过股东会的形式对分红方案予以明确。

基于上述,对于具备盈利能力的公司而言,其生产经营所需的资金主要来源于持续经营所得的留存收益,公司将未分配利润中的一部分重新投入公司业务中,用于扩大生产、研发新产品、增加生产能力等,有助于企业实现长期增长和提升市场竞争力。

三、外部融资

(一)股权融资

股权融资指公司通过发行新股的方式募集所需资金,外部投资人将投资款投入公司认购新增注册资本,成为公司的股东。股权融资可以为公司带来一定的资金支持,同时也会导致公司的股权结构发生变化。此外,在 IPO 前的私募融资过程中,部分投资人可能要求公司和/或其实际控制人签署对赌协议,就股权回购、业绩承诺等事项进行约定。

股权融资可以发生在公司发展的不同阶段,以 IPO 为主要"分水岭",IPO 前主要为一级市场的增资扩股,投资资金主要来源于私募投资人;IPO系公司将其股份首次向公众公开发售;IPO后的股权融资主要包括配股、公开发行股票、非公开发行股票(定增)等。

(二)债权融资

债权融资指公司通过向个人或机构投资者出售债券、银行贷款等方式筹集所需资金。仍以IPO为主要"分水岭",IPO前的债权融资主要为银行贷款和第三方借款;IPO后的债权融资主要包括公司债券、短期融资券、中期票据、银行贷款等。

在债权融资中,公司需要按照约定的期限和利率向债权人支付利息,并在到期时偿还本金。这种融资方式相对于股权融资来说,对公司的控制权影响较小,但需要公司承担固定的利息费用和还款压力。为了完成债权融资,多数金融机构还可能要求公司及其实际控制人提供相应的资产抵押、信用担保等增信措施。

对于早期的创业公司,不同地区可能给予不同项目一定的创业担保贷款及贴息政策,以上海为例,为帮助创业企业解决资金周转问题,上海人社部门、财政部门、人民银行联手推出创业担保贷款政策,覆盖从创业前到创业后各个时间段,受理银行多达12家,额度最高300万元,市中小微企业政策性融资担保基金管理中心提供政策性担保并免担保费,市人社部门提供利息补贴。

(三)混合融资

混合融资是一种结合了股权和债权融资特点的融资方式,较为典型的如可转换债券,是指公司依法发行、在一定期间内依据约定的条件可以转换成公司股票的公司债券。

(四)其他融资

较为典型的如资产证券化,是以缺乏流动性但能产生稳定和可预测现金流的资产或资产组合为基础资产,以基础资产所产生的现金流作为偿付支持,通过交易结构设计等方式进行信用增级,在此基础上发行证券进行的融资。

资产证券化作为一种重要的金融衍生工具,其本质在于通过对交易结构的设计,将原本缺乏流动性的非标准化资产成功转化为具有高流动性的标准化资产。能够被证券化的基础资产类型丰富多样,比如各类贷款、应收账款、商业票据、公用事业收费等。目前,中国境内的资产证券化产品主要包括信贷资产证券化、券商专项资产证券化以及资产支持票据,它们的主要差异体现在基础资产的类型、监管机构的差别上。

四、公司经营过程中如何保障资金流的稳定

公司在经营过程中,应采取一系列的财务管理和风险控制措施,有效地保障资金流的稳定,维护公司的健康运营和良好信誉,这些措施包括但不限于:

1. 加强预算管理:制订详细的预算计划,合理安排资金支出。
2. 优化应收账款管理:及时催收账款,减少坏账风险。
3. 控制库存水平:避免积压过多存货,降低资金占用。
4. 拓宽融资渠道:结合公司发展阶段,扩宽融资渠道,保持与银行等金融机构的良好关系,获取必要的资金支持。
5. 提高资金使用效率:合理配置资源,避免资金浪费。
6. 关注市场动态:及时调整经营策略,适应市场变化。
7. 加强成本控制:降低生产经营成本,提高利润水平。
8. 建立风险预警机制:对可能影响资金流的风险及时预警并采取措施。

五、总结

综上所述,企业在不同发展阶段面临的经营风险和财务风险不同,对控制权的要求及融资成本的承受度也不同。通常而言,在种子期、初创期的公司,由于缺乏资产及拳头产品,不具备盈利能力,很难通过银行贷款的方式融资,此时通常选择股权融资;公司进入成长期之后,除股权融资外,一般可以通过资产抵押及信用担保的方式从金融机构贷款;在公司完成 IPO 后,融资路径相对更多,无论是股权融资、债权融资还是混合融资,符合一定的财务指标即可进行再融资。除拓宽融资途径外,公司在经营过程中,应采取一系列的财务管理和风险控制措施,有效地保障资金流的稳定,维护公司的健康运营和良好信誉。

48

股权融资中的 ABCD 轮是什么？

新闻通稿中常说的某企业完成了数千万元/近亿元的 A/B/C/D 轮融资,这个 ABCD 究竟代表什么？本文带你快速了解！

一、融资轮次概述

股权融资中的 ABCD 轮代表了公司在不同发展阶段的融资情况,实质区别主要体现在估值差异上,通常而言,融资轮次越往后,公司的估值越高。需要注意的是,公司的融资轮次并不是固定的,在不同行业和市场环境中,各轮次的融资规模和特点也会有所不同,以下是关于融资轮次的概述,见表 48-1。

表 48-1　融资轮次概述

序号	发展阶段	融资轮次	特点
1	种子期	种子轮	有雏形团队、有创意,但是产品或服务停留在概念阶段,需要资金得以启动。该阶段风险较高,投资来源往往是创始人自己、亲朋好友等其他熟人,机构投资者鲜有涉及
2	种子期/初创期	天使轮	有团队、有产品雏形、有初步的商业规划,但是有待验证可行性。投资来源一般为天使投资人或天使投资机构,投资量级较小
3	初创期	Pre-A 轮	夹层轮,非必须。在种子轮/天使轮的融资已经使用殆尽,但产品及商业模式仍有待进一步验证
4	初创期	A 轮	具有完整的商业及盈利模式、相对成熟的产品、业内领先或具有一定口碑的市场地位,但可能仍处于亏损状态,需要继续融资验证,未来可期
5	初创期	A+轮	夹层轮,非必须。A 轮完成后不久,暂无里程碑式进展,估值基本无变化

续表

序号	发展阶段	融资轮次	特点
6	成长期	B轮	商业及盈利模式通过使用前期融资资金已得到了验证,业务快速发展,需要资金支持推出新业务、拓展新领域、扩大并稳固市场份额
7	成长期	B+轮	夹层轮,非必须。B轮完成后不久,暂无里程碑式进展,估值基本无变化
8	成长期/成熟期	C轮	项目已成熟,通常位于行业领先地位,主营业务的护城河已形成,开始盈利,并为上市做准备
9	成熟期	D/E/F轮	暂不符合上市标准,投资人主动介入,或需要通过进一步融资以拓展新业务、完善商业闭环、烧钱稳固行业地位等
10	成熟期	Pre-IPO	上市前最后一轮资金需求

二、案例

根据公开网络信息,我们选取了3家知名互联网企业的融资历程详细列出如下。

(一)京东

1.2007年8月,获A轮融资1000万美元,主要投资方:今日资本。

2.2009年1月,获B轮融资2100万美元,主要投资方:今日资本、雄牛资本、梁伯韬个人。

3.2011年4月,获C轮融资9.61亿美元,主要投资方:凯鹏华盈中国、高瓴资本、红杉中国、老虎环球基金、DST Global。

4.2012年11月,获D轮融资4亿美元,主要投资方:老虎环球基金、Ontario Teachers。

5.2013年2月,获E轮融资7亿美元,主要投资方:Ontario Teachers、Kingdom Holding。

6.2014年3月,获Pre-IPO融资2.14亿美元,主要投资方:腾讯投资。

7.2014年5月,在美国纳斯达克证券交易所正式挂牌上市。

(二)知乎

1.2011年3月,获天使轮融资数百万元人民币,主要投资方:创新工场。

2.2012年3月，获A轮融资数百万美元，主要投资方：启明创投。

3.2014年6月，获B轮融资2200万美元，主要投资方：赛富投资基金、启明创投。

4.2015年11月，获C轮融资5500万美元，主要投资方：腾讯投资、搜狗、赛富投资基金、创新工场、启明创投。

5.2017年1月，获D轮融资1亿美元，主要投资方：今日资本、腾讯投资、搜狗、赛富投资基金、启明创投、创新工场。

6.2017年10月，获D+轮融资，金额未披露，主要投资方：华兴新经济基金。

7.2018年8月，获E轮融资2.7亿美元，主要投资方：尚城资本、今日资本、阳光保险、高盛中国、腾讯投资。

8.2019年8月，获F轮融资4.34亿美元，主要投资方：快手、百度、腾讯投资、今日资本。

9.2021年3月，在美国纽交所正式挂牌上市。

(三)字节跳动

1.2012年3月，获天使轮融资数百万元人民币，主要投资方：五源资本、顺为资本、刘峻、周子敬、曹毅。

2.2012年7月，获A轮融资100万美元，主要投资方：海纳亚洲创投基金。

3.2013年9月，获B轮融资1000万美元，主要投资方：DST Global。

4.2014年6月，获C轮融资1亿美元，估值5亿美元，主要投资方：红杉中国、新浪微博。

5.2016年12月，获D轮融资10亿美元，估值110亿美元，主要投资方：红杉中国、建银国际。

6.2017年8月，获E轮融资20亿美元，估值220亿美元，主要投资方：Genaral Atlantic。

7.2018年10月，获Pre-IPO轮融资40亿美元，估值750亿美元，主要投资方：软银中国资本、KKR、春华资本、云锋基金、General Atlantic。

8.2020年3月，获老虎环球基金战略投资，金额未披露，估值1000亿美元。

9.截至本书发布之日，字节跳动暂未披露明确的上市计划，根据2024年4月胡润研究院发布的《2024全球独角兽榜》，字节跳动以1.56万亿元人民币的价值连续三年成为全球价值最高的"独角兽"。

49

股权融资中如何筛选投资人？

优质的投资人不仅能够为公司发展带来资金，还可以凭借丰富的行业经验、市场资源和专业知识为公司提供增值服务，助力公司更好地成长并提升竞争力。那么，在股权融资中，非公众公司应当如何筛选投资人？以下是一些结合实务经验的总结，供企业家参考。

一、投资人类型概览

（一）投资阶段

根据公司发展的不同阶段，投资人可分为天使投资人、VC、PE 三类，见表 49-1。

表 49-1 投资阶段的投资人

项目	天使投资人	风险投资人/VC	私募股权投资人/PE
发展阶段	种子期及初创期	初创期及成长期	成长中后期及成熟期
投资金额	相对较少	适中	相对较多
风险偏好	相对较高	适中	相对稳健
参与程度	深度参与公司早期的运营和决策	积极参与公司发展的战略决策	对公司的日常运营参与相对较少，更加关注财务指标和退出路径
回报预期	极高	较高	相对合理和稳定
典型投资人	创新工场、明势资本、真格基金、梅花创投、启迪之星创投	红杉中国、深创投、IDG 资本、君联资本、毅达资本	高瓴投资、中金资本、CPE 源峰、金浦投资、鼎晖投资

注：上述投资人排名不分先后，主要来源于"清科研究中心"披露的 2023 年中国股权投资年度排名榜单，下同。

（二）投资资金来源

根据投资资金的属性，投资人可分为人民币投资人和美元投资人两类，见表49-2。

表49-2　投资资金来源

项目	人民币投资人	美元投资人
资金来源	境内	境外
投资范围	境内市场	全球
投资期限	相对较短	相对较长
风险偏好	相对谨慎，更加追求确定性	相对包容
监管环境	受制于境内法律法规和监管要求	受制于设立地及投资地两地的法律法规和监管要求
退出渠道	主要依托境内资本市场	主要依托境外资本市场，境内被投公司需搭建境外上市架构
其他差异	决策机制、效率、项目估值和逻辑有所不同	
典型投资人	深创投	DST Global

人民币投资人可以进一步分为国资投资人和市场化投资人两类，见表49-3。

表49-3　人民币投资人的分类

项目	国资投资人	市场化投资人
投资目标	通常肩负着一定的政策使命和社会责任，更注重对国家战略产业、关键领域的支持以及经济的整体稳定和发展	以追求商业利益最大化为主要目标
决策因素	除经济因素外，还会较多考虑产业布局、社会影响等非经济因素	主要基于市场前景、投资回报率等经济考量
风险偏好	相对较低，偏好追求明确的退出机制和回购保障	因个体差异较大，但总体相对国有投资人更能承受风险
资源优势	拥有更广泛的资源和政策支持，在某些特定领域具有天然优势	更多依靠自身的市场运作能力和专业经验
其他	决策机制、效率、项目估值和逻辑有所不同，比如部分国资投资人在对公司进行投资和退出时，需要根据国有股权管理的相关规定额外履行相应的国资监管程序，如审计、评估等	
典型投资人	合肥产投资本、南山战新投、上海国盛资本	松禾资本、顺为资本、北极光创投

(三)投资目的

根据投资目的,投资人可以分为产业投资人和财务投资人两类,见表49-4。

表49-4 根据投资目的对投资人的分类

项目	产业投资人	财务投资人
投资目的	为了实现产业整合、协同发展、拓展产业链等战略目标	更侧重于追求短期财务收益,追求资本增值和回报
行业理解	对特定行业有深入了解和专业知识,能为被投资企业提供产业相关的资源和指导	也会进行行业分析,但在行业专业性上可能相对较弱
参与程度	深度参与被投资企业的经营管理,甚至会推动业务融合及控制权变更	通常在经营管理上参与较少,更关注财务指标
投资期限	相对较长,以配合产业发展的节奏	相对较灵活,根据财务目标的达成情况而定
资源提供	带来产业资源、渠道、技术等方面的支持	主要提供资金支持
典型投资人	比亚迪投资、宁德时代、腾讯投资、TCL创投	启明创投、达晨财智、君联资本、同创伟业

二、如何寻找投资人

非公众公司可以通过以下途径,在需要股权融资时高效地寻找投资人。

(一)主动曝光

1. 入驻创业类的孵化园区办公

一方面可享受园区有关招商引资的优惠政策,另一方面可通过园区的资源聚集效应吸引各类早期投资人的关注。

2. 参加行业展会和活动

在相关的行业重要展会、论坛等活动上展示公司的产品、技术或服务,吸引投资人的关注。

3. 参加创业比赛和路演

积极参加有影响力的创业比赛和路演活动,在这些平台上展示公司,与潜在投资人建立联系。

4. 发布高质量的内容

通过公司网站、社交媒体等渠道,在公司取得里程碑进展时发布有深度、有价值的行业见解、公司动态、创新成果等内容，树立专业形象。

5. 完善公开联系方式

在工商注册信息和公司网站等公开渠道，完善联系方式，便于有意向的潜在投资人主动接洽。

（二）主动链接

根据公司发展阶段、所属行业领域，向已知的潜在投资人通过邮件发送融资BP等必要资料。

（三）寻求第三方推荐

1. 寻求客户、供应商、股东等商业伙伴的推荐
2. 与FA机构合作

如果公司自身资源和经验相对有限，或者希望更快速、高效地接触优质投资人，可以考虑和FA机构合作，知名FA机构如泰合资本、光源资本、多维资本、指数资本、云岫资本等，通过FA融资的优缺点对比见表49-5。

表49-5 通过FA融资的优缺点

优点	缺点
• 专业资源和人脉 FA通常拥有广泛的投资人网络和丰富的融资经验，能够更高效地对接合适的投资人，提高成功概率。 • 经验与指导 FA能够在融资过程中提供专业的建议和指导，包括优化商业计划书、估值谈判等方面。 • 节省时间和精力 公司团队可以更专注于核心业务，不用花费大量时间寻找和接触投资人。	• 成本较高 FA通常会收取一定比例的佣金，这会增加融资成本。 • 可能存在利益冲突 FA有时可能更关注自身利益而不完全与公司利益一致。 • 并非绝对保证 即使与FA合作，也不能确保一定能获得投资。

（四）筹划合适的融资时机

从启动融资到完成打款，公司完成一轮股权融资至少需要数月时间，具体流程详见本书后文所述。因此，如公司拟通过股权融资方式募集经营所需资金，需要结合账面剩余资金及使用计划、当下市场环境等因素提前启动融资计划，合理规划并预留充足时间，避免因融资周期过长导致的现金流断裂。合适的主动融资启动时点如公司取得里程碑进展（产品研发成功、实现销售、营业额突破一定金额时）、资本市场相对活跃、所在行业处于市场风口等，尽量避开市场淡季、年底（如投资机构已完成当年的投资指标）等不利时间窗口。

三、如何筛选投资人

股权融资是公司和投资人双向选择的过程,投资人在筛选具有高增长潜力的目标公司的同时,公司也在筛选价值观趋同、有耐心陪跑并助力公司实现双赢的投资人。股权融资市场不乏公司和投资人互相成就的经典案例,如京东和今日资本、哈罗单车和蚂蚁金服;也不缺雪中送炭后又惨淡收场的双输案例,如雷士照明和软银赛富等。

综上,公司在股权融资中应审慎筛选投资人,以下是从投前、投中、投后三个考察维度总结的可供参考的因素。

(一)投前

1. 投资理念和行业经验

确保投资人的理念与公司的长期发展目标和愿景相契合,避免理念冲突。比如,倾向于长期持有股权而非短期逐利的投资人更有利于公司的稳定发展;对公司所在行业有深入了解和丰富经验的投资人,更能为公司提供有价值的见解和战略指导,以及相对合理的投前估值。

2. 声誉和口碑

知名且有良好声誉的投资人能够为公司发展带来一定的品牌背书,增强公司在市场上的可信度和吸引力,提升公司的形象和市场认可度。

3. 过往投资案例

考察其过往投资的成功案例,了解其投资风格和对被投公司的支持方式。

4. 投决效率

投资人从签署投资意向书到完成投资决策的周期长短,与公司本轮融资的时间诉求是否契合。

(二)投中

1. 投资金额

先考察雪中送炭的能力,再考虑锦上添花的其他因素。投资人首先应有足够的资金实力完成投资承诺,保障融资的顺利进行。

2. 投资条件

关注投资条款的包容度,比如是否有对赌条款及其设置是否合理,回购的最早触发时间与公司自身发展的预估时间是否匹配,与具体投资基金的到期时间是否冲突;投资人是否对公司控制权有进一步期待或诉求,避免融资后控制权旁落或陷入不必要的内耗。

3. 打款速度

本质仍是投资条件的一部分,需关注投资人在交易文件签署后到实质完成打款的周期长短,是否设置了诸多的打款先决条件,是一次性打款还是分期打款,分期打款的,每期打款前是否仍存在公司层面不可控的不确定因素等。

(三)投后

1. 资源与网络

投资人是否拥有广泛的行业资源、商业伙伴和人脉关系,有助于公司的业务拓展。

2. 增值服务能力

投资人能否在战略规划、运营管理、市场拓展等方面提供实质性的帮助等。

四、总结

综上所述,合适的投资人不仅可以在资金层面为公司雪中送炭,还可能在行业资源、市场渠道、技术支持、战略发展等方面全方位助力公司的快速发展。在保持控制权稳定的前提下,企业家可以在必要时借力股权融资实现快速破局。

50 股权融资需要什么流程?

当公司考虑进行股权融资时,可以事先了解股权融资所需流程,充分考虑期间可能出现的问题并提前做好准备。股权融资需要什么流程?详见下列要点。

1. 初步确定融资金额及公司估值

公司可以根据自身的发展阶段、融资轮次和需求,初步确定融资金额及公司估值。如本书前文*"48……股权融资中的ABCD轮是什么?"* 所述,公司在不同发展阶段可能有不同的融资需求,以满足其不同的发展需要。公司估值是在对公司的资产、收益、现金流或盈利能力等多方面因素综合考量后评估的公司内在价值,可以作为投资人、管理层等的决策依据。对投资人而言,估值决定了投资人要花多少钱取得多少股权,我们将在下一篇文章中重点介绍股权融资的估值如何确定。考虑好公司需要多少钱、目前值多少钱,才能有针对性地开展后续工作。

2. 撰写商业计划书

商业计划书(Business Plan,BP)是体现公司发展现状和未来发展前景的书面材料,其中可以阐述公司业务、市场前景、竞争优势、财务状况、发展规划等信息。一份好的BP可以快速引起投资人的兴趣。在撰写BP的过程中,可以通过查询同类公司的官网、同类上市公司在证券交易所等平台的公告,获取可以为公司借鉴的行业信息及可供参考的分析角度。除内容有说服力外,还可以通过将数据图表化、可视化等方式,有逻辑地展示公司的亮点。一些投资机构对BP结构的建议也很具参考价值,如《红杉资本:最简明好用的BP撰写指南》。

3. 寻找潜在投资人并安排路演

在前文中,我们提到公司可以通过主动曝光、主动链接、寻求第三方推荐等方式寻找投资人,并结合投前、投中、投后等不同维度对投资人进行审慎筛选,详见本书前文:*"49……股权融资中如何筛选投资人?"* 确定潜在投资人后,公司可以通过投资会议、研讨会等方式,向潜在投资人展示和讲解公司的商业模式、发展前景、财务状况、核心竞争力等关键信息,将BP的内容生动展现在投资人面前,以吸引潜在投资人对公司进行投资,这一过程也被称为路演(roadshow)。成功的路演可以显著提高公司的市场认可度,增强投资人的信心。

4.潜在投资人初步尽职调查并签署保密协议

潜在投资人与公司初步达成共识后,会对公司进行初步尽职调查。初步尽职调查是对公司进行快速和初步的审查,了解公司的基本情况,包括行业地位、主营业务、核心团队等,初步评估投资的吸引力和可行性,识别重大风险和问题。这一过程中,由于投资人会接触到公司一些非公开的信息,且考虑到后续全面尽职调查和深入合作的可能,双方将通过签署保密协议(Non-Disclosure Agreement,NDA)的方式,降低泄密风险。

5.投资人上初审会/立项会

投资人经过初步尽职调查后认为公司可能具有投资价值的,将召集内部相关人员对该潜在投资项目进行初步审议和讨论。投资团队会在初审会/立项会上汇报前期对公司的调研、分析结果、公司相关资料等,参会人员发表各自的意见和看法,经过充分讨论后,考虑是否通过初审或立项。如果未通过,可能项目就此终止,或者根据会上提出的问题和建议,进一步完善后再考虑重新上会;如果通过,就意味着投资项目将进入后续流程。

6.签署投资意向书

投资意向书(Term Sheet,TS)又称条款清单。这是在正式投资之前,投资人与公司就投资的关键条款和条件达成的初步意向文件。它通常包括投资金额、估值、股权比例、投资人特别权利条款(如优先认购权、反稀释条款、对赌条款等)等内容。双方可在 TS 磋商过程中进一步了解双方的核心诉求,彼此评估匹配程度。TS 中的多数商业条款通常无法律约束力,但它标志着双方在投资合作上的重要进展,为后续的尽职调查和正式协议签订奠定基础。

7.投资人法律、财务、业务全面尽职调查

签署 TS 后,投资人将对公司展开法律、财务、业务等方面的全面尽职调查(Due Diligence,DD)。全面尽职调查更加深入、广泛和细致,投资人将:(1)对公司的财务状况进行全面审核,包括财务报表的真实性、盈利能力、偿债能力等;(2)深入考察公司的业务模式、市场竞争力、发展战略等;(3)对法律合规、知识产权、潜在纠纷等进行细致排查;(4)详细了解公司的管理团队能力、组织架构、内部控制等;(5)对可能影响投资的各种因素进行综合分析和评估。多数情况下,投资人会聘请相关专业的中介机构协助完成尽职调查,但有时也可约定由拟融资公司聘请但经投资人认可的机构协助完成尽职调查。商业实践中,各轮融资通常会分别有领投方(在投资项目中发挥主导作用的投资人)和跟投方(在领投方作出投资决策后，跟随领投方参与投资的投资人），全面尽职调查事项往往由领投方牵头完成，跟投方不再重复进行。

8. 投资人上内部再审会/投决会

完成全面尽职调查并形成书面尽职调查报告后，投资人将组织内部再审会/投决会（Investment Committee，IC），这是投资人的关键决策环节。再审会/投决会的成员通常包括高层管理人员、投资专家、风险控制人员等，这些成员将根据全面尽职调查报告等资料，综合考量项目的投资回报率、风险程度、与投资机构战略的匹配度等多方面因素。在会上，成员们会对项目进行深入讨论和审议，对可能存在的问题和疑虑进行进一步明晰和探讨，最终得出是否同意投资的明确结论。

9. 终止交易或者启动交易协议谈判

如果投资人再审会/投决会未通过，该投资人为领投方的，可能对公司该轮融资进展产生较大影响，公司需要尽快找到下一个潜在领投方；该投资人为跟投方的，由于其决策结果对其他投资人的影响相对较小，且其拟投资金额往往较少，因此公司可以等待其他跟投方的决策结果，或凭借全面尽职调查报告、领投方意见等资料寻求新的跟投方。投资人内部再审会/投决会通过的，投资人将与公司启动正式的交易协议谈判，确定交易架构、各方的权利义务等。谈判的主要条款可以以前期签署的TS为基础，并结合全面尽职调查情况，补充或调整双方具体的权利义务要求。

10. 签署协议

投资人与公司经过充分谈判并就交易条款达成一致后，将正式签署交易协议。交易协议可以由领投方、跟投方与公司等主体统一签署，也可以由领投方、跟投方分别与公司等主体签署单独的协议，后者通常发生于领投方已确定投资但跟投方经陆续确定的情况。由于公司进行股权融资并增加注册资本是需要经股东会审议的事项，因此交易协议往往需要约定经公司股东会审议通过后生效，或在股东会审议通过后签署并即时生效。

11. 交割

交割（closing）主要是指投资人按照投资协议的约定，将投资资金交付给融资方公司，同时公司将相应的股权或权益转让给投资人，完成所有权的转移和交易的最终达成。这是一个正式的、具有法律意义的程序，标志着投资交易的实际执行。在交割过程中，会涉及资金的划转、股权变更的登记等具体操作。交割时点往往等同于投资人正式取得公司股权并享有相应股东权益的时点。

12. 交割后事项

交割后,为保障投资权益的充分实现,投资人会对公司的运营进行持续监督,例如要求公司定期提供财务报表等,确保公司按照约定的方向发展,同时也可能根据需要提供一定的资源支持和战略指导。针对前期全面尽职调查时发现的问题,除可以在双方签署协议环节前解决外,对于需要时间解决而融资时间较为紧张的,也可以约定为交割后事项并限期解决。例如,尽职调查发现公司存在资金被关联方占用的,可以要求关联方在本次投资交割后的一定期限内归还占用的资金,否则投资人享有退出的权利或其他补偿等。

总 结

综上所述,股权融资是一项系统化的工作,整个流程环环相扣,且每一环节都可能影响最终的融资结果,包括融资金额以及各方权益的让渡程度等。由于股权融资具有较强的法律专业性,因此我们建议公司或投资人借助律师等专业人士的服务完成投融资交易,以避免相关法律风险,实现己方利益最大化。

51

股权融资的估值怎么确定，是越高越好吗？

股权融资中，公司估值是投资谈判过程中最为关键的环节，将直接影响投资人是否投资以及投资金额大小。那么，被投资公司究竟值多少钱？对于被投资公司来说，估值是否越高越好？以下是关于股权融资估值确定的常用方式介绍。

一、估值确定方式

（一）资产基础法

资产基础法是以公司评估基准日的资产负债表为基础，合理评估公司资产负债表表内及可识别的表外各项资产、负债价值，确定评估对象价值的评估方法。这种方法主要有两种形式：**账面价值法**和**重置成本法**。

1. 账面价值法是基于公司资产的账面价值进行评估。

2. 重置成本法是以现行市价为标准重新构建公司资产，再减去资产折旧的方式进行评估。

资产基础法的基本逻辑是将公司价值视为各项资产的价值之和。这种方法没有考虑到不同资产组合可能产生的协同效应，也无法预测公司的未来盈利能力和成长潜力。因此，与其他估值方法相比，资产基础法通常会得出较低的估值结果，适用范围相对有限。

在实操中，资产基础法通常用于重资产企业，或者那些利润波动较大，不适合用其他方法评估价值的企业。对于互联网等轻资产企业，这种估值方法较少被采用。

（二）市场法

市场法也称"可比分析法"，是借用可比公司或交易确定评估对象价值的评估方法。这种方法主要有两种形式：**可比公司法**和**可比交易法**。

1. 可比公司法是选择与公司同行业的可比公司（通常为上市公司），以该等公司的财务数据为依据判断被投资公司价值,通常适用的财务数据有市盈率(Price Earnings Ratio,PE)、市净率(Price-to-Book Ratio,PB)、市销率(Price-to-Sales,PS)。

(1)市盈率(PE)估值法:市盈率指公司股票的市场价格与其净收益之比,通过计算可比公司的平均市盈率,结合被投资公司的净收益确定被投资公司价值,即被投资公司价值=被投资公司净收益×平均市盈率。若可比公司选择的是同行业的上市公司,则需要预测可比公司与被投资公司同规模时的市盈率;若评估的是被投资公司未来价值,则需要预测未来市盈率及未来利润。市盈率估值法适用于价值型公司,投资人认可的市盈率越高,表示其对公司的预期利润增速越有信心。

(2)市净率(PB)估值法:市净率指公司股票的市场价格与其净资产之比,通过计算可比公司的平均市净率,结合被投资公司的净资产确定被投资公司价值,即被投资公司价值=被投资公司净资产×平均市净率。相当于在资产基础法的基础上参考同比公司进行参数调整,适用于利润较低或利润波动较大的重资产企业。

(3)市销率(PS)估值法:市销率指公司股票的市场价格与其销售收入之比,通过计算可比公司的平均市销率,结合被投资公司的销售收入确定被投资公司价值,即被投资公司价值=被投资公司销售收入×平均市销率。由于不同行业的销售模式存在巨大差别,采用市销率估值法寻找可比公司的通常仅限于同行业内公司,适用于高成长性企业。

2. 可比交易法是选择与公司同行业同时期的可比交易案例,以该等交易案例的定价依据判断被投资公司价值。可比交易案例对于融资双方均是较为直观的参考案例,但实操中在有限时间内完整披露交易情况的案例较少,寻找合适案例难度高,常见于上市公司收购多家公司的股权时以发生在先的案例为可比交易案例,或专注于投资某一领域的私募基金以发生在先的案例为可比交易案例。

(三)收益法

收益法也称"现金流折现法",通过预测公司未来的预期收益并折算成当前价值确定评估对象价值的评估方法。在采用收益法时,需要以公司过去的经营情况为基础,结合公司所在的行业前景、未来的投入和产出、公司自身资源和能力、各类风险和货币的时间价值等因素进行预测,综合考虑各项因素,进而对公司净现金流、利润增长率、存续期以及折算为当前价值的折现率进行预测。作为一种实操性较强的方法,收益法广泛应用于多数发展中企业。

综上,估值的影响因素有很多,比如被投资企业所处的赛道、商业模式、股权架构、融资时机等。对于初创公司来说,由于财务数据不太健全,实务中通常基于公司的预期收入、所处行业,以及同类型公司作为参考确定具体的估值。估值计算本身不是法律问题，在交易项目中主要由投资方的投资经理和公司协商锁定。

二、投前估值与投后估值

公司在进行股权融资估值谈判时，需要确认该等估值是投前估值还是投后估值，投前估值指投资人注入资金之前的公司估值，投后估值指投资人注入资金之后公司的总估值，常见计算公式如下：

1. 投后估值＝投前估值＋本轮拟定的投资额
2. 本轮投资的每股购买价格＝投前估值÷投前公司注册资本总额＝本轮投资方支付的投资额÷本轮投资方取得的注册资本数
3. 本轮投资人在投资后取得的股权比例＝该投资人支付的投资额÷公司投后估值

示例：

甲公司拟开展新一轮融资，融资前公司的注册资本为500万元，现有股东三名，创始人、员工持股平台、前轮投资方分别持股70%、20%、10%。

经与本轮投资方K、J、Q沟通，本轮融资的公司投前估值为5000万元，本轮融资的每股购买单价＝5000万元÷500万元＝10元/股。

领投方K拟投资1000万元，跟投方J拟投资500万元，跟投方Q拟投资200万元。

甲公司本轮融资的公司投后估值＝5000万元＋1000万元＋500万元＋200万元＝6700万元。

甲公司本轮融资的新增注册资本＝1700万元÷10元＝170万元。

领投方K在本轮融资中可取得的甲公司新增注册资本为100万元，剩余900万元计入甲公司的资本公积，对应取得甲公司本轮融资后14.93%的股权；跟投方J在本轮融资中可取得的甲公司新增注册资本为50万元，剩余450万元计入甲公司的资本公积，对应取得甲公司本轮融资后7.46%的股权；跟投方Q在本轮融资中可取得的甲公司新增注册资本为20万元，剩余180万元计入甲公司的资本公积，对应取得甲公司本轮融资后2.98%的股权。

表 51-1　示例列表

序号	股东名称	本次交易前 注册资本（万元）	本次交易前 股权比例（%）	本次新增注册资本（万元）	本次交易后 注册资本（万元）	本次交易后 股权比例（%）
1	创始人	350	70.00	—	350	52.24
2	员工持股平台	100	20.00	—	100	14.93
3	前轮投资方	50	10.00	—	50	7.46
4	本轮领投方 K	—	—	100	100	14.93
5	本轮跟投方 J	—	—	50	50	7.46
6	本轮跟投方 Q	—	—	20	20	2.98
	—	—	—	+170	—	—
合计	—	500	100.00	170	670	100.00

三、估值是否越高越好

通常情况下,被投资公司追求高估值以吸引投资者的注意并获得更大的资本注入,然而,高估值往往伴随着对被投资公司及创始团队更高的要求和责任。

例如,公司各轮次的融资估值应当是稳步提升的,后一轮次的投前估值大于或等于前轮投资后的投后估值。投资人为保障自身权益,往往在投资协议中约定反稀释条款,即公司不得以低于当期投资人投资/增资于公司时相应的每单位购买价格进行增资扩股,否则相关方(通常为被投资公司及创始团队,下同)应当对投资人进行股权补偿或现金补偿。因此,若公司前期估值过高,就可能会增加未来融资时触发反稀释补偿的风险。

又如,高估值通常基于对被投资公司未来业绩的预测,投资人为确保预测业绩的可控性,可能会要求在投资协议中增加估值调整条款,比如设置相关方业绩承诺的条款,若被投资公司未达到预测业绩的,相关方需给予投资人补偿甚至触发回购义务。

鉴于此,高估值虽然能够为公司带来更多的资金,但同时也增加了公司及其创始团队在财务和运营上的承诺与压力,公司估值并非越高越好,需要结合公司的实际情况确定。

四、总结

合理的估值应当反映公司的实际价值,与公司的盈利能力、成长性、市场份额、技术优势、管理团队等因素相匹配。对被投资公司而言,理想的估值应当平衡现有股东和新增投资者的利益,同时也要符合市场规律和公司的长远发展战略。

52 股权融资通常需要签署哪些文件？

在复杂的股权融资流程中，通常需要签署哪些文件？根据实务经验，我们将通常所需的文件汇总如下。

1. 保密协议

公司在接受投资人尽职调查或向其披露非公开信息时，通常需与投资人签署保密协议以降低泄密风险。保密协议需要明确保密信息的定义、保密义务的范围和期限、信息披露的限制，以及相应的违约责任等。保密协议可以约定单方的保密义务，即仅投资人对公司负有保密义务；但在双方均披露保密信息时如投资人向被投公司披露其掌握的相关行业信息等，也可约定为双方的保密义务。涉及第三方中介机构的，公司还需要求中介机构也签署保密协议，或在中介服务协议中明确其保密义务。

2. TS

TS可以固定投融资双方达成的初步意向，明确双方的核心诉求，后续的正式交易文件条款通常是在TS已经确定的基本原则上拟定。TS能够为双方提供较为明确的谈判框架，在漫长的尽职调查、谈判直至正式签署交易文件前，TS可以为双方提供合作的依据和信心。TS中主要包括经济性条款（本轮估值及投资额）、控制性条款（董事会成员安排）、一般条款（投资款用途）等。通过在早期阶段就关键条款达成一致，TS有助于加快后续谈判和交易的进程。

3. 投资协议/增资协议（Share Purchase Agreement，SPA）

投资协议/增资协议作为正式的交易文件，明确当次融资的主要事项，包括新增股份的定价、融资的金额和条件、增资后的股权结构、各方的陈述和保证等。投资协议/增资协议是股权融资中的核心文件，前期TS中的主要内容可以在其中体现并予以细化，如TS中明确的融资价格，可以在投资协议/增资协议中进一步明确该定价系基于公司何等估值，以及各方保证前期披露的信息均为真实准确等基础上确定，如相关陈述与保证不实，则公司方应承担相应的违约责任。

4. 股东协议(Shareholders Agreement, SHA)

股东协议涉及股东之间的权利义务关系,包括股权比例、公司治理结构、利润分配等重要事项。相较于约定具体增资交易的投资协议/增资协议,股东协议则涵盖了股东之间更广泛的合作和公司治理问题,因此常与投资协议/增资协议同步签署。值得一提的是,公司章程也是由公司股东签署的约定公司治理事项的文件。与公司章程相比,由于股东协议不是法定的工商备案文件,故股东协议中往往会对各股东的权利义务进行详细约定,尤其是投资人特别权利的约定,而公司章程往往受限于工商管理要求等而表述得相对简单。实践中,为了避免股东协议与公司章程不一致可能引发的争议,我们建议在股东协议中明确其优先适用性,即约定如工商备案的公司章程与股东协议不一致的,以股东协议为准。

5. 抽屉协议(如有)

抽屉协议顾名思义,是指放在"抽屉"里,一般不予示人的协议。在融资交易中,抽屉协议主要与投资协议/增资协议、股东协议等同时或前后签订,但内容不对外公开。抽屉协议通常用于处理一些特殊条款或对特定投资人的额外承诺,这些内容可能由于各种原因不适合包含在其他交易文件中。但是,无论是在股权融资还是申报上市时,公司都需要向其他投资人或监管机构披露与投资相关的约定,并保证其真实、准确、完整。因此,一些涉及公司和/或其实际控制人对个别投资人特别承诺尤其是约定回购等事项的抽屉协议,在特定的信息披露要求下,可能仍然需要予以对外披露,并可能触发对其他投资人的违约责任,或因最惠国待遇条款而同等地适用于其他投资人。因此,对于公司及实际控制人而言,为保证投资人之间的公平性和信息透明性,以及减轻自己的特别义务,我们建议,抽屉协议应当审慎签署。

6. 配偶确认函(如有)

在融资交易中,特别是在涉及私企或家族企业的增资等情况下,创始人的配偶可能会经投资人要求签署配偶确认函。配偶确认函通常包括两类:

第一类,为了防止创始人婚变给公司造成的不利影响,部分投资人要求未持股的创始人配偶签署承诺函,确认其任何时候都不会对公司股权提出任何主张,即通过配偶确认函的方式明确登记在创始人一人名下的股权不属于夫妻共同财产,该模式来源于"土豆条款"。

第二类,出于夫妻共同债务认定的举证责任需要,部分投资人要求未持股的创始人配偶签署承诺函,确认其知悉创始人、公司及投资人相关融资交易文件的签署,以共债共签的形式实现将创始人所负债务确认为夫妻共同债务的目的。例如,公司创始人向投资人就公司业绩作出承诺,并约定未实现承诺将以特定价格回购投资人股权的,考虑到创始人可支配的家庭财产可能影响其回购义务的履行,投资人可以要求公司创始人的配偶签署确认函,表示其知悉公司创始人签署了该等协议,且同意按相关协议的约定执行。

有关夫妻共同创业可能产生的相关法律风险,详见本书前文:"*14 ⋯⋯ 夫妻共同创业时,两人都需要持股吗?*"。

7. 内部决策文件

对于融资方公司而言,其需要就融资事项召开董事会、股东会会议,并形成同意公司融资并履行相关协议义务的决议文件;对于投资人而言,其需要经过投决会或类似程序确认经内部决策同意投资,投资金额较大、达到投资人的董事会或股东会审议标准的,投资人还需履行相应的董事会、股东会决策程序。

8. 其他交割文件

其他交割文件主要包括:(1)确认交易文件签署后至交割时,公司仍满足前期陈述与保证的交割确认函;(2)明确出资先决条件已满足并提请投资人打款的缴付出资通知书;(3)公司向投资人出具的出资证明书和增资后股东名册;(4)增资后适用的公司章程等。

总 结

综上所述,股权融资可能涉及签署多种文件。在文件内容上,应当表述简明,详略得当。例如,对于保密协议,考虑其通常签署于项目初期,一般对于重要保密事项约定清楚即可,不必反复沟通条款细节,以免影响项目进展及合作观感;而对于股东协议,由于其关系着增资时及增资后各方的具体义务及责任,因此应当审慎确认每一项条款,注意特定措辞对权利义务的影响,再细节也不为过。一般而言,公司或投资人可以通过争取交易文件的起草主动权,优先明确自己关心的问题,确保关键利益得到满足,在相关专业背景的支持下,可以更好地控制法律风险和谈判成本。

53

TS 签署后还能改吗?

TS 的多数条款通常不具有法律约束力,这是否意味着,为了推进融资进程,公司及创始人在 TS 签署阶段可以不必过分纠结,未来进入交易文件正式谈判环节再提出修改意见也不迟?结合商业实践经验,我们认为,已在 TS 中确定的基本原则在交易文件正式谈判环节通常难以修改,但在坚守 TS 已确立原则基础上的细节调整则较为常见。本文带你快速掌握 TS 签署要点!

一、什么是 TS

(一)TS 的定义

TS 即投资意向书,也可称为条款清单。如前文所述,当投资人对公司进行初步考察和评估、希望对公司的投资进入实质阶段时,会要求公司及其创始人与投资人共同签署一份 TS,以固定投融资双方达成的初步意向。

TS 是对本次投融资基本条件的纲领性约定,TS 签署完毕后,投资人会在法律、业务、财务层面开展对公司的全面尽职调查,尽职调查完成且通过投资人内部投决会的,将进入正式交易文件的起草和谈判阶段。

(二)TS 的签署主体

TS 的签署主体主要包括投资人、公司及其创始人。特别地,出现如下情形时应当分别加以特殊处理。

1. 投资人

TS 签署时尚未确定具体的投资主体的,可由投资人所属基金的基金管理人或其中某一家投资基金先行签署,同时增加表述"及其关联方"。

2. 公司

TS 签署时公司尚未设立的,可等待公司设立后签署 TS,或由拟设公司的创始股东先行共同签署。

TS 签署时尚未确定具体的融资主体的,创始人可选择可能融资的一家公司先行签署,同时增加表述"及其关联方"。

3. 创始人

TS 签署时公司存在多名联合创始人的,通常建议由全体联合创始人共同签署。

(三) TS 的主要条款

正式交易文件中的核心文本如投资协议、股东协议的关键条款通常是在 TS 已经确定的基本原则上拟定,因此,一份完整的 TS 应当包括本次股权融资交易的全部重要条款。

以投资人所享有的权利性质划分,TS 的主要条款分为三类,其中经济性条款主要关注投资人通过交易所能获得的投资回报,控制性条款主要关注对公司及创始人的控制,具体见表 53 – 1。

表 53 – 1　TS 条款的分类

经济性条款	控制性条款	一般条款
本轮估值及投资额	董事会	投资款用途
对赌/估值调整	保护性条款/一票否决权	过桥贷款/可转债
反稀释权	股权转让限制	交割先决条件
优先认购权	优先购买权	认股权证/后续增资权
优先清算权	共同出售权/随售权	最惠国待遇
分红权	领售权/拖售权	排他性
回购权	信息权	尽职调查及费用
创始人/管理团队股权分期兑现	检查权	保密
员工期权池	不竞争条款	争议解决

(四) TS 的法律约束力

TS 属于投融资双方的初步磋商性文件,为了避免被认定为预约合同或本约合同而导致有关签署方承担违约责任,商业实践中通常会在 TS 中进一步明确约定如下事项:

1. 除排他性、尽职调查及费用、保密、争议解决条款外,其他条款对签署各方均不具有法律约束力。

2. 投资意向书在任何情况下均不构成投资人投资的承诺。

二、有关 TS 的误读

(一)误读一:TS 没有法律效力,违反了也不用担责

除非另有约定,如本文前节所述,TS 中仍有部分条款(常见如排他性、尽职调查及费用、保密、争议解条款)具有法律约束。任何一方对前述条款的违反均可能需要承担相应的法律责任,以排他性条款为例:

1. 定义

排他性条款,是指公司在一定期限内不得与除投资人以外的其他潜在投资方进行接洽、谈判、磋商或达成投资协议。

2. 目的

(1)保护投资人的利益

确保投资人在谈判和尽职调查过程中有一定的时间和空间深入了解项目,而不用担心被其他投资方抢先。

(2)集中双方资源

使公司和投资人能够集中精力推进当前的合作,避免因同时与多方洽谈而导致精力分散和不确定性增加。

(3)降低竞争风险

减少潜在的竞争,提高投资人最终成功投资的可能性。

3. 对公司的影响

鉴于排他性条款的设置主要保护投资人的利益,公司在签署该类条款时应当把握以下要点:

(1)尽可能地缩短排他期,避免投资人在排他期内拖延项目进度,倒逼投资人快速决策。

(2)对排他性条款具体约束的投资轮次、投资估值、投资金额设置一定的门槛,给公司在极端情况下寻找其他潜在投资人留有一定的操作余地。

4. 案例:红杉 vs 币安

根据香港特区法律参考资料系统披露的信息,红杉起诉币安的纠纷案件始于 2017 年 8 月,当时红杉与币安就 A 轮融资进行谈判并达成了 TS,约定红杉拟以 8000 万美元的投前估值获得币安近 11% 的股份。TS 签署后,红杉向币安提供了 100 万美元的过桥贷款,并约定本次投资的排他期为 6 个月,即至 2018 年 3 月 1 日届满。

然而,随着数字货币市场的一路走高,币安的估值也大幅提升。2017 年 12 月,

币安对红杉提出的估值表示不满,并接触了另一家投资人IDG,后者给出了B1轮4亿美元和B2轮10亿美元的估值。

红杉认为币安违反了双方签署的排他性条款的约定,在2017年12月向香港高等法院申请了临时禁止条令,请求禁止币安创始人赵长鹏与其他的潜在投资者进行谈判,并于2018年1月向香港国际仲裁中心提起仲裁。

2018年12月,香港国际仲裁中心作出裁决,内容主要包括:(1)驳回红杉的仲裁请求,认定赵长鹏与IDG的谈判实质为B轮融资,不构成红杉与币安拟进行的A轮融资相竞争的交易;(2)红杉赔偿赵长鹏因此支付的近80万美元的律师费;(3)赵长鹏向红杉支付过桥贷款本金及利息。

5. 常见表述

结合上述案例,如公司方无法避免与投资人签署排他性承诺的,在惯常表述上可以通过增加如下表述进一步限制投资人的权利:

"在本投资意向书签署后30日内,未经投资人事先书面同意,公司及其股东、董事、员工、代表以及其他相关方不会直接或间接的采取任何行动,以发起、寻求、提议、参加与投资人以外的任何第三方,就公司投前估值为K亿元且融资金额在J万元以内的A轮股权融资进行磋商、谈判或者就此订立任何协议或安排。如果公司或创始股东在此排他期内收到第三方的此类请求,应立即通知投资人。"

(二)误读二:TS没有法律效力,具体条款后面都能改

除了排他性、尽职调查及费用、保密、争议解决条款外,TS的多数商业条款通常不具有法律约束力,这是否意味着,为了推进融资进程,公司及创始人在TS签署阶段可以不必过分纠结,未来进入交易文件正式谈判环节再提出修改意见也不迟?结合商业实践经验,我们认为需要区分两种情况:

1. 已在TS中确定的基本原则,在交易文件正式谈判环节通常难以修改

比如,TS签署时,公司及创始人已明确本轮投资有回购保障,但在交易文件正式谈判环节,创始人则明确拒绝回购;又如,TS签署时,公司及创始人已明确本轮投资中投资人因尽职调查聘请中介产生的费用由公司承担,但在交易文件正式谈判环节,公司拒绝承担或突然提出只能承担一部分。

投资经理对该类内容的修改往往无实质决策权,项目如想继续推动需要投资经理层层报批并可能需要重新启动投资人的内部决策程序,进而延迟整个交易的进度甚至使已经确定的交易节奏回到初始状态。同时,在无充分合理理由的情况下,该类修改可能会影响投资人的投资态度,引发投资人关于创始人是否具备基本契约精神的质疑。

2. 在 TS 中已确立的基本原则框架内的细节调整则较为常见

比如，TS 签署时，公司及创始人同意给予本轮投资人回购保障，在交易文件正式谈判环节，双方就回购的触发条件、回购价格、回购权的行使期限、回购义务人的责任上限等细节进一步完善；又如，TS 签署时，公司及创始人明确投资人享有反稀释权利，在交易文件正式谈判环节，双方就具体适用完全棘轮反稀释还是加权平均反稀释进一步讨论。

由于该类修改并没有实质推翻投融资双方先期就商业条款已经达成的一致意见，因此后续细节上的任何调整、补充、讨论在实务中非常常见。

三、TS 的签署建议

TS 作为投融资交易中的重要里程碑，公司及创始人在签署时可以参考以下建议。

（一）基本原则：所有条款繁简适中

条款约定过于详细，将增加投资人与创始人的前期沟通成本，不利于推动交易进度；条款约定过于简单，将给后续正式文件的起草和谈判留下诸多待议事项，使正式协议的达成过程变得烦冗和缺乏确定性。

（二）触及底线的条款立场坚定

对于触及底线的关键条款，创始人应在 TS 签署时明确表态，避免后期调整态度增加双方不必要的谈判成本。比如，如果投资人已明确创始人回购是其投资的基本前提，而创始人坚决无法接受个人回购，此时在 TS 阶段的妥协让步对双方均无益。

（三）其他争议条款保留协商空间

对于不触及各方底线但在 TS 签署阶段无法确定的争议条款，有两种处理思路可供参考。

1. 不在 TS 签署阶段列明

比如，由于本轮融资的领投及跟投机构尚未确定，对于是否给予某一家投资人董事会席位以及对应是否设置一票否决权在 TS 签署阶段无法明确，此时相关条款可以暂时不写，留到正式交易文件起草及谈判阶段明确。

2. 在 TS 签署阶段仅作概括性表述

比如，投资人希望有领售条款，公司及创始人亦表示可以接受，但是在 TS 签署阶段,领售的触发条件无法达成一致,此时可以仅作概括性表述,具体细节在正式交易文件起草及谈判阶段明确。

又如,投资人希望公司承担尽职调查费用,公司及创始人表示如投资成功则可以承担,但彼时领投方未定,尽职调查涉及的第三方中介机构及尽职调查费用难以确定,此时,公司可以在TS中作出如下概括性表述:原则上,如本次投资完成,公司将在人民币Q万元范围内承担投资人在投资过程中所发生的尽职调查费用;如本次投资未完成,前述费用应由投资人共同分摊(具体以投资人与中介机构签署的费用分摊协议为准);如各方对相关费用的支付及金额另有安排的,以届时签署的具体交易文件为准。

四、总结

综上所述,作为投融资交易中的重要里程碑法律文件,公司及创始人应重视TS的条款并审慎签署,为后续谈判和交易推进奠定良好的合作基础。

54

公司如何应对投资人的尽职调查？

公司经过路演与潜在投资人达成初步共识后，投资人通常会对公司进行初步尽职调查（以下简称尽调），并据此安排内部初审会/立项会，该阶段的尽调侧重点在业务层面；初步尽调结束并经投资人初审会/立项会通过的，投资人将与公司签署TS并启动对公司法律、财务、业务层面的全面尽调。那么，公司应该如何应对投资人的尽调？

一、明确投资人尽调的目的

在股权融资交易中，投资人对公司进行尽调的目的主要是进行价值判断和风险发现，一旦投资人决定对公司投资，其将根据尽调结果设计交易结构、调整交易价格、有针对性地完善交易文件中的相关条款，比如交割先决条件、交割后规范事项、披露免责、陈述与保证、赔偿条款等，具体如下。

1. 提供决策依据

全面掌握公司的财务状况、经营模式、市场竞争力、管理团队等核心信息，为投资人的投资决策提供充分、准确的信息支持，使决策更加理性和科学。

2. 识别风险因素

及时发现潜在的法律风险、财务风险、经营风险等，评估这些风险对投资的影响程度，以便提前做好应对措施或在谈判中争取有利条件。

3. 评估投资价值

通过对公司各方面的细致分析，准确判断公司的真实价值，确保投资价格合理，避免高估或低估。

4. 保障投资安全

尽调有助于投资人明晰自身权益在未来可能面临的挑战，为保障投资的安全性和稳定性提供依据。

5. 规划未来合作

了解公司的发展战略和规划，便于投资人在投后更好地进行资源整合和战略规划，提高投资协同效应。

6. 增强谈判筹码

基于尽调的结果，投资人在与公司谈判时能够更有针对性地提出条件和要求，争取更有利的条款。

二、掌握投资人尽调的基本流程

1. 与投资人、尽调机构签署保密协议

通常情况下，由于投资人在 TS 签署前对公司的初步尽调集中于业务层面，因此该阶段的工作主要由投资人的投资经理自主完成；TS 签署后，鉴于投资人对公司的全面尽调将涉及法律、财务、业务等方面，通常会由投资人或公司聘请的专业中介机构（以下简称尽调机构）协助完成。

因此，无论是初步尽调还是全面尽调，为了降低泄密风险，公司应当及时与投资人及尽调机构签署保密协议。

2. 获取尽调清单

在尽调开始前，公司将取得投资人及尽调机构出具的尽调清单，列明各方开展尽调所需资料，法律、财务、业务等不同层面的尽调涉及的清单内容各有不同。

以法律尽调为例，其通常关注公司以下三个方面的问题：过往经营的规范性（设立以来历次股权演变情况、公司经营的合规性）、现时经营的独立性（人员、机构、资产、财务、业务独立性，关联交易及同业竞争问题）、未来经营的持续性（管理层稳定性、在手订单、重大诉讼等）。

在该阶段，公司应当及时与投资人及尽调机构确认本次尽调的基准日、尽调资料的提供形态（电子/纸质）、尽调资料提供的最晚提供日期、尽调的形式（现场/线上）等。

3. 确定公司应对尽调的参与人员

公司应当确定本次尽调的参与人员，包括总负责人及各部门对接人员，其中总负责人应负责在各部门之间对尽调清单所列资料进行分工，将清单转换成具体经办人员可读懂、可执行的明确指令，审核拟提供尽调文件的适当性，为现场尽调团队提供后勤保障，对外统一提供尽调资料等。

4. 准备尽调文件

公司参与本次尽调的各部门对接人员，应根据尽调总负责人的分工、尽调时间表积极准备尽调文件，及时提交尽调总负责人确认，按照总负责人的指示对涉及商业秘密的尽调文件进行脱敏处理等。

5. 正式尽调

为了提高效率，投资人及尽调机构通常会在尽调清单发出后给公司预留一定的准备时间（2~7天不等，可视情况调整），待公司初步整理和收集后，投资人及尽调机构将对公司进行正式尽调，并根据公司及本次融资的规模等确定是线上尽调还是现场尽调，以及尽调的预估完成时间。

视具体项目规模及所属行业，投资人及尽调机构开展尽调的方式包括但不限于面谈、书面审查、实地走访、查询及函证、计算及复核、网络核查、中介机构间交流等。经过资料研究、人员访谈、现场核实、第三方渠道补充还不能确认的部分，通常会转化为正式交易文件中的陈述与保证条款，公司应审慎确认相关条款，并根据需要通过特别披露函的形式降低违约风险。

需特别提示注意的是，若尽调方式为现场尽调，公司应当为尽调机构驻场人员提供必要的办公条件。但无论是现场尽调还是线上尽调，公司均需根据投资人及尽调机构的要求，协调财务、法务、行政、研发、生产、销售各部门主管人员接受访谈。投资人另有需要的，还可能涉及客户、供应商验证访谈。在该阶段，公司可提前要求投资人及尽调机构先行提供访谈提纲，以供受访人进行必要的准备。

三、熟悉投资人尽调的关键内容

了解尽调关注的重要内容，有助于公司在接受尽调时更加从容，仍以法律尽调为例，其主要内容如下。

1. 历史沿革及股权结构

核查公司的历史沿革，关注公司的设立及历次股权变动是否履行了必要的内外部审批手续，股权结构是否清晰，注册资本是否实缴，股权是否存在代持、质押等情形。

若公司存在前轮投资人的，关注公司及创始人在前轮融资中给予投资人何种特殊权利，前轮交易文件中的交割先决条件、交割后承诺事项、披露函有哪些特别约定（其中可以反映出前轮投资人尽调后需要公司在特定期限内整改的不完全合规事项）。

2. 管理层及核心人员

访谈公司管理层及核心人员,核查其学历背景、工作经历、对外投资及兼职情况、劳动合同签署情况等,考察核心团队的竞争力,核查是否存在违反竞业限制等影响核心团队稳定性及核心技术来源合法性的情形。

3. 资质

收集公司现行有效的资质,核查公司是否具备开展业务所需的政府登记、许可、备案,是否存在超越经营范围及资质经营的情形,是否存在持续经营的法律障碍,是否存在受到行政处罚的风险。

4. 资产

收集公司的不动产、无形资产及重大生产经营设备权属证明及相应的采购合同、技术开发合同、租赁合同,核查公司资产权属是否清晰,是否存在被查封、扣押、冻结、抵押情形,是否存在权利受限情况,是否存在纠纷或潜在纠纷。

5. 重大债权债务

取得公司的重大客户及供应商清单,取得公司将要履行、正在履行以及虽已履行完毕但金额较大的重大业务合同、借款合同、担保合同等,核查重大合同的合法性、有效性,是否存在纠纷或潜在纠纷。

核查公司截至尽调基准日金额较大的其他应收、应付款是否因正常的生产经营活动发生,是否合法有效。

6. 关联交易及同业竞争

整理公司的关联方及关联交易,核查关联交易的公允性及必要性。核查公司实际控制人控制的其他企业,是否存在多赛道创业的情况,是否存在对公司构成重大不利影响的同业竞争情形。

7. 劳动人事

取得公司的劳动制度、劳动合同模板、社会保险及住房公积金缴纳情况,核查公司在劳动人事方面的合规情况,是否存在纠纷或潜在纠纷,是否存在受到行政处罚和诉讼仲裁的风险,是否存在正在执行或执行完毕的股权激励计划。

8. 诉讼、仲裁、行政处罚

取得公司的重大诉讼、仲裁及行政处罚资料,判断是否存在公司资产被冻结、查封等影响公司持续经营的风险,核查相关纠纷涉及的公司内部制度、合同模板,确认公司经营管理是否存在重大风险敞口。

9. 财务及税收

核查公司目前执行的税收种类、税率及相关税收政策依据,历史沿革中涉及的股权转让、增资合同,核查公司的纳税合规性,是否存在受到行政处罚的风险。

核查公司享受的政府补助情况及相关政策依据,确认公司经营是否依赖政府补助。

取得公司的审计报告、财务报表及主要科目明细表,核查公司的经营状况、现金流量、长期资产及负债等财务情况,通过营业外支出关注公司是否完整披露诉讼、仲裁及行政处罚事项。

10. 其他文件

依投资人要求及公司所在行业而需重点关注的其他事项,如创始人的个人征信情况、婚姻家庭情况等。

四、其他应对投资人尽调的注意事项

1. 确定尽调文件的提供口径

尽调清单通常是由尽调机构在标准模板的基础上,结合公司公示信息以及投资人本次尽调目标而进行定制化修改后,才会发送给公司。由于尽调清单的文本表述具有较强的专业性,并且部分内容可能与公司的实际情况不完全匹配,因此,公司尽调总负责人在接收尽调清单后,应依据公司的实际情况,将清单中的要求"转译"成公司各部门对接人员能够理解的具体指示,以便于有效分配工作和整理提供资料。这一过程要求公司的尽调总负责人不仅要在财务、法律、业务等方面充分了解公司情况并具备一定的专业能力,还应具备一定的投融资知识储备,能够充分理解尽调清单的具体内容,并能洞察尽调机构的真正意图,从而能够根据尽调目的实现准确"转译"。

2. 审核拟提供的尽调文件

尽管已有保密协议的约束,为进一步保护公司的信息安全,公司仍需要在满足投资人合理需求以及推动融资进程和保护自身核心利益之间进行权衡。因此,我们仍然建议公司在提供尽调文件之前,对这些文件所涉及的信息保密性进行审查,并在必要时对重要信息进行脱敏处理,对于保密级别极高的可能涉及公司竞争优势的信息,公司可以谨慎考虑是否提供或在何种程度提供,并及时对投资人进行合理的解释。这一过程要求尽调文件审核负责人(通常由尽调总负责人完成,下同)能够精准掌握待提供文件的恰当程度,既不应过度保留信息,也不应毫无保留地提供所有文件,以防止潜在的泄密风险。在必要时,公司尽调文件审核负责人应当与公司中负责相关业务的高层领导及时沟通,共同决定如何合理地处理和提供相关信息。

对于不涉及公司保密信息的尽调清单内文件,公司是否可以选择性提供?针对这个问题,除非尽调清单所要求的资料与尽调目的无关联性,且投资人无法提供合理解释,我们仍建议公司应完整提供尽调所涉文件,这是因为:

一方面,投资尽调涉及公司的各个条线,各条线资料间可以交叉印证,即便某一条线提供资料有所遗漏,投资人及尽调机构亦可能从其他条线资料中发现公司的相应问题。若投资人在后续交易阶段发现公司存在故意隐瞒情形的,将严重损害对公司的信任,甚至可能导致交易失败。

另一方面,在股权融资的正式交易文件中,公司及创始人通常需要对投资人承诺不存在未披露的重大债务、对外担保、或有债务以及任何诉讼、行政处罚等,在该种情形下即使公司未向尽调机构披露部分事项,也无法避免因未完整披露所导致的违约责任,得不偿失。因此,为了确保交易的透明度和诚信,公司应当在尽调清单合理明确的前提下,提供完整的尽职调查文件,避免潜在的风险和投资人的误解。

当然,为了应对正式交易文件中因公司披露事项不完整可能产生的或有风险,公司及创始人在交易文件谈判阶段,应当审慎确认相关条款,并从以下角度保护己方利益:尽可能减少承诺事项、对相关承诺条款增加限制性表述如金额门槛(如截至尽调基准日公司不存在超过一定金额的重大债务)、明确赔偿上限及起赔额、通过披露函实现免责等。

3. 调动公司员工的积极性

客观上,配合投资人尽调必然会增加公司相关员工的工作量,这不仅涉及负责收集和整理尽调文件的员工、接受访谈的核心人员,还涉及提供后勤支持和IT服务的行政和技术人员。如果这些人员在尽调过程中表现懈怠,可能会降低尽调甚至当次融资的效率,并给投资人带来不好的观感。

因此,为了降低相关员工的消极情绪对公司融资进程的负面影响,公司应在尽调开始前对相关员工进行适当的沟通和培训,以帮助他们理解尽调的重要性,并明确他们的角色和责任。此外,公司应该鼓励员工在授权范围内积极与尽调机构协作,确保尽调文件提供的完整性和准确性,及时跟进尽调进展并回复尽调人员的合理疑问,满足尽调机构的合理需求,从而提高尽调的成效并推动融资的顺利完成。在绩效考评层面,公司在评判该等员工的工作成果时,应当酌情考虑在本职工作外配合公司融资所付出的努力。

五、总结

综上所述，公司在应对投资人的尽调时，应展现出高度的合作精神和诚信态度，同时也要保护自身的合法利益，确保尽调结果公正、合理，并为未来的合作奠定良好的基础。

55

签完投资协议可以立即打款吗？

在股权融资交易中，交易各方签署完毕投资协议之后，投资人应依照协议约定将投资资金交付给融资方公司。在具体实施的过程中，资金的转移时间往往取决于双方的谈判地位，投资协议签署后固然可以立即打款，但也可以在投资协议中设定交割先决条件，明确投资资金支付的若干前提。交割先决条件通常有哪些？详见下文介绍。

一、定义

交割先决条件（Conditions Precedent, CP），是指投资人在向融资方支付投资资金前，要求其满足的一系列前提要求。为了确保融资方及其相关实体能够履行必要义务或采取相应行动，投资人通常会要求这些条件得到满足或被投资人豁免后，才会向融资方发放资金。合理设置交割先决条件对于投融资双方至关重要：过分严格可能导致融资方延迟获得必要的资金，甚至影响项目交割的确定性；而过分宽松则可能使融资方在获得投资前即已存在的瑕疵等风险事项传递至投资后阶段，投资人也无法对项目交割保留一定的灵活度。因此，在设定交割先决条件时，需要在保障投资人利益与促进融资方及时获得资金之间寻求平衡。

交割先决条件所涉事项一般基于尽调结果、商业诉求、投资人风控要求以及双方的谈判地位而确定，概括而言可以分为程序性条件和适当性条件，具体详见下文所述。

二、程序性条件

1. 签署法律文件

签署法律文件，是指交易各方已签署并交付所有交易文件之正本，包括但不限于投资协议、股东协议、依据投资协议和股东协议修订的公司章程、董事会决议、股东会决议及为完成投资所需各方签署之其他法律文件。

签署交易文件是投资人支付投资资金的前提，同时也为融资方获取资金提供法律文本支持，这一条件是双方达成协议的基本要素，通常不会引起争议。实操中，为了确保投资人的后续利益得到充分保护，投资人可能会在先决条件中明确要求交易文件的格式和内容必须符合其满意的标准。但对于融资方而言，为了增加交割的确定性，应尽可能地减少为先决条件设置诸多可能给投资人留有过多主观判断空间的表述，比如前文所述的"格式和内容令其满意"，该等表述通常建议删除，因为如果交易文件的格式和内容不符合投资人的标准，投资人也不会签署，更不会涉及后续的交割。

2. 履行前置决策

履行前置决策，是指交易各方均已取得与本次投资有关的必要的内部及外部批准或同意，内部决策程序如各方内部董事会、股东会、投决会等有权机构作出的同意本次投资及签署相关文件的决议；外部决策程序如本次投资已经取得必要的政府部门或有权第三方的批准或同意，包括但不限于履行完毕国资审批程序、评估备案程序等。

在交易文件中明确各自需要履行的决策程序通常不会引发争议，但需要注意的是，将这些决策程序作为交割的先决条件还是作为投资协议的生效条件，将产生不同的法律效力，其主要区别在于，如果这些决策程序作为交割的先决条件，对决策程序未能达成而负有过错的一方可能需要承担相应的违约责任。

3. 办理工商变更登记

办理工商变更登记，是指融资方就本次融资办理完成工商变更登记和/或其他审批、备案手续，例如融资方本次投资涉及的注册资本、股东变更以及公司章程、董监高备案等。

在股权融资交易中，办理工商变更登记和支付投资资金的先后顺序往往是投融资双方利益博弈的一个关键点。结合相关法律规定及司法判例，我们通常认为，股东名册作为有限公司置备的记载股东个人信息和股权信息的法定簿册，具有权利推定效力，在证明权利归属的股东名册上进行记载的行为应视为股权交付行为；而工商变更登记仅为行政管理行为，该变更登记并非设权性登记，而是宣示性登记，旨在使与公司有关登记事项具有公示效力。但对于投资人来说，其通常认为完成工商变更登记对其当次投资具有更强的确定性，从而可以使其获得作为股东完全权利的完备外观，因此往往希望打款要慢、确权要尽快。

相反，对于融资方而言，由于办理工商变更登记需要一定的时间周期，如果投资人在工商变更完成后反悔，融资方将面临巨大的时间成本损失，且融资方势必需要履行相应的变更程序使公司经工商登记的信息恢复到变更前的初始状态，且该等变更均会在公开信息中留有痕迹。因此，融资方更希望投资资金能够尽快到账，落袋为安，然后才配合投资人尽快地办理工商变更手续。

如融资方基于谈判地位不得不作出妥协，可以考虑的折中方案如下。

（1）融资方可先递交工商变更手续，但投资人应在取得工商主管机关出具的受理回执后即安排打款，而不是等到办理完毕。

（2）采取分阶段付款的方式，使得部分资金在完成工商变更登记前先行支付，并且明确投资人违约时应承担的赔偿责任，以此尽可能降低融资方风险。

4.其他条件

其他条件，是指融资方向投资人提供的股东名册/出资证明书、交割先决条件全部满足的确认函、缴付投资资金的通知书等程序性文件。

三、适当性条件

1.完成尽调

在股权融资交易中，尽管并不常见，但为了加速投资协议的签订流程，投资人可能会同时启动尽调程序及投资协议谈判程序，甚至可能将尽调时间或尽调结论出具时间适当延后至投资协议签订之后。在这种情况下，投资人通常会要求，只有在其完成业务、法律和财务等方面的尽调且结果令其满意后，才能继续进行交易交割。这样做有助于投资人保持对投资决策的主动权和灵活性，可以有效控制潜在的风险。

但是，如果按照前文所述的正常交易流程，详见本书前文："**50……股权融资需要什么流程？**"，即投资人先完成尽调再启动交易文件的谈判及签署环节，鉴于在实际操作中，投资人通常不会专门出具一份书面文件明确表示对尽调结果满意，为了增加交割的确定性，建议融资方沟通删除将"尽调满意"作为交割先决条件的条款。

2.完成特定事项的瑕疵整改

融资方根据投资人要求完成特定瑕疵事项的整改，整改范围通常以尽调结果为依据。

对于投资人而言，将所有在尽调过程中发现的风险事项的整改都作为交割先决条件，可以最大限度地保障其利益，但是这种做法将显著延迟交易进度，并且不符合商业实践。例如，融资方的注册地址与实际经营地址不一致，虽然可能面临行政处罚的风险，但在一般情况下，这种风险并不会对投资决策造成根本性的影响，因此不建议将此类事项作为交割先决条件。

对于融资方而言，其在确定交割先决条件的范围时应当评估各项整改措施的可操作性及完成时间。对于那些无法控制时间的整改内容，融资方应当向投资人释明缘由，尽可能将其作为交割后规范事项予以约定。

3. 无重大不利变更

投资协议签署后至交割前，融资方未发生重大不利变化或出现重大不利影响的事件或情形，包括但不限于融资方实体的业务经营、资产、负债、权益、知识产权、对外担保、管理团队、法律状况和经营的法规政策环境未发生重大不利变化，不存在限制、禁止、取消或对本次投资构成重大不利影响的法律、行政法规、规范性文件和/或政策文件，也未发生任何可能会对融资方的合法存续、经营许可、业务经营、知识产权、财务状况、商业信誉或其他重要方面产生重大不利影响的事件或情形。

重大不利变更的条款可以在交割先决条件中约定，也可以在陈述与保证条件中约定，后者的违约责任可能更重。对于融资方而言，建议将法律法规和政策文件的重大不利变更作为不可抗力情形以避免承担违约责任。

4. 陈述与保证真实、完整、准确

投资协议签署后至交割前，融资方必须确保其在交易文件所作的陈述与保证始终保持真实、完整和准确，这一要求系交割前提条件的常规条款，融资方在签署时，应当审慎确认相关条款，并从以下角度保护己方利益：尽可能减少承诺事项、对相关承诺条款增加限制性表述如金额门槛（如截至尽调基准日公司不存在超过一定金额的重大债务）、通过披露函实现免责等。

四、其他约定

除前述具体交割先决条件的约定外，为了防止由于各方未能及时达成交割先决条件而导致当次投资长期处于不确定状态，投资协议中可以设定完成交割先决条件的截止期限，如果截止期限届满时交割先决条件仍未全部满足，任何一方均有权解除协议。

此外，为了应对可能出现的导致交割先决条件无法按时达成的突发情况，投资协议中可以允许投资人以书面形式对某些交割先决条件的达成进行豁免，这样的安排可以增加投资的灵活性,确保在特定情况下投资仍能继续推进,而不需要修改整个协议或重新履行相应的决策程序。

五、总结

投资协议签订后立即支付投资资金的做法较多应用于小型投资交易或熟人交易,对于具备一定规模的股权融资交易而言,设置一系列的交割先决条件是市场通行的做法。交割先决条件的设置至关重要,投资人需要通过设置包含单方决策权的条款以增加投前脱身的通道;融资方则需要谨防被投资人承诺的"可以予以豁免"所麻痹,在交割先决条件中承诺过多事项,使公司在先决条件无法满足时处于不利地位。

56

股权融资中的控制性条款有哪些谈判要点？

股权融资交易中的控制性条款不仅影响着公司的控制权归属和未来走向，也关系到公司、创始人与投资人之间的利益平衡。作为融资方，公司应当如何与投资人就控制性条款进行谈判？详见下述内容。

1. 董事会

如本书前文所述，公司的日常经营事项主要由董事会决定，详见本书前文："*19……小股东如何利用董事会增强影响力？*"，董事会席位的分配往往与控制权密切相关，详见本书前文："*20……如何确定最适合公司的董事会成员人数？*"。通常情况下，公司在启动股权融资交易后，董事会中必不可少的会引入外部投资人提名的董事，尽管新《公司法》（2023 修订）不再对公司董事人数设定上限，但董事人数过多会影响公司的决策效率。因此，融资方在进行董事会条款谈判时，应注意以下事项。

（1）审慎给予投资人董事席位。如融资方基于谈判地位确实无法回避该问题的，应结合公司董事会的规模，在确保创始人可以控制董事会多数席位的前提下，合理规划外部投资人可以提名的董事人数上限。商业实践中，并不是每一个投资人均有权提名董事，数量上每一轮投资人合计拥有一名董事席位较为常见，且公司可以进一步设置投资人享有董事提名权的最低持股比例。除此之外，部分投资人为了提高投资成功的概率，可能会在同一赛道布局投资多家竞品公司，为了降低泄密风险，公司可以限制存在该类情形的投资人的董事提名权。

（2）尽量避免设置董事会观察员席位。投融资实践中，部分持股比例相对较低的外部投资人在争取董事会席位无望后，可能会转而要求委派一名董事会观察员参加董事会会议，获得董事会会议的所有资料。尽管董事会观察员在董事会中无相应的发言权和表决权，不能参与董事会会议的实质性讨论，但通常可在其认为董事会决议程序、内容有违反规定，或者侵犯了公司或投资人的权益时，向公司提出建议并要求公司作出解释，由此可能增加公司董事会召开程序的复杂性。

（3）避免提高董事会会议的召开门槛。新《公司法》（2023 修订）新增有限公司董事会会议应当有过半数的董事出席方可举行,实务中部分拥有董事会席位的投资人可能希望进一步提高前述法律规定的最低标准,例如,约定董事会经全体董事过半数出席方可举行,但其中应当包括其提名的董事,或直接约定为董事会经全体董事出席方可举行。融资方应避免接受该类条款,争取在法律允许的最低标准内,即可召开董事会。

2. 一票否决权

一票否决权,是指投资人在公司特定事项的决策中拥有否决权,简单来说,只要投资人不同意,公司就不能做。这使得合计持股比例相对较低的投资人能够在关键问题上对公司决策施加重要影响,防止损害其利益的行为发生,系专为保护投资人利益而设定。一票否决权既可以约定在股东会层面,即某投资人在股东会审议特定事项时享有一票否决的权利,也可以约定在董事会层面,即某投资人提名的董事在董事会审议特定事项时享有一票否决的权利。

站在融资方角度,给投资人过多的一票否决权事项,可能影响公司的决策效率并破坏公司治理结构的平衡,尤其是在公司有多轮投资人的情况下,不同投资人之间、公司与投资人之间潜在的利益冲突和博弈均可能导致公司经营停摆。因此,我们建议公司在融资过程中尽量减少相关安排,如基于谈判地位等因素确实无法避免,则需要把握以下原则。

(1) 将不同轮次投资人的否决权事项合并,避免给予不同轮次投资人各自不同的一票否决权事项。

(2) 一票否决权所涉事项的表决应选择合并投票的方式,避免不同轮次投资人分类表决。

示例:

建议的方式如:未经全体投资人所持表决权过半数的同意,公司不得……

避免的方式如:未经A轮投资人所持表决权过半数的同意、B轮投资人所持表决权三分之二以上同意、C轮投资人所持表决权的全部同意,公司不得……

(3) 针对具体的一票否决权事项,建议设置一定的门槛,如金额门槛和重大影响门槛,降低触发的可能性。

示例:

建议的方式如:未经公司全体投资人一致同意,公司不得发生单笔金额超过5000万元的银行借贷。

避免的方式如：未经公司全体投资人一致同意，公司不得发生银行借贷。

3. 股权转让限制

在股权融资交易的语境下，股权转让限制条款通常是指未经投资人同意，实际控制人或创始团队等主体不得任意处置其直接或间接持有的公司股权。设置该条款的主要目的是保持创始团队的相对稳定，给创始团队转股设置障碍，避免股权频繁变动对公司治理和运营产生过大冲击，确保公司发展战略的连贯性和稳定性。

融资方在进行股权转让限制条款谈判时，应注意以下事项。

(1) 尽量避免所有投资人均拥有否决权；

(2) 设置转让例外情形，比如在一定比例范围内（通常为3%~10%）、向家庭成员转让、实施股权激励等目的转让，受限主体可以不受该等约束而自由处置所持公司股权；

(3) 反向要求投资人不得向公司竞争对手转让所持公司股权。

4. 优先购买权

优先购买权，是指当公司的股东拟转让其持有的股权时，特定股东（如投资人）在同等条件下享有优先购买该部分股权的权利。优先购买权本质上是有限公司人合性的体现，防止不受现有股东欢迎的第三方进入公司。新《公司法》(2023修订)中规定的有限公司股东优先购买权的基本规则是：(1) 股东之间内部转让，其他股东不享有优先购买权；(2) 股东向股东以外的主体转让，其他股东享有在同等条件下的优先购买权。但是，新《公司法》(2023修订)并不禁止股东对上述规则作另外的约定，因此，在股权融资交易中，投资人通常会在条款设置上要求不区分对内转或对外转，即便是对于公司股权的内部转让，也惯常约定为投资人有权优先于实际控制人或创始团队等主体购买其他股东拟出售的股权，基于此，投资人有机会在看好公司价值时优先增持公司的股权。

当融资方中包含多名联合创始人的，公司在进行优先购买权条款谈判时，可要求在当次拟议交易中不出售股权的创始人拥有比投资人更为优先的购买权，以确保创始团队对公司控制权的掌控。

5. 共同出售权/随售权

共同出售权/随售权通常与优先购买权成对出现，是指当公司的某个股东（通常是实际控制人）拟向第三方出售股权时，其他特定股东（如投资人）如不行使优先购买权的，则有权按照一定比例与该股东一同向第三方出售其持有的股权。对于投资人而言，如果担心实际控制人等出让股权是出于对公司发展的信心减少，或是准备逐步退出公司，投资人有机会通过共同出售权/随售权一同退出，以减少可能的利益损失。此外，共同出售权/随售权的设置也能在一定程度上约束实际控制人的股权处置行为，增强投资人对公司股权变动事项的影响。

6. 领售权/拖售权

领售权/拖售权，是指在特定条件下，投资人在将自己所持有的股权出售给潜在买方时，有权强制其他股东（通常是实际控制人）与自己以相同的价格和同等的条件一同向第三方出售股权。这为投资人提供了一种重要的退出途径，通过行使领售权/拖售权，投资人可以将公司整体出售给第三方，实现投资的变现，新的股东也会因此获得公司的控制权，从而改变公司的治理结构和发展方向。

为了降低领售权/拖售权对公司控制权的影响，融资方在进行领售权条款谈判时，应注意以下事项。

(1)在行权主体上增加限制，比如，设置投资人行使领售权的最低持股比例，或者要求特定投资人+创始人共同同意，或必须经董事会审议通过，即创始人应争取对领售事件的否决权；

(2)在行权时间上拉长期限，避免过早让渡控制权，比如，约定在本轮融资交割后的一定时间后相关投资人才可以行使领售权；

(3)设定估值门槛降低触发概率，比如，行使领售权的前提条件是公司整体估值不低于特定数值。

7. 信息权和检查权

信息权，是指投资人有权按照约定获取公司相关的各类信息，包括但不限于财务报表、经营数据、重大决策等；检查权，是指投资人有权对公司的财务账目、运营情况、资产状况等进行实地检查和审核。尽管新《公司法》(2023修订)第57条和第110条规定股东享有知情权，有权查阅公司的相关资料，但在实践中，投资人基于投后管理的目的，定期或不定期地行使信息权和检查权可能给公司经营造成一定负担，公司忙于业务时可能也难以及时提供相关资料。

因此，融资方在进行信息权和检查权条款谈判时，应注意以下事项。

(1)明确信息权及检查权的具体行使路径和期限，降低投资人不定期行使权利给公司造成的经营负担，为投资人和公司双方提供合理的预期；

(2)将不同轮次投资人的信息权和检查权所涉事项拉齐，避免公司为多家投资机构分别准备不同的资料。

8. 不竞争条款

不竞争条款，是指公司的实际控制人、创始团队或其他关键人员在一定时期内、一定地域范围内不得从事与公司构成竞争关系的业务或活动。该条款有利于维持公司的稳定发展，减少因内部人员竞争带来的业务分散和资源流失，保障公司的经营连续性，也可以防止关键人员利用其掌握的资源和知识另起炉灶与公司竞争，确保公司在市场中的竞争优势。不竞争条款在一定程度上强化了公司的稳定性和统一性，有利于公司控制权的有效行使和维持，使优势资源保留在公司内部。但是，如果该条款过于严格，可能会对相关人员的积极性产生一定抑制，间接影响公司的运营活力和创新能力。

因此，融资方在进行不竞争条款谈判时，应注意以下事项。

(1) 严格限制不竞争条款的约束主体，控制相关违约风险；

(2) 审慎确认不竞争的期限、范围和相关责任，明确红线的边界；

(3) 如实披露截至交易文件签署日相关人员的对外投资及兼职情形，对于已披露的情形豁免适用该等条款的限制。

总 结

综上所述，股权融资交易中控制性条款的谈判是一个关键环节，它决定着公司的治理结构、决策机制以及各方的权益保障。对于创始人而言，要在保障自身对公司的控制权的同时，吸引到合适的投资人；而对于投资人而言，则需要通过合理的条款设置降低风险并确保投资回报。因此，无论是创始人还是投资人都应高度重视控制性条款的谈判，积极寻求最优解，争取在各方平衡中尽可能满足自身利益。

57 股权融资中的经济性条款有哪些谈判要点？

股权融资交易中的经济性条款是确保融资成功和公司发展的重要约定。作为融资方，公司应当如何与投资人就经济性条款进行谈判？详见下述内容。

1. 本轮估值及投资额

如前文所述，本轮估值及投资额代表着公司目前值多少钱、能融多少钱。通常情况下，融资方希望通过高估值获得尽可能多的资本注入，但是公司估值也不是越高越好，因为高估值往往伴随更重的融资方责任、更高的估值调整机制触发风险。融资方在进行估值及投资额条款谈判时，应注意如下事项。

（1）争取以更适合公司实际情况和融资目的的方式进行估值，例如，重资产公司可以采用以资产为基础的估值方式，前期研发投入较高而盈利情况不甚理想的轻资产公司可以采用侧重于对未来增长潜力评估的方式如可比公司法进行估值。

（2）估值也不是越高越好，需要在融资金额与公司、创始团队的压力大小之间进行平衡，详见本书前文：*"51 …… **股权融资的估值怎么确定，是越高越好吗？**"*。

（3）投资额需要根据公司当前的发展阶段、市场地位、资金需求等实际情况，与投资人的风险承受能力协调确定。

2. 对赌/估值调整

对赌/估值调整机制，是指融资方与投资人在达成股权融资协议时，为解决交易双方对公司未来发展的不确定性、信息不对称以及代理成本而进行的一种约定，如果约定的条件达成，通常是公司实现了特定的业绩目标或发展指标（如上市），那么融资方可能会获得一定的奖励或权益；如果条件未达成，投资人可能会要求调整股权比例、获得经济补偿等。

设置对赌机制的主要意义在于，其可以激励管理团队努力提升公司业绩，实现约定目标，进而帮助投资人在一定程度上降低对公司未来发展不确定性的风险，保障投资权益。如果最初的估值存在一定偏差，对赌机制可以使公司估值根据实际情况进行合理的再调整，使得双方的利益分配更加公平。然而，对赌机制也存在一些潜在的风险和问题，例如，对赌可能给管理团队带来巨大压力，导致其过于注重短期目标而忽视长期发展;对赌结果若存在争议,容易引发投资人与融资方之间的纠纷,影响公司的稳定和发展;一些外部不可控因素可能会影响对赌结果,导致结果并不完全反映管理团队的能力和努力。融资方在进行对赌/估值调整条款谈判时,应注意如下事项。

(1)明确对赌的目标和标准,确保对赌的目标清晰、合理且具有可实现性,避免过于模糊或不切实际的标准,防止因目标设定不当而陷入被动;

(2)合理设置触发条件和调整机制,要综合考虑公司的实际发展能力和市场环境等因素,确保公平性和可操作性;

(3)寻求风险与收益的平衡,确保在可能的对赌结果下,自身的利益不会受到严重损害,不能为了获得融资而过度承担风险;

(4)对赌的时间跨度应适中,时间周期过长可能导致不确定性增加,过短则可能难以充分展现公司的发展成果;

(5)争取有利条款,如设置一定的缓冲期或宽限期,或争取在特定情况下有重新谈判或调整条款的机会等。

3. 反稀释权

反稀释权,是约定当公司进行新的一轮融资且估值降低时,前轮投资人可以将初始投资价格按照一定的公式调整为新低价格,并要求公司或者创始人(以下简称反稀释补偿主体)据此进行股权或现金补偿,以保持前轮投资人在公司中的相对权益不被降低的权利。

实践中新低价格的调整方式主要有以下两种:

(1)完全棘轮反稀释,是指将前轮投资人的初始投资价格直接调整为公司后续低价融资中的投资价格。这种方式对投资人最为有利,但对公司的创始人或原有股东可能较为不利,因为它可能会导致他们的股权被大幅稀释;

计算公式为: $X = Y$

其中: X 为前轮投资人依据完全棘轮反稀释权调整后的新的投资价格;

Y 为公司后续低价融资中的投资价格。

(2)加权平均反稀释,是指将前轮投资人的初始投资价格调整为公司后续低价融资中的投资价格与前轮投资人的初始投资价格的加权平均值,即新的转换价格既考虑股权价格,也考虑股权数量,相对于完全棘轮反稀释更复杂且更温和,既能保护投资人的利益,又能在一定程度上减轻对创始人或原有股东的影响。

计算公式为: $X = X1 \times (A + B/X1) \div (A + C)$

其中: X 为前轮投资人依据加权平均反稀释权调整后的新的投资价格;

X1 为前轮投资人的初始投资价格；
A 为公司在本次低价融资前的全部注册资本数额；
B 为公司在本次低价融资中收到的全部投资资金；
C 为公司在本次低价融资中拟新增的注册资本数。

在现金补偿的方式下，前轮投资人基于调整后的新低价格计算应投入公司的投资款与初始投资时实际投入的投资款的差额，即为反稀释补偿主体应向前轮投资人支付的现金补偿金额；在股权补偿的方式下，前轮投资人初始投资时实际投入的投资款除以调整后的新低价格，即可得出在新低价格下前轮投资人应取得的公司注册资本数，该注册资本数与前轮投资人初始投资时取得的注册资本数的差额即为反稀释补偿主体应向前轮投资人补偿的股权数额。

融资方在进行反稀释权条款谈判时，应注意如下事项。

（1）如果给予投资人反稀释权，尽量采用加权平均反稀释而非完全棘轮反稀释的方式，争取在计算方式上有利于融资方；

（2）综合考虑反稀释调整的方式（如转增股权或补偿现金）对公司及现有股东股权结构的影响、各方的可接受程度；

（3）明确反稀释权适用的范围仅限于公司进行的增资交易，不包含任何老股转让交易，并设置反稀释权的适用例外情形，比如：①面向公司员工实施的股权/期权激励；②由于拆股、股息派发、资本重组和类似交易的发生而进行的适当调整等。

4. 优先认购权

优先认购权，是指在公司发行新股时，投资人有权按照其持股比例优先认购新增股权，以保持其在公司中的股权比例不被稀释。这一条款旨在保护投资人的利益，确保其在公司后续融资中的权益。

新《公司法》（2023 修订）第 227 条明确的股东优先认购权的规则是：有限责任公司增加注册资本时，股东在同等条件下有权优先按照实缴的出资比例认缴出资，但是，全体股东约定不按照出资比例优先认缴出资的除外；股份有限公司为增加注册资本发行新股时，股东不享有优先认购权，公司章程另有规定或者股东会决议决定股东享有优先认购权的除外。因此，在股权融资交易中，各方可以在交易文件中明确优先认购权的适用规则，并通过公司章程或股东会决议的方式实现。融资方在进行优先认购权条款谈判时，应注意如下事项。

（1）避免设置投资人的超额优先认购权，过度影响公司后续融资的灵活性；

（2）设定时间限制，明确投资人行使优先认购权的有效期限，防止权利长期悬空；

(3)约定排除情形,如进行股权激励等情况下不适用优先认购权。

5. 优先清算权

优先清算权,是指在公司进行清算时,投资人有权优先于其他股东获得一定的清算收益,该清算收益可能等同于投资人初始投资金额的倍数(通常为1~1.5倍)或将投资金额按照一定比例的年化收益计算所得数额。这使得投资人在面临不利情况时能在一定程度上保障其投资回报。通常情况下,后一轮次的投资人基于更高的投资估值,在清算权的行使顺位上优于前轮投资人。

除清算优先额外,按照投资人是否有权按照持股比例继续参与公司剩余财产的分配,优先清算条款主要分为三类:(1)不参与剩余资产分配;(2)优先清算额+参与剩余资产分配;(3)优先清算额+参与剩余资产分配,直至达到约定的投资人回报上限。

融资方在进行优先清算权条款谈判时,应注意如下事项。

(1)明确限定优先清算权的适用情形。除《公司法》规定的清算情形外,投资人可能会主张"视同清算"的情形,如公司发生合并、收购、控制权变更等,建议融资方争取优先清算权的适用情形准确、受限,避免范围模糊或采取"包括但不限于"等概括性表述。

(2)合理确定优先分配的金额或比例,避免投资人参与公司剩余财产分配或设置回报上限。

6. 分红权

分红权条款主要规定投资人在公司盈利并决定进行利润分配时,有权按照约定的方式和比例获得相应的分红。这是投资人获取投资回报的一种重要方式。融资方在进行分红权条款谈判时,应注意如下事项。

(1)避免约定必须分红的情形或比例,如公司净利润达到一定金额则必须分配一定金额或比例等,给公司未来的资金运用留有一定空间;

(2)避免为不同的投资人设定不同的分红权,以减轻公司负担,如设定不同分红权的,需注意各方权利义务的协调,以免冲突;

(3)考虑公司的发展阶段和资金需求,避免过度分红影响公司运营和发展。

7. 回购权

回购权条款,是指投资人在特定条件下有权要求公司或实际控制人等按照约定的价格回购其持有的股权,其本质仍是对赌条款下的一种特殊权利安排,也是投资人常见的退出通道之一。常见的回购条件如:(1)公司未能在约定的时间内完成合格上市;(2)公司未能完成一定的业绩承诺;(3)公司、创始人发生重大违约或重大违法情形;(4)其他股东要求行使回购权等。

融资方在进行回购权条款谈判时,应注意如下事项。

(1)回购触发事件:结合公司的实际发展能力仔细斟酌触发回购的具体条件,确保所列事项均是在极端情况下才可能发生,并设置一定的延缓措施,保证对回购触发事项的控制力,避免回购条件过于宽泛或容易触发。

(2)回购主体:常见的回购主体为公司或创始人,为了避免创始人个人及家庭财产的过度受损,融资方可以优先争取以公司作为回购义务的承担主体。

(3)回购责任:如无法回避创始人的回购义务,应针对其个人的回购责任设置必要的保护机制,比如,创始人的回购义务以其持有的目标公司股权为限,回购义务的承担不及于其名下所有的除公司股权外的其他财产。

(4)回购行使期限:如约定投资人需在回购事项触发后的特定期限内提出回购要求,否则丧失相应回购权利等,以保障各方对公司股权结构的合理预期,避免股权变动风险的长期存续。

对于股权回购权的性质和行权期限,实践中存在较大争议。有观点认为投资人请求回购股权系债权请求权,适用诉讼时效制度;也有观点认为投资人请求回购股权系形成权,受合理期间限制。根据2024年8月29日人民法院报发布的法答网精选答问,其中就回购权的性质和行权期限提出了如下答疑意见:

"该问题的实质是如何认识投资方请求大股东或实际控制人回购股权的权利性质。就股权估值调整协议中投资方有权请求大股东或实际控制人回购股权的约定,根据民法典第一百四十二条第一款确立的合同解释规则,对该约定除按照协议所使用的词句理解外,还要结合相关条款、行为的性质和目的、习惯以及诚信原则来理解。从双方约定的目的看,实际上是在符合(未上市或利润未达标)条件时投资方既可以请求对方回购进而自己'脱手'股权,也可以不请求对方回购而继续持有股权。因投资方行使此种权利有自主选择的空间,以合理期限加以限定,较为符合当事人的商业预期。具体而言:1.如果当事人双方约定了投资方请求对方回购的期间,比如约定投资方可以在确定未上市之日起3个月内决定是否回购,从尊重当事人自由意志的角度考虑,应当对该约定予以认可。投资人超过该3个月期间请求对方回购的,可视为放弃回购的权利或选择了继续持有股权,人民法院对其回购请求不予支持。投资方在该3个月内请求对方回购的,应当从请求之次日计算诉讼时效。2.如果当事人双方没有约定投资方请求对方回购的期间,那么应在合理期间内行使权利,为稳定公司经营的商业预期,审判工作中对合理期间的认定以不超过6个月为宜。诉讼时效从6个月之内、提出请求之次日起算。"

8. 创始人/管理团队股权分期兑现

创始人/管理团队股权分期兑现条款,是指规定创始人或管理团队持有的公司股权并非一次性全部兑现,而是在一定时间内逐步兑现。其目的是将创始人或管理团队的利益与公司的长期发展绑定,防止他们过早地变现股权而可能对公司的持续投入和发展动力产生不利影响。

融资方在进行股权分期兑现条款谈判时,应注意如下事项。

(1) 受限股数量:创始人或管理团队受让前轮投资人持有的公司股权,或按照投资人同等价格认购的某一轮次的公司股权不应受限于股权分期兑现条款。

(2) 兑现期限:通常为3~5年,创始人或管理团队应当结合实际情况设置相对合理的兑现期限。

(3) 兑现方式:争取每月或每季度等额线性兑现解禁,而不是每年等额解禁。

(4) 加速兑现:争取增加加速兑现情形,如达到某个经营里程碑指标、公司上市或控制权变更时,获得额外的股份兑现比例或全部兑现等。

(5) 存在多名联合创始人的,应当争取约定某一创始人离职时,其他创始人有权优先于投资人购买该离职创始人的股权,以确保创始团队对公司的控制。

9. 员工期权池

员工期权池是为了预留一部分股权用于未来激励员工而设立的,一般需明确期权池的规模、来源以及管理方式等内容。其意义在于吸引和留住优秀人才,促进公司的长期发展和创新。前文股权激励章节已探讨与期权池设立时点、规模等相关的考虑因素,具体详见:"五、股权激励"。

总　结

综上所述,在股权融资的经济性条款谈判中,公司应制定灵活的谈判策略,以适应不同投资人的需求,注意从长期合作的角度出发,平衡各方利益。融资方公司和实际控制人、创始团队等应充分理解每项条款的含义和潜在影响,争取通过透明和公正的谈判,与投资人达成互利共赢的协议。

58

股权融资中的其他条款有哪些谈判要点？

除控制性条款和经济性条款外，股权融资交易中还包括其他条款，共同组成完整的股权融资交易协议。作为融资方，公司应当如何与投资人就其他条款进行谈判？详见下述内容。

1. 投资款用途

投资款用途，是指明确投资人所投入的资金将具体用于公司的哪些方面。通常情况下，投资人希望用途局限于公司在BP中所列的现有业务所涉及的日常经营事项，比如产品研发、市场推广、原材料及设备购置，以及运营资金的补充等，避免将投资款挪作他用，尤其是偿还关联方借款等，否则将产生相应的违约责任。

尽管钱是非特定物，但新《公司法》（2023修订）规定，有限责任公司任何股东、股份有限公司连续180日以上单独或者合计持有公司3%以上股份的股东可以要求查阅公司会计账簿、会计凭证，投资人可能通过查阅公司财务资料追踪资金流动情况，确认投资款用途。

因此，融资方在进行投资款用途条款谈判时，应尽可能全面地考虑投资款的可能用途并明确列示，在措辞上也可采用概括或列举加兜底的方式使用途范围尽可能大，以免遗漏。

2. 过桥贷款/可转债

对于部分周期较长的股权融资交易，融资方可能会对投资款的打款时间有较为急迫的需求。为了锁定交易，尤其是在TS中设置排他期的项目，投资人会在签署TS后先行给融资方提供一笔短期过渡性贷款（过桥贷款），并约定投资人有权在后续股权融资交易中的交割时间将过桥贷款转换为公司股权，且相关的贷款利息将被豁免。如未来不能顺利交割的，融资方将按照约定的期限及利息向投资人偿还本息。因此，在股权融资交易实践中，过桥贷款条款通常与可转债相伴而生。

融资方在进行过桥贷款/可转债条款谈判时，应注意谨慎评估高额利息的负担，避免因融资不顺转股失败导致的还款压力影响公司运营。

3. 交割先决条件

如前文所述,交割先决条件是指投资人在向融资方支付投资资金前,要求其满足的一系列前提要求。交割先决条件应设置合理,避免过分严格(从融资方角度)或过分宽松(从投资人角度)。融资方在进行交割先决条件条款谈判时,应注意在程序性条件方面尽量减少限制,如删除"令投资人满意"等表述,在适当性条件方面关注可操作性,整改事项可视重要程度和预期时间等争取适当后移至交割后,具体详见本书前文:*"55 …… 签完投资协议可以立即打款吗?"*。

4. 认股权证/后续增资权

认股权证是一种由公司发行的、能够按照特定的价格在特定的时间内购买一定数量该公司股权/股票的选择权凭证,内容包括以何等价格在何等时间内可以行权认购多少股权/股票,本质上是一种看涨期权。后续增资权则是给予投资人在未来特定条件下优先参与公司增资的权利,如约定投资人或其关联方可以在约定的期限内以与投资人相同的条件增资等。二者均可作为吸引投资人的融资手段。融资方在进行认股权证/后续增资权条款谈判时,应注意如下事项。

(1)认股权证/后续增资权的具体条款需要具体、明确,注意特定期限等限定条件;

(2)谨慎设定认股权证行权或后续增资的价格,在吸引投资人的背景下尽可能充分地保障公司利益;

(3)考虑与其他融资条款的协同和衔接,确保整体融资方案的合理性。

5. 最惠国待遇

最惠国待遇(Most-Favored-Nation Treatment, MFN)原是国际法律概念,是指缔约国之间的待遇不低于现时或将来给予任何第三国的待遇,而当前"最惠国待遇"规则被广泛运用于股权投资领域,在此语境下是指保证本轮投资人能够享受不劣于其他轮(包括前轮和/或后轮)投资人的待遇,故也称最优惠待遇。最惠国待遇通常又分为向前最惠国待遇和向后最惠国待遇,具体含义如下。

(1)向前最惠国待遇,是指本轮投资人可以享有之前各轮投资人所拥有的一切权利。这一条款的目的是保护本轮投资人,使其不会受到前轮投资人所获得的更优惠权利的影响。由于股权融资各轮次有阶段性,后轮投资人的投资估值通常高于前轮,因此在股权融资交易实践中,向前最惠国待遇较为常见。

(2)向后最惠国待遇,则要求公司在未来的融资中给予本轮投资人与未来投资人相同的待遇。该条款的存在可能导致本轮投资人以相较后轮投资人更低的价格,享受同后轮投资人一样较高的待遇。这一方面可能增加公司方的负担,另一方面在后续融资时,可能需要说服潜在投资人接受其以较前轮投资人更高的价格入股,而在向后最惠国待遇下,前轮投资人可以享受与其相同的权利。

对于公司而言,在发展前期的融资中,应尽量避免给予投资人向后最惠国待遇,以免为后续融资增加过多限制因素。

6. 其他条款

其他条款如排他性、尽职调查及费用、保密、争议解决条款,也是股权融资中的重要条款,但由于相关条款通常已在 TS 中确定且具有约束力,往往即沿用 TS 中的相关约定而不另作修改。关于上述条款的谈判注意事项,详见本书前文:***"53 ⋯⋯ TS 签署后还能改吗?"***。

此外,公司股权融资时存在的其他与入股相关的需求,也可以约定在融资文件中。例如,公司有上市计划的,基于现行上市要求下股东需穿透核查、不得存在证监会系统离职人员等不当入股情形的,可以约定投资人应为公司上市的适格股东,其直接或间接股东(穿透情况下)有不适格人员的,应限期配合调整等。

总 结

综上所述,股权融资中的其他条款同样重要,它们关系到公司的长期发展和投资人的利益保障。公司在谈判时应综合考虑各方面因素,制定合理的谈判策略,以实现与投资人的互利共赢。

59 同一轮次有多个投资人时，时间差别很大怎么办？

公司在同一轮次的股权融资交易中存在数家投资人,各投资人因内部决策流程启动的先后而使投资进度难以拉齐时,公司应该怎么做?

一、问题的提出

如前文所述,从启动融资到完成交割,公司进行一轮完整的股权融资交易至少需要经历11个关键步骤,详见本书前文:"50……**股权融资需要什么流程?**",时间周期往往需要3~6个月甚至更长时间。

根据商业实践的经验,通常情况下,同一轮次的多家投资人(如领投方和跟投方)更倾向于与公司共同签署一次交易文件(如投资协议和股东协议),并在交易文件约定的时间共同交割,而不是拆分为多个阶段分别签署各自的交易文件,这种考量有助于实现以下目的。

1. 增强一致性和协同性

确保所有投资人在关键交易条款、权利义务等方面保持一致,避免因个别投资人意见不一致而产生分歧或矛盾,增加沟通成本。此外,领投方的加入有时是对项目的一种认可和背书,能增强市场对该项目的关注度和认可度,提升项目在行业内的影响力,部分跟投方的投资先决条件往往暗含某特定领投方确认投资。

2. 明确责任与义务

使领投方和跟投方都清楚各自及共同承担的责任和义务,避免出现责任不清、推诿扯皮的情况,尽可能避免信息不对称的情形,保证各方对交易文件的执行力度。

3. 提高决策效率

统一签署能减少文件谈判和签署环节的协调成本,加快交易进程,避免因分别、分次签署带来的时间和流程上的拖延,提升整体决策效率。

但是,对于部分需要在同一轮次股权融资交易中募集大量资金的公司而言,为了快速消化融资额度、提高融资成功的概率,公司可能需要同时或陆续与数十家潜在投资机构沟通接洽。当潜在的多家投资机构因各自内部决策流程启动的先后而使该轮融资的整体进度难以拉齐时,公司有必要快速作出决策以调整融资安排。

比如,本团队曾经为某客户进行的 A 轮融资提供法律服务,该轮融资的募集资金近 3 亿元,最终参与的投资机构近十家。在投资机构 K 已经完成对客户的全面尽调拟进入投资协议谈判环节时,另外一家国有投资机构 J 尚在立项环节,后续还需根据国资监管要求履行对客户的审计、评估程序。此时,公司应该停下与投资机构 K 的谈判,等待国有投资机构 J 履行完毕相应程序后再整体推进融资进程吗?

二、变通方案及注意事项

(一)将同一轮次融资拆分为多个阶段

对于创业公司而言,市场机会稍纵即逝,抓住时机最为重要,更早的获得融资可以显著提升项目的成功概率。通过拆分融资阶段,公司可以凭借先行到账的融资款迅速开展新产品的研发、推动新项目的落地,提前进行试错,及时调整策略和业务模式,促使产品快速迭代并占据市场有利位置,获得先发优势。如果一定要等到全部投资人完成内部流程后共同签署交易文件并一次性获得全部融资款,公司可能会因为融资不及时而错失发展的关键期。此外,资金过于充足有时反而会导致创业团队缺乏危机意识。

因此,针对前文提及的情形,我们建议客户通过拆分融资阶段的方式,使内部流程走在前面的投资机构 K 等 4 家投资人先行完成 A1 轮的投资及打款,客户在 A1 轮中合计融资近 1 亿元;待国有投资机构 J 履行完毕内部流程后,连同其他内部流程相对滞后的 5 家投资人完成 A3 轮的投资及打款,客户在 A3 轮中合计融资近 2 亿元。前后两个阶段融资交易文件的签署及打款时间相隔近 3 个月。

注:在该案例中,公司在 A1 轮及 A3 轮融资中穿插了 A2 轮的老股转让,投资人受让了创始人持有的部分公司股权。

(二)每个阶段均确定一个关键投资人,即领投方

为了提高该轮融资的整体融资效率,我们建议,拆分为多个融资阶段后,公司仍应在每个阶段以投资金额为主要依据确定一个关键投资人,即领投方,这样做的意义在于:

1. 领投方通常具有较强的实力和声誉，其参与能给跟投方带来信心，起到示范和引导作用，有助于顺利完成融资。

2. 提高谈判效率。有了领投方，可以以其为核心进行融资谈判和条款协商，提高整体谈判效率和效果，减少各方之间的分歧和不确定性。

（三）每个阶段的交易条款不应有重大实质变化

在同一轮次的股权融资交易中，无论拆分为多少阶段，由于投资人的每股购买单价相同，各阶段所涉及的交易条款在核心内容和关键方面均不应该存在明显的、实质性的差异。其中，除投资金额的差异外，各跟投方之间的股东权利及义务通常保持一致；而领投方可能会在董事会席位的分配、一票否决权的行使、领售权的行使上与跟投方有所差异，这种区别则为商业惯例。通过与各投资人签署的 TS，公司可以提前锁定核心交易条款。有关 TS 的签署建议，详见本书前文：**"53 …… TS 签署后还能改吗？"**。

（四）分阶段融资，但争取同一轮次仅做一次工商变更

在交割先决条件上，公司应当尽量争取各阶段的投资人先完成打款再要求公司进行工商变更，且完成工商变更的期限应尽可能宽裕，以便公司就当轮次融资仅办理一次工商变更手续。

三、总结

综上所述，公司在同一轮次的股权融资交易中存在数家投资人的，如各投资人因内部决策流程启动的先后而使投资进度难以拉齐时，公司可以进一步将融资拆分为多个阶段，分步完成最终的融资目标。

60

多轮融资中各轮投资人之间的特殊权利如何协调？

公司在进行多轮次股权融资交易时，不可避免地需要协调各轮投资人之间的特殊权利安排。那么，哪些特殊权利可能需要协调前轮投资人让步？哪些特殊权利应当区分不同轮次投资人的先后顺位？哪些特殊权利可以在各轮投资人之间拉齐？前轮没谈好的条款在后轮融资中还有机会翻盘吗？本文带你快速了解！

一、可能需要协调前轮投资人让步的条款

（一）董事席位

通常情况下，公司在启动股权融资交易后，董事会中必不可少的会引入外部投资人。创始人为了稳固对董事会的控制权，需要争取控制董事会中的多数席位，剩余少数董事席位往往根据投资人的持股比例、资源协调的能力进行分配，实务中每一轮投资人至少拥有一名董事席位的安排较为常见。

但是，当公司进行了多轮融资，剩余少数董事席位已经不够给每轮投资人各提供一名席位时，除扩大董事会规模外，公司可能需要协调投资人中持股比例相对较低的前轮投资人放弃董事会席位。在与前轮投资人的协商过程中，公司可以考虑的谈判角度如下：

1. 公司董事会规模已不适宜继续扩大；
2. 前轮投资人的持股比例已经持续被稀释；
3. 配合公司引入后轮投资人有利于实现公司及前轮投资人整体利益的最大化；
4. 作为替代方案，公司可为前轮投资人提供一个董事会观察员席位等。

由于该种权利让渡在投融资实践中十分常见，公司与前轮投资人的沟通协调工作并不复杂。但是，为了避免极端情形引发的董事会席位纷争，我们建议公司在

每轮融资的正式交易文件(如股东协议)中就投资人董事席位的取得进行如下限制性约定:

1. 每一轮次投资人至多有权提名一名代表担任董事;
2. 投资人享有董事提名权的最低持股比例门槛;
3. 特殊情形下的董事会席位调整机制。

有关董事会人数的设置建议,详见本书前文:**"20……如何确定最适合公司的董事会成员人数?"**。

(二)保护性条款/一票否决权

保护性条款与董事会席位密切相关,如果需要协调前轮投资人放弃董事会席位,基于董事会席位而赋予该名投资人在董事会上的一票否决权也需要一并调整。同时,由于后轮融资对前轮投资人持股比例的稀释,如公司在股东会层面亦赋予前轮投资人一票否决权的,也需要依据稀释比例决定是否减少,甚至取消前轮投资人的相关权益。

公司在多轮融资中关于一票否决权的处理建议,详见本书前文:**"56……股权融资中的控制性条款有哪些谈判要点?"**。

(三)向后最惠国条款

如前文所述,向后最惠国条款,是指公司如在未来融资中给予后轮投资人优于本轮投资人的权利,则本轮投资人将自动享有该等更优惠权利。由于后轮投资人的投资估值通常高于前轮投资人,其在某些特殊权利安排上享有的优先顺位高于前轮投资人是投融资实践中的基本原则。

因此,当后轮投资人不同意将全部特殊权利条款与前轮投资人拉齐时,公司需要协调前轮投资人全部或部分放弃该等权利,可以考虑的处理方式如下:

1. 全部放弃:通过新轮融资中各方重新签订的正式交易文件(如股东协议),全面覆盖和替换前轮投资人的该项权利,使前轮投资人明确放弃向后最惠国条款;
2. 部分放弃:针对后轮投资人享有的优先级更高的特殊权利(如优先清算权、优先分红权等),设置前轮投资人行使向后最惠国权利的适用例外情形。

(四)回购条款或业绩补偿条款

受限于宏观经济环境、政策监管环境、公司自身发展情况等多方面的影响,公司在前轮交易文件中约定的上市承诺或业绩承诺未能达成时,可能会触发对前轮投资人的回购或业绩补偿义务。此时,后轮投资人通常希望前轮投资人能够在其进行本轮投资前明确是否行使相关权利。针对该种情形的具体应对措施如下。

1. 如前轮投资人明确不行权的,公司应在新轮融资中各方重新签订的正式交易文件(如股东协议)中,将该等上市承诺时间予以延后,或对业绩承诺的数值予以调整,并进一步取得前轮投资人出具的不可撤销地放弃已经触发的回购请求权或业绩补偿请求权的确认文件。

2. 如前轮投资人明确要求行权的,公司应当尽快依据协议约定协调相关主体筹措资金履行回购价款的支付义务,或履行现金补偿/股权补偿义务,避免影响公司正在进行的后续轮次融资。

需特别提示公司注意的是,由于公司此时正在进行新一轮股权融资的谈判,在投融资实践中,同一轮次既有增资又有老股转让的,老股转让的价格可以适当低于增资价格。因此,如果相关股权回购义务人短期内筹措资金有困难的,公司可以尝试协调前轮投资人以低于后轮投资人本次投资估值的价格(但通常仍高于前轮投资人的投资价格),转让其持有的公司全部/部分股权,该操作既可以拉低后轮投资人的综合投资成本,又可以缓释回购义务人的资金压力,同时也实现了前轮投资人的溢价退出。

(五)其他已触发但是需放弃的权利条款

在多轮次股权融资交易中,为确保投资人完成投资后公司的运营不会受到重大不利影响,后轮投资人通常会要求前轮投资人豁免其基于前轮交易文件享有的对公司及创始人的索赔权利,这些索赔权利通常基于如下事项产生:公司和/或创始人违反前轮作出的陈述与保证、未能完全落实前轮约定的交割后承诺事项等。

在该项条款的谈判中,前轮投资人可能希望后轮投资人尽可能地明确具体的豁免事项,避免已方的权利实质受损;后轮投资人及公司则更希望豁免事项尽可能宽泛。作为折中方案,公司在与前后轮投资人的协调过程中,可以考虑的谈判角度如下:

1. 针对公司和/或创始人违反前轮交易文件中作出的陈述与保证事项,应合理解释并承诺积极整改,确保前轮投资人不会仅因此而要求公司和/或创始人承担赔偿责任、履行回购义务等;

2. 针对未能及时完成的交割后承诺事项,可以在后轮交易文件中重新约定整改期限,但应尽量避免后轮投资人将该等整改事项作为其当次投资的交割先决条件,以免因整改具有其他不可控因素而影响后轮的打款进度。

二、需要确定各轮投资人先后顺位的条款

（一）基本原则

尽管前轮投资人在投资公司时相较于后轮投资人承担了更高的投资风险，但如前文所述，由于后轮投资人的投资估值通常高于前轮投资人，因此，在某些特殊权利的安排上，后轮投资人享有的优先顺位高于前轮投资人是投融资实践中的基本原则。

当后轮投资人足够强势时，这些包含先后顺位的特殊权利条款通常有：优先清算权、优先分红权、回购权、优先购买权、优先认购权；但是，当前轮投资人或公司足够强势时，也可能存在将该等特殊权利安排的优先顺位在各轮投资人之间全部平权的情况。

（二）注意事项

实务中，如果各轮次投资人的特殊权利安排均通过与公司及其全体股东签署的《股东协议》体现，对于特定权利的优先顺位通常会约定得比较明确，以回购权为例，表述通常如下：

"在每一B轮投资人持有的B轮出资额被赎回或购买完毕之前，公司或任何创始股东不得向公司的任何其他股东支付赎回价款或类似款项。

如公司和每一创始股东合法可供用于支付B轮赎回价款的资金和财产不足以向每一B轮投资人全额支付B轮赎回价款，则在适用法律允许的最大范围内，公司和每一创始股东应以其全部合法可供支付的资金和财产按每一B轮投资人本可获得的全部B轮赎回价款之间的比例向每一B轮投资人支付B轮赎回价款；

在每一B轮投资人持有的全部B轮出资额被赎回或购买完毕之后，在每一A轮投资人持有的全部A轮出资额被赎回或购买完毕之前，公司或任何创始股东不得向公司的任何其他股东（B轮投资人除外）支付赎回价款或类似款项。"

如果各轮次投资人的特殊权利安排均通过单独与公司签署的双方协议体现，基于合同的相对性，当协议未约定相关顺位或约定不明的时候，在实际执行过程中，各投资人的受偿顺序将以司法程序的启动先后为主要依据。

三、建议各轮投资人拉齐表述的条款

对于其他各轮投资人均要求设置的特殊权利条款,为了简化公司治理结构、降低沟通和协调成本、提高决策效率,公司可以建议各轮投资人拉齐表述,比如,回购触发事项(常见如合格上市时间)、业绩对赌指标、回购利率、一票否决权涉及的具体事项、创始人股权分期兑现的时间及数量、员工期权池的设置、信息权及检查权、不竞争条款、领售权、随售权、反稀释的计算原则等。

在拉齐的技术处理上,公司可以根据实际需要把握与选择,比如:

1. 当前轮交易文件涉及的条款表述更为清晰、合理时,公司可以要求后轮投资人以前轮表述为准;

2. 当前轮投资条款对公司不利,公司希望有调整空间时,可以借后轮融资协调前轮投资人与后轮表述保持一致,常见如合格上市的时间、业绩对赌指标的设置等。

四、前轮没谈好的条款,在后轮融资中还有机会翻盘吗

结合上文所述,在股权融资交易中,公司在前轮没谈好的条款,在后轮融资中仍有一定的机会翻盘,但具有一定难度且需要具体情况具体分析。

如果公司在后续发展中表现出色、业绩增长强劲、市场前景广阔,使得公司的估值大涨、谈判地位大幅提升,那么借后轮融资重新签署股东协议的窗口期,公司可以有更多的筹码与前轮投资人重新协商一些条款,争取更有利的条件。同时,如果前轮条款中确实存在一些明显不合理或对公司未来发展可能有较大限制的内容,前轮投资人也可能会理解和考虑公司的诉求,在一定程度上协同公司做出调整。上述可修改的条款如前文所述的向后最惠国条款、合格上市的时间、业绩对赌的指标,以及其他可以拉齐表述的相关条款。

如果前轮条款已经形成一定的惯例或市场预期,或者前轮投资人对某些条款非常坚持,那么翻盘的难度就会较大。尽管如此,如果公司在后轮融资的估值有了大幅增长,而在前轮融资中确实引入了不符合公司发展战略或气场不合的投资人时,公司可以考虑利用前后轮次的估值差异协调前轮投资人出售部分股权,甚至完全退出公司。针对上述事项,公司仍需要谨慎处理,避免因过度争取而影响与前轮投资人的关系,对后续融资和发展产生不利影响。

五、总结

综上所述,公司在进行多轮次股权融资交易时,不可避免地需要协调各轮投资人之间的特殊权利安排。在制定方案和决策时,应充分沟通、综合考虑前后轮投资人的利益诉求、借助财务顾问及律师等中介机构的经验和技巧,寻找各方都能接受的平衡点,促使前后轮投资人在公司的长期战略方向上达成共识。

61

对赌遇到 IPO 时，必须清理吗？

对赌条款作为股权融资交易中的常见条款，在公司启动境内 IPO 程序后应当如何处理？是否一定要清理？清理的最佳时点是什么？清理对赌条款时，是否可以签署复效条款或抽屉协议？

一、对赌条款是否一定要清理

（一）监管规则

对于拟在境内进行 IPO 申报的公司，根据《监管规则适用指引——发行类第 4 条》第 4-3 条的规定：

"投资机构在投资发行人时约定对赌协议等类似安排的，保荐机构及发行人律师、申报会计师应当重点就以下事项核查并发表明确核查意见：

一是发行人是否为对赌协议当事人；

二是对赌协议是否存在可能导致公司控制权变化的约定；

三是对赌协议是否与市值挂钩；

四是对赌协议是否存在严重影响发行人持续经营能力或者其他严重影响投资者权益的情形。

存在上述情形的，保荐机构、发行人律师、申报会计师应当审慎论证是否符合股权清晰稳定、会计处理规范等方面的要求，不符合相关要求的对赌协议原则上应在申报前清理。

发行人应当在招股说明书中披露对赌协议的具体内容、对发行人可能存在的影响等，并进行风险提示。"

（二）结论

基于上述监管规则及 IPO 申报实践，根据对赌条款的不同签署主体，处理要求如下。

1. 与公司签署：原则上全部清理。

2. 与公司的实际控制人/控股股东签署：存在保留空间，详见下文所述。

二、对赌条款的清理时点及清理方式

(一) 监管规则

根据《监管规则适用指引——发行类第4条》第4-3条的规定：

"解除对赌协议应关注以下方面：

1. 约定'自始无效'，对回售责任'自始无效'相关协议签订日在财务报告出具日之前的，可视为发行人在报告期内对该笔对赌不存在股份回购义务，发行人收到的相关投资款在报告期内可确认为权益工具；对回售责任'自始无效'相关协议签订日在财务报告出具日之后的，需补充提供协议签订后最新一期经审计的财务报告。

2. 未约定'自始无效'的，发行人收到的相关投资款在对赌安排终止前应作为金融工具核算。"

(二) 结论

基于上述监管规则及 IPO 申报实践，总结内容如下。

1. 清理时点

公司及相关方与投资人签署的对赌协议的最晚清理时点为：公司本次 IPO 申报的财务报告出具日之前，否则需要加期审计。

拟在境内进行 IPO 的企业在申报前需由有限责任公司改制为股份有限公司（以下简称股改），为了避免将公司收到的相关投资款作为金融负债处理而影响公司在股改基准日的净资产，部分审计机构在股改时可能要求公司协调相关投资人出具一份有关终止对赌条款的承诺函，承诺其将根据相关监管规则的规定，配合公司及相关主体在 IPO 申报财务报告出具之日解除对赌条款。

综上，公司最早可以在启动 IPO 后、开展股改的时点与投资人着手沟通对赌条款的解除事宜，最晚应在 IPO 申报财务报告出具日之前与投资人签署自始无效的对赌解除协议。

2. 清理方式

根据对赌条款的不同签署主体,清理方式区分如下。

(1)与公司签署:原则上全部清理、自始无效、不可复效。

公司应与投资人签署对赌条款的解除协议,表述通常如下:

"确认自解除协议签署之日起,原对赌条款不可撤销地终止且自始无效,原对赌条款对相关方不再具有约束力,各方不存在有关对赌或股东特别权利约定的争议、纠纷,或潜在争议、纠纷。"

除前述约定外,公司及投资人在解除协议签署日之前未签订其他约定对赌安排及股东特别权利的协议、合同、声明、承诺或其他具有法律效力的任何文件或达成相关口头约定,亦不存在其他替代性利益安排。

(2)与公司的实际控制人/控股股东签署:存在保留、附条件中止及恢复效力的少数案例。

①首选仍为全部清理、自始无效、不可复效。

②可尝试先中止+复效条款,但需满足《监管规则适用指引——发行类第4条》第4条规定,否则仍可能需要签署彻底的解除协议。

可供参考的论证思路如下:

第一,结合回购发生时的潜在回购价款、回购义务人的个人征信报告、个人资产情况,证明回购义务人具有履约能力,且其持有的非公司股权外财产足以支付回购价款,不存在需要变卖公司股权支付回购价款的可能,不会因此导致公司控制权发生变更;

第二,结合投资人及回购义务人出具的承诺,论证即便触发回购义务,各方将不会选择可能影响公司持续经营能力或其他影响投资者权益的方式。

常见表述如下:

"相关对赌安排自公司向证券监管部门报送发行上市的申请材料或者公司申报IPO材料获受理之日中止;上市申请因故被撤回、退回、撤销,或未能获得证券监管部门注册、上市公开发行未能最终完成、任何其他原因导致上市终止的,对赌条款恢复效力;自公司股份自证券交易所流通上市之日完全终止。"

③完全保留。

实务中仅有一例成功案例(四会富仕,2020年7月上市),结合监管趋严环境,我们不建议公司选择该种方案。否则可能导致公司IPO失败,得不偿失。

三、可以签署抽屉条款吗

(一)背景

为满足监管要求,尽快推进 IPO 的审核进度,减少申报后的监管问询,公司及相关方与投资人在递交上市申请前如选择彻底终止对赌协议的处理方式后,部分投资人可能会同时要求公司和/或其实际控制人另行签署一份"抽屉协议",约定公司上市申请被否决、上市申报材料被撤回或提交后一定期限内未通过的,恢复投资人原有的特殊股东权利。"抽屉协议"可使投资人避免在所投企业上市失败后丧失对赌利益。

(二)抽屉协议的合规分析

1. 抽屉协议的效力优先于终止协议

抽屉协议作为对赌条款终止协议的补充协议,其效力优先于对赌条款终止协议。首先,签署时间上,抽屉协议的签署日期晚于对赌条款终止协议。其次,签署内容上,抽屉协议与对赌条款终止协议的内容都是对投资人特殊权利的安排,两者在内容上具有前后延续性:对赌条款终止协议是对投资协议项下投资人的特殊股东权利进行调整,即投资人放弃特殊股东权利;抽屉协议是在对赌条款终止协议调整之上进行的再调整,即投资人恢复特殊股东权利。

2. 抽屉协议中的附条件恢复条款应认定为有效

有观点认为,"抽屉协议"中附条件恢复条款应认定为无效条款,理由是"附条件恢复条款违反了《民法典》第 153 条的违反法律、行政法规的强制性规定或者损害社会公共利益的规定而应认定为无效",该观点值得商榷。

第一,《监管规则适用指引——发行类第 4 条》等审核问答等指导文件并不属于法律、行政法规的范畴;第二,"抽屉协议"中的附条件恢复条款是在被投企业未能完成合格上市的情形下恢复投资人原有的股东特殊权利,恢复的前提是被投资企业已经终止上市或失去上市的可能性,已不再可能成为公众企业。此时恢复对赌条款的效力不会涉及社会不特定公众的利益,也不会影响金融监管机构对金融市场的管理。

基于上述,我们理解抽屉协议中的附条件恢复条款应认定为有效。

3. 相关人员将面临信息披露不实的法律风险

根据《证券法》的规定,拟上市公司、拟上市公司的实际控制人、相关股东等负有信息披露义务的主体,披露的信息应当真实、准确、完整,简明清晰,通俗易懂,不得有虚假记载、误导性陈述或者重大遗漏。因此,抽屉协议的签署及隐瞒可能导致前述主体涉及虚假陈述而面临包括但不限于高额罚款等处罚;给投资者造成损失的,还应当承担赔偿责任;情节严重的,还可能涉嫌构成违规披露、不披露重要信息罪。

基于上述,作为资本市场的专业律师,我们不建议拟进行 IPO 的公司及创始人就对赌条款签署类似抽屉协议。

四、总结

综上所述,根据目前的监管规则及监管环境,公司如在 IPO 申报前与相关投资人签署了对赌条款,最迟应在公司本次 IPO 申报的财务报告出具日之前予以清理,其中公司作为对赌条款签署主体的应当彻底终止,实际控制人或控股股东作为对赌条款签署主体的,尽管存在一定的操作空间,但市场中可参考案例较少,建议优先选择彻底终止方式。

七

并购重组

62

高大上的并购重组到底指什么？

2024年4月12日,国务院印发《关于加强监管防范风险推动资本市场高质量发展的若干意见》明确"推动上市公司提升投资价值。……鼓励上市公司聚焦主业,综合运用并购重组、股权激励等方式提高发展质量"。在IPO和再融资阶段性收紧的市场环境下,并购重组再次被推上风口。本章节将对并购重组进行介绍,以期探讨公司发展的新思路。首先介绍的问题就是,高大上的并购重组到底指什么？

一、并购重组的定义

并购重组是公司在市场竞争中,通过合并、收购、分立等方式,调整和优化自身的资本结构、业务结构、管理结构等,以提高市场竞争力、实现业务转型升级或实现股东价值最大化的行为,通常可以分为公司并购和资产重组。

1. 公司并购:指为取得目标公司的控制权而进行的产权交易行为,包括通过吸收合并或新设合并方式与目标公司合并,以及购买目标公司直接或间接股权实现控制。

2. 资产重组:指对目标公司的资产、负债和业务等进行整合重组的交易行为,包括资产购买、资产置换、借壳上市和资产出售。

简言之,并购重组是通过股权或资产的转让对公司的资本结构进行调整,其形式多种多样,但核心是资产包的买卖。

二、为什么要并购重组

（一）并购方

1. 市场份额拓展

通过并购重组,并购方可以收购或合并其他竞争对手,整合双方的资源、客户和渠道,实现市场份额的最大化。此外,并购重组可以帮助并购方实现产业链的上下游延伸,从而控制整个产业链的核心环节。这样,并购方可以在供应链管理、成本控制等方面拥有更大的优势,进一步提高市场份额。

2. 资源整合

并购重组使并购方有机会整合双方的优质资源,包括人力、物力、财力以及技术、专利、品牌和专业知识等,从而实现资源的最优配置。这将有助于提高并购方的生产效率、降低成本,提升研发能力和市场竞争力,从而助力公司在市场上占据更有利的位置。

3. 进入新市场、提高抗风险能力

通过并购重组,并购方可以进入新的行业或市场,尤其是扩大在国际市场准入的机会,实现业务多元化。通过并购当地企业或建立新的生产基地,从而避开贸易壁垒和市场准入等障碍。这有助于降低并购方对单一市场或行业的依赖,提高并购方的抗风险能力。

4. 财务效益

并购重组通常旨在实现财务上的协同效应,如提高收入、降低成本、增加利润和提高投资回报率。例如,并购重组有助于实现规模经济,降低采购、生产、销售和行政成本,通过共享资源,如采购中心、生产设施和销售网络等,并购方可以减少重复投资并提高效率。这些财务效益有助于提升并购方的市值和股东价值。对于上市公司而言,维持上市公司的市值系其进行并购重组的重要诱因之一。

5. 管理优化

并购重组可以使并购方获得更优秀的管理团队和经验,优化管理结构,提高决策效率和执行力。合并双方的优势管理实践,可以提升整个公司的管理水平。

(二)被并购方

1. 资产变现

在当前强监管的市场状况下,由于IPO收紧和VC、PE在面对退出渠道收紧及市场不确定性时的审慎态度,许多拥有优质资产的公司及其股东正在寻求通过并购实现资产的变现。与IPO相比,并购提供了一条更为迅速和可靠的价值实现路径。即便需要遵循上市公司的并购审核程序,这一过程通常也比IPO更快。此外,监管机构对"小额快速"等并购审核机制的优化,进一步加快了并购重组的审批流程,为股东们提供了更为灵活和高效的资产变现方式。对于那些拥有良好业务模型和潜在增长潜力的公司来说,及时利用并购重组将资产变现,可能是一个更理智的战略选择。

2. 获取资金

在某些并购重组的模式中,被并购方可以通过并购交易获取经营发展所需资金,例如,并购方通过增资方式收购被并购方控制权的,并购涉及的增资价款将直接支付至被并购方。在这种交易安排中,被并购方通过并购重组所获得的资金,可以用来支持业务扩张、增加生产能力、研发新产品、进入新市场或者用于偿还现有债务。这样的资金注入为被并购方提供了重启生机、实现业务转型和增长的机会。

3. 战略发展

在一些并购重组的案例中,被并购方的实际控制人并不追求单纯的资产出售或资金获取,而是更倾向于通过让出控制权推动公司的持续成长,常见如上市公司发行股份购买资产中,上市公司作为并购方以其增发的上市公司股票作为支付对价,用以购买被并购方全部或部分股东所持有的被并购方股权,收购完成后,被并购方将成为上市公司的全资或控股子公司,被并购方的原有股东将通过持有并购方的股权间接持有被并购方的股权。在这种结构中,被并购方将并购重组作为实现公司战略发展目标的手段,前述并购方市场份额拓展、资源整合、提高抗风险能力等的目的同样适用于被并购方。

4. 盘活资产

通过并购重组,被并购方可以将闲置资产或不良资产进行剥离后出售,例如,被并购方可能拥有闲置的土地、设备或者其他有形资产,以及因缺乏足够的资金和市场力量而未能充分利用专利、品牌、技术等无形资产。在这种情境中,出售资产有助于被并购方解除现有的财务和运营负担,为其发展注入新的动力。

三、并购重组的常见分类

(一)按照并购双方所属行业关系分类

1. 横向合并,即同行业间公司之间的并购,并购双方系竞争对手。
2. 纵向并购,即沿着产业链方向进行的并购,并购双方处于产业链的上下游。
3. 混合并购,即跨行业进行的并购。

(二)按照并购的法律关系分类

1. 资产收购,即公司通过购买其他公司的资产进行扩张。
2. 股权收购,即公司通过购买其他公司的股权取得控制权。

(三)按照合并后的法律状态分类

1. 吸收合并:一家公司吸收另一家公司,被吸收的公司注销其法人身份,其资产和负债转移到吸收的公司中。

2. 新设合并：两家或多家公司合并成一家新的公司，合并后的公司拥有原公司的所有资产和负债，原各公司注销其法人地位。

3. 收购合并：一家公司收购另一家公司的部分或全部股权使后者成为前者的控股子公司或全资子公司，仍保留两家公司的法人身份。

四、总结

并购重组是公司根据市场环境和自身发展战略，进行的一种资源整合和优化配置的经济活动，旨在提高公司的竞争力和市场价值。随着 IPO 收紧与并购重组新政暖风的共同作用，并购重组市场迎来了新的发展机遇与挑战，公司需要敏锐地捕捉市场变化动态，利用这些机遇，在存量博弈中杀出重围。

63 并购重组涉及的主要流程有什么？

公司在考虑并购重组时，应当事先了解整个并购重组流程，以便充分预见并应对可能出现的问题。并购重组的基本流程详见下列要点。

1. 并购决策

并购重组的起点是对并购必要性的深思熟虑，包括是否应当进行并购、何时启动并购以及采用何种并购策略等核心问题。公司应当考量公司的资产质量、市场规模、品牌影响力、地理位置以及市场、地域和生产水平的匹配度，结合行业现状、公司资产状况、运营情况和未来发展策略进行市场分析、风险评估和财务预算，适时咨询财务顾问及法律顾问的意见，制定出适合本公司的并购战略。

2. 寻找合作方

一旦决定实施并购，公司需要寻找潜在的并购对象，并展开初步的沟通，以衡量对方的配合意愿、潜在价值与合作可能性。与股权融资中寻找投资人不同，股权融资的潜在投资人大多关注公司的成长潜力，通常不会深度介入公司的日常运营，而在并购重组交易中，不仅涉及被并购方控制权的转移，更涉及其经营管理权的交接。并购方追求的是收购一个得以顺畅整合、运营优良的企业，被并购方则期望找到一个具有实力的买家。实操中，如果被并购方主动寻找并购方，通常会关注同一行业的上市公司；而如果并购方主动寻找优质标的，可能会将目光更多地投向同一行业的竞争对手或上下游产业链公司以及其他在主营业之外拟开展的新兴业务领域。因此，并购重组受限于行业要求、技术门槛和管理水平的限制，能够成为潜在合作方的数量远少于股权融资中的潜在投资人。

3. 初步谈判并签署保密协议

收购方与被收购方的控股股东、实际控制人及管理层就交易的前提、价格、执行方式及程序等内容进行初步沟通和谈判，以期达到初步共识。由于并购重组交易决策的谨慎性，被收购方通常在这一阶段不会完全透露自身的详细情况，由双方在其自愿披露的资产状况、财务数据和市场情况等内容上进行初步的估值，并共同设计出双方均能接受的并购方案或方案选项。在这一过程中，由于双方都会接触到对方的一些非公开的信息，且考虑到后续全面尽调和深入合作的可能，双方将通过签署保密协议的方式，降低泄密风险。

4.签署并购意向书

并购重组是一个复杂的过程，涉及众多法律和财务问题，往往需要经历长时间的谈判。在双方初步确认并购重组的意向后，为了确保后续工作能够有序、一致地推进，双方一般会签署并购意向书，以书面形式固定双方达成的初步意向。并购意向书的内容通常包括并购重组内容、定价方式、并购模式、尽职调查条款、排他性谈判条款、前期费用归属、保密条款、生效条款等。对于上市公司而言，交易的时效性和信息披露要求更为严格，上市公司签署生效并购意向书的，应当按照相关法律法规的规定及时履行信息披露义务，确保投资者能够获得准确的信息。

5.尽职调查

在签订并购意向书之后，并购方将开展对被并购方的全面尽职调查，通常包括财务、法律、业务等多个方面。并购方通过第三方专业机构开展尽职调查，主要目的在于关注以下5个方面的关键信息：(1)揭示任何可能对继续进行交易产生重大影响的信息；(2)提供用于制定或调整交易条款的信息；(3)为确定并购价格提供参考信息；(4)分析影响税收策略和并购交易结构的因素；(5)识别可能需要通过保证或赔偿来应对的风险。通过这一系列的尽职调查，并购方能够更全面地评估被并购方的价值、潜在风险和交易的可行性。

6.正式谈判与签约

在完成尽职调查并确认尽调结果符合并购方预期或令其满意后，并购方将与被并购方进入正式谈判阶段。在这一阶段，双方将就并购价格、条件、支付方式、职工安置方案等核心条款进行深入讨论，并在达成一致意见后签订正式的交易文件。根据并购重组的具体类型，正式交易文件的形式可能有所不同，常见的包括股权转让协议、增资协议、资产转让协议和包含多个交易阶段的"一揽子"协议。若为上市公司并购重组的，则应当遵循《上市公司收购管理办法》《上市公司重大资产重组管理办法》等有关上市公司的法律规范，及时履行信息披露义务，并向监管部门提交相关审核文件。

7.内外部审批

正式交易文件应在交易各方获得所有必要的内外部审批之后生效。在内部决策方面，各方应当根据公司章程确定内部决策程序，如由管理层依据交易规模直接作出决定，或需提交董事会和/或股东（大）会审议通过；在外部审批方面，根据具体交易安排，需要完成包括但不限于经营者集中申报、国资审批（包括必要的评估备案)、外商投资审批或备案以及境外直接投资(ODI)核准或备案等相关程序。

8. 并购实施

正式交易文件签署并生效后,双方将步入并购交易的执行阶段,此阶段主要包括实施资产转移、资金结算和股权变更等关键操作。

9. 并购整合

并购交割完成后,并购方需要将被并购方的资源、文化和业务运营整合到并购方中,以实现协同效应和提高整体业绩。并购整合的成功与否往往决定了并购能否真正创造价值,整合内容主要包括以下几个方面:(1)文化整合:合并双方的企业文化,促进员工之间的沟通与理解,减少因企业文化差异引起的冲突;(2)组织整合:重新调整组织结构和职能,确定新的管理团队,确保组织的高效运作;(3)运营整合:整合双方的生产、供应链、销售等日常运营活动,提高运营效率;(4)系统整合:整合财务、法务、业务、信息技术等管理系统,确保信息的流畅传递和处理;(5)人力资源整合:制定人力资源整合政策,处理员工劳动关系转移、薪酬调整、福利变化等问题,安抚员工的不安情绪,保持员工心态的积极性和稳定性;(6)资产整合:优化资产配置,处置冗余资产,提高资产使用效率;(7)战略整合:整合双方的战略规划,确保并购后公司能够按照既定的方向发展。

总 结

综上所述,并购重组流程涉及多个阶段,从合作方筛选、并购重组方案设计、尽职调查、谈判和签约,最后到整合执行,每个阶段都要求精心策划和审慎执行。并购重组成功的关键在于充分的前期准备、对风险的严格控制以及对整合过程的细致管理。对于参与并购重组的各方来说,理解整个流程的复杂性,并采取适当的策略和措施,是实现并购重组目标的关键。

64 股权并购和资产并购有什么区别?

在并购重组交易实践中,股权并购和资产并购分别指什么?有什么核心区别?收购方应该如何选择?本文带你快速了解!

一、定义

股权并购和资产并购是并购重组交易中最为常见的两种方式。其中,股权并购,是指收购方通过股权转让或增资交易,购买目标公司的全部或部分股权,以实现对目标公司控制为目的的交易;资产并购,是指收购方直接购买目标公司全部或部分资产的交易。

实务中,资产并购包括广义和狭义之分,广义的资产并购包括股权并购,此时,资产属于广义的资产,它既包括股权,也包括其他如土地、房屋、机器设备、存货、知识产权、合同债权、应收账款等非股权资产,这种交易类型在上市公司发行股份购买资产中体现得尤为明显。为便于后文的展开,本文有关资产并购的论述均特指标的资产不含股权的狭义资产并购。

二、主要区别

股权并购和资产并购的主要区别,见表 64 – 1。

表 64 – 1 股权并购和资产并购的区别

项目	股权并购	资产并购
交易主体	股权转让:收购方、目标公司股东 增资:收购方、目标公司	收购方、目标公司
交易客体	目标公司的全部或部分股权	目标公司的特定资产

64 股权并购和资产并购有什么区别？

续表

项目	股权并购	资产并购
交易目的	取得目标公司的控制权，成为目标公司的控股股东	取得目标公司特定资产的所有权
主体延续性	目标公司的主体资格得以延续，其控制权发生变更	同样不涉及目标公司主体资格的变更，目标公司的控制权也没有发生变更，仅特定资产的权属发生变更
债务风险	相对较高，收购方在取得目标公司的控制权后，作为控股股东将间接承担目标公司的所有负债及潜在负债	相对较低，目标公司的其他债权债务与收购方无关，收购方可以更有针对性地选择所需资产，避免承继不必要的债务
尽职调查难度	需要对目标公司进行全面尽职调查，要求更高、难度也更大	仅需对特定资产进行尽职调查，要求相对简单、难度较低
定价依据	需对目标公司进行整体估值，估值方式多样，包括资产基础法、市场法、收益法，须审慎选择	仅需对特定资产定价，常用如资产基础法
交割手续	相对简单，仅涉及股权变更登记	涉及多项资产的，相对复杂，需要逐一办理过户等手续
税负成本	主要涉及印花税、所得税	主要涉及增值税、土地增值税、契税、印花税、所得税，涉税种类更多
第三方对交易的影响	股权转让：收购方非目标公司现有股东的，目标公司其他股东在同等条件下可能对拟转让股权享有优先购买权； 增资：有限公司中，目标公司其他股东在同等条件下可能对新增注册资本享有优先认购权	特定资产如存在权利负担的，需要根据法律规定或协议约定取得担保权人同意或履行相应的通知义务
是否涉及并购后整合	涉及，通过股权并购取得目标公司的控制权后，尽管目标公司现有人员的劳动关系无需变更至收购方，但收购方基于对相关业务的后续整合，可能会涉及裁减现有员工，这将产生劳动用工等层面的调整成本	涉及，为了提高并购后的资产使用效率，通常情况下，目标公司特定资产对应的相应人员的劳动关系也应一并整体转移至收购方；否则，出售方在处置相关资产后，可能需要考虑原资产对应的员工劳动关系的后续优化处理，这也将产生劳动用工层面的调整成本

三、选择建议

综合上述对比并结合实务经验,我们的选择建议见表 64-2。

表 64-2 选择建议

当目标公司满足下列条件时,优选股权并购	当目标公司满足下列条件时,优选资产并购
• 历史沿革清晰 • 股权结构明晰,不存在权利负担或限制转让的情形为佳 • 资产及负债情况可查、可控 • 特定资产单独转移难度大,如资质证照难以脱离目标公司单独转让并延续使用 • 希望暂时保持目标公司的完整运营架构和业务体系,包括资质、品牌、员工、客户及供应商关系等,实现较为平稳的过渡和整体运营的延续性 • 看好目标公司的未来发展潜力和综合价值,不仅仅局限于其现有资产,常见如上市公司壳资源转让交易	• 历史沿革混乱 • 股权结构复杂,股权收购受限于现有股东的优先购买权或优先认购权,股权转让方的股权为暂时无法转让的限售股等 • 资产及负债情况难以核实,或有负债较多且不可控 • 收购方对目标公司除特定资产外的其他业务没有收购需要,先进行股权并购再剥离该等资产的成本及时间均不可控等

四、总结

综上所述,收购方需要综合考虑目标公司的具体情况、自身的战略规划、风险承受能力、税务等多方面因素,权衡利弊后作出合适的选择。

65

吸收合并和新设合并有什么区别？

在公司合并交易实践中，吸收合并和新设合并分别指什么？有什么核心区别？合并方应如何选择？本文带你快速了解！

一、定义

新《公司法》（2023 修订）第 218 条规定，公司合并可以采取吸收合并或者新设合并。一个公司吸收其他公司为吸收合并，被吸收的公司解散。两个以上公司合并设立一个新的公司为新设合并，合并各方解散。

二者定义的核心区别在于，原合并方是否存续。吸收合并中，原合并方有一方存续，实现 A + B = A；而新设合并中，原合并方均解散而不再存续，实现 A + B = C，如图 65 - 1 所示。

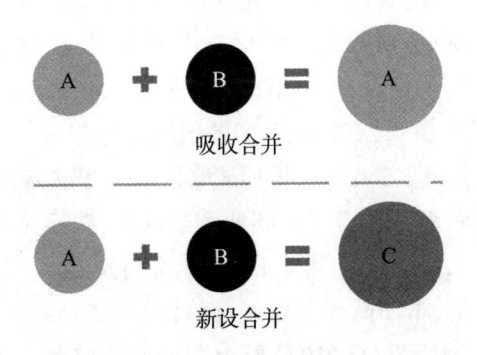

图 65 - 1 吸收合并和新设合并的图示

二、主要区别

吸收合并和新设合并的主要区别见表 65 - 1。

表 65-1 吸收合并和新设合并的区别

项目	吸收合并	新设合并
存续主体	吸收方继续存在,被吸收方解散	所有参与合并的公司解散,同时需要新设公司
员工安置	被吸收方需要协调将员工的劳动关系转入吸收方,或解除相关劳动关系	参与合并的公司均需协调将员工的劳动关系转入新设公司,或解除相关劳动关系
债权债务	合并各方的债权债务由合并后存续的公司承继	合并各方的债权债务由合并后新设的公司承继
资质证照	吸收方的资质证照原则上存续,被吸收方的需要通过适当程序转移给吸收方	需要以新设公司为主体重新申请业务所需资质证照,或事先设计方案实现原资质证照转移给新设公司
财务处理	被吸收方的资产和负债会被合并到吸收方的财务报表中	新设公司需要建立新的财务报表

典型的吸收合并案例有**美的集团收购小天鹅**。美的集团(000333)与小天鹅(000418)原为同一实际控制人控制下的两家上市公司。2018 年,美的集团作为吸收方拟通过换股方式吸收合并小天鹅。根据美的集团公告,本次吸收合并的原因及必要性在于,家电行业呈现出"强者恒强"的行业集中趋势,美的集团作为家电行业的龙头、小天鹅作为洗衣机细分行业的龙头,成长速度上表现出一定程度的下降,需要完善发展战略以应对行业新局面。美的集团应对新趋势提出的"智慧家居+智能制造"战略,需要借助小天鹅在洗衣机行业的发展基础实现;而小天鹅受限于单品(洗衣机)经营模式,难以在未来的国际竞争中充分展现其产品力、成本、效率等方面的优势。据此,二者基于长远战略发展等考虑需要进行深度合作,同时为全面消除双方的关联交易和潜在的同业竞争问题,决定采用吸收合并的方式进行深度融合,该方案于 2019 年经中国证监会核准后实施。

关于吸收合并案例,本团队律师曾经办济南钢铁吸收合并莱钢股份项目。济南钢铁(600022)和莱钢股份(600102)原为同一实际控制人山钢集团控制下的两家上市公司。为统筹规划钢铁业务,充分发挥协同效应,将钢铁主业做大做强,济南钢铁以换股方式吸收合并莱钢股份。2012 年,换股吸收合并完成后,济南钢铁作为存续公司,成为山钢集团下属的钢铁主业上市公司,同时更名为山东钢铁股份有限公司(山东钢铁)。

典型的新设合并案例有**中国港湾集团与中国路桥集团新设合并为中交集团**。

2005年,根据国务院国资委《关于中国港湾建设(集团)总公司与中国路桥(集团)总公司重组的通知》,二者以新设合并方式重组建立国有独资公司,即后续新设的中国交通建设集团有限公司(以下简称中交集团)。合并前,中国港湾集团的主营业务为"水运建设、路桥建设、重工制造业、外经外贸业",中国路桥集团的主营业务为"工程承包、施工、设计、监理、咨询以及国际贸易等",二者都具有扎实的发展基础。时任中国路桥集团的总裁周某认为,该参与合并的原交通部下属的两个企业,"文化相似,规模相近,管理思路相通,盈利情况也相差不多",合并势在必行。二者通过合并实现强强联合,能够凭借已有的市场地位和多年积累的技术和管理优势,获得更多的资金、技术和政策支持。新设合并后,中交集团又改制发起设立股份公司并在香港联合交易所上市交易,成为第一家实现境外整体上市的特大型国有交通基建公司。

三、选择建议

综合上述对比并结合实务经验,我们的选择建议见表65-2。

表65-2 选择建议

当目标公司满足下列条件时,优选吸收合并	当目标公司满足下列条件时,优选新设合并
• 主导公司明确:当一个公司在合并中明显占主导地位,希望保持自己的品牌和运营的连续性时 • 规模和实力差异:如果参与合并的公司之间存在明显的规模和实力差异,强大的一方可能会选择吸收另一方 • 品牌价值保留:存续公司拥有显著的品牌价值和市场认可度,吸收合并可以更为便利地保留这一优势 • 战略目标是协同:如果公司的战略目标是扩大规模、增强市场竞争力或实现协同效应,吸收合并可能是更好的选择,通过吸收合并,可以整合资源、优化业务流程,实现规模经济和协同效应 • 企业文化和管理风格兼容性高:如果两家公司的文化和风格相似,吸收合并可能更容易实现整合和协同	• 平等合并:当参与合并的公司在规模、实力上相当,希望通过合并实现平等合作时 • 品牌重塑:希望通过新设合并创建一个全新的品牌形象或市场定位 • 政府或政策推动:如在政府推动的国有企业改革和重组中,新设合并是实现快速整合、提升竞争力的有效方式 • 战略目标是创新:如果公司的战略目标是进入新的市场或业务领域,或者需要重新构建业务架构,新设合并可能更合适 • 企业文化和管理风格兼容性低:如果两家公司的文化和风格差异较大,可以通过新设合并在各自原有的基础上构建全新的公司文化和管理体系

四、合并税务政策

(一)所得税

1.一般性税务处理

根据《财政部、国家税务总局关于企业重组业务企业所得税处理若干问题的通知》(财税〔2009〕59号)的规定,企业合并,当事各方应按下列规定处理。

(1)合并企业应按公允价值确定接受被合并企业各项资产和负债的计税基础。

(2)被合并企业及其股东都应按清算进行所得税处理。

(3)被合并企业的亏损不得在合并企业结转弥补。

2.特殊性税务处理

根据财税〔2009〕59号的规定,企业合并同时符合下列条件的,适用特殊性税务处理规定。

(1)具有合理的商业目的,且不以减少、免除或者推迟缴纳税款为主要目的。

(2)被合并企业将其全部资产和负债转让给合并企业。

(3)企业重组后的连续12个月内不改变重组资产原来的实质性经营活动。

(4)合并交易对价中涉及股权支付金额不低于其交易支付总额的85%,或为同一控制下且不需要支付对价的企业合并。

(5)企业重组中取得股权支付的原主要股东,在重组后连续12个月内,不得转让所取得的股权。

符合以上条件的,交易各方对其交易中的股权支付部分,可以按以下规定进行特殊性税务处理。

(1)合并企业接受被合并企业资产和负债的计税基础,以被合并企业的原有计税基础确定。

(2)被合并企业合并前的相关所得税事项由合并企业承继。

(3)可由合并企业弥补的被合并企业亏损的限额=被合并企业净资产公允价值×截至合并业务发生当年年末国家发行的最长期限的国债利率。

(4)被合并企业股东取得合并企业股权的计税基础,以其原持有的被合并企业股权的计税基础确定。

(5)根据(1)~(4)规定对交易中股权支付暂不确认有关资产的转让所得或损失的,其非股权支付仍应在交易当期确认相应的资产转让所得或损失,并调整相应资产的计税基础。非股权支付对应的资产转让所得或损失=(被转让资产的公允价值－被转让资产的计税基础）×（非股权支付金额÷被转让资产的公允价值）。

（二）增值税

根据《关于纳税人资产重组有关增值税问题的公告》（国家税务总局公告2011年第13号）的规定，纳税人在资产重组过程中，通过合并、分立、出售、置换等方式，将全部或者部分实物资产以及与其相关联的债权、负债和劳动力一并转让给其他单位和个人，不属于增值税的征税范围，其中涉及的货物转让，不征收增值税。

（三）土地增值税

根据《关于继续实施企业改制重组有关土地增值税政策的公告》（财政部、税务总局公告2023年第51号）规定，按照法律规定或者合同约定，两个或两个以上企业合并为一个企业，且原企业投资主体存续的，对原企业将房地产转移、变更到合并后的企业，暂不征收土地增值税。

（四）契税

根据《关于继续实施企业、事业单位改制重组有关契税政策的公告》（财政部、税务总局公告2023年第49号）的规定，两个或两个以上的公司，依照法律规定、合同约定，合并为一个公司，且原投资主体存续的，对合并后公司承受原合并各方土地、房屋权属，免征契税。

（五）印花税

根据《关于企业改制过程中有关印花税政策的通知》（财税〔2003〕183号）的规定，以合并方式成立的新企业，其新启用的资金账簿记载的资金，凡原已贴花的部分可不再贴花，未贴花的部分和以后新增加的资金按规定贴花。

五、总结

综上所述，吸收合并和新设合并各有特点和适用场景，公司在选择合并方式时应综合考虑自身的战略目标、资源配置、市场定位等因素。在实际操作中，建议公司咨询专业律师和财务顾问，以确保合并过程合法、合规，并最大化合并效益。

66

存续分立和新设分立有什么区别？

在公司分立交易实践中，存续分立和新设分立分别指什么？有什么核心区别？分立方应该如何选择？本文带你快速了解！

一、定义

存续分立和新设分立是公司分立的两种方式。存续分立，也称派生分立，指一个公司分出一个或者一个以上的新公司，原公司存续；新设分立，也称解散分立，指一个公司分为两个或者两个以上的新公司，原公司解散。无论是何种分立方式，除公司在分立前与债权人就债务清偿达成的书面协议另有约定外，公司分立前的债务由分立后的公司承担连带责任。

二者的核心区别在于，被分立公司在分立后是否存续。

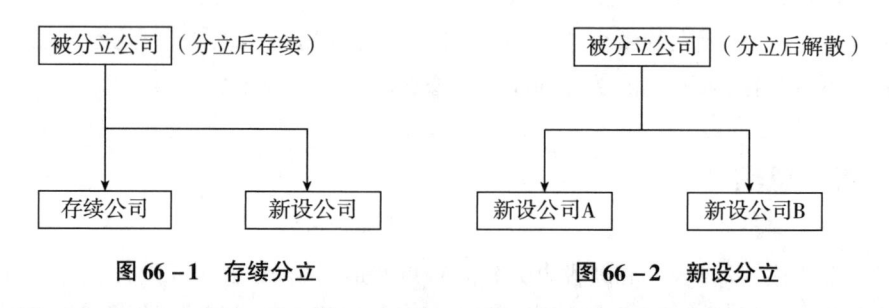

图 66-1 存续分立

图 66-2 新设分立

二、主要区别

存续分立和新设分立的主要区别见表 66-1。

表 66-1　存续分立和新设分立的区别

项目	存续分立	新设分立
存续主体	被分立公司仍然存续,被分立公司的历史沿革仍自其设立之日起	被分立公司解散,新设公司的历史沿革均自各自设立之日起
员工安置	被分立公司员工的劳动关系可以继续保留	被分立公司需要协调全部员工将劳动关系转入新设公司之一,或解除相关劳动关系
资质证照	被分立公司的资质证照可以继续保留	被分立公司将全部可转让资质证照通过适当程序转移给新设公司之一
资产处理	被分立公司的资产可以继续保留	被分立公司将全部可转让资产通过适当程序转移给新设公司之一

典型的存续分立案例有本团队律师经办的**江中集团存续分立项目**。江中集团旗下共有江中药业与中江地产两家上交所主板上市公司,2011年江中集团进行股权结构多元化改制,江中集团以存续式分立的方式,分立为江西江中制药(集团)有限责任公司(存续公司)和江西中江集团有限责任公司(新设公司),前者承继控股江中药业,后者承继控股中江地产。

典型的新设分立案例有本团队律师经办的**东北高速分立上市项目**。上交所主板上市公司东北高速是在特定历史时期按照当时"限报家数"的证券发行管理体制,将黑龙江、吉林两省高速公路捆绑上市形成的产物,从而导致东北高速的主要资产分别在黑龙江、吉林两地。分立前东北高速的前两大股东龙高集团、吉高集团分别持有东北高速26.90%和22.29%的股份,为了解决公司治理上的困难和僵局,东北高速决定分立成两家新设公司,分别持有黑龙江、吉林两省的高速公路资产,即龙江交通和吉林高速。龙江交通和吉林高速按照分立上市方案的约定依法承继原东北高速的资产、负债、权益、业务和人员,原东北高速在分立完成后依法解散并注销,龙江交通和吉林高速的股票经核准后上市。东北高速在分立日在册的所有股东,其持有的每股东北高速股份转换为一股龙江交通的股份和一股吉林高速的股份。在此基础上,龙高集团将其通过分立可以持有的吉林高速的股份与吉高集团通过分立可以持有的龙江交通的股份互相无偿划转,上述股权划转是本次分立上市的一部分,股权划转完成后龙高集团不再持有吉林高速股份,仅控股龙江交通;吉高集团不再持有龙江交通股份,仅控股吉林高速。

三、选择建议

综合上述对比并结合实务经验,我们的选择建议见表66-2。

表66-2 选择建议

当目标公司满足下列条件时,优选存续分立	当目标公司满足下列条件时,优选新设分立
• 运营状态稳定:若被分立公司运营良好,管理层稳定,经营模式成熟,且不需要转移资产或员工关系,那么存续分立更能保持公司现状 • 历史沿革清晰:若被分立公司的历史沿革简单、清晰,不存在可能影响未来股权融资或IPO的法律瑕疵,存续分立可以延续公司的发展脉络 • 品牌价值良好:若被分立公司拥有的品牌价值良好,且希望保留和利用现有品牌效应的,存续分立可以帮助公司继续享有品牌影响力 • 资产资质限制:部分资产及资质无法转让或转让成本过高的,存续分立可以直接承继该部分资产及资质,不存在额外的成本 • 分立目的要求:若分立的目的是隔离风险、出售资产或专注于核心业务,那么仅需要将隔离风险的业务、拟出售的资产或非核心业务转移至新设公司,被分立公司可以继续存续,不受影响	• 进行品牌切割:新设公司与原公司品牌断绝关联,分立的目的在于利用现有资产进行整合并开启新的发展篇章 • 实现独立发展:新设公司的历史沿革均自各自设立之日起,原公司历史沿革中的瑕疵或历史股东纠纷与新设公司无涉 • 解决股东分歧:原公司资产和人员分散管理,各方均不愿意继承原公司的责任和问题,分裂成各个独立的公司更加公正合理,各方更易于接受 • 恢复原有状态:原本由多家公司合并而成的实体,若在合并过程中遇到无法克服的难题,选择分道扬镳,恢复到合并前的各自独立状态

四、分立税务政策

(一)所得税

1. 一般性税务处理

根据《关于企业重组业务企业所得税处理若干问题的通知》(财税〔2009〕59号,部分修改)规定,企业分立,当事各方应按下列规定处理。

(1)被分立企业对分立出去的资产应按公允价值确认资产转让所得或损失。

(2)分立企业应按公允价值确认接受资产的计税基础。

(3)被分立企业继续存在时,其股东取得的对价应视同被分立企业分配进行处理。

（4）被分立企业不再继续存在时，被分立企业及其股东都应按清算进行所得税处理。

（5）企业分立相关企业的亏损不得相互结转弥补。

2. 特殊性税务处理

根据财税〔2009〕59号规定，企业分立同时符合下列条件的，适用特殊性税务处理规定。

（1）具有合理的商业目的，且不以减少、免除或者推迟缴纳税款为主要目的。

（2）企业重组后的连续12个月内不改变重组资产原来的实质性经营活动，即分立企业和被分立企业均不改变原来的实质经营活动。

（3）企业重组中取得股权支付的原主要股东，在重组后连续12个月内，不得转让所取得的股权。

（4）被分立企业所有股东按原持股比例取得分立企业的股权。

（5）被分立企业股东在该企业分立发生时取得的股权支付金额不低于其交易支付总额的85%。

符合以上条件的，交易各方对其交易中的股权支付部分，可以按以下规定进行特殊性税务处理。

（1）分立企业接受被分立企业资产和负债的计税基础，以被分立企业的原有计税基础确定。

（2）被分立企业已分立出去的资产相应的所得税事项由分立企业承继。

（3）被分立企业未超过法定弥补期限的亏损额可按分立资产占全部资产的比例进行分配，由分立企业继续弥补。

（4）被分立企业的股东取得分立企业的股权（以下简称"新股"），如需部分或全部放弃原持有的被分立企业的股权（以下简称"旧股"），"新股"的计税基础应以放弃"旧股"的计税基础确定。如不需放弃"旧股"，则其取得"新股"的计税基础可从以下两种方法中选择确定：直接将"新股"的计税基础确定为零；或者以被分立企业分立出去的净资产占被分立企业全部净资产的比例先调减原持有的"旧股"的计税基础，再将调减的计税基础平均分配到"新股"上。

（5）根据（1）~（4）规定对交易中股权支付暂不确认有关资产的转让所得或损失的，其非股权支付仍应在交易当期确认相应的资产转让所得或损失，并调整相应资产的计税基础。非股权支付对应的资产转让所得或损失 =（被转让资产的公允价值 − 被转让资产的计税基础）×（非股权支付金额 ÷ 被转让资产的公允价值）。

（二）增值税

根据《关于纳税人资产重组有关增值税问题的公告》（国家税务总局公告2011年第13号）规定，纳税人在资产重组过程中，通过合并、分立、出售、置换等方式，将全部或者部分实物资产以及与其相关联的债权、负债和劳动力一并转让给其他单位和个人，不属于增值税的征税范围，其中涉及的货物转让，不征收增值税。

（三）土地增值税

根据《关于继续实施企业改制重组有关土地增值税政策的公告》（财政部、税务总局公告2023年第51号）规定，按照法律规定或者合同约定，企业分设为两个或两个以上与原企业投资主体相同的企业，对原企业将房地产转移、变更到分立后的企业，暂不征收土地增值税。（投资主体相同，是指企业改制重组前后出资人不发生变动，出资人的出资比例可以发生变动）

（四）契税

根据《关于继续实施企业、事业单位改制重组有关契税政策的公告》（财政部、税务总局公告2023年第49号）规定，依照法律规定、合同约定分立为两个或两个以上与原公司投资主体相同的公司，对分立后公司承受原公司土地、房屋权属，免征契税。（投资主体相同，是指公司分立前后出资人不发生变动，出资人的出资比例可以发生变动）

（五）印花税

根据《关于企业改制过程中有关印花税政策的通知》（财税〔2003〕183号）规定，以分立方式成立的新企业，其新启用的资金账簿记载的资金，凡原已贴花的部分可不再贴花，未贴花的部分和以后新增加的资金按规定贴花。分立包括存续分立和新设分立。

五、总结

存续分立和新设分立是企业分立的两种方式，公司应根据自己的运营状况、历史背景、品牌价值以及分立目的选择更适合公司的具体情况和需求的方案。在实际操作中，建议公司咨询专业律师和财务顾问，以确保分立过程合法、合规，并最大化分立效益。

67

企业出海，你准备好了吗？

伴随全球化的持续发展及国内市场竞争的不断加剧，在后疫情时代，诸多中国企业将目光转向海外市场，以谋求更为广阔的发展空间和机遇。那么，企业出海，需要做哪些准备？

一、评估出海的必要性

企业在决定是否出海前，应当首先评估出海的预期收益及可能面临的风险，通常情况下，境内企业作出出海决策的主要考虑因素如下。

1. 拓展市场：突破国内市场的局限，进入全球更广阔的市场空间，获取更多的客户和业务增长机会。
2. 资源获取：在全球范围内获取优质的原材料、技术、人才等资源，以提升企业的竞争力。
3. 提升品牌影响力：在国际舞台上展示和提升品牌形象，提高品牌的国际知名度和美誉度。
4. 学习先进经验：与国际先进企业竞争和合作，学习先进的管理、技术和运营经验。
5. 分散风险：降低对单一国内市场的依赖，分散经营风险。
6. 产业升级需求：通过出海参与全球产业链分工，推动自身产业升级和创新发展。
7. 跟随客户：如果企业的重要客户走向国际，企业也需要随之出海以便更好地服务客户。
8. 政策支持：国家鼓励企业"走出去"，并提供相关政策扶持和引导。

二、了解出海涉及的境内监管体系

(一)境内监管体系概览

为了更好地落实企业的出海战略,境内企业通常需要在出海目的地新设/收购公司以承载境外经营事项,即境内企业不可避免地需要进行境外投资。

一般而言,"境外投资"(内向外)是"外商投资"(外向内)的一种对称。虽然境外投资的定义在不同的规定中有所不同,但总体而言可以理解为:一家根据中国法律设立的投资主体(以下简称境内投资主体),直接或通过其控制的境外企业,以投入一定的资产、权益或提供融资、担保等方式,获得境外所有权、控制权、经营管理权及其他相关权益的投资活动。需要指出的是,虽然国家发展和改革委员会于2018年3月1日实施的《企业境外投资管理办法》(国家发展和改革委员会令第11号)(以下简称第11号令)第2条第3款规定"本办法所称企业,包括各种类型的非金融企业和金融企业",但商务部制定的《境外投资管理办法》明确排除了投向金融行业的境外投资,其相对应的监管机构应为国内的金融管理机构(如国家金融监督管理总局等)。受篇幅所限,考虑到金融行业的投资带有一定的特殊性,本节主要讨论的是非金融机构出海投资境外非金融企业/项目的情况。

在中国目前的境外投资管理体系下,一家境内投资主体在境外投资时所涉及的国内合规审查通常包括**项目审批/备案、境外企业设立/并购审批/备案、外汇管理审批/备案、国有资产管理审批/备案**等,从项目前期准备到最后的外汇支付进行全程式监管。当然,除上述事先监管的内容外,境外投资监管机关还配套推出了其他一系列管理措施/制度,其中包括但不限于境外投资产业指导政策如《境外投资产业指导政策》、境外投资后续监管检查等。

通常而言,一家境内投资主体完成境外投资需要经过以下三个政府部门(或其各地的分支机构,下同)的备案、审批或核准:

- 国家发展和改革委员会及其各地分支机构(以下简称发改委);
- 商务部及其各地分支机构(以下简称商务部);
- 国家外汇管理局及其各地分支机构(以下简称外管局,现已将其职能下放至各经办银行)。

涉及国有资产的境外投资还可能需要完成国有资产监督管理机构(以下简称国资委)的审批。

（二）发改委的职能与权限

1. 职能

发改委是综合研究拟定经济和社会发展政策，进行总量平衡，指导总体经济体制改革的宏观调控部门。具体到境外投资领域，发改委监管的是境内投资主体的境外投资项目是否符合中国的宏观经济政策、导向及总体安排，针对的是项目方向。

2. 审批顺序

在审批顺序上，一般而言，发改委的审批/备案是居于最优先地位的。实践中，发改委的核准/备案可以与商务部的核准/备案同步进行。

3. 审批权限

在审批权限上，根据第 11 号令，发改委对境外投资的监管分为核准及备案管理两类，见表 67-1。

表 67-1　发改委的审批权限

核准类	• 适用于敏感类项目，包括涉及敏感国家和地区的项目及涉及敏感行业的项目。 • 敏感国家包括：与我国未建交的国家和地区；发生战争、内乱的国家和地区；根据我国缔结或参加的国际条约、协定等，需要限制企业对其投资的国家和地区；其他敏感国家和地区。 • 敏感行业包括：武器装备的研制生产维修；跨境水资源的开发利用；新闻传媒；根据我国法律法规和有关调控政策，需要限制企业境外投资的行业。 • 根据《国家发展改革委关于发布〈境外投资敏感行业目录（2018年版）〉的通知》（发改外资〔2018〕251号），境外投资敏感行业还包括：房地产；酒店；影城；娱乐业；体育俱乐部；在境外设立无具体实业项目的股权投资基金或投资平台
备案类	• 适用于非敏感类项目。 • 实行备案管理的项目中，如果投资主体是中央管理企业，备案机关是国家发展改革委；如果投资主体是地方企业，且中方投资额3亿美元及以上的，备案机关是国家发展改革委；如果投资主体是地方企业，且中方投资额3亿美元以下的，备案机关是投资主体注册地的省级政府发展改革部门

4. 管理阶段

根据第 11 号令，发改委建立境外投资管理和服务网络系统。发改委对境内企业进行境外投资分阶段全面管理，具体见表 67-2。

表 67－2　发改委的管理阶段

事前	●投资主体履行核准、备案手续的最晚时间为具体项目实施前,即在为项目投入资产、权益或提供融资、担保之前取得项目核准文件或备案通知书。 ●项目前期所需费用(包括项目履约保证金、保函手续费、中介服务费、资源勘探费等)规模较大的,投资主体可以单独为这些前期费用先行办理核准和备案,以利于企业开展项目的前期工作
事中	●已核准、备案的项目,发生下列情形之一的,投资主体应当在有关情形发生前向出具该项目核准文件或备案通知书的机关提出变更申请:投资主体增加或减少;投资地点发生重大变化;主要内容和规模发生重大变化;中方投资额变化幅度达到或超过原核准、备案金额的20%,或中方投资额变化1亿美元及以上;需要对项目核准文件或备案通知书有关内容进行重大调整的其他情形。 ●境外投资过程中发生外派人员重大伤亡、境外资产重大损失、损害我国与有关国家外交关系等重大不利情况的,投资主体应当在情况发生之日起5个工作日内通过网络系统提交重大不利情况报告表。国家和地方的发展改革部门也可以主动就境外投资项目的重大事项向投资主体发出重大事项问询函。投资主体应根据问询函的时限要求提交书面报告
事后	●属于核准、备案管理范围的项目,投资主体应当在项目完成之日起20个工作日内通过网络系统提交项目完成情况报告表

(三)商务部的职能与审批权限

1. 职能

商务部是主管国内外贸易和国际经济合作的部门。具体到境外投资领域,商务部审核的是具体的拟设立或收购的境外公司的状态、其设立文件(如章程等)、其相关的投资合同或协议,针对的是项目本身。

2. 审批顺序

在审批顺序上,一般而言,商务部的审批次于发改委而优于外管局。实践中,发改委的核准/备案可以与商务部的核准/备案同步进行。

3. 审批权限

在审批权限上,根据《境外投资管理办法》(商务部令2014年第3号),商务部和省级商务主管部门按照企业境外投资的不同情形,分别实行备案和核准管理,见表67－3。

表67-3 商务部的审批权限

核准类	• 适用于敏感类项目,包括涉及敏感国家和地区的项目及涉及敏感行业的项目。 • 敏感国家是指与我国未建交的国家、受联合国制裁的国家。必要时,商务部可另行公布其他实行核准管理的国家和地区的名单。 • 敏感行业是指涉及出口我国限制出口的产品和技术的行业、影响一国(地区)以上利益的行业。 • 对属于核准情形的境外投资,中央企业向商务部提出申请,地方企业通过所在地省级商务主管部门向商务部提出申请
备案类	• 适用于非敏感类项目。实行备案管理的项目中,如果投资主体是中央管理企业,备案机关是商务部;如果投资主体是地方企业,备案机关是投资主体注册地的省级政府商务部门

(四)外管局的职能与审批权限

1. 职能

外管局是对中国外汇收支、买卖、借贷、转移以及国际间的结算、外汇汇率和外汇市场等实行管制措施的部门。具体到境外投资领域,外管局审核的是具体的境内投资主体在获得全部所需境外投资许可的前提下每一笔具体外汇交易是否符合现行法律法规的规定,针对的是具体的外汇转移。

2. 审批顺序

在审批顺序上,一般而言,外管局的审核是一家境内投资主体开展境外投资(无论是过程中还是交割时)的最后一个环节。由于中国对外汇实施管制措施,因此如不能取得批准,公司持有的外币/人民币将无法进行跨境流动。

3. 审批权限

在审批权限上,根据不同的批准类别,长久以来由国家外管局及注册地外汇局负责审批。自2015年6月1日起,根据国家外汇管理局《关于进一步简化和改进直接投资外汇管理政策的通知》(汇发〔2015〕13号,部分失效)的精神,外汇局不再负责境外投资外汇登记事项,而只是通过银行按照《直接投资外汇业务操作指引》直接审核办理境外直接投资项下的外汇登记,这意味着企业可以自行选择注册地银行办理直接投资外汇登记。企业完成直接投资外汇登记后,再办理后续直接投资相关账户开立、资金汇兑等业务(含利润、红利汇出或汇回)。

4. 前期费用

在正式开展境外投资活动前,如果需要支付保证金、竞标费用或中介服务费等前期费用,境内投资主体可以持相关材料向外管局申请向境外支付前期费用汇出。根据国家外汇管理局于2023年12月4日发布的《关于进一步深化改革 促进跨境贸易投资便利化的通知》（汇发〔2023〕28号），境内企业境外直接投资前期费用累计汇出额取消了不超过等值300万美元的限制，但累计汇出额不得超过中方拟投资总额的15%。

(五)国资委的职能与审批权限

1. 职能

国资委是保护和监督国家控股的企业资产，保证国有资产保值增值的政府部门。具体到境外投资领域，国资委审核的是国有企业（包括中央企业）在开展境外投资时是否符合现行有关国有资产的法律法规。

2. 审批顺序

在审批顺序上，国资委的审批或备案是一个独立进行的程序，但在商务部审批时，需要国有企业出示已通过国资委审批或备案的凭证。因此，国资委审批或备案应当先于商务部审批。同时，国资委的审批或备案是境内投资主体最终将外汇汇出境外的前提条件。

(六)其他可能涉及的批准

1. 经营者集中申报

如果参与某项经营者集中的交易方达到下述营业额标准的，收购方（或获得目标企业控制权的一方或多方）应当事先向商务部反垄断局进行经营者集中申报，由反垄断局对该交易进行反垄断审查，作出是否可以继续推进该交易的决定，并书面通知该企业。

(1)参与集中的所有经营者上一会计年度在全球范围内的营业额合计超过120亿元人民币，并且其中至少两个经营者上一会计年度在中国境内的营业额均超过8亿元人民币；

(2)参与集中的所有经营者上一会计年度在中国境内的营业额合计超过40亿元人民币，并且其中至少两个经营者上一会计年度在中国境内的营业额均超过8亿元人民币。

2. 其他

除此之外，境外投资还可能涉及证券业监管部门、外事部门、财政部门、税务部门、海关部门等的批准或支持。

三、了解出海目的地涉及的营商环境及法规要求

企业在进行境外投资前，还需要考虑目标国家或地区的法律法规、政治环境、

市场情况等因素，做好充分的市场调研，熟悉当地的法律环境，适当调整优惠政策期望值，充分核算税负成本，有效控制工资成本，结合当地特殊的投资贸易环境，采取有效措施拓展业务，合理控制和规避风险。

(一)聘请有全球布局的综合性律师团队

鉴于不同国家及地区的营商环境及法律制度安排有所不同，由于篇幅所限，本文不再赘述。我们建议，企业在出海前可聘请专业的律师团队，就境外公司的设立及后续运营提供相应的法律服务。在律师团队的选择上，出海企业可以选择具有全球布局的综合性律师事务所，由其境内律所作为总协调人，全面协调境外律师及其他咨询团队，对整个出海的方案设计、风险评估、协议拟定、业务运营等进行全方位全程式的法律服务。

(二)查阅商务部"走出去"公共服务平台

企业也可以同步登录商务部"走出去"公共服务平台，查阅相应的《对外投资合作国别(地区)指南》，事先了解出海目标国家或地区的营商环境，随后可进一步进行实地考察调研。

以在印度尼西亚开展投资为例，商务部《对外投资合作国别(地区)指南》详细列示了如下内容：

1. 国家概况
2. 经济情况
3. 经贸合作
4. 投资环境
   4.1 投资吸引力
   4.2 金融环境
   4.3 证券市场
   4.4 要素成本
5. 法规政策
   5.1 贸易法规和政策
   5.2 外国投资法规
   5.3 企业税收
   5.4 特殊经济区域规定
   5.5 劳动就业法规
   5.6 外国企业在印度尼西亚获得土地的规定

5.7 外资公司参与当地证券交易的规定

　　5.8 环境保护法规

　　5.9 反商业贿赂规定

　　5.10 外国企业承包当地工程的规定

　　5.11 保护知识产权的规定

6. 数字经济发展情况及相关规定

7. 绿色经济发展情况及相关规定

8. 在印度尼西亚开展投资合作的手续

　　8.1 在印度尼西亚投资注册企业需要办理的手续

　　8.2 承揽工程项目的程序

　　8.3 专利和注册商标申请

　　8.4 企业报税的相关手续

　　8.5 工作准证办理

　　8.6 能够给中国企业提供投资合作咨询的机构

9. 中资企业在印度尼西亚开展投资合作应注意的问题

　　9.1 主要风险

　　9.2 防范风险措施

附录1　印度尼西亚主要政府部门和相关机构一览

附录2　印度尼西亚华人商会、社团和主要中资企业一览

四、总结

综上所述，企业拟进行出海的，应在以下方面提前准备以防范风险：

1. 认真进行实地考察调研；
2. 聘请专业的律师团队提供法律服务；
3. 注意选择合作伙伴；
4. 坚持合规经营；
5. 在当地建立和谐关系；
6. 必要时联系中国驻当地的使领馆；
7. 制定有效的应急预案。

68

IPO 前并购重组有哪些注意事项？

根据《首次公开发行股票注册管理办法》第 12 条的规定，拟 IPO 企业的发行人应当业务完整，具有直接面向市场独立持续经营的能力，其中，首次公开发行股票并在主板上市的，最近三年内主营业务没有发生重大不利变化；首次公开发行股票并在科创板、创业板上市的，最近二年内主营业务没有发生重大不利变化。那么，对于有明确境内上市计划的公司，IPO 前实施并购重组有哪些注意事项？

一、IPO 前实施并购重组的意义

按照重组业务与拟 IPO 企业是否受同一实际控制人控制，IPO 前的并购重组可以分为同一控制下的重组与非同一控制下的重组。重组方式通常包括收购被重组方股权或经营性资产、以被重组方股权或经营性资产对发行人进行增资、吸收合并被重组方等。

拟 IPO 企业对非同一公司控制权人下相关业务进行的并购重组，主要目的多为实现外延式发展、提升公司业绩。而拟 IPO 企业对同一公司控制权人下相同、类似或相关业务进行重组，多是企业集团为实现主营业务整体发行上市、降低管理成本、发挥业务协同优势、提高企业规模经济效应而实施的市场行为。从资本市场角度看，拟 IPO 企业在发行上市前进行的该类重组整合，有利于避免同业竞争、减少关联交易、优化公司治理、确保规范运作，对于提高上市公司质量，发挥资本市场优化资源配置功能，保护投资者特别是中小投资者的合法权益，促进资本市场健康稳定发展，具有积极作用。

二、IPO 前并购重组的注意事项

（一）同一控制下的重组

全面注册制后，拟 IPO 企业对同一控制下的重组仍适用《〈首次公开发行股票并上市管理办法〉第十二条发行人最近 3 年内主营业务没有发生重大变化的适用意见——证券期货法律适用意见第 3 号》(证监会公告[2008]22 号)的规定,具体要求如下。

1. 判断主营业务是否发生变化

发行人报告期内存在对同一公司控制权人下相同、类似或相关业务进行重组情况的,如同时符合下列条件,视为主营业务没有发生重大变化。

(1)被重组方应当自报告期期初起即与发行人受同一公司控制权人控制,如果被重组方是在报告期内新设立的,应当自成立之日即与发行人受同一公司控制权人控制;

(2)被重组进入发行人的业务与发行人重组前的业务具有相关性(相同、类似行业或同一产业链的上下游)。

2. 重组后的运营时间要求

发行人报告期内存在对同一公司控制权人下相同、类似或相关业务进行重组的,应关注重组对发行人资产总额、营业收入或利润总额的影响情况。发行人应根据影响情况按照以下要求执行。

(1)被重组方重组前一个会计年度末的资产总额或前一个会计年度的营业收入或利润总额达到或超过重组前发行人相应项目 100% 的,为便于投资者了解重组后的整体运营情况,发行人重组后运行一个会计年度后方可申请发行。

(2)被重组方重组前一个会计年度末的资产总额或前一个会计年度的营业收入或利润总额达到或超过重组前发行人相应项目 50%,但不超过 100% 的,保荐机构和发行人律师应按照相关法律法规对首次公开发行主体的要求,将被重组方纳入尽职调查范围并发表相关意见。

(3)被重组方重组前一个会计年度末的资产总额或前一个会计年度的营业收入或利润总额达到或超过重组前发行人相应项目 20% 的,申报财务报表至少须包含重组完成后的最近一期资产负债表。

(二)非同一控制下的重组

针对非同一控制下的企业重组问题,在 2020 年 6 月前,实务中有关这一问题的处理主要依托 2009 年前后出台的相关窗口指导意见(最终无正式的文件)。2020 年 6 月,中国证监会发布《首发业务若干问题解答》,分别就同一控制下企业合并及非同一控制下企业合并进行了明确规定。但是,至 2023 年主板 IPO 注册制改革,《首发业务若干问题解答》分别被《监管规则适用指引——发行类第 4 号》和《监管规则适用指引——发行类第 5 号》替代,两份监管规则适用指引均删除了有关 IPO 前企业合并的相关内容。实践中,就该问题的处理,仍然参照适用删除前的内容,具体要求如下。

1. 判断主营业务是否发生变化

实务中,通常按以下原则判断非同一控制下的业务重组行为是否会引起发行人主营业务发生重大变化:

(1)对于重组新增业务与发行人重组前业务具有高度相关性的,被重组方重组前一个会计年度末的资产总额、资产净额或前一个会计年度的营业收入或利润总额,达到或超过重组前发行人相应项目100%,则视为发行人主营业务发生重大变化;

(2)对于重组新增业务与发行人重组前业务不具有高度相关性的,被重组方重组前一个会计年度末的资产总额、资产净额或前一个会计年度的营业收入或利润总额,达到或超过重组前发行人相应项目50%,则视为发行人主营业务发生重大变化。

2. 重组后的运营时间要求

对主营业务发生重大变化的,应符合相关运行时间要求,即主板36个月,科创板、创业板24个月。

对于重组新增业务与发行人重组前业务具有高度相关性的,被重组方重组前一个会计年度末的资产总额、资产净额或前一个会计年度的营业收入或利润总额达到或超过重组前发行人相应项目50%,但未达到100%的,通常不视为发行人主营业务发生重大变化,但为了便于投资者了解重组后的整体运营情况,原则上发行人重组后运行满12个月后方可申请发行。

三、总结

综上所述,拟上市企业在 IPO 前进行并购重组的,应当合理规划重组时间,避免因相关指标被认定为主营业务变更而被要求完成重组后运行一定时间,进而影响整体上市计划。有关 IPO 前并购重组的运营时间要求,见表68-1。

表68-1 总结

类型	主营业务相关性	相关财务指标		
		X≥100%	100%>X≥50%	50%>X≥20%
同一控制	相关	重组后运行一个会计年度后申报	将被重组方纳入尽职调查范围并发表相关意见	申报财务报表至少须包含重组完成后的最近一期资产负债表

续表

类型	主营业务相关性	相关财务指标		
		X≥100%	100%>X≥50%	50%>X≥20%
非同一控制	相关	重组后主板运行36个月后申报,科创板、创业板运行24个月后申报	重组后运行12个月后申报	—
	非相关	重组后主板运行36个月后申报,科创板、创业板运行24个月后申报		—

八

挂牌上市

69

你的公司真的需要上市吗？
——上市的利与弊

公司是否需要上市，取决于公司的战略规划、发展阶段、经营情况、市场状况等诸多因素。上市固然可以提升公司的知名度和影响力，给公司发展带来更多的融资渠道，为股东提供更便捷的退出机制和资产流动性；但是，上市也伴随更高的监管要求和市场压力，如规范治理、透明披露等，公司需要为此付出一定的人力、物力及时间成本。那么，你的公司真的需要上市吗？本文带你了解上市的利与弊。

一、什么是上市

（一）什么是上市

首次公开发行股票并上市（Initial Public Offering，简称 IPO 或上市），是指一家公司通过在证券交易所挂牌交易，向广大公众投资者公开发行股票，以募集资金用于公司的经营发展。

（二）上市地的选择

公司可以根据自身意愿自主选择上市地，在选择上市地时，一般应考虑以下因素。

1. 是否符合公司发展战略的需要，包括产品市场、客户、品牌形象、公司与拟上市地国家（或地区）业务的关联度。

2. 公司的信息半径，一般而言，公司的信息半径与产业、客户等有关，如国外一般投资者对中国的非互联网公司的认同度相对较低。

3. 上市标准的差异，国内外的上市标准差异较大，国内市场各板块之间也有不同定位，因此，足够了解拟上市地的上市规则十分重要。

（1）境内 vs 境外

公司选择在境内上市或境外上市应视各自的具体情况而定，关键是要找准定位。一般来说,在境内上市对情况比较熟悉,对相关法律法规和游戏规则比较了解,文化背景相通,上市成本较低,有地理位置优势,主要产品和市场在国内的公司容易得到投资者认同,广告效应明显。但由于公司对境内上市的认同度较高,因此排队现象较为明显,上市时间与进程较难以把握,但这可能是暂时现象,随着注册制改革的进一步到位,上述现象有望得到缓解。因此对大多数公司而言在境内上市利大于弊。

从国际经验来看,大多数国家的公司都是充分利用本国市场的地利、人和的优势在本土上市,随着公司经营规模的扩大和业务的国际化发展再选择在境外多地挂牌。

当然,如果公司的主要产品和市场在境外,或者国际化程度较高能得到境外市场及投资者的高度认同,或者公司规模大需要多地上市解决融资问题可以选择合适的境外市场上市。

(2) 境内各板块的选择

公司选择在境内上市的,应当根据自身的财务情况选择合适的板块。境内 A 股市场目前包括上海证券交易所(1990 年成立,以下简称上交所,目前包括主板及科创板)、深圳证券交易所(1990 年成立,以下简称深交所,目前包括主板及创业板)、北京证券交易所(2021 年成立,以下简称北交所),不同板块的定位有所不同,见表 69-1。

表 69-1　各交易所的板块定位

证券交易所	上市板块	上市地	板块定位
上交所	主板	上海	突出"大盘蓝筹"特色,重点支持业务模式成熟、经营业绩稳定、规模较大、具有行业代表性的优质公司
深交所	主板	深圳	
上交所	科创板	上海	面向世界科技前沿、面向经济主战场、面向国家重大需求。优先支持符合国家战略,拥有关键核心技术,科技创新能力突出,主要依靠核心技术开展生产经营,具有稳定的商业模式,市场认可度高,社会形象良好,具有较强成长性的公司
深交所	创业板	深圳	深入贯彻创新驱动发展战略,适应发展更多依靠创新、创造、创意的大趋势,主要服务成长型创新创业公司,支持传统产业与新技术、新产业、新业态、新模式深度融合

续表

证券交易所	上市板块	上市地	板块定位
北交所	—	北京	充分发挥对全国中小企业股份转让系统的示范引领作用,深入贯彻创新驱动发展战略,聚焦实体经济,主要服务创新型中小企业,重点支持先进制造业和现代服务业等领域的企业

4. 一级市场的筹资能力、市盈率水平、二级市场的流通性、市场活跃状况、后续融资能力。

5. 上市成本,包括初始上市成本与后续维护费用。

6. 上市时间与进程。

7. 地理位置、文化背景、法律制度等。

8. 政府的有关政策。

二、上市的利与弊

(一)利

1. 对公司

(1)便利融资

上市可以为公司建立直接融资的平台,有利于公司通过证券市场便捷、快速地发行新股、债券与资产证券化产品,改善公司的资本结构,提高公司自身抵御风险的能力,增强公司的发展后劲。

(2)规范运营

上市需要公司按照公众公司的要求,建立规范、透明的法人治理结构和严格的内控体系,减少关联交易,杜绝同业竞争。

(3)整合扩张

上市后,如有较好的市盈率和市值、较高的社会认同度,公司可以通过发行股份购买资产(俗称换股收购)、现金购买、二级市场竞买等方式进行产业整合,迅速做大做强。

(4)提升品牌

上市有较强的广告效应,有利于公司树立品牌,提高公司形象,提高商业竞争优势。

（5）吸引人才

上市有利于公司完善激励机制，采用股票期权、股票增值权、限制性股票等股权激励形式，吸引和留住人才。此外，良好的工作平台有助于职业经理人的引入，更利于解决公司接班人问题。

2. 对股东

（1）大股东

上市可以实现大股东的资本增值，拓宽个人融资渠道。上市后的股票市值是对原有股东创业价值的直接体现，也是最市场化的评估。上市不仅有助于大股东财富的代际传承，也可以实现产权梳理规范、避免潜在争议，还有助于增强个人的成就感。

（2）专业投资人

被投公司上市不仅是专业投资人实现退出的常见方式之一，也有助其积累成功投资案例，帮助其在相关赛道谋求更为广阔的投资机会。

3. 对员工

（1）管理层

如股权激励的兑现可以实现财富自由，相关从业经验的背书可以助力其获得更好的职业发展机会。

（2）普通员工

薪资的稳步提升、规范的社保福利、良好的工作平台、相对稳定的工作岗位，使上市公司相较于一般公司对普通员工而言更具有吸引力。

4. 对供应商及客户

上市公司的履约意愿、能力及规范性更强，通常是其更长期稳定的合作伙伴。

5. 对地方政府及社会

（1）推动经济增长。带动地方经济发展，增加税收收入，促进财政实力提升。

（2）促进产业升级。吸引优质资源和项目集聚，推动相关产业优化升级。

（3）增加就业机会。公司发展壮大往往会创造更多的就业岗位。

（4）提升区域形象。展现地方经济活力和竞争力，提升区域的知名度和吸引力。

（5）丰富投资渠道。为社会投资者提供更多的投资选择，促进资本市场发展。

（6）发挥示范效应。为其他公司树立标杆，带动更多公司规范发展和追求上市。

（7）维持经济稳定。上市公司通常具有较强的抗风险能力，对经济稳定起到一定作用。

（二）弊

1. 规范整改成本

公司在上市过程中，需要根据拟上市地的监管规则进行整改规范，这可能涉及的规范成本与费用包括税务成本、社保成本、上市筹备费用、高级管理人员报酬、中介费用以及披露成本等。这些成本的支出与公司最终是否成功上市并不必然关联，公司仍面临上市失败的风险。

2. 巨大的监管压力

以境内发行上市为例，公司上市后，需要接受中国证监会及其派出机构、所上市的证券交易所等证券监管部门和自律组织的监管，受到保荐机构等中介机构的持续督导。

3. 严格的信息披露要求

为了保证全体股东及时、全面了解公司的情况，上市公司必须按照《证券法》、中国证监会颁布的《上市公司信息披露管理办法》和证券交易所颁布的《股票上市规则》等规定，真实、准确、完整、及时、公平地披露公司信息，这可能导致公司部分商业秘密被公开。同时，公司及其董事、监事、高级管理人员应当保证信息披露内容的真实、准确、完整，不存在虚假记载、误导性陈述或重大遗漏，严刑峻法背景下证券违规的个人责任将进一步加大。

4. 经营压力

在成熟的资本市场，权益资本成本要高于债务资本成本。投资者购买公司的股票，要求获得合理的投资回报。如果公司经营不善，业绩不佳，公司股票将会遭到投资者的抛弃，也有可能被恶意收购。

5. 创始人及团队

短期膨胀的财富效应可能使创始人及团队忘记初心，股份质押融资这把"双刃剑"可能导致个人随意增加债务并危及公司股权的稳定性。此外，公开发行上市后，大股东持股比例会有所下降，其对公司的控制力有可能随之降低。

三、总结

综上所述，公司需要综合自身的发展战略、财务状况、管理能力等多方面因素慎重考虑是否真的需要上市，并根据实际情况作出最适合自身的决策。

70

什么样的公司能上市？A股各板块上市条件一览

公司拟在境内首次公开发行股票并上市的,应当满足法律法规和证券交易所各板块的相关规定。那么,到底什么样的公司能上市？以下总结了A股各板块定位、发行条件、市值和财务指标最新要求,欢迎收藏以便及时查阅。

一、板块定位

各证券交易所不同板块的定位不同(详见本书前文:"**69 …… 你的公司真的需要上市吗？——上市的利与弊**"),公司拟申请首次公开发行股票并上市,应当符合相关板块的定位。

表 70-1 板块定位

适用板块	深沪主板	科创板	创业板	北交所
板块定位	大盘蓝筹	科创属性	三创四新	创新型中小企业

其中,科创板的"科创属性"和创业板的"三创四新"根据相关规则进一步明确以下评价标准,见表70-2。

表 70-2 科创板和创业板的要求

适用板块	要求
科创板《科创属性评价指引(试行)》(2024修正)	常规指标(同时满足): (1)最近三年研发投入占营业收入比例5%以上,或最近三年研发投入金额累计在8000万元以上; (2)研发人员占当年员工总数的比例不低于10%; (3)应用于公司主营业务并能够产业化的发明专利7项以上; (4)最近三年营业收入复合增长率达到25%,或最近一年营业收入金额达到3亿元

续表

适用板块	要求
	例外情形1(不适用部分常规指标)： (1)采用《上海证券交易所科创板股票上市规则》第2.1.2条第1款第5项规定的上市标准(下文表格中"<u>市值+技术优势</u>"标准)申报科创板的企业可不适用常规指标第4项指标； (2)按照《关于开展创新企业境内发行股票或存托凭证试点的若干意见》等相关规则申报科创板的已境外上市红筹企业(以下简称已境外上市红筹企业)可不适用常规指标第4项指标； (3)软件行业不适用常规指标第3项指标的要求,但研发投入占比应在10%以上。 **例外情形2(满足其一,虽未达到常规指标亦可申报)：** (1)发行人拥有的核心技术经国家主管部门认定具有国际领先、引领作用或者对于国家战略具有重大意义； (2)发行人作为主要参与单位或者发行人的核心技术人员作为主要参与人员,获得国家科技进步奖、国家自然科学奖、国家技术发明奖,并将相关技术运用于公司的主营业务； (3)发行人独立或者牵头承担与主营业务和核心技术相关的国家重大科技专项项目； (4)发行人依靠核心技术形成的主要产品(服务),属于国家鼓励、支持和推动的关键设备、关键产品、关键零部件、关键材料等,并实现了进口替代； (5)形成核心技术和应用于主营业务,并能够产业化的发明专利(含国防专利)合计50项以上
	限制及禁止规定： <u>限制金融科技、模式创新</u>企业在科创板上市。 <u>禁止房地产和主要从事金融、投资类业务</u>的企业在科创板上市
创业板 《深圳证券交易所创业板企业发行上市申报及推荐暂行规定》(2024年修订)	**常规指标(满足其一)：** (1)最近三年研发投入复合增长率不低于15%,最近一年投入金额不低于1000万元,且最近三年营业收入复合增长率不低于25%； (2)最近三年累计研发投入金额不低于5000万元,且最近三年营业收入复合增长率不低于25%； (3)属于制造业优化升级、现代服务业或者数字经济等现代产业体系领域,且最近三年营业收入复合增长率不低于30%
	例外情形(满足其一,不适用常规指标中的营业收入复合增长率要求)： (1)最近一年营业收入金额达到3亿元的企业； (2)已境外上市红筹企业

续表

适用板块	要求
	限制及禁止规定： 原则上不支持其申报在创业板发行上市（但与互联网、大数据、云计算、自动化、人工智能、新能源等新技术、新产业、新业态、新模式深度融合的创新创业企业除外）：农林牧渔业，采矿业，酒、饮料和精制茶制造业，纺织业，黑色金属冶炼和压延加工业，电力、热力、燃气及水生产和供应业，建筑业，交通运输、仓储和邮政业，住宿和餐饮业，金融业，房地产业，居民服务、修理和其他服务业。 禁止产能过剩行业、《产业结构调整指导目录》中的淘汰类行业，以及从事学前教育、学科类培训、类金融业务的企业在创业板发行上市

二、发行条件

（一）《公司法》及《证券法》的基础条件

表70-3　发行的基础条件

适用板块	深沪主板/科创板/创业板/北交所
组织机构	具备健全且运行良好的组织机构
经营能力	具有持续经营能力
财务要求	最近三年财务会计报告被出具无保留意见审计报告
合规要求	发行人及其控股股东、实际控制人最近三年不存在贪污、贿赂、侵占财产、挪用财产或者破坏社会主义市场经济秩序的刑事犯罪
其他	如股东（大）会审议、聘请保荐机构，以及经国务院批准的国务院证券监督管理机构规定的其他条件

（二）证监会及交易所规定的特定条件

表70-4　发行的特定条件

适用板块	主板	科创板	创业板	北交所
主体资格	依法设立且持续经营三年以上的股份有限公司（有限责任公司按原账面净资产值折股整体变更为股份有限公司的，持续经营时间可以从有限责任公司成立之日起计算）			在全国股转系统连续挂牌满12个月的创新层挂牌公司
净资产	—			最近一年期末净资产不低于5000万元

续表

适用板块	主板	科创板	创业板	北交所
主营业务董事、高级管理人员	最近三年内未发生重大不利变化	最近两年内未发生重大变化,此外科创板额外要求核心技术人员应当稳定且最近二年内没有发生重大不利变化		
实际控制人	最近三年内没有发生变更	最近两年内没有发生变更		
发行后股本总额	不低于5000万元	不低于3000万元		
发行后公众持股	一般:公众股东持股比例不低于股本总额的25% 特殊:公司股本总额超过人民币4亿元的,公开发行股份的比例为10%以上			
	—			公司股东人数不少于200人
其他	各板块关于公司业务合规、公司治理和财务规范等方面的规范性要求不存在显著差异,但在具体的审核重点、核查方法和监管尺度上可能会有所不同			

三、各板块《股票上市规则》规定的财务指标

(一)一般标准(财务指标)

表70–5　各板块的一般标准

适用板块	主板	科创板	创业板	北交所
净利润(+现金流量)	(1)最近三年净利润均为正,且最近三年净利润累计不低于2亿元,最近一年净利润不低于1亿元 (2)最近三年经营活动产生的现金流量净额累计不低于2亿元或营业收入累计不低于15亿元	—	最近两年净利润均为正,累计净利润不低于1亿元,且最近一年净利润不低于6000万元	

续表

适用板块	主板	科创板	创业板	北交所
市值+净利润（+收入）	(1) 预计市值不低于100亿元 (2) 最近一年净利润为正 (3) 最近一年营业收入不低于10亿元	(1) 预计市值不低于人民币10亿元 (2) 最近两年净利润均为正且累计净利润不低于人民币5000万元	(1) 预计市值不低于15亿元 (2) 最近一年净利润为正 (3) 营业收入不低于4亿元	(1) 预计市值不低于2亿元 (2) 最近两年净利润均不低于1500万元且加权平均净资产收益率平均不低于8%
		(1) 预计市值不低于人民币10亿元 (2) 最近一年净利润为正 (3) 营业收入不低于人民币1亿元		(1) 预计市值不低于2亿元 (2) 最近一年净利润不低于2500万元且加权平均净资产收益率不低于8%
市值+收入	—	(1) 预计市值不低于人民币30亿元 (2) 最近一年营业收入不低于人民币3亿元	(1) 预计市值不低于50亿元 (2) 最近一年营业收入不低于3亿元	—
市值+研发投入（+收入）	—	(1) 预计市值不低于人民币15亿元 (2) 最近一年营业收入不低于人民币2亿元 (3) 最近三年累计研发投入占最近三年累计营业收入的比例不低于15%	—	(1) 预计市值不低于8亿元 (2) 最近一年营业收入不低于2亿元 (3) 最近两年研发投入合计占最近两年营业收入合计比例不低于8%
				(1) 预计市值不低于15亿元 (2) 最近两年研发投入合计不低于5000万元

续表

适用板块	主板	科创板	创业板	北交所
市值+收入+现金流量(+净利润)	(1)预计市值不低于50亿元 (2)最近一年净利润为正 (3)最近一年营业收入不低于6亿元 (4)最近三年经营活动产生的现金流量净额累计不低于2.5亿元	(1)预计市值不低于人民币20亿元 (2)最近一年营业收入不低于人民币3亿元 (3)最近三年经营活动产生的现金流量净额累计不低于人民币1亿元	—	(1)预计市值不低于4亿元 (2)最近两年营业收入平均不低于1亿元,且最近一年营业收入增长率不低于30% (3)最近一年经营活动产生的现金流量净额为正
市值+技术优势	—	(1)预计市值不低于人民币40亿元 (2)主要业务或产品需经国家有关部门批准,市场空间大,目前已取得阶段性成果	—	—

(二)特殊标准:红筹企业(满足其一)

表70-6 各板块的特殊标准一

适用板块	主板	科创板/创业板	北交所
已在境外上市的红筹企业(满足其一)	(1)市值不低于2000亿元 (2)市值200亿元以上,且拥有自主研发、国际领先技术,科技创新能力较强,在同行业竞争中处于相对优势地位	—	—

续表

适用板块	主板	科创板/创业板	北交所
尚未在境外上市红筹企业（满足其一）	预计市值不低于200亿元，且最近一年营业收入不低于30亿元	—	—
	(1)营业收入快速增长，拥有自主研发、国际领先技术，在同行业竞争中处于相对优势地位，且预计市值不低于100亿元 (2)营业收入快速增长，拥有自主研发、国际领先技术，在同行业竞争中处于相对优势地位，且预计市值不低于50亿元，最近一年营业收入不低于5亿元		
	上述营业收入快速增长标准（满足其一） (1)最近一年营业收入不低于5亿元的，最近三年营业收入复合增长率10%以上 (2)最近一年营业收入低于5亿元的，最近三年营业收入复合增长率20%以上 (3)受行业周期性波动等因素影响，行业整体处于下行周期的，发行人最近三年营业收入复合增长率高于同行业可比公司同期平均增长水平 注：处于研发阶段的红筹企业和对国家创新驱动发展战略有重要意义的红筹企业，不适用"营业收入快速增长"的上述要求		

（三）特殊标准：具有表决权差异安排的公司

表70-7　各板块的特殊标准二

适用板块	主板	科创板/创业板	北交所
适用标准（满足其一）	预计市值不低于200亿元，且最近一年净利润为正	预计市值不低于人民币100亿元	—
	预计市值不低于100亿元，且最近一年净利润为正，最近一年营业收入不低于10亿元	预计市值不低于人民币50亿元，且最近一年营业收入不低于人民币5亿元	

四、总结

上述A股上市条件总结自2024年4月最新更新的规则，上市规则可能随着监管政策的更新而发生变化，建议公司在筹备上市的过程中，尽早与专业中介机构合作，通过针对性辅导，完善公司治理、财务规范，以满足不断变化的上市要求。

71

解密新三板挂牌：不是上市，那它究竟是什么？

新三板挂牌与上市一样是资本运作的方式之一，但它是与上市不同的资本运作机制。新三板挂牌究竟是什么？与上市有何区别？详见下述内容。

一、新三板挂牌概述

新三板是全国中小企业股份转让系统（以下简称全国股转系统）的俗称，它是经国务院批准，依据《证券法》设立的继上交所、深交所之后第三家全国性证券交易场所，于2013年1月16日正式揭牌运营。

2013年12月，国务院发布《关于全国中小企业股份转让系统有关问题的决定》，明确全国股转系统的市场性质系**全国性公开证券市场**，市场定位系为**创新型、创业型、成长型中小微企业发展服务**。符合条件的股份公司均可通过主办券商申请在全国股转系统挂牌（新三板挂牌），公开转让股份，进行股权融资、债权融资、资产重组等。

新三板实施市场分层制度，截至目前，设置有基础层和创新层两个层级，以便对挂牌公司进行分类管理。不同层级间实行差异化的投资者适当性标准、股票交易方式、发行融资制度，以及不同的公司治理和信息披露等监督管理要求。公司在申请挂牌时，符合挂牌条件的可进入基础层；满足创新层条件的，也可以直接申请挂牌同时进入创新层；挂牌时不满足创新层条件的基础层挂牌公司，可以在满足条件后提交进入创新层的材料，申请进层。创新层挂牌公司出现法定情形如最近一年期末净资产为负值的，将被全国股转公司降层调整至基础层。

近几年新三板受到广泛关注，原因之一是北交所的设立和发展，而挂牌是通往北交所的必经之路。2021年9月，北京证券交易所（北交所）注册成立，成为与上交所、深交所并行的公司上市及股票交易的平台。截至目前，北交所上市条件之一是"发行人为在全国股转系统连续挂牌满 12 个月的创新层挂牌公司",因此,拟于北交所上市的公司必须先完成挂牌并进入创新层,大量希望在北交所上市的公司积极申请在新三板挂牌。

二、新三板挂牌条件

《全国中小企业股份转让系统股票挂牌规则》第二章明确了挂牌条件,见表 71-1。

表 71-1 新三板挂牌条件

项目	主要条件
主体资格	申请挂牌公司应当是依法设立且合法存续的股份有限公司,股本总额不低于 500 万元(人民币,下同),并同时符合下列条件: (1)股权明晰,股票发行和转让行为合法合规; (2)公司治理健全,合法规范经营; (3)业务明确,具有持续经营能力; (4)主办券商推荐并持续督导; (5)全国股转公司要求的其他条件
	持续经营不少于两个完整的会计年度(新经济领域、产业基础领域符合一定条件可少于两个完整会计年度,但不得少于一个完整会计年度)
业务与经营	业务明确,可以经营一种或多种业务,拥有与各业务相匹配的关键资源要素,具有直接面向市场独立持续经营的能力。所属行业或所从事业务不得是被产业政策明确禁止或淘汰的,或被明确禁止进入资本市场融资的
	业务、资产、人员、财务、机构应当完整、独立,与其控股股东、实际控制人及其控制的其他企业分开
	申请挂牌公司最近一期末每股净资产应当不低于 1 元/股(符合新经济、产业基础领域相关条件的公司除外),并满足下列条件之一: (1)最近两年净利润均为正且累计不低于 800 万元,或者最近一年净利润不低于 600 万元; (2)最近两年营业收入平均不低于 3000 万元且最近一年营业收入增长率不低于 20%,或者最近两年营业收入平均不低于 5000 万元且经营活动现金流量净额均为正; (3)最近一年营业收入不低于 3000 万元,且最近两年累计研发投入占最近两年累计营业收入比例不低于 5%; (4)最近两年研发投入累计不低于 1000 万元,且最近 24 个月或挂牌同时定向发行获得专业机构投资者股权投资金额不低于 2000 万元; (5)挂牌时即采取做市交易方式,挂牌同时向不少于 4 家做市商在内的对象定向发行股票,按挂牌同时定向发行价格计算的市值不低于 1 亿元

三、挂牌与上市的主要区别

现行规则下,挂牌与上市主要有以下区别。

1. 准入条件不同

一方面,功能定位有差异。上市的主板主要服务于成熟期大型企业,突出具有行业代表性的"大盘蓝筹"特色;科创板突出"硬科技"特色,发挥资本市场改革"试验田"的作用;创业板主要服务于成长型创新创业企业;而北交所与全国股转系统共同打造服务创新型中小企业的主阵地。另一方面,挂牌门槛整体相较上市更低。对比本书前文***"70 …… 什么样的公司能上市？A股各板块上市条件一览"***可见,挂牌的财务门槛和业务要求整体相较上市更低。

2. 投资者的门槛不同

新三板实行较为严格的投资者适当性管理制度,主要面向专业投资者和机构投资者,而上市公司面向的投资者群体更广,包括中小投资者。当前,对于主板而言,除根据法律规定或中国证监会认定不得买卖股票的主体外,均可通过开立证券账户买卖股票,对最低资金无要求;创业板对个人投资者的最低资金要求为证券账户及资金账户内的资产不低于10万元;科创板对个人投资者的最低资产要求为50万元;北交所对个人投资者的最低资产要求为50万元;而新三板创新层对机构投资者和个人投资者的最低资产要求均为100万元,基础层的投资者最低资产要求则均高达200万元。

3. 信息披露要求不同

上市公司的信息披露要求整体相较新三板更为严格。例如,在披露频率方面,上市公司应披露的定期报告包括年度报告、半年度报告和季度报告,而挂牌公司应披露的定期报告为年度报告和半年度报告,季度报告是可以而非必须披露;在披露内容方面,上市公司财务报告的详细程度要求相较挂牌公司更高。挂牌公司的信息披露要求相较上市公司更低,于挂牌公司而言,其信息披露事务负担相对较轻;于其投资人而言,则公司信息透明度相对上市公司更低。

4. 股票交易方式不同

挂牌公司股票交易可以采取做市交易方式、集合竞价交易方式,符合规定条件的,还可以采取大宗交易、协议转让的方式。上市公司股票可采取竞价方式进行交易(包括集合竞价和连续竞价两种方式),符合规定条件的,可以采取大宗交易、协议转让的方式,科创板股票交易还可以实行做市商机制。挂牌公司不适用上市公司的连续竞价交易方式,其中,连续竞价交易是对买卖申报逐笔连续撮合的竞价方式,随时可能成交;而挂牌公司的集合竞价交易方式只有在特定时间段集中撮合,目前基础层竞价股票每个交易日撮合 5 次,创新层竞价股票自 9:30 起每 10 分钟对接受的买卖申报进行集中撮合。因此,受限于股票交易方式,理论上挂牌公司的股票交易效率相较上市公司更低。

5. 股票流动性不同

此点区别实际上是前述区别的结果。由于挂牌公司财务指标可能不如上市公司亮眼、投资者门槛高导致适格投资者较少、信息披露要求相对宽松、股票交易效率相对较低等因素,挂牌公司的股票流动性会相对较差,或者说在挂牌层面投资者变现能力相对较弱(但以在北交所上市或转板为目的的挂牌,则需结合后续发展综合考虑)。实务经验和实践数据也可初步印证这一点。根据各证券交易所、全国股转系统的统计,2023 年度各板块股票交易数据见表 71-2。

表 71-2 2023 年度各板块股票交易数据

板块	股票交易成交数量(亿股)	股票交易成交金额(亿元)
新三板	174.27	612.74
北交所	615.42	7272.23
上交所主板	69166.65	736245.52
上交所科创板	4041.17	157382.93
深交所主板	66088.03	693046.14
深交所创业板	31513.26	535434.94

注:需要说明的是,新三板股票交易数据也受限于新三板挂牌功能定位下,公司体量相对较小、融资需求相对较小等因素的影响,其成交量并不完全等同于股票流动性,相关数据仅供参考。

四、挂牌转上市的路径

根据现行规则,挂牌公司的市场结构及发展路径,如图 71-1 所示。

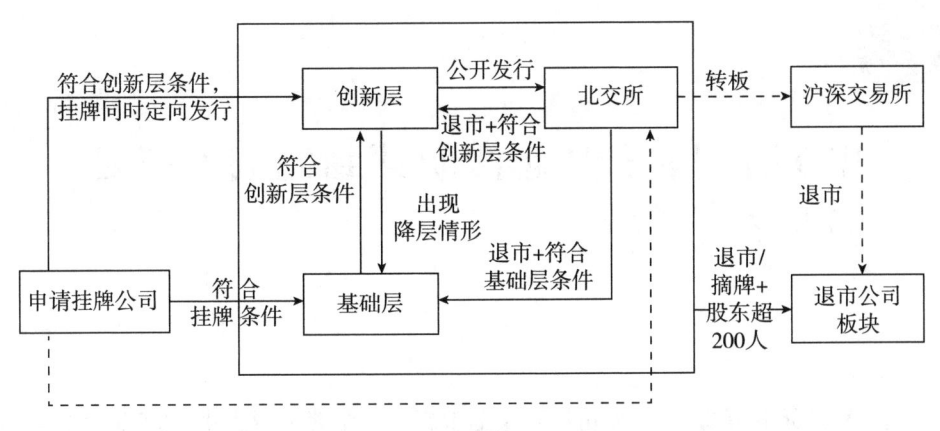

图 71-1 挂牌转上市的路径

资料来源：全国股转系统官网。

如上文所述，连续挂牌满12个月的创新层挂牌公司，符合北交所上市条件的，可以申请在北交所公开发行股票并上市。根据《中国证监会关于北京证券交易所上市公司转板的指导意见》等规定，在当前的转板机制试点期间，符合条件的北交所上市公司可以申请转板至上交所科创板或深交所创业板。北交所上市公司申请转板，应当已在北交所连续上市满一年，且符合转入板块的上市条件。

转板属于股票上市地的变更，不涉及股票公开发行，依法无需经中国证监会注册，由上交所、深交所依据上市规则进行审核并作出决定。转板程序主要包括：企业履行内部决策程序后提出转板申请，上交所、深交所审核并作出是否同意上市的决定，企业在北交所终止上市后，在上交所或深交所上市交易。转板机制为挂牌公司转上市提供了较大便利，对于暂不满足上市条件但有上市计划的公司，也可考虑先通过挂牌的方式进行公众化、规范化，待条件满足时，在北交所上市或未来借助转板机制在沪深交易所上市。

五、总结

综上所述，新三板挂牌是公司公开转让股份，进行股权融资、债权融资、资产重组的方式之一，可以实现公司的公众化（满足融资目的）、规范化（以符合挂牌规范性条件的方式运作），其相较于上市，在准入条件、投资者门槛、信息披露要求、股票交易方式、股票流动性等方面有所不同。公司可以根据自身定位、基础情况等因素，综合考虑是否需要借助挂牌实现发展目标。

72

IPO 时间表：从想法萌芽到完成上市要多久？

在 A 股资本市场，一家公司从产生上市想法到最终完成上市，通常需要付出大量的人力、物力、财力和精力。这一过程可能耗时 2~3 年，甚至更久，其中涉及多个关键阶段，包括筹备阶段、挂牌/辅导阶段、申报阶段以及发行阶段，具体流程如下。

一、筹备阶段

1. 想法萌芽——组建上市团队

公司产生上市的想法后，第一步要做的是组建一支专业的上市团队，该团队负责评估上市的可行性、策划上市方案并执行具体任务。就公司内部而言，公司可以建立一个由实际控制人领导，汇集财务、法律及证券专业知识人才的证券管理部门，以协调上市筹备过程中的各项工作；公司外部机构方面，公司应当聘请专业的中介机构协助制订上市计划，初期合作的中介机构通常包括证券公司（券商）、律师事务所和会计师事务所，分别提供资本市场、法律和财务方面的专业服务，具体服务内容将在本书后文中分享。

2. 尽职调查

中介机构将依据最新上市规则和监管要求对公司进行全面详尽的尽职调查，深入分析公司在业务、法律和财务方面存在的问题，识别可能影响上市进程的障碍，并在此基础上为公司提供整改建议以满足上市要求。

3. 制定上市方案

中介机构将结合尽职调查结论以及公司的发展规划，为公司量身定制切实可行的整改计划和上市方案，并确定股改基准日和申报基准日。在基准日之前，中介机构将持续提供支持，帮助公司解决业务、法律和财务方面的问题，并根据公司新的战略方向，及时提供与 IPO 相关的专业建议。

4. 完成股改

根据公司的上市时间表,公司需将组织形式由有限责任公司改制为股份有限公司(股改),自股改基准日至公司取得股份有限公司的营业执照一般需要 3 个月左右,股改的程序以及需聘请的中介机构将在本书后文中分享。

二、挂牌/辅导阶段

1. 完成新三板挂牌(如需)

若公司拟在北交所上市的,依据现行监管规则,其首先应当完成新三板挂牌,只有在全国股转系统连续挂牌满 12 个月的创新层挂牌公司才有资格向北交所发行上市。新三板挂牌相关内容详见本书前文:*"71 ⋯⋯ 解密新三板挂牌:不是上市,那它究竟是什么?"*。

2. 辅导备案

公司在向证券交易所提交申报文件前,应当首先向公司注册地的中国证监会派出机构(证监局)进行辅导备案并完成验收。保荐机构(券商)应在与公司签订辅导协议后 5 个工作日内向证监局进行备案,证监局于收到齐备的辅导备案材料后 5 个工作日内完成备案,这一过程通常在申报基准日前 3 个月进行。

自完成辅导备案之日至提交齐备的辅导验收材料之日为辅导期,除《首次公开发行股票并上市辅导监管规定》(2024)和《监管规则适用指引——北京证券交易所类第 1 号:全国股转系统挂牌公司申请在北京证券交易所发行上市辅导监管指引》另有规定外,辅导期应不少于 3 个月。

辅导工作的目的在于促进辅导对象具备成为上市公司应有的公司治理结构、会计基础工作、内部控制制度,充分了解并准确把握板块定位和产业政策,树立进入证券市场的诚信意识、自律意识和法治意识。

三、申报阶段

1. 中介机构尽职调查

申报基准日前后,中介机构可以根据公司具体情况与工作安排,决定申报工作的开始时间,以法律尽职调查为例,申报阶段工作主要包含以下内容:

(1)向银行、客户、供应商发函;

(2)进行主要客户、供应商走访;

(3)核查股东及董监高调查表并进行访谈;

(4)核查报告期内公司、实际控制人、控股股东、董监高等主体的全部银行流水;

(5)取得公司及子公司所在地主管机关的合规证明,实际控制人、控股股东和董监高无犯罪记录证明;

(6)核查公司及子公司的主体资格、上市实质条件、历史沿革、业务经营、关联交易及同业竞争、报告期内重大债权债务、主要财产权证、公司章程及三会议事规则等内控制度、董监高及其变化、税务、环保、劳动用工、募集资金运用、诉讼和行政处罚等情况所涉资料。

2. 中介机构出具申报文件初稿

在申报阶段,公司及中介机构需经常性召开协调会,对齐各方申报工作的进度,共同解决核查过程中遇到的重大事项,确保各项工作的按序推进。同时,各家中介机构将根据底稿资料及核查情况出具申报文件初稿,其中券商需出具招股说明书和保荐工作报告,律师需出具律师工作报告和法律意见书,会计师需出具审计报告和内部控制鉴证报告。

3. 中介机构完成内核

中介机构在完成初稿文件后,需根据各自的内控要求启动相应的内核流程,以确保申报文件所披露的信息符合相关法律法规、交易所及证监会等证券监管部门的规定。内核审查方式包括但不限于底稿审查、现场检查、问核会、内核会等,该步骤通常需要1~2个月。

4. 完成辅导验收

券商完成辅导工作且已通过内核程序,可以向证监局提交辅导验收材料,经证监局审核材料,组织公司董监高及持股5%以上股东和实际控制人(或其法定代表人)参加证券市场知识测试并通过后,出具验收工作完成函,同步形成辅导监管报告报送发行监管部门,并抄送拟申请上市的证券交易所。需特别提示注意的是,辅导验收工作完成函的有效期为12个月,未在验收工作完成函有效期内提交IPO申请的,需要重新履行辅导备案及辅导验收程序。

5. 召开上市董事会及股东会

申报前,公司应当召开审议上市相关议案的董事会及股东会,审议议案通常包含:

(1)关于公司申请首次公开发行人民币普通股(A股)股票并上市的议案;

(2)关于提请股东会授权董事会负责办理公司申请首次公开发行股票并上市

相关事宜的议案；

（3）关于公司首次公开发行股票募集资金投资项目及其可行性的议案；

（4）关于公司首次公开发行股票并上市前滚存利润分配的议案；

（5）关于公司首次公开发行股票并上市后生效的《公司章程（草案）》的议案；

（6）关于公司上市后三年分红回报规划的议案；

（7）关于公司股价稳定预案的议案；

（8）关于公司就首次公开发行人民币普通股股票并上市事项出具相关承诺并提出相应约束措施的议案；

（9）关于公司内控制度的议案；

（10）关于公司最近三年审计报告的议案；

（11）关于公司内部控制自我评价报告的议案。

6. 提交申报材料

中介机构向证券交易所提交全套申报文件，主要文件如下：

（1）招股说明书；

（2）关于本次公开发行股票并上市的申请报告；

（3）董事会、股东会有关本次发行并上市的决议；

（4）关于符合板块定位要求的专项说明；

（5）发行保荐书、上市保荐书、保荐工作报告、签字保荐代表人在审企业家数说明、保荐协议和承销协议；

（6）财务报告及审计报告、内部控制鉴证报告、经注册会计师鉴证的非经常性损益明细表；

（7）法律意见书、律师工作报告；

（8）关于发行人董事、监事、高级管理人员、控股股东和实际控制人在相关文件上签名盖章的真实性的鉴证意见；

（9）关于申请电子文件与预留原件一致的鉴证，发行人、保荐人关于申请电子文件与预留原件一致的承诺函；

（10）发行人的企业法人营业执照、发行人公司章程（草案）；

（11）发行人关于公司设立以来股本演变情况的说明及其董事、监事、高级管理人员的确认意见；

（12）发行人最近三年及一期所得税纳税申报表、有关发行人税收优惠、政府补助的证明文件、主要税种纳税情况的说明、注册会计师对主要税种纳税情况说明出具的意见、发行人及其重要子公司或主要经营机构最近三年及一期纳税情况的证明；

（13）最近三年及一期原始财务报表、原始财务报表与申报财务报表的差异比较表、注册会计师对差异情况出具的意见；

（14）发行人的历次验资报告或出资证明；

（15）发行人关于募集资金运用方向的总体安排及其合理性、必要性的说明；

（16）发行人拥有或使用的对其生产经营有重大影响的商标、专利、计算机软件著作权等知识产权以及土地使用权、房屋所有权等产权证书清单；

（17）发行人律师就（16）清单所列产权证书出具的鉴证意见；

（18）重要采购合同、重要销售合同；

（19）发行人及其实际控制人、控股股东、持股5%以上股东以及发行人董事、监事、高级管理人员等责任主体的重要承诺以及未履行承诺的约束措施；

（20）有关消除或避免相关同业竞争的协议以及发行人的控股股东和实际控制人出具的相关承诺；

（21）发行人董事、监事、高级管理人员对证券发行文件的确认意见以及监事会的书面审核意见，发行人控股股东、实际控制人对证券发行文件的确认意见；

（22）发行人关于股东信息披露的专项承诺，保荐人关于发行人股东信息披露的专项核查报告；律师事务所关于发行人股东信息披露的专项核查报告。

7. 审核问询阶段

证券交易所审核机构受理申报文件后，将通过保荐机构向发行人提出审核问询，发行人及中介机构按照审核问询要求进行必要的补充调查和核查，及时（回复时间视交易所具体要求）、逐项回复审核问询，相应补充或修改申请文件，问询通常为2~4轮。

8. 上市委员会审议

证券交易所审核机构经审核问询后出具审核报告，上市委员会将召开会议对审核报告及申报材料进行审议，该次会议通常要求发行人及其保荐人现场出席并接受问询，回答委员提出的问题。上市委员会审议时，参会委员就审核报告的内容和发行上市审核机构提出的初步审核意见发表意见，通过合议形成发行人是否符合发行条件、上市条件和信息披露要求的审议意见。

9. 证券交易所出具审核意见

证券交易所结合上市委员会的审议意见，出具发行人符合发行条件、上市条件和信息披露要求的审核意见或者作出终止发行上市审核的决定。

10. 中国证监会注册

证券交易所审核通过后，需向中国证监会报送发行人符合发行条件、上市条件

72 IPO时间表:从想法萌芽到完成上市要多久?

和信息披露要求的审核意见、相关审核资料和发行人的发行上市申请文件,即提交中国证监会申请注册。中国证监会如发现存在影响发行条件的新增事项的,可以通过证券交易所进一步问询,经反馈或补充审查后,中国证监会对发行人的注册申请作出予以注册或者不予注册的决定。

四、发行阶段

1. 刊登招股说明书(或招股意向书)

公司在取得中国证监会予以注册的决定后,应当在发行前刊登招股说明书,并在刊登首日在发行公告中披露发行定价方式、定价程序、参与网下询价投资者条件、证券配售原则、配售方式、有效报价的确定方式、中止发行安排、发行时间安排和路演推介相关安排等信息。

2. 路演推介和询价

在招股说明书刊登后,发行人和主承销商可以向网下投资者进行推介和询价,也可以通过互联网等方式向公众投资者进行推介,发行人和主承销商向公众投资者进行推介时,向公众投资者提供的发行人信息的内容及完整性应当与向网下投资者提供的信息保持一致。

3. 发行上市

刊登上市公告书,根据上市公告书载明的上市时间及价格进行首次公开发行,网上公开发行与网下配售同时进行,上市即告完成。

五、总结

表72-1 公司上市流程

阶段	进程	时间	备注
筹备阶段	组建上市团队	萌芽阶段	内部专业人员+外部中介机构
	尽职调查	发展阶段	对公司情况进行摸底
	制定上市方案,确定申报基准日T	T前	申报前持续整改
	完成股改	T-7个月	自股改基准日至公司取得股份有限公司的营业执照一般需要3个月左右

续表

阶段	进程	时间	备注
辅导阶段	完成新三板挂牌（如需）	T－6个月	北交所上市需要满足在北京证券交易所上市委员会审议时已连续挂牌满12个月，且如需新三板挂牌则股改完成日应提前至挂牌基准日前
	辅导备案	T－3个月	辅导期不少于3个月，例外情形除外
申报阶段	中介机构尽职调查	T＋4个月	申报基准日前后进场，进行走访、发函、调取流水、开具合规证明等事项的核查，整理申报材料，持续到申报
	中介机构出具申报文件初稿	T＋3个月	券商：招股说明书、保荐工作报告 律师：律师工作报告、法律意见书 会计师：审计报告、内部控制鉴证报告
	中介机构完成内核	T＋5个月	包括底稿审查、现场检查以及问核会、内核会流程等，通常需要1~2个月
	完成辅导验收	T＋5个月	证监局审核辅导验收材料，并组织公司董监高及持股5%以上股东和实际控制人（或其法定代表人）参加证券市场知识测试
	召开上市董事会及股东会	T＋5个月	审议上市相关议案，其中财务报表必须经董事会审议后方可报出
	提交申报材料	T＋6个月	向证券交易所提交全套申报文件
	审核问询	T＋11个月	证券交易所审核机构问询，公司及中介机构答复反馈，其间可能涉及多次补充财务数据、现场检查
	上市委员会审核	T＋13个月	证券交易所结合上市委员会的审议意见，决定过会或终止审核的决定
	证券交易所出具审核意见	T＋13个月	可以通过证券交易所进一步问询
	中国证监会注册	T＋16个月	

续表

阶段	进程	时间	备注
发行阶段	刊登招股说明书（或招股意向书）	T+18个月	刊登首日在发行公告中披露发行定价方式和路演推介的具体信息
	路演推介和询价	T+18个月	多渠道推介信息应保持一致
	发行上市	T+19个月	定价发行，上市即告完成

73 上市可能需要哪些中介机构？

公司筹备上市可能需要哪些中介机构？各中介机构的主要职责是什么？公司又该如何选择中介机构？详见下列内容。

一、上市中介机构概述

上市中介机构是指为公司筹备上市提供专业服务的一系列机构。上市中介机构具备专业的知识和经验，能够帮助公司规划选择适当的上市申报报告期，制定合理的上市申报时间表，应对及处理复杂的合规要求，识别和规避上市过程中的潜在风险，并协助公司准备信息披露文件，确保信息披露的真实性、准确性和完整性。

根据《证券法》的相关规定，证券公司（券商）、会计师事务所、律师事务所是公司在境内上市必须聘请的中介机构，这三大中介机构分别制作并出具的招股说明书、申报审计报告、法律意见书是公司上市的必备申请文件。此外，根据公司的实际情况，筹备上市过程中可能还需要聘请其他中介机构，详见下述内容。

二、主要中介机构类型及职责

1.证券公司（券商）

（1）保荐职能

公司申请公开发行股票，应当聘请证券公司担任保荐人及承销商。券商在公司上市过程中的主要职责如下：

①协助公司进行上市规划和筹备，包括对公司进行全面评估和诊断。

②指导公司进行股份制改造，完善公司治理结构。

③根据公司实际情况并结合 IPO 审核要求，对公司进行持续辅导。

④负责制作招股说明书等上市申请文件，并向交易所及证监会等证券监管机

构申报。

⑤作为总协调人,协调其他中介机构的工作,确保信息的一致性和连贯性。

⑥就上市过程中的业务、财务、法律问题等作全面统筹,提供专业意见和解决方案。

(2)承销职能

公司在股票发行阶段需要聘请证券公司为承销商,进行股票代销或包销。由于证券公司承销证券应当对公开发行募集文件的真实性、准确性、完整性进行核查,通常情况下公司会聘请为本次上市聘请的保荐人为主承销商。如募集资金规模较大,公司可能还需聘请一家或数家联席承销商。

券商在承销阶段,需要凭借其专业能力和市场经验,对发行股票进行合理定价,吸引投资者参与认购,并帮助发行人分散发行风险。同时,由于承销商有对发行人进行尽职调查的义务,在某种程度上也能够起到投资者保护的作用。

2. 会计师事务所

会计师事务所作为审计机构,对公司上市申报报告期的财务报表进行审计并出具审计报告等专业文件,协助公司完善内部控制体系。会计师事务所在公司上市过程中的主要职责包括:

(1)申报前的审计和相关服务

①对公司财务情况进行尽职调查。

②根据公司实际情况并结合IPO审核要求,对公司进行持续辅导,提供财务规范的指导意见。

③对公司整体变更设立股份公司基准日财务报表进行审计,并出具审计报告;对公司整体变更设立股份公司注册资本及实收资本的变更情况进行审验,并出具验资报告。

④对公司上市前年度财务报表进行审计。

(2)首次申报的审计和相关服务

对公司IPO申报基准日的相关信息进行审计及鉴证、提供与首次申报相关的服务,包括以下内容。

①对公司申报基准日止的三年期(或三年加一期)申报财务报表进行审计,并出具审计报告。

②对公司申报基准日的内部控制的有效性进行鉴证,并出具鉴证报告。

③对公司申报期间的原始财务报表与申报财务报表的差异比较表进行鉴证,并出具鉴证报告。

④对公司申报期间的主要税种纳税情况的说明进行鉴证,并出具鉴证报告。

⑤对公司申报期间的非经常性损益明细表进行鉴证,并出具鉴证报告。

⑥交易所、证监会等证券监管机构要求出具的其他相关报告。

(3)申报审核中的审计和相关服务

①根据审核要求对审核过程中的相关问询进行核查,并出具专项审核问询回复。

②因申报材料超期,对公司相关信息进行追加申报期间提供鉴证服务,并出具鉴证报告;或根据审核需要,对公司申报后在审期间的中期财务报表进行审计或审阅,并出具加期审计或审阅报告。

③应审核监管机构要求补充披露的相关信息或出具其他相关报告。

3.律师事务所

律师事务所协助公司进行合规层面的整改规范,并就拟上市公司的合法合规性出具律师工作报告及法律意见书。律师事务所在公司上市过程中的主要职责如下。

(1)申报前的合规整改法律服务

①对公司的历史沿革、治理结构、合规情况等进行法律尽职调查。

②根据公司的实际情况并结合 IPO 审核要求,对公司进行持续辅导,提供法律合规经营的指导意见。

③起草及审核公司整体变更设立股份公司涉及的全部法律文件,包括但不限于三会文件、发起人协议、股改后的公司章程及内控制度等。

(2)首次申报的相关法律服务

①起草及审核与公司内控及治理相关的文件,如公司章程、三会议事规则、内部控制制度、与上市申报相关的三会文件等。

②起草与上市申报相关的法律文件,如律师工作报告,法律意见书,关于股东信息披露专项核查报告,关于发行人董事、监事、高级管理人员、发行人控股股东和实际控制人在相关文件上签名盖章的真实性的鉴证意见,关于申请电子文件与预留原件一致的鉴证意见,产权鉴证意见,发行上市法律意见书等。

③交易所、证监会等证券监管机构要求出具的其他相关报告。

(3)申报审核中的相关法律服务

①根据审核要求对审核过程中的相关反馈意见进行核查,并出具补充法律意见书。

②因申报材料超期,对公司相关信息进行追加核查,并出具补充法律意见书。

③应审核监管机构要求补充披露的相关信息或出具其他相关报告。

4. 评估机构

尽管评估机构并非按照《证券法》规定必须聘请的中介机构,但根据实务经验,公司筹备上市通常都需要聘请评估机构,需要评估机构的主要情形及其职责如下。

(1)在公司进行股份制改造时,对公司股改前的净资产进行评估,以确保用于折股的经审计净资产不低于经评估净资产,避免出资不实。

(2)公司历史沿革中存在非货币财产出资情形的,应当评估作价,核实财产,以确保非货币财产出资到位。

(3)公司在报告期内进行并购重组的,尤其涉及与关联方之间的资产重组事项,通常以评估机构出具的评估报告作为交易作价依据。

5. 募投咨询机构

募投项目即公司上市募集资金投向的项目,反映公司募集资金的用途,有助于审核监管层和投资者了解公司的未来发展方向。募投咨询机构可以协助公司确定募投项目,撰写募投项目可行性研究报告,规划募投项目涉及的土地、项目备案、环评备案等事项。

6. 上市咨询顾问

除三大中介外,公司也可额外聘请上市咨询顾问,在综合层面为公司提供咨询服务。上市咨询顾问可以提供的服务主要有:为公司制定资本运作路线,论证上市的可行性;配合公司对接中介机构,包括确定适合公司的中介机构、协调沟通等;提供业务、财务、法律等各方面的整改建议和咨询服务。由于三大中介机构在监管层面有独立性要求,需从独立客观的角度对公司的相关事项发表意见,而上市咨询顾问则不受此限,故可以从公司利益最大化的角度帮助公司制定相关方案和策略。

7. 舆情监测和危机公关

公司筹备上市事项最晚于辅导备案时由证监局公示而被在公众层面公开,相关媒体可能根据公示情况进一步查询、探究公司的业务、财务等信息,并引起舆情讨论。此外,申请上市过程中被举报违法违规的公司也不在少数,此类事项可能会影响监管层面审核的方向和深度。公司可以聘请舆情监测和危机公关等机构,尽量减轻相关事项对公司申报审核的影响。

8. 其他机构

公司根据实际情况,可能还需要聘请其他中介机构。例如,拟在境外上市的,将涉及4家律师事务所,分别是公司境内律师、公司境外律师、保荐人境内律师、保荐人境外律师；财务基础特别薄弱的，可能需要聘请财务顾问，协助公司进行整改以达到会计师事务所可以进行审计的标准；拟进行科创板申报，需要在知识产权及科创属性方面强化的，可能需要聘请知识产权顾问，对公司的知识产权进行战略规划；股东信息披露专项核查涉及的穿透股东数量较多的，可能需要聘请第三方服务机构完成辅助核查；由于申报底稿电子化，公司可能需要聘请电子底稿服务商，协助公司按照监管要求的形式整理和提交相关电子资料。

三、选择中介机构的标准

根据实践经验，我们建议，有上市计划的公司可以尽早聘请中介机构。一方面，公司可以通过中介机构的尽职调查发现问题，核查公司当前是否有申报上市的"硬伤"，尽早规范整改；另一方面，在公司正式准备申报材料前，可以通过借助中介机构提供的咨询辅导服务，持续规范运作，避免产生影响上市进展的事项。

选择合适的中介机构对公司的上市工作至关重要，实务中，建议参照以下角度考察并选择中介机构：

1. 专业能力和经验：中介机构在相关领域的专业水平，如保荐机构过往保荐项目的成功率、律师事务所处理上市法律事务的项目数量和经验等。

2. 声誉和口碑：在市场上的知名度和美誉度，良好的声誉通常意味着更可靠的服务。

3. 团队素质：具体负责项目的团队成员的专业素养、沟通能力和敬业精神。

4. 服务质量：提供服务的及时性、细致性和全面性。

5. 沟通和配合能力：与公司管理层、其他中介机构能否良好沟通和有效配合。

6. 收费标准：合理的收费结构和价格水平，确保费用总金额符合市场商业惯例，付款进度安排能够尽量减轻公司前期的资金压力。

四、总结

综上所述，公司上市需要聘请包括但不限于券商、会计师事务所、律师事务所等中介机构，建议有上市计划的公司尽早聘请中介机构，帮助公司规范运作，扫除上市障碍，早日实现上市目标。

74

拟上市公司如何进行股改？

股改系将公司的组织形式由有限责任公司改制为股份有限公司的过程，是拟上市公司启动上市申报的重要里程碑节点。通常而言，拟上市公司完成股改，意味着其已建立规范的公司治理结构，梳理与解决了公司在历史上的瑕疵与问题，具备了未来在资本市场运作的主体资格。那么，拟上市公司应该如何进行股改？

一、股改的必要性

根据《首次公开发行股票注册管理办法》第10条的规定，拟在境内进行IPO的企业，应当是依法设立且持续经营三年以上的股份公司，具备健全且运行良好的组织机构，相关机构和人员能够依法履行职责。有限责任公司按原账面净资产值折股整体变更为股份有限公司的，持续经营时间可以从有限责任公司成立之日起计算。

因此，除非创业者依据新《公司法》（2023修订）的相关规定在创业之初即一步到位设立股份公司，否则均需要在上市申报前，将公司形式由有限责任公司改制为股份有限公司，以下简称股改。

有关新《公司法》（2023修订）实施后创业者开设公司的类型选择，详见本书前文："03——新《公司法》实施后，创业者能否一步到位设立股份有限公司？"。

二、股改的程序

拟上市公司进行股改的主要程序通常如下，视公司具体情况及对时间表的不同要求，具体执行细节可能存在一定差异。

（一）由公司聘请的上市中介机构对公司进行法律、财务、业务尽职调查

该阶段的主要工作，是比照拟上市板块的最新监管要求，详细、逐一筛查公司

设立至今的经营合规情况,就可能影响上市申报的瑕疵事项制订合理的整改计划,进而确定适当的股改基准日、规划选择合理的上市申报基准日及报告期。

实务中,拟上市公司通常会在历史瑕疵问题基本整改完毕后,才会启动正式的股改程序。这是因为,一方面,在本次新《公司法》(2023 修订)实施前,原《公司法》(2018 修正)第 141 条规定,发起人持有的本公司股份自公司成立之日起一年内不得转让。因此,若公司拟于股改后的一年内递交上市申请的,为了符合股份权属清晰的上市要求,需要确保在股改前已消除历史上的股权代持行为(如有)。

另一方面,如前文所述,改制为股份公司通常意味着公司已经搭建了规范的治理结构,具备了未来登陆资本市场的主体资格。以股改为起点进行更为规范的运营,有助于给交易所、证监会等证券监管部门在审查公司上市申请文件时留下更好的印象。

尽管新《公司法》(2023 修订)实施后,前述限制股份转让的条款已经取消,公司相关瑕疵事项的整改拥有了更宽泛的期限,但我们仍建议拟上市公司尽可能在启动股改前完成历史瑕疵事项的整改及纠正,避免给公司的上市审核造成不利影响。

(二)初步拟定股改方案

待前序阶段的瑕疵事项基本整改完毕后,拟上市公司在正式启动股改流程时,一般需要召开有限公司阶段的第一次董事会及股东会,审议如下事项。

1.确定实施股改及改制基准日

考虑到上市审计报告的审计基准日通常为每年 3 月 31 日、6 月 30 日、9 月 30 日或者 12 月 31 日,为了避免上市审计报告与股改审计报告出现差异,建议拟上市公司避免选择上述日期作为股改基准日。

2.聘请股改的中介机构

这些机构主要包括审计机构、评估机构、验资机构及律师事务所,其中:

(1)审计机构及评估机构将对公司截至股改基准日的净资产情况进行审计、评估,分别出具《审计报告》及《评估报告》;

(2)验资机构通常也是本次股改的审计机构,其将对改制后的股份公司发起人的出资情况进行审验确认,出具《验资报告》;

(3)律师事务所通常系公司为 IPO 目的聘请的律师,负责起草本次股改涉及的全部法律文件,包括但不限于三会文件、发起人协议、股改后的公司章程及内控制度等。

3.确定股改后的股份公司名称并办理名称预核准登记

（三）确定最终的股改方案

待拟上市公司为本次股改聘请的审计及评估机构出具相应的《审计报告》及《评估报告》后，公司一般需要召开有限公司阶段的第二次董事会及股东会，根据审计及评估报告结果确定最终的折股方案，具体内容如下。

1. 股改后的公司名称

已经取得工商预核准的股份公司名称。

2. 股改后的公司类型

公司类型由有限责任公司变更为股份有限公司。

3. 确认《审计报告》中截至股改基准日公司的账面净资产值

需特别提示注意的是，根据相关会计准则的要求、《企业安全生产费用提取和使用管理办法》的相关规定以及实务经验，高危行业企业进行股改时，在确认经审计的账面净资产时需扣除安全生产专项储备。

此外，与投资人存在对赌安排的拟上市公司应当注意，为了避免将公司收到的相关投资款作为金融负债处理而影响公司在股改基准日的净资产，部分审计机构在股改时可能要求公司协调相关投资人出具一份有关终止对赌条款的承诺函，承诺其将根据相关监管规则的规定，配合公司及相关主体在 IPO 申报财务报告出具之日解除对赌条款。具体详见本书前文：*"61……对赌遇到 IPO 时，必须清理吗？"*。

4. 确认《评估报告》中截至股改基准日公司的净资产评估值、评估增值及增值率

5. 确定股改的折股方式及股本总额

为确保公司股改前的经营时间可以连续计算以满足上市要求，有限责任公司应当按原账面净资产值折股整体变更为股份有限公司，折股比例＝净资产/股数，净资产超过注册资本的部分计入公司的资本公积金。

6. 确定股改后公司各发起人及持股情况

7. 免去有限公司原董监高的职务，待股改后股份公司制定新的《公司章程》，产生新的组织机构后重新选举及聘任

（四）签署《发起人协议》

《发起人协议》通常会约定以下事项：有限公司的全体股东，作为发起人共同发起将有限公司整体变更设立为股份公司；变更后的公司名称及注册资本；全体发起人的出资方式，即以有限公司经审计的账面净资产对股份公司进行出资，并按其在有限公司的出资比例确定其对股份公司的出资比例；各发起人的权利与义务以

及违约责任等。

(五)召开职工代表大会,审议股改方案并选举职工代表监事

依据原《公司法》(2018 修正)第 117 条之规定:"股份有限公司设监事会,其成员不得少于三人。监事会应当包括股东代表和适当比例的公司职工代表,其中职工代表的比例不得低于三分之一,具体比例由公司章程规定。监事会中的职工代表由公司职工通过职工代表大会、职工大会或者其他形式民主选举产生。……董事、高级管理人员不得兼任监事。"

新《公司法》(2023 修订)实施后,规模较小或者股东人数较少的股份公司可以不设监事会,设一名监事,行使监事会职权。此外,股份公司可以按照公司章程的规定在董事会中设置由董事组成的审计委员会,行使监事会的职权,不设监事会或者监事。即公司能够根据自身情况设立单层监督结构,通过董事会下设审计委员会行使监督职能。

鉴于适用于上市公司的有关董监高设置要求等监管规则尚未根据新《公司法》(2023 修订)调整,我们建议,短期内有境内上市计划的公司可待相关规则落地后再实施股改。如确需在近期启动股改的,仍可依据现行上市监管规则的规定,延续设置监事会并由职工代表大会选举相应的职工代表董事。

有关新《公司法》(2023 修订)实施后职工代表大会的安排,详见本书前文:"24 公司一定要有职工代表大会吗?"。

(六)召开成立大会暨股份公司第一次股东(大)会、一届一次董事会、一届一次监事会

原《公司法》(2018 修正)规定发起人应当在创立大会召开 15 日前将会议日期通知各认股人或者予以公告,创立大会应有代表股份总数过半数的发起人、认股人出席,方可举行。新《公司法》(2023 修订)取消了发起设立的股份公司必须履行的前述程序,明确以发起设立的股份公司成立大会(新《公司法》修改"创立大会"表述为"成立大会")的召开和表决程序由公司章程或者发起人协议规定,赋予了发起设立的股份公司发起人意思自治的权利,创业者通过发起设立股份公司的时间成本以及程序规则相对放松。

此外,股份公司的股东大会亦调整表述为股东会。如前文所述,除监事会的调整外,新《公司法》(2023 修订)实施后,股份公司亦可不设置董事会,设置董事会的,人数由原来的 5~19 人调整为 3 人以上。鉴于适用于上市公司的有关董监高设置要求等监管规则尚未根据新《公司法》(2023 修订)调整,本书暂讨论以现行上

市监管规则的规定,延续设置董事会、监事会并召开相关会议通常需要审议的议案,主要内容见表74-1。

表74-1 "三会"的审议事项

会议类型	审议事项
股东会	《关于股份有限公司筹建工作报告的议案》 《关于设立股份有限公司的议案》 《关于股份有限公司章程的议案》 《关于授权董事会办理股份有限公司设立事宜的议案》 《关于股份有限公司设立费用的议案》 《关于选举第一届董事会董事的议案》 《关于选举第一届监事会监事的议案》 《关于制定公司管理制度的议案》
董事会	《关于选举公司第一届董事会董事长并担任公司法定代表人的议案》 《关于聘任公司总经理的议案》 《关于聘任公司董事会秘书的议案》 《关于聘任公司副总经理的议案》 《关于聘任公司财务负责人的议案》 《关于制定〈总经理工作细则〉的议案》 《关于制定〈董事会秘书工作细则〉的议案》 《关于制定〈内部审计制度〉的议案》
监事会	《关于选举公司第一届监事会主席的议案》

有关新《公司法》(2023修订)实施后董事会、监事会的设置变化,详见本书前文:"17……公司一定要有董事会和监事会吗?""20……如何确定最适合公司的董事会成员人数?""24……公司一定要有职工代表大会吗?""25……选谁来做董监高,这个决定很重要!"。

(七)验资机构出具《验资报告》

(八)办理股改的工商变更登记

(九)更新公司其他证照,如产权证书、资质证照等

三、关于上市的其他特殊要求

1. 关于独立董事

根据新《公司法》(2023修订)第136条、《上市公司独立董事管理办法》的相

关规定,上市公司设立独立董事。上市公司独立董事占董事会成员的比例不得低于1/3,且至少包括一名会计专业人士。上市公司应当在董事会中设置审计委员会。审计委员会成员应当为不在上市公司担任高级管理人员的董事,其中独立董事应当过半数,并由独立董事中会计专业人士担任召集人。上市公司可以根据需要在董事会中设置提名、薪酬与考核、战略等专门委员会。提名委员会、薪酬与考核委员会中的独立董事应当过半数并担任召集人。

基于前述规定,如公司拟于股改完成后的近期递交上市申请,建议公司于股改时同步完成独立董事的聘任及专门委员会的设立;如公司近期无上市安排,考虑到设立独立董事需要公司承担额外的独立董事津贴等成本,建议独立董事的聘任及专门委员会的设立可以推迟进行。

2. 关于董事中兼任高级管理人员人数的占比

现行《上市公司章程指引》第96条第3款规定:"董事可以由经理或者其他高级管理人员兼任,但兼任经理或者其他高级管理人员职务的董事以及由职工代表担任的董事,总计不得超过公司董事总数的二分之一。"如公司拟在股改同步完成独立董事的聘任,建议一并考虑上述人数比例的设置,以避免后期再次调整。

四、股改所涉的个税问题

(一)结论

1. 公司在股改过程中以未分配利润、盈余公积、资本公积转增股本的,公司自然人股东及合伙企业股东的合伙人需缴纳个人所得税;

2. 公司在股改时为中小高新技术企业的,公司自然人股东及合伙企业股东的合伙人在经税务机关备案通过后可以在不超过5个公历年度内(含)分期缴纳上述个人所得税。

(二)现行法律法规

1.《国家税务总局关于〈关于个人独资企业和合伙企业投资者征收个人所得税的规定〉执行口径的通知》(国税函〔2001〕84号)

"二、关于个人独资企业和合伙企业对外投资分回利息、股息、红利的征税问题

个人独资企业和合伙企业对外投资分回的利息或者股息、红利,不并入企业的收入,而应单独作为投资者个人取得的利息、股利、红利所得,按'利息、股息、红利'所得,按'利息、股利、红利所得'应税项目计算缴纳个人所得税。以合伙企业名义

对外投资分回利息或者股利、红利的,应按《通知》所附规定的第五条精神确定各个投资者的利息、股利、红利所得,分别按'利息、股息、红利所得'应税项目计算缴纳个人所得税。"

2.《关于将国家自主创新示范区有关税收试点政策推广到全国范围实施的通知》(财税〔2015〕116号)

"三、关于企业转增股本个人所得税政策

1. 自2016年1月1日起,全国范围内的中小高新技术企业以未分配利润、盈余公积、资本公积向个人股东转增股本时,个人股东一次缴纳个人所得税确有困难的,可根据实际情况自行制定分期缴税计划,在不超过5个公历年度内(含)分期缴纳,并将有关资料报主管税务机关备案。

2. 个人股东获得转增的股本,应按照'利息、股息、红利所得'项目,适用20%税率征收个人所得税。"

3.《国家税务总局关于股权奖励和转增股本个人所得税征管问题的公告》(国家税务总局公告2015年第80号)

"二、关于转增股本

(一)非上市及未在全国中小企业股份转让系统挂牌的中小高新技术企业以未分配利润、盈余公积、资本公积向个人股东转增股本,并符合财税〔2015〕116号文件有关规定的,纳税人可分期缴纳个人所得税;非上市及未在全国中小企业股份转让系统挂牌的其他企业转增股本,应及时代扣代缴个人所得税。"

五、总结

综上所述,股改作为拟上市公司启动上市申报的重要里程碑节点,实施过程应当严格遵守法律法规的相关规定、确保审计和评估结果的准确性、妥善处理自然人股东及合伙企业股东的个税申报工作、与中介机构密切合作、加强内部沟通和协调,确保股改工作按照既定时间表有序推进。

75

拟上市公司应当具有怎样的独立性？

根据现行上市监管规则，拟在境内上市的公司（以下简称发行人）应当具有直接面向市场独立持续经营的能力，其中要求发行人的资产完整，人员、财务、机构和业务独立（实务中常被称为"五独立"）。具体而言，拟上市公司应当具有怎样的独立性？详见下述内容。

一、独立性的具体要求

（一）资产完整

1. 具体要求

发行人资产完整要求生产型企业具备与生产经营有关的主要生产系统、辅助生产系统和配套设施，合法拥有与生产经营有关的主要土地、厂房、机器设备以及商标、专利、非专利技术的所有权或者使用权，具有独立的原料采购和产品销售系统；非生产型企业具备与经营有关的业务体系及主要相关资产。

关注发行人资产完整性的意义主要在于，确保发行人合法拥有生产经营所需资产的所有权或者使用权，不依赖于关联方（如生产经营体系完全依赖于股东），不受限于他人（如关键专利的使用和收益受限于共同所有人），能够依法独立经营。

2. 相关案例

千嘉科技（2023年3月已回复深交所第三轮问询，同月底因公司撤回上市申请而终止）：

报告期内，发行人无自有生产经营场地，主要办公场所、生产厂房及仓储场所均系租赁股东金地光电的自有房产。发行人被要求说明发行人无自有生产经营场地并向股东租赁生产经营场地的原因及商业合理性，主要办公场所、生产厂房及仓储场所均系租赁股东金地光电的自有房产对发行人业务独立性的具体影响，是否对发行人的资产完整性构成重大不利影响；结合租赁物业的租期、租赁价格等具体情况说明关联租赁的合理性和公允性;结合租赁房产稳定性、如需搬迁可能产生的费用支出、搬迁难度及时间等,说明发行人全部房产均通过租赁取得对未来持续经营能力是否构成重大不利影响。

(二)人员独立

1. 具体要求

发行人人员独立要求发行人的总经理、副总经理、财务负责人和董事会秘书等高级管理人员不在控股股东、实际控制人及其控制的其他企业担任除董事、监事以外的其他职务,不在控股股东、实际控制人及其控制的其他企业领薪;发行人的财务人员不在控股股东、实际控制人及其控制的其他企业兼职。

关注发行人人员独立性的意义主要在于,确保相关人员履职及决策的公正性,避免因同在控股股东、实际控制人及其控制的其他企业履行职务而影响在发行人处的行为,避免因在相关企业领薪或兼职而出现关联方代垫成本、不当利益输送等情形。

2. 相关案例

歌尔微(2022年10月经深交所上市委员会审议通过,2024年5月因公司、保荐人撤回上市申请而终止):

发行人3名董事和2名监事报告期内曾存在从发行人控股股东或实际控制人控制的其他企业领取薪酬的情况;报告期各期,关联方代发行人支付的相关工资及费用分别为88.52万元、499.10万元、2655.50万元、835.91万元;发行人控股股东实施的员工持股计划中部分人员为发行人员工。基于此,发行人被要求说明关联方代付工资、费用的具体情况,包括但不限于代付背景及必要性、代付主体、代付涉及的职工情况、代付费用明细、代付工资是否涉及发行人董监高及其他核心人员、发行人实际向关联方支付相关工资及费用的情况等,目前是否仍然存在代付工资的情形;说明相关董事、监事2020年从发行人控股股东或实际控制人控制的其他企业领取薪酬的具体情况,以及2021年以来相关薪酬的领取情况,是否影响其在发行人处公正履职;说明发行人享有其控股股东股权激励或参与控股股东员工持股计划的人员及持股等情况,是否影响相关人员在发行人处公正履职,并说明发行人与控股股东及其关联方的财务人员是否存在交叉任职情况。

(三)财务独立

1. 具体要求

发行人财务独立要求发行人已建立独立的财务核算体系、能够独立作出财务决策；具有规范的财务会计制度和对分公司、子公司的财务管理制度；发行人未与控股股东、实际控制人及其控制的其他企业共用银行账户。

关注发行人财务独立性的意义主要在于，确保发行人能够自主掌控资金运作，作出基于自身利益的财务决策，不受关联方不当干预；保证财务数据的真实、准确与完整，避免财务造假和利益输送风险；独立的财务体系有助于公司清晰核算成本与收益，优化资源配置，提升运营效率和盈利能力。

2. 相关案例

亚通新材（2023年10月已回复上交所第一轮问询，2024年6月因公司、保荐人撤回上市申请而终止）：

发行人目前使用间接控股股东杭钢集团财务管控系统、OA系统和VPN系统等，发行人已承诺于2024年12月31日前上线全套独立的财务系统、办公系统等信息管理系统。一轮问询中，发行人被要求说明其自主搭建和与控股股东或其他关联方共用系统的情况，具体隔离措施及其有效性，说明未在申报前完成整改的原因以及截至目前的进展，并结合相关情况综合分析是否满足独立性要求。

（四）机构独立

1. 具体要求

发行人机构独立要求发行人已建立健全内部经营管理机构、独立行使经营管理职权，与控股股东和实际控制人及其控制的其他企业不存在机构混同的情形。

关注发行人机构独立性的意义主要在于，确保其公司治理结构的有效性和科学性，各机构独立运作、各司其职，避免职能混乱和权力滥用；确保公司决策的公正性和客观性，不受关联方的不当影响和操纵；有助于提高公司运营效率和管理水平，形成规范、有序的内部管理机制。

2. 相关案例

腾龙健康（2023年8月已回复深交所第二轮问询，2023年12月因公司撤回上市申请而终止）：

报告期内，发行人的关联方曾承租发行人的部分房产，用于办公和作为培植基地。此外，目前发行人中山分公司承租的生产经营地址与关联方腾龙体育、八斗农业的注册地与主要生产经营地相近。一轮问询中，发行人被要求说明其与相关关联方共用房产的原因和具体情况，是否存在办公场所混同、机构混同或人员混同的情况，是否影响发行人的独立性。

（五）业务独立

1. 具体要求

发行人业务独立要求发行人的业务独立于控股股东、实际控制人及其控制的其他企业，与控股股东、实际控制人及其控制的其他企业不存在对发行人构成重大不利影响的同业竞争，以及严重影响独立性或者显失公平的关联交易。

关注发行人业务独立性的意义主要在于，确保公司拥有自主经营和发展的能力，不受关联方不合理的限制和约束；能有效防范利益冲突和关联交易风险，保障公司业务决策的公正性和客观性；有利于公司在市场中树立独特的竞争优势，专注自身核心业务，提升盈利能力和可持续发展能力。其中，同业竞争和关联交易是上市审核中的高频关注问题，我们将在后文中展开分析。

2. 相关案例

江铜铜箔（2023年6月经深交所上市委员会审议通过，2024年6月因公司、保荐人撤回上市申请而终止）：

报告期内，发行人向控股股东江西铜业及其关联方采购阴极铜、铜线等原材料、铜加工服务、电力、土地及设备，关联采购金额占采购总额的比例分别为84.55%、44.27%、48.99%和52.41%。发行人被要求量化分析说明采购阴极铜、铜线、铜加工服务等关联采购的定价公允性；如更换其他供应商的采购价格差异情况、是否将提升运输成本及具体提升情况；测算说明如采用替代渠道采购阴极铜等原材料及铜加工服务，对发行人报告期内财务数据的影响；列示说明原材料采购的关联方和非关联方采购金额、占比，非关联方采购最终来自间接控股股东江铜集团的占比情况；分析在关联采购金额占成本比例较高的情形下，发行人对控股股东是否存在重大依赖，未来是否会逐步降低对关联方的采购比例及相关具体措施。

二、独立性的规范建议

拟上市公司应当参照上述监管要求，完善自身的独立性，做到资产完整，人员、财务、机构和业务独立。"五独立"往往相互关联，一项独立性问题的出现即可能引发其他独立性问题。公司在初步评估独立性时，可以关注以下事项：(1)公司的经营是否依赖于特定主体或安排，一旦离开该等主体或安排，则公司难以独立持续经营？(2)公司是否受制于特定主体或安排，公司的运营或其他重大事项都要服从相关主体或安排，难以依据自身治理机制独立决策？(3)公司与关联方是否存在资产、资源或人员等方面的交叉，且该等交叉可能影响公司的决策独立性、利益正当性？(4)公司的关联方是否会对公司构成潜在威胁，如存在对发行人构成重大不利影响的同业竞争？

实务中，拟上市公司在报告期内不符合独立性要求的，可以通过逐步整改规范，在报告期末乃至申报前达到符合要求的独立性水平。例如，公司的资产存在权属不明（如合作产生的知识产权的权属约定不明）或权属瑕疵（如存在无证房产）的，应当尽早评估相关资产对公司的重要性，并相应予以放弃、处置或与相关方、主管单位协调以取得资产的完整所有权或充分使用权；又如，公司的高级管理人员同时在关联方任职的，可以评估确定其今后任职单位并只保留一方的职务，兼职期间在公司和关联方均领薪的，还需统计各方发薪情况，若存在关联方为发行人代垫用人成本的情况则应当归还。

三、总结

综上所述，独立性是拟上市公司应当具备的基本条件。拟上市公司应当在经营过程中避免出现有损独立性的情况，已存在独立性问题的，应当根据其重要程度及时整改规范，以免对未来上市申报造成不必要的障碍。

76

拟上市公司应当如何认定实际控制人？

根据商业实践经验及相关法律规定,我们通常认为对公司的日常经营决策及经营活动具有重大决策权、能够实际支配公司行为的人为公司的实际控制人。对于拟在境内上市的公司而言,实际控制人的认定不仅涉及公司是否符合发行条件的判断,还因实际控制人需在上市过程中及上市后较其他股东承担更多的义务和责任而备受监管关注。那么,实务中应当如何认定拟上市公司的实际控制人？

一、实际控制人的定义

现行法律法规针对实际控制人/控制权的规定主要集中在《公司法》、《上市公司收购管理办法》、《证券期货法律适用意见第17号》以及各上市板块《股票上市规则》中,尽管前述规定对实际控制人/控制权的表述不完全相同,但在实质要件上均明确要求,实际控制人是指通过投资关系、协议或者其他安排,能够实际支配公司行为的人,具体法律规定,见表76-1。

表76-1 实际控制人/控制权定义

法律法规名称	实际控制人/控制权定义
新《公司法》	第265条 ……(三)**实际控制人**,是指通过投资关系、协议或者其他安排,能够实际支配公司行为的人……
《上市公司收购管理办法》	第84条 有下列情形之一的,为拥有上市公司控制权： (一)投资者为上市公司持股50%以上的控股股东； (二)投资者可以实际支配上市公司股份表决权超过30%； (三)投资者通过实际支配上市公司股份表决权能够决定公司董事会半数以上成员选任； (四)投资者依其可实际支配的上市公司股份表决权足以对公司股东大会的决议产生重大影响； (五)中国证监会认定的其他情形。

续表

法律法规名称	实际控制人/控制权定义
《〈首次公开发行股票注册管理办法〉第十二条、第十三条、第三十一条、第四十四条、第四十五条和〈公开发行证券的公司信息披露内容与格式准则第 57 号——招股说明书〉第七条有关规定的适用意见——证券期货法律适用意见第 17 号》	实际控制人,指拥有公司控制权、能够实际支配公司行为的主体。
《深圳证券交易所股票上市规则》(2024修订)	实际控制人,指通过投资关系、协议或者其他安排,能够实际支配公司行为的自然人、法人或者其他组织。
《深圳证券交易所创业板股票上市规则》(2024修订)	**实际控制人:** 指通过投资关系、协议或者其他安排,能够实际支配公司行为的人。 **控制:** 指有权决定一个企业的财务和经营政策,并能据以从该企业的经营活动中获取利益。 (1)为上市公司持股 50% 以上的控股股东; (2)可以实际支配上市公司股份表决权超过 30%; (3)通过实际支配上市公司股份表决权能够决定公司董事会半数以上成员选任; (4)依其可实际支配的上市公司股份表决权足以对公司股东大会的决议产生重大影响; (5)中国证监会或者本所认定的其他情形。
《上海证券交易所股票上市规则》(2024修订)	实际控制人,指通过投资关系、协议或者其他安排,能够实际支配公司行为的自然人、法人或者其他组织。

续表

法律法规名称	实际控制人/控制权定义
《上海证券交易所科创板股票上市规则》（2024年4月修订）	**实际控制人**：指虽不是公司的股东，但通过投资关系、协议或者其他安排，能够实际支配公司行为的人。 上市公司应当根据股权结构、董事和高级管理人员的提名任免以及其他内部治理情况，客观、审慎地认定控制权归属。**具有下列情形之一的，构成控制**： （一）持有上市公司50%以上的股份，但是有相反证据的除外； （二）实际支配上市公司股份表决权超过30%； （三）通过实际支配上市公司股份表决权能够决定董事会半数以上成员的任免； （四）依其可实际支配的上市公司股份表决权足以对公司股东大会的决议产生重大影响； （五）可以实际支配或者决定上市公司的重大经营决策、重要人事任命等事项； （六）中国证监会和本所认定的其他情形。 签署一致行动协议共同控制上市公司的，应当在协议中明确共同控制安排及解除机制。
《北京证券交易所股票上市规则（试行）》	实际控制人，指通过投资关系、协议或者其他安排，能够支配、实际支配公司行为的自然人、法人或者其他组织。

二、实际控制人认定对拟上市公司的重要性

（一）影响是否符合发行条件的判断

根据《首次公开发行股票注册管理办法》《北京证券交易所向不特定合格投资者公开发行股票注册管理办法》《北京证券交易所向不特定合格投资者公开发行股票并上市业务规则适用指引第1号》的相关规定，实际控制人的认定将直接在以下三个方面影响拟上市公司是否符合发行条件的判断，见表76-2。

表76-2　对实际控制人发行条件的具体要求

发行条件	具体要求
控制权稳定	**主板/科创板/创业板：** 发行人(拟上市公司，下同)的股份权属清晰，<u>不存在导致控制权可能变更的重大权属纠纷</u>，首次公开发行股票并在<u>主板</u>上市的，<u>最近三年</u>实际控制人没有发生变更；首次公开发行股票并在<u>科创板</u>、<u>创业板</u>上市的，<u>最近二年</u>实际控制人没有发生变更。 **北交所：** 发行人不得存在对经营稳定性具有重大不利影响的情形。发行人应当保持主营业务、<u>控制权</u>、管理团队的稳定，<u>最近24个月内实际控制人未发生变更</u>
同业竞争及关联交易	发行人与控股股东、实际控制人及其控制的其他企业间不存在对发行人构成<u>重大不利影响</u>的同业竞争，不存在<u>严重影响独立性或者显失公平</u>的关联交易
不存在重大违法违规行为	<u>最近三年内</u>，发行人及其控股股东、实际控制人不存在贪污、贿赂、侵占财产、挪用财产或者破坏社会主义市场经济秩序的刑事犯罪，不存在欺诈发行、重大信息披露违法或者其他涉及国家安全、公共安全、生态安全、生产安全、公众健康安全等领域的重大违法行为

(二)影响最长锁定期的适用主体范围

实际控制人的认定将影响首次公开发行股票中股东最长锁定期的适用范围：

根据《证券期货法律适用意见第17号》及各上市板块《股票上市规则》的规定：

1. 就拟在主板、创业板、科创板上市的发行人，其控股股东和实际控制人在IPO前所持股份自股票上市之日起36个月内不得转让，控股股东和实际控制人的亲属(依据《民法典》相关规定认定)、一致行动人所持股份应当比照控股股东和实际控制人所持股份进行锁定。在该等板块上市的发行人的其他股东所持股份的锁定期，一般为自发行人股票上市之日起12个月。

2. 在申报前6个月内从控股股东或者实际控制人处受让的股份，应当比照控股股东或者实际控制人所持股份进行锁定，即自股票上市之日起36个月内不得转让。

此外，根据《中国证监会关于进一步推进新股发行体制改革的意见》的规定，发行人控股股东应在公开募集及上市文件中公开承诺：公司上市后6个月内如公司股票连续20个交易日的收盘价均低于发行价，或者上市后6个月期末收盘价低于发行价，持有公司股票的锁定期限自动延长至少6个月。

（三）影响上市过程中及上市完成后履行实际控制人其他义务的主体范围

上市过程中，实际控制人需就避免同业竞争、规范和减少关联交易、防范资金占用等事项在招股说明书中进行公开承诺，如招股说明书存在虚假记载、误导性陈述或重大遗漏，其将承担相应的法律责任；此外，实际控制人还需就相关瑕疵事项可能给发行人造成的潜在损失（常见如报告期内社保公积金的不规范缴纳、自有及租赁房产权属瑕疵、在建工程未批先建等），出具专项兜底补偿承诺。

上市完成后，因实际控制人仍对公司的经营和发展具有重要影响力，为了减少因实际控制人变动而对公司产生的不利影响，保持公司控制权的相对稳定，增强投资者对公司的信心，保护中小投资者的权益，提高上市公司的市场价值，实际控制人在锁定期满后的减持行为仍严格受限。如2024年5月施行的《上市公司股东减持股份管理暂行办法》，即明确要求控股股东、实际控制人在公司破发破净或者分红不达标的情形下不得通过二级市场减持股份。

三、拟上市公司实际控制人的认定规则

根据《证券期货法律适用意见第17号》的相关规定，拟上市公司实际控制人的认定应当遵循以下规则。

（一）基本原则

在确定公司控制权归属时，应当本着实事求是的原则，尊重企业的实际情况，以发行人自身的认定为主，由发行人股东予以确认。

保荐机构、发行人律师应当通过核查公司章程、协议或者其他安排以及发行人股东大会（股东出席会议情况、表决过程、审议结果、董事提名和任命等）、董事会（重大决策的提议和表决过程等）、监事会及发行人经营管理的实际运作情况，对实际控制人的认定发表明确意见。

（二）特殊情形：股权较为分散

发行人股权较为分散但存在单一股东控制比例达到30%的情形的，若无相反的证据，原则上应当将该股东认定为控股股东或者实际控制人。

存在下列情形之一的，保荐机构、发行人律师应当进一步说明是否通过实际控制人认定规避发行条件或者监管并发表专项意见。

(1)公司认定存在实际控制人,但其他持股比例较高的股东与实际控制人持股比例接近;

(2)公司认定无实际控制人,但第一大股东持股接近30%,其他股东比例不高且较为分散。

(三)特殊情形:原实际控制人去世

实际控制人为单名自然人或者有亲属关系的多名自然人,实际控制人去世导致股权变动,股份受让人为继承人的,通常不视为公司控制权发生变更。

其他多名自然人为实际控制人,实际控制人之一去世的,保荐机构及发行人律师应当结合股权结构、去世自然人在股东大会或者董事会决策中的作用、对发行人持续经营的影响等因素综合判断公司控制权是否发生变更。

(四)特殊情形:共同实际控制人

1. 基本原则

发行人主张多人共同拥有公司控制权的,应当符合以下条件。

(1)每个人都必须直接持有公司股份或者间接支配公司股份的表决权。

(2)发行人公司治理结构健全、运行良好,多人共同拥有公司控制权的情况不影响发行人的规范运作。

(3)多人共同拥有公司控制权的情况,一般应当通过公司章程、协议或者其他安排予以明确。公司章程、协议或者其他安排必须合法有效、权利义务清晰、责任明确,并对发生意见分歧或者纠纷时的解决机制作出安排。该情况在最近36个月(主板)或者24个月(科创板、创业板)内且在首发后的可预期期限内是稳定、有效存在的,共同拥有公司控制权的多人没有出现重大变更。

(4)根据发行人的具体情况认为发行人应当符合的其他条件。

2. 存在一致行动并不必然构成共同控制

法定或者约定形成的一致行动关系并不必然导致多人共同拥有公司控制权,发行人及中介机构不应为了扩大履行实际控制人义务的主体范围或者满足发行条件而作出违背事实的认定。

主张通过一致行动协议共同拥有公司控制权但无第一大股东为纯财务投资人等合理理由的,一般不能排除第一大股东为共同控制人。共同控制人签署一致行动协议的,应当在协议中明确发生意见分歧或者纠纷时的解决机制。

实际控制人的配偶、直系亲属,如持有公司股份达到5%以上或者虽未达到5%但是担任公司董事、高级管理人员并在公司经营决策中发挥重要作用,保荐机构、发行人律师应当说明上述主体是否为共同实际控制人。

3. 持有、实际支配公司股份表决权比例最高的主体发生变化

如果发行人最近36个月(主板)或者24个月(科创板、创业板)内持有、实际支配公司股份表决权比例最高的主体发生变化,且变化前后的主体不属于同一实际控制人,视为公司控制权发生变更。

发行人最近36个月(主板)或者24个月(科创板、创业板)内持有、实际支配公司股份表决权比例最高的主体存在重大不确定性的,比照前述规定执行。

(五)特殊情形:无实际控制人

1. 基本要求

发行人认定无实际控制人的,应当提供证据充分证明。

2. 论证控制权未变更的具体要求

发行人不存在拥有公司控制权的主体或者公司控制权的归属难以判断,如果符合以下情形,可视为公司控制权没有发生变更。

(1)发行人的股权及控制结构、经营管理层和主营业务在首发前36个月(主板)或者24个月(科创板、创业板)内没有发生重大变化;

(2)发行人的股权及控制结构不影响公司治理的有效性;

(3)发行人及其保荐机构和律师能够提供证据充分证明公司控制权没有发生变更。

相关股东采取股份锁定等有利于公司股权及控制结构稳定措施的,可将该等情形作为判断公司控制权没有发生变更的重要因素。

3. 股份锁定要求:比照实际控制人锁定36个月

为了确保发行人股权结构稳定、正常生产经营不因发行人控制权发生变化而受到影响,发行人没有或者难以认定实际控制人的,发行人股东应当按持股比例从高到低依次承诺其所持股份自上市之日起锁定36个月,直至锁定股份的总数不低于发行前股份总数的51%。对于具有一致行动关系的股东,应当合并后计算持股比例再进行排序锁定。

位列上述应当予以锁定的51%股份范围的股东,符合下列情形之一的,可以不适用上述锁定36个月的规定。

(1)员工持股计划;

(2)持股5%以下的股东;

(3)非发行人第一大股东且符合一定条件的创业投资基金股东,具体条件参照创投基金的监管规定。

"符合一定条件的创业投资基金股东"的认定程序为：由创业投资基金股东向保荐机构提交书面材料，经保荐机构和发行人律师核查后认为符合相关认定标准的，在申报时由保荐机构向交易所提交书面材料，交易所在认定时应当征求相关职能部门的意见。

（六）特殊情形：国有股权无偿划转或者重组等导致发行人控股股东发生变更

因国有资产监督管理需要，国务院或者省级人民政府国有资产监督管理机构无偿划转直属国有控股企业的国有股权或者对该等企业进行重组等导致发行人控股股东发生变更的，如果符合以下情形，可视为公司控制权没有发生变更。

1. 有关国有股权无偿划转或者重组等属于国有资产监督管理的整体性调整，经国务院国有资产监督管理机构或者省级人民政府按照相关程序决策通过，且发行人能够提供有关决策或者批复文件；

2. 发行人与原控股股东不存在构成重大不利影响的同业竞争或者大量的关联交易，没有故意规避《首次公开发行股票注册管理办法》规定的其他发行条件；

3. 有关国有股权无偿划转或者重组等对发行人的经营管理层、主营业务和独立性没有重大不利影响。

按照国有资产监督管理的整体性调整，国务院国有资产监督管理机构直属国有企业与地方国有企业之间无偿划转国有股权或者重组等导致发行人控股股东发生变更的，比照前款规定执行，但是应当经国务院国有资产监督管理机构批准并提交相关批复文件。

不属于前两款规定情形的国有股权无偿划转或者重组等导致发行人控股股东发生变更的，视为公司控制权发生变更。

四、总结

基于上述，拟上市公司应当结合公司的实际情况，审慎论证及认定实际控制人，避免随意调整或因偏离事实、缺乏合理性而被证券监管部门认定规避发行条件或监管要求，对上市申报进程造成不利影响。

77

股权清晰具体指的是什么？

股权清晰，是指拟上市公司的股权设置真实、有效，股份权属及股本结构清晰，控股股东和实际控制人明确，不存在权属争议或潜在股权纠纷。股权清晰作为境内上市审核重点关注事项，具体包含哪些内容以及主要核查哪些事项？详见下述内容。

一、法规要求

现行上市监管规则对境内拟上市公司(以下简称发行人)股权清晰的具体要求，见表77-1。

表77-1 法规要求

板块	具体规定
沪深主板/ 科创板/ 创业板	《首次公开发行股票注册管理办法》第12条 发行人业务完整，具有直接面向市场独立持续经营的能力；……**发行人的股份权属清晰**，不存在导致控制权可能变更的重大权属纠纷。
北交所(新三板)	《北京证券交易所向不特定合格投资者公开发行股票并上市业务规则适用指引第1号》1-8 业务、资产和**股份权属** 关于发行人的业务、资产和股份权属等事项，保荐机构、发行人律师及申报会计师应重点关注发行人报告期内的业务变化、主要股东所持股份变化以及主要资产和核心技术的权属情况，核查发行人是否符合以下要求并发表明确意见：……(三)**发行人控股股东和受控股股东、实际控制人支配的股东所持有的发行人股份不存在重大权属纠纷**。 《全国中小企业股份转让系统股票挂牌规则》第10条 申请挂牌公司应当是依法设立且合法存续的股份有限公司，股本总额不低于500万元(人民币，下同)，并同时符合下列条件：(一)**股权明晰**，股票发行和转让行为合法合规；……

落实到具体核查事项，股权清晰的主要核查内容可以分为股东适格性、持股真实性、控制权稳定性和历史沿革合法合规性四个方面。

二、股东适格性

（一）股东人数

1. 原则上穿透后不超过 200 人

拟上市公司的股东人数应当符合法律的要求。新《公司法》（2023 修订）规定设立股份有限公司的，应当有 1 人以上 200 人以下为发起人。同时，《证券法》第 9 条规定："公开发行证券，必须符合法律、行政法规规定的条件，并依法报经国务院证券监督管理机构或者国务院授权的部门注册。未经依法注册，任何单位和个人不得公开发行证券。证券发行注册制的具体范围、实施步骤，由国务院规定，有下列情形之一的，为公开发行：……（二）向特定对象发行证券累计超过二百人，但依法实施员工持股计划的员工人数不计算在内；……"鉴于上述规定，通常情况下拟上市公司股东为 200 人以下。

需特别提示注意的是，在计算发行人股东人数时，不仅仅是计算直接持有发行人股份的股东人数，还需要进行股东穿透核查计算发行人股份最终持有人的人数。若拟上市公司经穿透核查后股东人数超过 200 人的，应当将股东人数降至 200 人以下，或依据《非上市公众公司监管指引第 4 号——股东人数超过二百人的未上市股份有限公司申请行政许可有关问题的审核指引》逐条对比是否符合申报条件。

根据沪深交易所《关于股东信息核查中"最终持有人"的理解与适用》，最终持有人包括：自然人、上市公司（含境外上市公司）、新三板挂牌公司等公众公司，或者穿透核查至国有控股或管理主体（含事业单位、国有主体控制的产业基金等）、集体所有制企业、境外政府投资基金、大学捐赠基金、养老基金、公益基金以及公募资产管理产品。除此之外的外资股东，如果中介机构能以适当核查方式确认外资股东的出资人不存在境内主体，并充分论证外资股东入股发行人的价格不存在明显异常，可将该外资股东视为最终持有人。

2. 历史沿革涉及较多自然人股东的特殊核查要求

若拟上市公司历史沿革涉及较多自然人股东的，应当核查历史上自然人股东入股、退股（含工会、职工持股会清理等事项）是否按照当时有效的法律法规履行了相应程序，入股或股权转让协议、款项收付凭证、工商登记资料等法律文件是否齐备，并抽取一定比例的股东进行访谈，就相关自然人股东股权变动的真实性、所履行程序的合法性，是否存在委托持股或信托持股情形，是否存在争议或潜在纠纷发表明确意见。对于存在争议或潜在纠纷的，保荐机构、发行人律师应对相关纠纷对发行人股权清晰稳定的影响发表明确意见。发行人以定向募集方式设立股份公司的,中介机构应以有权部门就发行人历史沿革的合规性、是否存在争议或潜在纠纷等事项的意见作为其发表意见的依据。

(二)股东资格

拟上市公司的直接股东和间接股东应当具备法律要求的股东资格,不存在不能担任公司股东的情形,实务中常见的被禁止/限制当股东的情形详见本书前文:**"06……所有人都能当股东吗?"**。

1. 职工持股会、工会不得作为股东

《中国证监会关于职工持股会及工会能否作为上市公司股东的复函》(中国证券监督管理委员会法律部〔2000〕24号)规定:

"根据国务院《社会团体登记管理条例》和民政部办公厅2000年7月7日印发的《关于暂停对企业内部职工持股会进行社团法人登记的函》(民办函〔2000〕110号)的精神,职工持股会属于单位内部团体,不再由民政部门登记管理。对此前已登记的职工持股会在社团清理整顿中暂不换发社团法人证书。因此,职工持股会将不再具有法人资格。在此种情况改变之前,职工持股会不能成为公司的股东。

另外,根据中华全国总工会的意见和《中华人民共和国工会法》的有关规定,工会作为上市公司的股东,其身份与工会的设立和活动宗旨不一致,可能会对工会正常活动产生不利影响。因此,我会也暂不受理工会作为股东或发起人的公司公开发行股票的申请。"

2. 资产管理产品、契约型私募投资基金股东的特殊核查要求

若拟上市公司的直接股东属于银行非保本理财产品,资金信托,证券公司、证券公司子公司、基金管理公司、基金管理子公司、期货公司、期货公司子公司、保险资产管理机构、金融资产投资公司发行的资产管理产品等《关于规范金融机构资产管理业务的指导意见》(银发〔2018〕106号)规定的产品(以下统称资产管理产品),以及契约型私募投资基金的,中介机构和发行人应从以下方面核查披露相关信息。

(1)中介机构应核查确认公司控股股东、实际控制人、第一大股东不属于资产管理产品、契约型私募投资基金。

(2)资产管理产品、契约型私募投资基金为发行人股东的,中介机构应核查确认该股东依法设立并有效存续,已纳入国家金融监管部门有效监管,并已按照规定履行审批、备案或报告程序,其管理人也已依法注册登记。

(3)发行人应当按照首发信息披露准则的要求对资产管理产品、契约型私募

投资基金股东进行信息披露。通过协议转让、特定事项协议转让和大宗交易方式形成的资产管理产品、契约型私募投资基金股东,中介机构应对控股股东、实际控制人、董事、监事、高级管理人员及其近亲属,本次发行的中介机构及其负责人、高级管理人员、经办人员是否直接或间接在该等资产管理产品、契约型私募投资基金中持有权益进行核查并发表明确意见。

(4) 中介机构应核查确认资产管理产品、契约型私募投资基金已作出合理安排,可确保符合现行锁定期和减持规则要求。

三、持股真实性

拟上市公司的直接股东和间接股东应当真实持有拟上市公司股份,不存在委托代持、信托代持等情形。实务中,部分股东可能由于规避股东资格的禁止/限制性规定或受限于竞业禁止义务、保密义务等原因而存在股权代持行为,尽管原则上认为代持行为有效,详见本书前文:**"07……新《公司法》实施后,股权还可以代持吗?"**,但若被持股公司有明确境内上市计划的,应当在上市申报前就相关代持行为进行清理。

根据《监管规则适用指引——关于申请首发上市企业股东信息披露》的规定,发行人应当真实、准确、完整地披露股东信息,发行人历史沿革中存在股份代持等情形的,应当在提交申请前依法解除,并在招股说明书中披露形成原因、演变情况、解除过程、是否存在纠纷或潜在纠纷等。常见的清理方式为代持还原或股权转让给第三方。

四、控制权稳定性

(一) 对赌协议

拟上市公司存在对赌协议等类似安排的,应当审慎论证是否符合股权清晰稳定的要求,**不符合相关要求的对赌协议原则上应在申报前清理**,详见本书前文:**"61……对赌遇到IPO时,必须清理吗?"**。

(二) 股权质押、冻结或发生诉讼仲裁

若拟上市公司股权存在质押、冻结或诉讼仲裁情形的,应当对该等情形是否会影响公司控制权稳定进行充分核查,**对于可能影响控制权稳定的情形进行清理**。

具体核查披露要求如下。

对于控股股东、实际控制人支配的发行人股权出现质押、冻结或诉讼仲裁的，发行人应当按照招股说明书准则要求予以充分披露；保荐机构、发行人律师应当充分核查发生上述情形的原因，相关股权比例，质权人、申请人或其他利益相关方的基本情况，约定的质权实现情形，控股股东、实际控制人的财务状况和清偿能力，以及是否存在股份被强制处分的可能性、是否存在影响发行人控制权稳定的情形等。对于被冻结或诉讼纠纷的股权达到一定比例或被质押的股权达到一定比例且控股股东、实际控制人明显不具备清偿能力，导致发行人控制权存在不确定性的，保荐机构及发行人律师应充分论证，并就是否符合发行条件审慎发表意见。

对于发行人的董事、监事及高级管理人员所持股份发生被质押、冻结或发生诉讼纠纷等情形的，发行人应当按照招股说明书准则的要求予以充分披露，并向投资者揭示风险。

五、历史沿革合法合规性

（一）一般事项

拟上市公司设立及历次股权变动（如股权转让、增资、减资）应当满足程序合法合规、定价合理、投资款资金来源合法、各方不存在争议或潜在纠纷的要求。在IPO审核实践中，监管机构通常会对发行人历次股权变动的背景和原因、入股形式、资金来源、支付方式、入股价格及定价依据、税费承担进行问询，这要求发行人及中介机构对于历史沿革中的每一次变动进行详细梳理及核查，确保历史沿革的合法合规性，核查方式包括但不限于查阅发行人的工商档案、投资协议、入股协议、评估报告、验资报告、价款支付凭证、政府批文、完税证明等文件。

（二）特殊类型核查

1. 国资

若拟上市公司历史沿革中涉及国有股权转让、增资交易的，应当核查是否履行必要的国资程序，包括但不限于内部决策、评估备案、外部审批和进场交易等。

此外，若发行人是由国有或集体企业改制而来，或发行人的主要资产来自国有或集体企业，或历史上存在挂靠集体组织经营的企业，若改制或取得资产过程中法律依据不明确、相关程序存在瑕疵或与有关法律法规存在明显冲突，原则上发行人应在招股说明书中披露**有权部门关于改制或取得资产程序的合法性、是否造成国有或集体资产流失的意见**。国有企业、集体企业改制过程不存在上述情况的，保荐机构、发行人律师应结合当时有效的法律法规等，分析说明有关改制行为是否经有权机关批准、法律依据是否充分、履行的程序是否合法以及对发行人的影响等。发行人应在招股说明书中披露相关中介机构的核查意见。

2. 外资

若拟上市公司存在或曾经存在外资股东的，应当核查其入股及退股是否符合彼时适用的外资监管规定，是否依法履行外商投资的必要程序，是否存在外国投资者投资外商投资准入负面清单规定禁止投资的领域情形等。

六、总结

股权清晰一直是境内 IPO 审核的重点关注事项之一，其中股权代持、对赌协议、特殊类型股东、股本演变亦是发行审核部门的高频问询事项，实务中，绝大多数公司在历史沿革方面都存在或多或少的瑕疵，拟上市公司应当在中介机构进场时即配合倒查过往瑕疵，整改现存问题，规范未来变动，以满足股权清晰的上市条件。

78

同业竞争是公司上市的硬伤吗？

对于拟在境内上市的公司，其与控股股东、实际控制人及其控制的其他企业存在同业竞争，是否一定构成公司本次发行上市的实质法律障碍？境内上市审核实践对同业竞争的具体要求是什么？拟上市公司又应该如何应对？

一、同业竞争的定义

在境内资本市场语境下，同业竞争是指竞争方（控股股东、实际控制人及其控制的其他企业）从事与拟上市公司（以下简称发行人）主营业务相同或相似的业务，双方构成或可能构成直接或间接的竞争关系。

具体来说，同业竞争的表现形式多样。例如，在产品或服务的种类、目标客户群体、销售渠道、市场区域等方面存在重叠；在关键资源（如技术、专利、品牌、原材料供应等）的获取和使用上存在竞争；或者在未来的业务发展规划和战略方向上具有相似性，从而可能导致双方在市场上争夺商业机会和资源。

同业竞争可能引发一系列问题，如利益输送、不公平竞争、商业机会的让渡，进而可能影响发行人的独立性和持续经营能力等，因此在境内资本市场中受到发行审核机构的重点关注。

二、同业竞争的判断与解决

（一）基本要求

在 2019 年科创板开板前，境内资本市场对同业竞争问题的审核态度明确且严苛，避免同业竞争是企业发行上市不可逾越的红线。2019 年，科创板首次开创性地提出"重大不利影响的同业竞争"这一标准，使同业竞争问题的处理具有了更为弹性的空间。2023 年全面注册制推行后，沪深北各上市板块对同业竞争问题的处理要求趋于统一,根据《首次公开发行股票注册管理办法》及《北京证券交易所向不特定合格投资者公开发行股票并上市业务规则适用指引第 1 号》的相关规定,拟上市公司登陆境内资本市场应当满足的发行条件之一为:发行人与控股股东、实际控制人及其控制的其他企业间不存在对发行人构成重大不利影响的同业竞争。

(二)判断原则

根据《证券期货法律适用意见第 17 号》的相关规定,同业竞争的判断原则如下。

同业竞争的"同业"是指竞争方从事与发行人主营业务相同或者相似的业务。在核查认定该相同或者相似的业务是否与发行人构成"竞争"时,应当按照实质重于形式的原则,结合相关企业历史沿革、资产、人员、主营业务(包括但不限于产品服务的具体特点、技术、商标商号、客户、供应商等)等方面与发行人的关系,以及业务是否有替代性、竞争性,是否有利益冲突,是否在同一市场范围内销售等,论证是否与发行人构成竞争;不能简单以产品销售地域不同、产品的档次不同等认定不构成同业竞争。

竞争方的同类收入或者毛利占发行人主营业务收入或者毛利的比例达 30%以上的,如无充分相反证据,原则上应当认定为构成重大不利影响的同业竞争。

对于控股股东、实际控制人控制的与发行人从事相同或者相似业务的企业,发行人还应当结合目前自身业务和关联方业务的经营情况、未来发展战略等,在招股说明书中披露未来对于相关资产、业务的安排,以及避免上市后出现构成重大不利影响的同业竞争的措施。

(三)核查范围

中介机构应当针对发行人控股股东、实际控制人及其近亲属全资或者控股的企业进行核查。

如果发行人控股股东、实际控制人是自然人,其配偶及夫妻双方的父母、子女控制的企业与发行人存在竞争关系的,应当认定为构成同业竞争。

发行人控股股东、实际控制人的其他亲属及其控制的企业与发行人存在竞争关系的,应当充分披露前述相关企业在历史沿革、资产、人员、业务、技术、财务等方面对发行人独立性的影响,报告期内交易或者资金往来,销售渠道、主要客户及供应商重叠等情况,以及发行人未来有无收购安排。

（四）避免同业竞争的措施及承诺

1. 措施：解决已存问题

对于存在对发行人构成重大不利影响的同业竞争情形，发行人应当在申报前予以解决，解决措施见表78-1。

表78-1 避免同业竞争的具体路径

措施类型	具体路径
买进来	·股权收购：发行人收购竞争方股权，将其纳入发行人合并报表范畴 ·资产收购：发行人收购竞争方的竞争业务 ·整体收购：发行人吸收合并竞争方
卖出去	·股权出售：竞争方向非关联第三方出售竞争公司控制权 ·资产出售：竞争方向非关联第三方出售竞争业务
缩减规模	·竞争方控制竞争产品/业务的经营规模及市场销量，将竞争指标持续降低且控制在30%以内
停止经营	·竞争方变更经营范围或停业注销，不再从事竞争业务

拟上市公司在 IPO 前为解决同业竞争问题实施并购重组的，详见本书前文："**68 …… IPO 前并购重组有哪些注意事项？**""**64 …… 股权并购和资产并购有什么区别？**""**65 …… 吸收合并和新设合并有什么区别？**"。

2. 承诺：未来安排的保障

控股股东、实际控制人需就避免同业竞争事项在招股说明书中进行公开承诺，如招股说明书存在虚假记载、误导性陈述或重大遗漏，其将承担相应的法律责任。

三、案例

（一）西安高压电器研究院股份有限公司（科创板，2023年4月18日注册生效）

1. 基本情况

发行人与控股股东控制的企业存在同业竞争，竞争指标中的同类业务收入指标在报告期初超过30%，在报告期末超过20%，竞争各方承诺未来竞争指标不超过30%，不谋求发行人的客户及市场。相关同业竞争的形成具有特殊的历史背景，起源为国企改革；相关同业竞争方历史沿革清晰、独立，在企业发展战略、产品服务定位上有显著差异，相关同业竞争方与发行人经营独立，在业务、资产、人员、核心技术及财务层面不存在交叉，不存在非公平竞争、利益输送、单方面或互相让渡商业利益的情形。

2. 问询意见

交易所要求发行人补充披露解决同业竞争的明确可行措施。

3. 反馈要点

在原有承诺的基础上，根据交易所的问询，发行人的控股股东进一步提供补充承诺：自内部整合方案获得国资监管机构同意批复起一年内，将优先、积极推动发行人收购竞争指标较高的竞争方河南高压所，以整合方式消除与竞争指标相对较低的竞争方中国仪器仪表的同业竞争，继续保留竞争指标极低的竞争方西电套管、西变组件的竞争业务。

(二) 杭州萤石网络股份有限公司 (科创板，2022年11月22日注册生效)

1. 基本情况

发行人在设立前是控股股东海康威视的互联网业务中心，设立后与控股股东形成了不同的战略定位，独立研发了与控股股东主体业务差异化的核心技术，相关差异使得发行人形成了与控股股东不同的业务领域，不存在重大不利影响的同业竞争。

2. 问询意见

(1) 一轮问询

要求发行人从主要产品、业务模式、核心技术、客户、应用场景、商业模式、竞争环境等方面，详细分析发行人与控股股东之间经营业务的差异。

(2) 二轮问询

要求发行人说明，控股股东的主营产品与发行人主营产品是否构成竞争；控股股东相关业务的未来发展规划，关于相关业务避免与发行人产生同业竞争的具体措施，相关承诺是否能够确保双方业务未来清晰划分。

3. 反馈要点

(1) 发行人与控股股东的主体业务具有不同的客户群体；

(2) 发行人独立研发了一系列核心技术，并以此为基础形成了区别于控股股东的解决方案；

(3) 发行人与控股股东在客户群体和解决方案方面的差异，使得双方在应用场景、商业模式及竞争环境等方面形成了显著差异；

(4) 双方技术方案的差异是发行人与控股股东构建产品的核心差异，也是避

免同业竞争的核心依据;

(5)在商住两用、小型店铺、家庭农场等智慧生活场景中,控股股东中小企业事业群的行业专用视频设备存在与发行人产品实现相同或相似用途的可能性。报告期内,上述产品占发行人智能家居摄像机营业收入及毛利的比例保持在10%左右,且控股股东出具了同业竞争补充承诺,针对该部分产品,未来其占发行人营业收入及毛利的比例将控制在10%以下,上述产品对发行人不构成重大不利影响的同业竞争。

四、总结

综上所述,全面推行注册制后,同业竞争问题不再是公司申请发行上市不可逾越的红线,拟上市公司可以从以下两个角度论证与竞争方的同业竞争不构成对发行人的重大不利影响:(1)双方在产品/服务定位、应用领域、商业模式、竞争环境、核心技术等方面存在显著差异;(2)竞争方的同类收入或者毛利占发行人主营业务收入或者毛利低于监管要求的上限30%。

79

报告期内发生关联交易怎么处理？

对于拟在境内上市的公司，报告期内如发生关联交易要怎么处理？拟上市公司在关联交易发生的事前、事中、事后又有哪些注意事项？

一、拟上市背景下关联交易的特殊性

在前文中，我们已经介绍了关联交易的定义与特点、合规要求及注意事项，详见本书前文：*"27……公司发生关联交易应注意什么？"*，而在拟上市背景下，除需遵循一般公司的关联交易要求外，拟在境内上市的公司（以下简称拟上市公司或发行人）的关联交易又有一定特殊性，主要分析如下。

（一）拟上市公司的独立性考量要求较高

如前文*"75……拟上市公司应当具有怎样的独立性？"*所述，独立性是拟上市公司应当具备的基本条件，其中要求发行人与控股股东、实际控制人及其控制的其他企业不存在严重影响独立性或者显失公平的关联交易。因此，拟上市公司报告期内关联交易的具体情况可能决定其能否成功上市，并需依此考虑报告期内关联交易能否发生、发生多少、必要性如何、定价公允性如何确定、关联交易发生后如何解释等。而对于一般公司（指无上市计划或在上市申报报告期外）而言，在这方面的压力则相对较小。

（二）关联交易范围需要参照上市规则确定

一般公司在判断一项交易是否构成关联交易时，通常依据《企业会计准则第36号——关联方披露》的规定（如在制作财务报表时）或相关主体间的特别约定（如股东协议有特别约定时）予以确定，而拟上市公司则还需参照拟上市板块的规则判断是否构成关联交易。不同认定规则间可能存在差异，例如，现行各板块《股票上市规则》均规定，在过去 12 个月内或者根据相关协议安排在未来 12 个月内存在关联情形，或根据实质重于形式的原则认定的情形，均可能构成关联交易，而《企业会计准则第 36 号——关联方披露》则未作此规定。

（三）关联交易的统计及披露要求较高

一般公司通常主要从财务统计角度对关联交易进行统计和披露,而拟上市公司还需要就其业务独立性、审议合规性等方面披露更多信息。例如,《公开发行证券的公司信息披露内容与格式准则第 57 号——招股说明书》规定,对于发行人的重大经常性关联交易,除需披露《企业会计准则第 36 号——关联方披露》规定的关联方关系的性质、交易类型及交易要素外,还需披露交易金额及占当期营业收入或营业成本的比例、占当期同类型交易比例以及关联交易变化趋势、相关关联交易是否将持续发生、关联交易是否履行公司章程规定的审议程序等。

二、拟上市公司关联交易的具体要求

以上交所主板要求为例（其他板块的要求大体一致）,拟上市公司的关联交易应符合以下披露要求及核查要求。

（一）披露要求

1. 发行人应当按照《公司法》《企业会计准则》和中国证监会、证券交易所的相关规定认定并披露关联方、关联关系和关联交易,并根据《招股书准则》的要求进行信息披露。

2. 发行人应披露关联交易的交易内容、交易金额、交易背景以及相关交易与发行人主营业务之间的关系;还应结合可比市场公允价格、第三方市场价格、关联方与其他交易方的价格等,说明并摘要披露关联交易的公允性,是否存在对发行人或关联方的利益输送。

对于控股股东、实际控制人与发行人之间关联交易对应的营业收入、成本费用或利润总额占发行人相应指标的比例较高（如达到 30%）的,发行人应结合相关关联方的财务状况和经营情况、关联交易产生的营业收入、利润总额的合理性等,充分说明并摘要披露关联交易是否影响发行人的经营独立性,是否构成对控股股东或实际控制人的依赖,是否存在通过关联交易调节发行人收入利润或成本费用、对发行人利益输送的情形;此外,发行人还应披露未来减少与控股股东、实际控制人发生关联交易的具体措施。

3. 发行人应当披露章程对关联交易决策程序的规定,已发生关联交易的决策过程是否与章程相符,关联股东或董事在审议相关交易时是否回避,以及独立董事和监事会成员是否发表不同意见等。

（二）核查要求

1. 保荐人、发行人律师和申报会计师应就以下事项进行核查并发表明确意见

（1）发行人是否按照《公司法》《企业会计准则》和中国证监会、证券交易所的相关规定认定并完整披露关联方、关联关系和关联交易；发行人是否按照《招股书准则》和《监管规则适用指引——发行类第4号》的要求进行信息披露。

（2）保荐人及发行人律师应对发行人的关联方认定，发行人关联交易信息披露的完整性，关联交易的必要性、合理性和公允性，关联交易是否影响发行人的独立性、是否可能对发行人产生重大不利影响，以及是否已履行关联交易决策程序等进行充分核查并发表意见。

2. 保荐人和申报会计师应当审慎核查以下事项并发表明确意见

（1）发行人是否存在关联交易非关联化的情形。报告期内由关联方变为非关联方的，应比照关联交易的要求持续关注与原关联方的后续交易情况，以及相关资产、人员的去向，关注已转让资产或业务的受让方的基本情况，股权转让是否真实、转让价格是否公允、受让方与发行人及其主要客户和供应商是否存在特殊关系等，核查非关联化的真实性。

（2）发行人是否存在《会计监管风险提示第2号——通过未披露关联方实施的舞弊风险》中的常见情形和迹象，如是，请进行列示，并充分说明中介机构是否根据要求实施充分核查。

三、关联交易的相关问询案例

金鹰重型工程机械股份有限公司已于2021年6月16日在创业板注册生效，该公司上市申报的报告期内关联交易比例较高，所涉审核问询及关注事项较为全面，反映了审核实操中的高频关注点，有一定的参考价值，具体如下。

（一）基本情况

发行人主要从事轨道工程装备产品的研发、生产、销售与维修业务。报告期各期内，发行人向其实际控制人国铁集团及其下属公司销售商品及提供劳务的收入金额为123931.15万元、152425.35万元、223771.34万元和76801.68万元，占主营业务收入的比例分别为66.81%、73.66%、87.35%和69.14%；发行人向关联方购买商品、接受劳务金额分别为9874.92万元、6069.93万元、36369.19万元和760.23万元，

公司关联交易占比较高,主要系铁路行业的特殊性以及公司的主要关联方国铁集团在中国铁路运营管理活动中占据主导地位所致,发行人的关联交易未来仍将持续发生,并随铁路投资和建设规模的调整发生变化;报告期内,发行人还存在关联租赁、关联存贷款、通过关联方缴纳社会保险等情形。

(二)问询意见

1. 一轮问询

要求发行人补充披露:发行人与关联方采购和销售的背景原因及必要性,报告期内关联交易占比高且比例逐年大幅上升的原因和合理性;发行人的关联交易未来将持续发生,未来是否有减少关联交易的具体措施;关联交易与非关联交易的定价形成机制;结合向非关联第三方的同类产品采购、提供劳务、销售价格以及市场上同类产品及服务价格,对比说明关联交易定价公允性,相同业务或产品发行人向关联方销售及向非关联方销售的毛利率,并分析差异原因及合理性;发行人是否对关联方存在重大依赖,是否构成重大不利影响;发行人关联交易是否履行公司章程规定的决策程序,是否存在对关联方的重大依赖,是否具有完整的业务体系和直接面向市场独立经营的能力,上述关联交易是否构成本次发行上市的实质性障碍,假设剔除关联交易的影响,发行人的业绩是否能够满足创业板首次公开发行并上市条件。

2. 二轮问询

要求发行人补充披露:相关关联方与发行人或其实际控制人、发行人报告期内的前五大客户、前五大供应商及主要股东之间资金、业务往来的交易内容、交易金额及公允性、交易背景,是否存在为发行人承担成本费用、利益输送或其他利益安排等情形;未来获得关联方业务的可持续性,报告期内非关联方销售变化趋势、海外市场开拓能力,是否具备独立面向市场的业务能力;大股东和实际控制人规范关联交易承诺的可行性及有效性,尽量避免和减少目前和将来与发行人之间发生不必要的关联交易的具体措施。

3. 审核中心意见落实函

要求发行人:结合国铁集团及其下属公司的发展方向,进一步补充披露发行人和控股股东及关联方未来交易的安排,是否存在继续扩大的可能;结合发行人关联交易占比较高的情形,补充披露若上市后防范控股股东及其他大股东损害中小股东利益及其他不当控制行为采取的具体措施、制度及其有效性;补充披露发行人已发生关联交易的决策程序及回避程序是否与《公司章程》等制度文件相符,关联交易是否损害发行人及中小股东利益,关联股东或董事在审议相关交易时是否回避,以及独立董事和监事会成员是否发表不同意见等，进一步分析并披露发行人关于关联交易的决策机制是否有效，以及发行人公司治理及内部控制的有效性。

(三) 反馈要点

1. 关联采购根据其业务特点具有必要性及合理性。发行人的实际控制人国铁集团下属的部分科研、生产类企业系发行人的上游供应商，发行人产品定制化属性较高，在与客户签订合同时客户已指定部分产品零部件的生产厂家或规格、型号，发行人基于生产实际需要向部分关联企业进行采购，关联采购具有必要性、合理性。报告期内，关联采购金额上升，主要系2019年及2020年，发行人因生产需要从关联方采购检测装置所致，具有合理性。

2. 关联销售根据其行业特点具有必要性及合理性。发行人的关联销售占比较高，主要是由中国铁路发展历史和行业定位及特点决定的，反映了市场主要参与者较为集中的实际情况，而非由于对关联方销售渠道寻求依赖所致，关联销售具有必要性、合理性。报告期内，关联销售收入的增长主要系由发行人下游行业持续发展、公司产品体系丰富、产品具有竞争力以及公司在细分行业内的竞争优势等原因决定，具有合理性。

3. 关联交易定价机制明确，定价公允且合理。关联销售与非关联销售的价格形成机制不存在差异，销售定价根据实际生产成本考虑合理的利润空间进行确定，采购定价优先采用公开招标方式确定，其余经集体决策采取公开竞价、公开谈判、竞争性谈判等其他采购方式确定，具有公允性；同类产品下，关联方以及非关联方毛利率之间会因为产品配置不同、发行人销售定价策略、客户采购类型及数量、与客户的合作关系等因素而存在差异；但由于发行人所处细分行业进入门槛较高，市场参与者较少，以及商务谈判的非公开性等原因，发行人无法直接比较产品销售价格与市场上同类产品价格。

4. 关联交易已履行适当决策程序。发行人报告期内的关联交易履行了《公司章程》等制度文件规定的相应决策程序，关联董事和股东已相应回避，独立董事按照规定发表了事前认可意见及独立意见，独立董事和监事会成员均未对关联交易发表不同意见。

5. 关联交易不影响核心竞争力，不影响发行人的独立经营能力。发行人的核心竞争力体现于产品的整体研发设计等方面，发行人生产的轨道工程装备产品涉及零部件较多，具体零部件生产由各产业内的供应商承担，属于产业链内正常的专业分工合作，不影响发行人的核心竞争力；关联交易的产生与铁路行业相关行政许可制度严格、市场参与者较少、装备生产涉及环节复杂等有关，不存在重大依赖，公司具有独立经营能力,关联交易不构成发行上市的实质性障碍;根据测算,假设剔除关联交易的影响,发行人的业绩能够满足首次公开发行并上市条件。

6.结合相关交易具体情况说明与关联方不存在利益输送等安排。发行人逐项披露了相关关联方与发行人或其实际控制人等主体之间资金、业务往来的具体情况,包括交易内容(如提供运营检测服务)、交易背景(如按职责承担铁路运营检测服务)、定价依据及公允性(如根据国铁集团规定的清算方法进行定价)等,说明该等交易基于正常的交易背景且定价公允,不存在为发行人承担成本费用、利益输送或其他利益安排等情形。

7.结合行业背景及已采取的具体措施说明公司发展的可持续性。在可以预见的时期内,中国铁路集中管理的行业背景不会发生重大变化,国铁集团及其下属公司对轨道工程装备的采购需求长期存在,且存在继续扩大的可能,公司在细分业务领域的历史积累和行业领先地位不会轻易受到冲击,发行人与国铁集团及其下属公司的合作具有稳定性与可持续性;报告期内前三年的非关联方销售呈下降趋势,与国际局势震荡、集装箱市场需求减少等有关,报告期最后一期的非关联方收入大幅提升,主要系报告期内签订的非关联方订单逐渐转化为收入所致;发行人已采取如设立国际贸易部、参加行业展会、针对性项目研发等具体措施有效提升了海外市场的开拓能力。

8.发行人报告期内已采取措施避免和减少不必要的关联交易,亦有后续规范计划。报告期内,发行人的控股股东、实际控制人已经通过解除对发行人部分银行账户的资金归集、协助发行人独立开设养老保险及失业保险账户等措施避免和减少不必要的关联交易,目前及未来亦将通过解除资金归集、拓宽自有融资渠道(避免关联贷款)、独立开户并直接参保养老和失业保险、严格执行关联交易管理制度避免和减少不必要的关联交易;发行人已引入独立董事制度,有利于保护中小股东利益;针对根据业务发展需要与关联方进行的关联交易,发行人将严格按照章程及制度的规定,保证关联交易符合公平、公正的市场原则,确保发行人的关联交易行为不损害发行人和全体股东的利益,发行人还将进一步拓展产品市场空间,努力降低关联销售对公司主营业务收入的影响;发行人的控股股东、实际控制人及持股5%以上的股东出具了关于规范关联交易的承诺,发行人的控股股东、实际控制人作为国有控股企业,在出具规范发行人关联交易相关承诺前已严格履行了内部决策程序,并已在承诺中明确了相关约束措施,其关于规范关联交易的承诺具有可行性及有效性。

四、报告期内关联交易的处理方式

结合上述规则要求及案例,拟上市公司报告期内发生关联交易的,应当采取如下处理方式。

(一)关联交易发生前

1. 建立完善的关联交易管理制度,明确关联方的认定标准、关联交易的审批流程等。在报告期内的有限公司阶段(如有),由于有限公司具有较强的"人合性",公司可以在章程或制度中约定较为简单的关联交易审议流程,以提高决策效率及降低程序性工作成本;在股改后的股份公司阶段,其关联交易的审批流程应当符合《公司法》的基本规定,而出于提高决策效率及降低程序性工作成本的考虑,可以为董事会及股东会设置相对较高的关联交易审议金额标准,在董事会审议标准以下的关联交易则可由总经理或其授权的部门负责人决定。两个阶段的关联方认定标准均可与制作财务报表时划定的关联方范围一致,以保证工作的便利性以及审议程序与财务层面信息的一致性。但是,预计关联交易较多的,也可以在股改后的章程及制度中规定与拟上市板块规则一致的关联方认定范围,便于实时监督公司的关联交易数据以使其符合上市规则的规定、提前适应上市的规范性要求,然而这也可能为公司带来较高的程序性工作负担,需要综合考虑。

2. 进行充分的尽职调查,完善关联方及关联交易的统计工作。如本书前文**"27……公司发生关联交易应注意什么?"**所述,只有准确、完整地统计关联方清单,才能正确地履行决策、披露义务。此外,报告期内前期关联交易的统计有助于公司分析自身的经营情况、优化交易结构,初步评估关联交易是否构成上市申报的障碍,并可相应整改规范或调整上市申报的报告期。

3. 加强自身独立持续经营能力,避免对关联交易产生依赖。拟上市公司应当明确核心业务,集中资源发展具有竞争优势和增长潜力的业务领域,提高市场竞争力;建立稳定、高效的供应商网络,确保原材料的稳定供应和质量控制,同时优化物流和库存管理,降低成本。以供应商网络的建立为例,拟上市公司可以逐步确定多家主要供应商,避免集中于关联方,以降低依赖及分散风险。

(二)关联交易发生时

1. 根据科学的定价政策,确保关联交易定价具有公允性及合理性。在定价依据上,应当充分考虑关联交易的成本加合理利润,避免无合理理由的大幅偏离;在定价程序上,应当根据所在行业或特定交易要求,履行相应的招投标、询价、谈判、竞价等程序,参考政府指导价或与非关联第三方发生的或市场公开可获得的同类交易价格,确保定价具有公允性及合理性。

2.履行相关的关联交易决策程序。拟上市公司应当根据关联交易管理制度,对关联交易履行相关的关联交易决策程序,不得存在未审先行的情形。在审议程序中,与特定交易存在关联关系的董事或股东应当回避表决,公司设置有独立董事的,还需根据公司制度确定是否需要由独立董事发表意见。

3.及时、准确地记录交易信息,留存相关资料。及时、准确地记录交易信息,包括但不限于交易的时间、金额、条款等,以备后续审计和披露;留存相关资料,包括但不限于前期比价资料、关联交易审议程序资料等,以备业务复盘,以及为后续上市申报的信息披露及问询反馈做准备。

(三)关联交易发生后

1.持续监控关联交易,评估其对公司业绩和独立性的影响,如有必要,及时调整或终止不合理的关联交易。如报告期前期存在关联交易比例较高,或存在非必要关联交易的情形,应当尽量减少或停止相关关联交易;关联交易无法避免且总量较大的,应当具有充分的必要性,并可以通过调整供销渠道等方式,尽可能减少相关关联交易,使报告期内的关联交易数据呈下降趋势;必要时还可由控股股东、实际控制人等关联方主体出具承诺函,尽可能减少关联交易的发生,并确保关联交易的发生是必要的、定价是公允的。

2.上市申报前,对报告期内的关联交易作全面的梳理和评估,完善相应的资料收集或程序补正工作。上市申报前,公司需要对关联交易作全面的梳理和评估,根据上市的披露及核查要求,完善相应的资料收集或程序补正工作。例如,报告期内如存在未履行适当审议程序的关联交易,可以由有权主体补充审议、认可相关交易的合法有效性;此外,实务中,公司上市申报前通常会通过董事会及股东会审议《关于报告期内关联交易的议案》,确认报告期内关联交易的数据准确、关联交易的定价具有公允性、关联交易的发生没有损害公司及股东的权益等。

3.在上市申报材料中,如实、完整地披露关联交易。拟上市公司应当根据拟上市板块的具体要求,如实、完整地披露关联交易,并根据相关披露规则,说明定价依据、审议程序等情况;报告期内关联交易存在瑕疵的,通常需要披露瑕疵的具体情况及整改措施,并说明整改措施的可行性和有效性。

五、总结

综上所述，拟上市公司报告期内发生关联交易并非不可逾越的难题，关键在于其能否以严谨、规范和透明的方式进行处理。拟上市公司可以通过在关联交易发生的事前、事中、事后做好准备，确保公司具有独立持续经营能力，满足拟上市板块的关联交易披露及核查要求。

80

无证房产遇见 IPO 时，拟上市公司应该怎么办？

无证房产是指未取得不动产权证书的房屋建筑物，其产生的主要原因包括但不限于在租赁土地上自建房屋、房屋建筑物自有瑕疵或历史遗留问题等。若拟在境内上市的公司存在无证房产的，通常会被发行审核部门重点关注，但是否构成发行上市的实质性法律障碍则需要根据具体情况具体分析。以下总结了三类常见无证房产成因和相应的整改案例，供拟上市公司（以下简称发行人）参考。

一、成因一：在租赁土地上自建房屋建筑物

（一）核查要求

鉴于我国现行法律规定不动产产权证书的办理必须满足房地合一的基本要求，因此，当地上房屋建筑物所有权与土地使用权权属主体不一致时，地上房屋建筑物的所有权人将无法办理房屋不动产权证书。

基于上述法律规定，发行人在租赁土地上自建房屋建筑物的，除非出租人同意且依据适用法律可以依法转让土地使用权，否则办理以发行人作为权利人的不动产权证书存在实质法律障碍。

针对该等在租赁土地上的自建房产，保荐机构及发行人律师通常应结合该土地或房产的面积占发行人全部土地或房产面积的比例、使用上述土地或房产产生的营业收入、毛利、利润情况，评估其对于发行人的重要性，披露如因该等问题被处罚的责任承担主体、搬迁的费用及承担主体、有无下一步解决措施等，并对该等事项做重大风险提示。

若发行人租赁的土地为集体建设用地、划拨地、农用地、耕地、基本农田的，保荐机构和发行人律师还应对发行人取得和使用上述土地是否符合《土地管理法》等法律法规的规定、是否依法办理了必要的审批或租赁备案手续、有关房产是否为

合法建筑、是否可能被行政处罚、是否构成重大违法行为出具明确意见,说明具体理由和依据。

(二)案例:无锡晶海氨基酸股份有限公司(北交所,2023年12月12日上市)

1. 基本情况

发行人自 2007 年 1 月起租赁位于无锡市锡山区东港镇新巷村,东至天介基、南至西任巷、西至幼儿园、北至晶石集团的集体土地用于生产经营,发行人于该等土地上自建了质检楼、仓库等建筑物,建筑面积约为 4000 平方米,该等建筑物因租用上述集体土地时,出租方未取得该宗土地的土地使用权证,因此发行人在该宗土地上自建房产时未取得工程规划许可证等许可文件,亦未取得房屋产权证书。

2. 问询意见

说明上述房产无法取得产权证的原因,未取得产权证书房产面积占公司房产总面积比例,涉及集体土地使用的,说明有关土地取得、使用是否合规,是否存在被处罚的风险,是否构成重大违法行为,若无法继续使用对发行人生产经营的具体影响,对相关事项的解决情况及应对措施的有效性,请结合上述情况量化揭示风险。

3. 反馈要点

(1)影响小:发行人未取得产权证书的房屋面积占公司房产面积的总比例约为 21.31%,在募投项目建设完成后发行人将新增房产近 4 万平方米,前述比例将下降至 10% 以下。2022 年度,发行人的净利润为 6435.01 万元,前述无证房产若无法使用,产生的费用及损失金额占比约为 3.56%,占比较小。

(2)可替代性强:前述房产非公司生产核心用房,不会单独产生利润,可替代性较强。若公司无法继续使用前述房屋,公司可在短时间内找到替代性的房屋,搬迁费用较低。

(3)有关部门出具证明文件:根据无锡市锡山区住房和城乡建设局、无锡市锡山区消防救援大队分别出具的证明文件,公司报告期内未受到无锡市锡山区住房和城乡建设局行政处罚,亦不存在因违反消防法律法规而被消防处罚的情形。同时,根据东港镇人民政府出具的《情况说明》,短期内(不少于 10 年)不会征用该地块,不会对公司进行拆迁,亦不会对前述未取得相关产权证书的建筑物进行强制拆除。

(4)实际控制人出具兜底承诺:公司实际控制人就前述事项已出具承诺:"若公司因土地、房产产证瑕疵问题遭受行政处罚、被收回国有建设用地使用权或集体土地,或公司房产被强制拆迁而遭受损失的,本人将全额承担由此造成的一切费用,以保证公司不会因此遭受任何损失。"

(5)明确下一步整改措施:公司新工厂已经开工建设,若无法继续使用前述无证房产,待新工厂建成后,亦可提供部分房产使用。

二、成因二:房屋建筑物自有瑕疵

(一)核查要求

常见的房屋建筑物自有瑕疵如报建手续不完整、未通过消防验收、属于违章建筑、临时建筑等。针对该类型的无证房产,应当优先评估对公司生产经营稳定性的影响,对于影响严重的房产以拆除、重建或转让等方式断舍离,或采取补救措施整改后取得不动产权证;若该等房产影响较小的,应当披露该等瑕疵房产的面积占比,对营业收入、毛利、利润的影响占比情况、搬迁的费用及承担主体、有无下一步解决措施等,并论证不会对发行人持续经营构成重大不利影响。

(二)案例:宏盛华源铁塔集团股份有限公司(沪主板,2023年12月22日上市)

1.基本情况

发行人子公司未取得产权证书的房屋面积约为92472.96平方米,其中主要生产经营用房面积共计41240.33平方米,占发行人房屋总面积的8.24%;发行人子公司未用于生产的瑕疵房产面积共计51232.63平方米,用途主要为办公、食堂、物料堆放、门卫、配电房、厕所等,其中20503.28平方米的房屋建筑物为简易板房、大棚、闲置或停用的房屋。

发行人子公司未取得房屋权属证书房产的成因之一即为未办理报建手续。

2.问询意见

未取得权属证书的房产具体情况,包括该房产的面积占发行人全部房产面积的比例、使用上述房产产生的收入、毛利、利润情况,其对于发行人的重要性,对发行人生产经营的影响,下一步安排,取得权属证书是否存在法律障碍,办理相关权属登记手续需要多久;未取得土地使用权证书地块的基本情况,其上相关房产的情况,该地块对于发行人的重要性,对发行人生产经营的影响,下一步安排,取得权属证书是否存在法律障碍,办理相关权属登记手续需要多久。

3.反馈要点

(1)影响小:逐项列举无证房产用途、结构和建筑面积,针对生产经营用房列明相关子公司报告期内营业收入、净利润及占发行人比例。

（2）可替代性强：针对该等辅助用房若因被认定为违章建筑被拆除，发行人子公司可在较短时间内寻找到符合要求的可替代房产，不会对发行人的正常生产经营造成重大不利影响。

（3）有关部门出具证明文件：各子公司无证房产所在地的自然资源和规划局、住房和城乡建设局、城市管理局等出具证明，确认报告期内相关部门未对子公司作出行政处罚，对相关无证房产无拆除计划。

（4）控股股东出具兜底承诺：公司控股股东已出具承诺，如发行人或其子公司因土地、房产未取得权属证书等事宜导致相关房产、土地无法用于生产经营，被有权机关强制拆除、搬迁，土地使用权被无偿收回或产生纠纷等，控股股东将连带对发行人或子公司因此遭受的经济损失给予全额赔偿或补偿，并在赔偿或补偿后保证不会向发行人或其子公司追偿，确保发行人及其子公司不会因此遭受任何经济损失。

（5）明确下一步整改措施：针对子公司之一镇江鸿泽，发行人拟在镇江鸿泽实施募投项目"热浸镀锌安全环保提升项目"，拟将瑕疵房产全部拆除重建，拆除重建后镇江鸿泽将按法律法规规定办理权属证书，办理权属证书预计不存在法律障碍。

三、成因三：历史遗留原因

（一）核查要求

常见的历史遗留原因如无证房产系相关法规政策出台前建造、城市道路规划发生变动或经政府许可建造但未能办理权属证明等。针对该类型无证房产，公司应当取得有权机关对相关事实情况的说明确认，并参照前述自有瑕疵的无证房产整改及披露要求执行。

（二）案例：广州市金钟汽车零件股份有限公司（创业板，2021年11月26日上市）

1. 基本情况

发行人花都生产基地位于广州市花都区炭步镇东风大道西侧，占地1.6853公顷，花都地块原为广州市花都区炭步镇民主村农民集体所有，经过征地及两次流转后由发行人实际占用和使用，由于历史原因，公司尚未取得前述地块的土地使用权属证书。发行人在花都地块自建的面积共计约17,000平方米的厂房和员工宿舍亦由于前述原因而未能取得权属证书。

2020年5月11日,广州市花都区住房和城乡建设局出具《关于广州市金钟汽车零件股份有限公司旧厂自行改造项目实施方案的批复》(花更新复[2020]3号),同意发行人"以'自行改造'方式实施微改造",采用协议出让方式供地。截至申报时,公司正在按照相关流程办理用地和报建手续。

2. 问询意见

披露截至问询函回复日,用地、报建手续和产权证书等办理的进展情况,是否存在重大障碍,预计办理时限;说明《关于广州市金钟汽车零件股份有限公司旧厂自行改造项目实施方案的批复》中"采用协议出让方式供地"的含义,发行人是否需要为该地块额外支付土地出让费用或其他重大支出,补充披露发行人为取得该地块产权证书所需支付的费用情况及对发行人经营业绩的影响;分别披露未办理产权的厂房和宿舍的面积及占比,相关厂房涉及主要产品、产能及占比情况、实现的收入和利润情况,结合前述情况分析并披露前述厂房和宿舍是否存在搬迁或拆除风险,并测算搬迁周期和搬迁费用,说明对发行人生产经营的影响。

3. 反馈要点

(1)取得产权证书对经营业绩影响小:依据广州市相关文件及同地段工业价格测算,发行人需要为该地块额外支付土地出让金为539.29万~808.93万元,发行人每年将新增土地使用权摊销金额为10.79万~16.18万元,不会对发行人的经营业绩产生较大影响。

(2)有明确替代方案:若发生搬迁,届时发行人将通过提前备货、合理安排设备搬迁顺序等方式,平稳过渡搬迁期间的生产订单。同时,随着清远金钟生产设备的不断扩充与完善,清远金钟将有能力承接相关搬迁设备的生产任务,因此如花都地块相关厂房和宿舍需进行搬迁或拆除,将对发行人的生产经营产生一定影响,但总体影响相对可控。

(3)有关部门出具证明文件:根据花都规资局、花都住建局和花都城管局出具的说明,发行人的相关房产不存在搬迁或拆除风险。

(4)实控人出具兜底承诺:公司控股股东广州思呈睿、实际控制人辛洪萍已出具《关于承担瑕疵房产风险的承诺》,承诺如下:"为避免发行人花都地块房屋建筑物被有关部门责令拆除而可能给发行人带来资产损失及罚款的风险,本公司/本人承诺将承担因发行人房屋建筑物拆除给发行人造成的实际经济损失,包括但不限于拆除的直接损失、因拆迁可能产生的搬迁费用、固定配套设施损失、停工损失、被有权部门罚款等。"因此若发生搬迁,发行人的搬迁费用将由发行人的控股股东及实际控制人承担,对发行人的财务状况不会产生影响。

四、总结

拟上市公司应当尽可能采取有效措施对无证房产进行整改规范，包括但不限于补办权证、搬迁、拆除、重建等方式在申报时减少或完全解决该等瑕疵问题。针对申报时仍存在的无证房产，应当尽可能满足以下条件：

1. 不属于生产经营用的主要房产，或虽然属于生产经营用的主要房产但可充分论证对持续经营不构成重大影响；

2. 具有可替代性，如出现相关房产需要被拆除的，具有搬迁的可行性；

3. 取得有关部门出具的证明文件，证明相关房产不存在拆除计划、报告期内不存在相关行政处罚；

4. 取得控股股东、实际控制人出具的兜底承诺；

5. 具有明确可行的下一步整改措施。

81 拟上市公司应该如何认定及披露"重大合同"？

拟上市公司(以下简称发行人)在境内申请首发上市时,申报文件之一即为重大合同。除此之外,保荐机构及律师分别出具的招股说明书、法律意见书等申报文件亦涉及重大合同的披露及核查。全面推行注册制后,发行人应当如何认定及披露重大合同？

一、重大合同的认定、披露及核查要求

(一)认定及披露要求

2023年全面推行注册制后,沪深北各交易所对首发上市企业重大合同的认定及披露要求趋于统一。相较于各板块的原有规定,主板取消了交易金额在500万元以上的量化指标要求,缩减了合同披露的具体细节;科创板及创业板新增"将要履行"的合同以及分析"相关合同对发行人的影响及存在风险"两项披露要求。现行法律规定对重大合同的认定及披露要求,见表81-1。

表81-1 对重大合同认定的具体要求

法规名称	具体要求
《公开发行证券的公司信息披露内容与格式准则第57号——招股说明书》	第82条 发行人应披露对报告期经营活动、财务状况或未来发展等具有重要影响的已履行、正在履行和将要履行的合同情况,包括合同当事人、合同标的、合同价款或报酬、履行期限、实际履行情况等,并分析对发行人的影响及存在的风险。与同一交易主体在一个会计年度内连续发生的相同内容或性质的合同应累计计算。

439

续表

法规名称	具体要求
《公开发行证券的公司信息披露内容与格式准则第58号——首次公开发行股票并上市申请文件》	7-2 重要合同 7-2-1 对发行人有重大影响的商标、专利、专有技术等知识产权许可使用协议(如有) 7-2-2 重大关联交易协议(如有) 7-2-3 重组协议(如有) 7-2-4 特别表决权股份等差异化表决安排涉及的协议(如有) 7-2-5 高级管理人员、员工配售协议(如有) 7-2-6 重要采购合同 7-2-7 重要销售合同 7-2-8 其他对报告期经营活动、财务状况或未来发展等具有重要影响的已履行、正在履行和将要履行的合同(如有)

(二)核查要求

现行法律规定对首发上市企业应披露的重大合同的核查要求,主要体现在保荐人及律师的具体工作要求中,见表81-2。

表81-2 对保荐人及律师的具体要求

法规名称	具体要求
《保荐人尽职调查工作准则》(2022)	第77条 重大合同 通过查阅发行人合同文件、发行人董监高人员出具书面声明、访谈相关人员、咨询中介机构、函证、实地走访等核查程序,核查对发行人报告期经营活动、财务状况或未来发展等具有重要影响的已履行、正在履行和将要履行的重大合同是否真实、是否均已提供,并核查合同条款是否合法、是否存在潜在风险。对照发行人有关内部订立合同的权限规定,核查合同的订立是否履行了内部审批程序、是否超越权限决策,分析重大合同履行的可能性,关注因不能履约、违约等事项对发行人产生或可能产生的影响。

续表

法规名称	具体要求
《监管规则适用指引——法律类第2号：律师事务所从事首次公开发行股票并上市法律业务执业细则》	第27条　律师应当查验发行人将要履行、正在履行以及虽然已经履行完毕但可能存在潜在纠纷的对发行人报告期生产经营活动、财务状况或者未来发展等具有重要影响的合同是否合法、有效，具体查验内容包括： (一)发行人重大合同的判断标准和确定依据，是否与公司业务相关； (二)发行人重大合同签订形式和内容是否符合法律法规的规定，是否按照法律法规和公司章程的规定履行内部决策程序； (三)发行人重大合同是否需要办理批准、登记手续。如需要，发行人是否已经办理了相关批准、登记手续； (四)发行人重大合同的主体是否存在因发行人改制等原因需要变更的情形。如需要，发行人是否已经依法完成变更； (五)发行人重大合同的履行情况，是否存在重大法律风险。
《公开发行证券公司信息披露的编报规则第12号——公开发行证券的法律意见书和律师工作报告》	第40条　发行人的重大债权债务 (一)发行人将要履行、正在履行以及虽已履行完毕但可能存在潜在纠纷的重大合同的合法性、有效性，是否存在潜在风险，如有风险和纠纷，应说明对本次发行上市的影响。 (二)上述合同的主体是否变更为发行人，合同履行是否存在法律障碍。 (三)发行人是否有因环境保护、知识产权、产品质量、劳动安全、人身权等原因产生的侵权之债，如有，应说明对本次发行上市的影响。 (四)发行人与关联方之间是否存在重大债权债务关系及相互提供担保的情况。 (五)发行人金额较大的其他应收、应付款是否因正常的生产经营活动发生，是否合法有效。

续表

法规名称	具体要求
《律师从事证券法律业务尽职调查操作指引》	第77条　律师须披露发行人(包括发行人主体以及发行人控股子公司,下同)的重大合同是否合法有效,是否存在潜在风险;若存在潜在风险,是否对发行人生产经营以及本次发行上市有重大不利影响;合同主体是否变更为发行人;合同履行是否存在法律障碍。 律师应当尽职查验以下文件或事项: (1)未来可能对发行人产生重要影响包括存在风险与纠纷的重大业务合同: ①与发行人的业务、资产相关的合同或协议;发行人及发行人的子公司签署且正在履行的主要合同,包括但不限于采购合同、销售合同、借款合同、担保合同、资产(股权)买卖、转让合同、资产租赁合同、人财物保险合同、业务技术合作(开发)协议、劳动合同及保密协议、职务发明及专利归属、使用协议等文件原件; ②与发行人参与经营投资相关的合同或协议:涉及发行人及其子公司合资、联营、挂靠、合伙、投资及参与利润共享等协议原件; ③发行人避免同业竞争、减少规范关联交易的有关协议原件(如有); ④发行人建设施工类合同原件; ⑤发行人与本次发行承销商的承销、保荐合同原件。 (2)发行人及发行人子公司与合同管理有关的各项制度(如有)。 (3)发行人内部对重大合同签署审批流程文件原件,包括但不限于合同签署事项说明单、发行人内部各部门的审批及意见单、发行人涉及协议签署的内部各类决议及批示文件等。 (4)发行人政府主管部门对发行人签署相关合同前后需出具的登记、备案等文件原件(如需)。 (5)如发行人以上签署的合同发生合同主要条款变更、履行主体变更或名称变更的,发行人向以上协议相对方或利益相关方发出变更履行的书面通知书(含送达方式、送达单据、对方签收单)及对方是否同意合同内容变更,是否继续履行原合同,履行是否存在纠纷、诉讼的书面确认文件原件(适用于以资产新设成立股份公司,业务整合、剥离,业务模式调整等情况下发行人履行内容、履约主体发生变更等情形)。 (6)发行人对以上合同真实性、履行情况及是否存在纠纷、诉讼情况的书面说明或承诺。 (7)律师应对以上合同的真实性、有效性及实际履行情况进行核查,如发现协议的签订、履行存在异常的,应走访合同相对方并制作访谈笔录,或向合同相对方发出函证并取得其回执;对于以邮件形式发送的合同,律师可查验相关邮件发送记录,并制作查验记录。 (8)律师在核查过程中如对发行人与境外机构签署的重大合同的真实性及有效性产生疑问的,可要求发行人聘请境外当地律师出具法律意见。

二、认定、核查及披露重大合同的必要性

要求拟上市公司申请首发上市时认定、核查及披露重大合同具有多方面的必要性。

（一）为投资者提供决策依据

重大合同的披露可以帮助投资者了解拟上市公司的业务模式、经营状况和未来发展趋势，从而作出更准确的投资决策，具体分析如下。

1. 重大合同通常涉及公司的主要业务活动，包括销售、采购等方面，其披露可以让投资者评估拟上市公司的市场竞争力和持续发展能力；

2. 与重要客户签订的长期销售合同或与关键供应商签订的合作协议，能够展示公司在市场中的优势和经营稳定；

3. 对重大合同履行情况的披露，包括合同履行过程中可能面临的风险，如客户信用风险、市场变化风险等，有助于投资者全面评估公司面临的风险状况。

（二）辅助发行审核部门出具审核意见

重大合同除涉及交易各方权利义务的具体约定外，还可能反映拟上市公司有关收入确认、内部控制、持续经营等重大事项的安排，通过分析其与业务及财务的钩稽关系，有助于发行审核部门全面、深入地了解公司的经营状况、财务情况、风险管理以及信息披露质量，辅助其作出科学、公正的发行审核决策，具体分析如下。

1. 收入确认

通过披露的合同条款及金额，发行审核部门可以分析公司收入确认的时点、依据、是否与其业务实质匹配，是否符合会计准则的规定，以及应收账款的真实性、合理性、计提坏账的充分性。

2. 内部控制

通过查阅发行人上传的重大合同底稿，发行审核部门可以确认重大合同的签署形式要件是否完备，公司内控制度是否健全。

3. 持续经营

通过比对披露的重大合同交易对手，发行审核部门可能关注发行人前五大客户及供应商是否存在差异以及差异原因；通过披露的合同履行情况，进一步关注发行人在手订单及后续持续经营能力；通过披露的合同履行期限，关注发行人重大合同的延续性，如是否存在到期无法续约的情况等。

三、常见问询事项及披露方式

（一）问询事项

全面推行注册制后，沪深北各交易所针对重大合同的主要问询意见集中在以下几个方面。

1. 要求发行人补充披露重大合同标准的确定依据，结合报告期内合同金额的平均数、中位数等说明该重要性水平选择是否与业务水平相匹配；

2. 如发行人涉及披露框架合同的，进一步要求发行人补充披露实际发生金额；

3. 如果发行人披露的单个或几个合同金额过高，进一步问询发行人各期各类业务收入是否受某个或某几个重大合同执行影响，是否对发行人各期营业收入、经营稳定性、客户过度依赖方面产生影响。

（二）披露方式

1. 合同类型

通常包括采购合同、销售合同、借款/授信合同、抵押/质押/担保合同、建设工程合同。此外，根据发行人的不同业务类型，部分案例中还涉及披露重要的技术开发合同。

2. 合同主体

应当包括发行人及其并表子公司签署的重大合同。

3. 合同范围

采销合同通常为金额达到一定标准以上的报告期内签署并履行完毕的合同、截至招股说明书签署日正在履行的合同；借款/授信/担保合同通常为截至招股说明书签署日正在履行的全部合同，如数量较多的，部分案例通过划定金额标准适当减少需要披露的数量。

4. 合同内容

通常包括合同当事人、合同标的、合同模式（框架/订单）、合同总价、签订时间（或履行期限）、履行情况。

四、总结

综上所述，对于拟在境内上市的公司于报告期内签署的重大合同处理，我们的

81. 拟上市公司应该如何认定及披露"重大合同"？

建议如下。

1. 在签署合同时，公司应当建立完善的登记、审批、签署、归档等内控制度安排并严格按照内控制度执行。

2. 在认定重大合同时，应遵循实质重于形式的原则，确立与公司业务水平相一致的合理筛选标准，而不仅局限于合同金额等单一标准。实务中，重大合同的确定标准通常包括：(1) 参考销售/采购金额对应公司营业收入/采购总额的占比；(2) 在(1)的基础上，同时结合客户及供应商的数量进一步筛选；(3) 以前五/十大客户及供应商为标准划定范围；(4) 以最近一期营业收入或成本为基准划定整体比例；(5) 以报告期合计签署的合同总额为基准划定范围。

3. 在核查重大合同时，中介机构应采取多种核查程序，包括但不限于审核合同文本、款项收付凭证、工商登记资料等法律文件，与相关方进行访谈、函证及实地走访等，以确保合同的真实性、合法性和有效性，同时关注是否存在潜在纠纷或风险。

4. 在披露重大合同时，公司应按照相关规定，在招股说明书中真实、准确、完整地披露重大合同的相关信息。同时，若发行审核部门在反馈意见中对披露内容和形式作出特别要求的，公司应相应地进行补充或调整。

总之，对重大合同的准确认定、全面核查和充分披露，对于境内拟上市公司成功通过 IPO 审核以及在资本市场上的后续良好表现都具有重要意义，它不仅有助于保护投资者的利益，也有利于提升公司的市场形象和公信力。

82

什么是董事、高级管理人员重大不利变化？

根据现行境内上市监管规则，拟上市公司的董事、高级管理人员在特定期限内，不得存在重大不利变化。具体而言，上市监管规则对于董事、高级管理人员的变化有何基本要求？如何判断是否构成重大不利变化？公司为避免发生董事、高级管理人员重大不利变化又可采取哪些措施？详见下述内容。

一、基本要求

（一）基本原则

全面注册制以来，各上市板块均要求发行人最近二年或三年内，其董事、高级管理人员没有发生重大不利变化，基本原则见表82-1。

表82-1 对董事、高级管理人员认定没有重大不利变化的基本原则

法规名称	具体内容
《首次公开发行股票注册管理办法》	第12条 发行人业务完整，具有直接面向市场独立持续经营的能力：……（二）主营业务、控制权和管理团队稳定，首次公开发行股票并在主板上市的，最近三年内主营业务和董事、高级管理人员均没有发生重大不利变化；首次公开发行股票并在科创板、创业板上市的，最近二年内主营业务和董事、高级管理人员均没有发生重大不利变化；首次公开发行股票并在科创板上市的，核心技术人员应当稳定且最近二年内没有发生重大不利变化。

续表

法规名称	具体内容
《北京证券交易所向不特定合格投资者公开发行股票并上市业务规则适用指引第1号》	1-9 经营稳定性与独立性 《上市规则》第 2.1.4 条第六项规定发行人不得存在对经营稳定性、直接面向市场独立持续经营的能力具有重大不利影响的情形。发行人应满足以下要求： (一) 发行人应当保持主营业务、控制权、管理团队的稳定，最近 24 个月内主营业务及董事、高级管理人员未发生重大不利变化；最近 24 个月内实际控制人未发生变更；最近 12 个月内实施重大资产重组的，在重大资产重组实施前发行人应当符合《上市规则》第 2.1.3 条规定的四套标准之一(市值除外)。 发行人控股股东和受控股股东、实际控制人支配的股东所持有的发行人股份不存在重大权属纠纷。 (二) 发行人资产完整，业务、人员、财务、机构独立，与控股股东、实际控制人及其控制的其他企业间不存在对发行人构成重大不利影响的同业竞争，不存在严重影响发行人独立性或者显失公平的关联交易。 对发行人主要业务有重大影响的土地使用权、房屋所有权、生产设备、专利、商标和著作权等不存在对发行人持续经营能力构成重大不利影响的权属纠纷。 (三) 发行人或其控股股东、实际控制人，对发行人主营业务收入或净利润占比超过 10% 的子公司在申报受理后至上市前不存在被列入失信被执行人名单且尚未消除的情形。 (四) 不存在其他对发行人持续经营能力构成重大不利影响的情形。

(二) 重要意义

关注董事、高级管理人员是否存在重大不利变化的意义在于，其通常与公司的独立持续经营能力和经营稳定性密切相关。**首先**，董事和高级管理人员是公司战略决策和日常运营的核心力量，他们的稳定性有助于保持公司战略方向的一致性和经营策略的连贯性，如果在上市前发生重大不利变化，可能导致公司战略摇摆不定。**其次**，重大不利变化可能暗示公司内部存在管理问题或治理结构缺陷，这可能引发发行审核部门的关注和质疑，增加上市审核的不确定性和风险。**最后**，新的董事和高级管理人员可能需要时间来适应公司的文化、业务模式和运营流程，这在一定程度上会影响公司的运营效率和业绩表现。

(三) 特别关注

需要说明的是，除董事、高级管理人员外，申请在科创板上市的公司，其核心技术人员也应当满足最近二年内没有发生重大不利变化的要求。此外，虽然现行规则未明确要求监事不得发生重大不利变化，但在审核实践中，不乏关于"董事、监事、高级管理人员是否构成重大不利变化"的问询案例，此等情况下，发行人及中介机构也需就监事变动情况发表明确意见。

二、"重大不利"的判断标准

（一）基本原则

根据《监管规则适用指引——发行类第 4 号》及《北京证券交易所向不特定合格投资者公开发行股票并上市业务规则适用指引第 1 号》的规定，发行人应当按照要求披露董事、高级管理人员的变动情况。中介机构对上述人员是否发生重大变化的认定，应当本着实质重于形式的原则，综合两方面因素分析：一是最近 36 个月（或 24 个月）内的变动人数及比例，在计算人数及比例时，以董事和高级管理人员合计总数作为基数；二是上述人员离职或无法正常参与发行人的生产经营是否对发行人的生产经营产生重大不利影响。如果最近 36 个月（或 24 个月）内发行人的董事、高级管理人员变动人数比例较大，或董事、高级管理人员中的核心人员发生变化，对发行人的生产经营产生重大不利影响的，中介机构应当重点关注、充分核查论证并审慎发表意见。

（二）定量分析

对于变动人数比例较大，目前未有规则明确规定具体计算方式及比例多少为"较大"，但实务中一般参照 1/3 这一比例作为初步判断，变动比例的计算通常包括但不限于以下方式，发行人可以根据自身实际情况选择最优方案：

1. 以期间内各次变动涉及的卸任人员总数作为分子，以期间董事、高级管理人员合计总数作为分母；

2. 以期间内各次变动涉及的新增人员总数作为分子，以期间董事、高级管理人员合计总数作为分母；

3. 以期初、期末两个时点董事、高级管理人员的人数差额作为分子，以期末董事、高级管理人员的合计总数作为分母。

现行规则也明确了原则上不认定为重大变化的情形：变动后新增的董事、高级管理人员来自原股东委派或发行人内部培养产生的，原则上不构成人员的重大变化。发行人管理层由于退休、调任等原因发生岗位变化的，不轻易认定为重大变化，但发行人应当披露相关人员变动对公司生产经营的影响。

(三)定性分析

对于何为"不利影响",需要根据实质重于形式的原则判断。例如,关于独立董事的变化,由于独立董事具有一定的独立性、不直接参与公司的日常经营,因此独立董事的变化通常不会对公司的生产经营造成重大不利影响。

三、常见问询事项

(一)问询事项

目前,沪深北各交易所针对董事、高级管理人员变化情况的主要问询意见集中在以下几个方面:

1. 要求发行人说明董事、高级管理人员变化的具体情况,说明其变动原因,结合变动人数及比例说明是否构成重大不利影响;

2. 要求发行人说明前任离职人员的辞任原因、离任去向;

3. 对于某高管岗位变动频繁的情形,要求发行人说明其变动频繁的原因及合理性;

4. 要求发行人说明董事会成员变动较大对发行人生产经营的影响。

(二)反馈分析

对于相关问询,过会案例主要从以下几个方面进行分析:

1. 变动系因股东委派或撤换人选、原人选退休或调任导致;

2. 变动系相关人员个人原因导致,且该等个人原因不会对发行人造成不利影响(如离任去向与发行人不存在竞争);

3. 为优化治理结构,增加了董事会、高级管理人员成员或调整结构;

4. 通过统计变动人数和比例,说明变动比例较小;

5. 相关人员离职后顺利交接,未造成重大不利影响。

四、避免发生重大不利变化的建议

增强公司董事、高级管理人员等关键人员的稳定性是一项长期性工作,不是简单地在申报前通过即时整改就能解决。为避免公司的董事、高级管理人员发生重大不利变化,我们建议公司在日常运营过程中注意以下几项。

1. 完善治理结构。建立健全董事会、监事会和高级管理层的职责分工和制衡机制,确保权力的合理分配和监督。以此避免因治理结构设计不佳而增加不利变动的可能,例如,公司给予财务投资人较多董事席位而未对其变动进行限定的,或财务投资人层面用人的稳定性较低的,都可能增加委派董事变动的频率或概率。健全治理结构,也能够降低因治理机制不完善导致的人员主动离职的可能。

2. 加强培养内部董事、高管人才。内部培养产生的董事、高级管理人员通常是指在公司内部通过培养和晋升而产生的人才。这些人员在公司工作了较长时间(从上市审核角度,该等内部培养人员原则上至少在报告期内均就职于发行人),对公司的业务、文化和运营有深入的了解,在公司内部成长,与公司的利益更加一致,更有可能为公司的长期发展做出贡献。

3. 建立长期激励制度。例如,通过实施股权激励,使相关人员的自身利益与公司的长期利益绑定在一起,激励其在公司长远发展方面做出更多贡献。相应地,公司也可为股权激励设置一定的锁定期,通过合理的机制降低相关人员的流动性,增加相关人员的稳定性。

4. 做好离职预案和交接。公司可通过事先与董事、高级管理人员签订保密、竞业等协议的方式,避免该等掌握公司核心信息的人员,在离职后立即到竞争对手任职或从事不利于公司的行为。对于确定离职的人员,公司应当引导其做好工作交接,避免对公司后续的业务开展或经营产生不利影响。

五、总结

综上所述,对于董事、高级管理人员是否构成重大不利变化,应当本着实质重于形式的原则,结合变动人数及比例、变动对公司生产经营的影响等因素进行分析。公司可以在日常经营中,通过完善治理结构、加强内部培养、建立激励机制、做好离职预案和交接等方式,避免出现董事、高级管理人员重大不利变化的情形。

83

报告期内的行政处罚对上市有什么影响?

现行 A 股发行上市的条件之一即要求拟在境内上市的公司(以下简称拟上市公司或发行人)最近三年内不存在重大违法行为。发行人在报告期内若存在行政处罚的,则需论证该等行政处罚不构成重大违法行为。那么,相关监管规则对发行人报告期内的行政处罚究竟有何要求,拟上市公司又该如何应对呢?

一、监管规则

(一)发行条件

全面注册制推行后,沪深主板、科创板、创业板发行条件在《首次公开发行股票注册管理办法》中规定,北交所发行条件则由《北京证券交易所向不特定合格投资者公开发行股票注册管理办法》另行明确,但各板块对于发行人最近三年内不存在重大违法行为的要求及行政处罚是否构成重大违法行为的规定基本一致,具体见表 83-1。

表 83-1 发行条件

规定名称	具体要求
《首次公开发行股票注册管理办法》第 13 条第 2 款、《北京证券交易所向不特定合格投资者公开发行股票注册管理办法》第 11 条	最近三年内不存在欺诈发行、重大信息披露违法或者其他涉及国家安全、公共安全、生态安全、生产安全、公众健康安全等领域的重大违法行为。

续表

规定名称	具体要求
《〈首次公开发行股票注册管理办法〉第十二条、第十三条、第三十一条、第四十四条、第四十五条和〈公开发行证券的公司信息披露内容与格式准则第57号——招股说明书〉第七条有关规定的适用意见——证券期货法律适用意见第17号》	三、关于《首次公开发行股票注册管理办法》第十三条"国家安全、公共安全、生态安全、生产安全、公众健康安全等领域的重大违法"的理解与适用： 《首次公开发行股票注册管理办法》第十三条规定，最近三年内，发行人及其控股股东、实际控制人不存在"其他涉及国家安全、公共安全、生态安全、生产安全、公众健康安全等领域的重大违法行为"。现提出如下适用意见： (一)涉及国家安全、公共安全、生态安全、生产安全、公众健康安全等领域的重大违法行为是指发行人及其控股股东、实际控制人违反相关领域法律、行政法规或者规章，受到刑事处罚或者情节严重行政处罚的行为。 有以下情形之一且中介机构出具明确核查结论的，可以不认定为重大违法行为： 1. 违法行为轻微、罚款数额较小； 2. 相关处罚依据未认定该行为属于情节严重的情形； 3. 有权机关证明该行为不属于重大违法。 违法行为导致严重环境污染、重大人员伤亡或者社会影响恶劣等并被处罚的，不适用上述规定。 (二)发行人合并报表范围内的各级子公司，如对发行人主营业务收入或者净利润不具有重要影响(占比不超过百分之五)，其违法行为可不视为发行人本身存在重大违法行为，但相关违法行为导致严重环境污染、重大人员伤亡或者社会影响恶劣等的除外。 如被处罚主体为发行人收购而来，且相关处罚于发行人收购完成之前已执行完毕，原则上不视为发行人存在重大违法行为。 但发行人主营业务收入和净利润主要来源于被处罚主体或者相关违法行为导致严重环境污染、重大人员伤亡或者社会影响恶劣等的除外。 (三)最近三年从刑罚执行完毕或者行政处罚执行完毕之日起计算三十六个月。 (四)保荐机构和发行人律师应当对发行人及其控股股东、实际控制人是否存在上述事项进行核查，并对是否构成重大违法行为及发行上市的法律障碍发表明确意见。

续表

规定名称	具体要求
《北京证券交易所向不特定合格投资者公开发行股票并上市业务规则适用指引第1号》	1-17 重大违法行为 《上市规则》第2.1.4条第一项规定,发行人及其控股股东、实际控制人最近36个月内不得存在"其他涉及国家安全、公共安全、生态安全、生产安全、公众健康安全等领域的重大违法行为"。保荐机构、发行人律师在核查中应注意以下事项: (一)涉及国家安全、公共安全、生态安全、生产安全、公众健康安全等领域的重大违法行为是指发行人及其控股股东、实际控制人违反相关领域法律、行政法规或者规章,受到刑事处罚或者情节严重行政处罚的行为。 有以下情形之一且保荐机构及发行人律师出具明确核查结论的,可以不认定为重大违法行为:违法行为轻微、罚款数额较小;相关处罚依据未认定该行为属于情节严重的情形;有权机关出具该行为不属于重大违法的相关证明。违法行为导致严重环境污染、重大人员伤亡或者社会影响恶劣并被处罚的,不适用前述规定。 (二)发行人合并报表范围内的各级子公司,如对发行人主营业务收入或者净利润不具有重要影响(占比不超过5%),其违法行为可不视为发行人本身存在重大违法行为,但相关违法行为导致严重环境污染、重大人员伤亡或者社会影响恶劣等的除外。如被处罚对象为发行人收购而来,且相关处罚在发行人收购完成之前已执行完毕,原则上不视为发行人存在重大违法行为。但发行人主营业务收入和净利润主要来源于被处罚对象或者相关违法行为导致严重环境污染、重大人员伤亡或者社会影响恶劣等的除外。 (三)前述情形计算期间为从刑罚或者行政处罚执行完毕之日起36个月。 (四)保荐机构和发行人律师应当对发行人及其控股股东、实际控制人是否存在上述事项进行核查,并对是否构成重大违法行为及发行上市的法律障碍发表明确意见。有权机关出具相关证明文件不免除保荐机构和发行人律师的上述核查责任。

(二)披露及核查要求

现行法律规定对行政处罚的披露及核查要求,主要体现在保荐人及律师的具体工作要求中,具体见表83-2。

表 83-2 披露及核查要求

规定名称	具体要求
《公开发行证券的公司信息披露内容与格式准则第57号——招股说明书》	第35条 发行人应披露控股股东、实际控制人报告期内是否存在贪污、贿赂、侵占财产、挪用财产或者破坏社会主义市场经济秩序的刑事犯罪,是否存在欺诈发行、重大信息披露违法或者其他涉及国家安全、公共安全、生态安全、生产安全、公众健康安全等领域的重大违法行为。 第71条 发行人应披露报告期内存在的违法违规行为及受到处罚、监督管理措施、纪律处分或自律监管措施的情况,并说明对发行人的影响。 发行人可汇总或分类披露情节显著轻微的违法违规行为及受到处罚、监督管理措施、纪律处分或自律监管措施的情况。
《监管规则适用指引——发行类第4号》	4-5 出资瑕疵 (1)历史上存在出资瑕疵的,应当在申报前依法采取补救措施。保荐机构和发行人律师应当对出资瑕疵事项的影响及发行人或相关股东是否因出资瑕疵受到过行政处罚、是否构成重大违法行为及本次发行的法律障碍,是否存在纠纷或潜在纠纷进行核查并发表明确意见。发行人应当充分披露存在的出资瑕疵事项、采取的补救措施,以及中介机构的核查意见。 4-13 土地使用权 发行人存在使用或租赁使用集体建设用地、划拨地、农用地、耕地、基本农田及其上建造的房产等情形的,保荐机构和发行人律师应对其取得和使用是否符合《土地管理法》等法律法规的规定、是否依法办理了必要的审批或租赁备案手续、有关房产是否为合法建筑、是否可能被行政处罚、是否构成重大违法行为出具明确意见,说明具体理由和依据。 4-14 环保问题的披露及核查要求 发行人应当在招股说明书中充分做好相关信息披露,包括:生产经营中涉及环境污染的具体环节、主要污染物名称及排放量、主要处理设施及处理能力;报告期内,发行人环保投资和相关费用成本支出情况,环保设施实际运行情况,报告期内环保投入、环保相关成本费用是否与处理公司生产经营所产生的污染相匹配;募投项目所采取的环保措施及相应的资金来源和金额等;公司生产经营与募集资金投资项目是否符合国家和地方环保要求,发行人若发生环保事故或受到行政处罚的,应披露原因、经过等具体情况,发行人是否构成重大违法行为,整改措施及整改后是否符合环保法律法规的有关规定。 ……保荐机构和发行人律师应对是否构成重大违法行为发表明确意见。 4-16 社保、公积金缴纳 发行人报告期内存在应缴未缴社会保险和住房公积金情形的,应当在招股说明书中披露应缴未缴的具体情况及形成原因,如补缴对发行人的持续经营可能造成的影响,揭示相关风险,并披露应对方案。保荐机构、发行人律师应对前述事项进行核查,并对是否属于重大违法行为出具明确意见。
《保荐人尽职调查工作准则》	进一步明确保荐人应当调查发行人股东出资情况、土地房产、环保情况、内控缺陷情况、商业信用情况等是否受到过行政处罚,是否构成重大违法违规行为。

续表

规定名称	具体要求
《监管规则适用指引——法律类第2号：律师事务所从事首次公开发行股票并上市法律业务执业细则》	进一步明确发行人律师应当查验发行人历史沿革、环保情况、产品质量、安全生产情况和劳动保护情况是否因违反有关法律法规而受到有关部门的行政处罚，是否构成重大违法行为。

二、审核问询要点

发行人在报告期内受到行政处罚的，往往意味着发行人的内控制度存在一定瑕疵，例如管理不规范、合规制度不严格或法律意识淡薄等。因此，发行审核部门在审查此类发行人时，将重点关注以下事项。

（一）行政处罚的产生背景、经过等具体情况以及行政处罚的依据

了解发行人受到行政处罚的具体原因和背景，包括事件的起因、发展过程、涉及的业务领域、违反的相关法律法规等，是发行审核部门评估行政处罚的严重性及发行人合规状况的前提。对于偶发性的行政处罚，发行审核部门侧重于关注发行人在该事件中的责任程度，评估其是否采取了适当的纠正措施；对于能够明显反映发行人在某一方面存在不合规情形的，则给予重点关注并进一步要求发行人论证合规性。

（二）相关行政处罚是否构成重大违法违规

针对已发生的行政处罚，发行审核部门通常要求发行人和中介机构说明相关行政处罚是否构成重大违法违规，并且中介机构应当对此发表明确的核查结论。

若根据行政处罚的事实情况和处罚依据，发行人违法行为属于导致严重环境污染、重大人员伤亡或者社会影响恶劣的，则构成重大违法行为，属于发行上市的实质性法律障碍；若不属于前述情形的，应当根据上文表格中的发行条件确认是否满足不认定为重大违法行为的条件，常见的不属于重大违法行为的依据如下。

1. 发行人行政处罚依据的条款区分为一般违法情形和情节严重情形，发行人适用一般违法情形；

2. 发行人行政处罚依据的《行政处罚决定书》文本明确表明发行人的违法行为轻微或有同等程度的表述；

3. 发行人罚款金额属于行政处罚依据条款的最低或较低金额（倍数），或根据有关部门或当地政府发布的行政处罚自由裁量标准属于非情节严重情形；

4. 发行人已取得有关机关出具的关于相关行为不属于重大违法的证明。

（三）发行人的整改措施及落实情况

发行审核部门通常需要发行人说明其在行政处罚发生后，针对行政处罚反映的内控问题是否进行整改以及整改的情况，以此判断发行人是否已完全整改相关违法行为。例如，若发行人发生安全生产事故的，发行人为防止事故的再次发生可能采取的改进措施如优化管理和排班制度，定期开展安全生产教育培训、考核和测试，实行安全生产负责人制度等。

（四）发行人相关事项整体合规性

如前文所述，发行人受到行政处罚往往意味着发行人存在或至少在某一方面存在内控瑕疵，因此，发行审核部门可能会就行政处罚涉及的相关事项整体问询发行人业务经营的合规性。例如，若发行人受到环保部门处罚的，发行审核部门可能会问询发行人日常环保运营是否合法合规，发行人生产经营所必需的环保资质、环保行政许可（如排污许可证、所有已建项目、在建项目及募投项目环评审批、环保验收）是否已全部取得；报告期内环保相关费用成本及未来支出情况、相关环保投入、环保设施及日常治污费用是否与处理发行人生产经营所产生的污染相匹配；发行人有关排放和污染处理设施的运转是否正常有效等。

三、拟上市公司的应对方式

（一）完善内控制度，降低受到行政处罚的风险

拟上市公司在引入上市中介机构进行首次尽职调查后，应当根据中介机构的尽职调查结果进行合规整改，完善内控制度建设，降低在报告期内受到行政处罚尤其是构成重大违法行为的风险。

（二）端正处理态度，积极与有关部门沟通

在得知可能受到行政处罚的第一时间，如有关部门进行现场检查、发生安全事故或收到行政处罚听证告知书时，拟上市公司应立即采取措施积极应对：一是端正处理态度，严肃认真对待已发生的问题，积极配合有关部门的检查/复检；二是采取必要措施妥善处理事故后果，并主动进行自我纠正。例如，如果公司因未按时申报税费而接到税务主管机关通知的，应立即补报税费。同时，公司应主动与有关部门

沟通,说明违规行为的具体情况,如果是偶然发生或基于不可抗力因素造成的,应在法律允许的范围内尽量争取减轻或从轻处罚。但若主管机关决定对公司处以重大违法行政处罚决定的,拟上市公司应当及时与中介机构沟通,必要时也可以选择申请行政复议。

(三)及时进行整改,严格落实整改措施

就行政处罚涉及的相关事项,拟上市公司应迅速采取整改措施,并定期对整改效果进行评估,确保整改措施得到有效实施。在整个整改过程中,应当详细记录各项行动,保留相关的书面文件、照片等可视化证据,以便在申请发行上市过程中向发行审核部门提供必要的证明。

(四)选择合适的申报期,申报文件真实披露处罚情况

拟上市公司受到行政处罚的,应当视行政处罚严重程度决定是否需要调整上市申报的报告期。具体来说,如果行政处罚属于重大违法行为的,应当重新评估并确定报告期;如果临近报告期末或申报材料提交时受到行政处罚的,应当视具体情况判断是否需要延长一定期限进行整改,以确保申报时已有显著的整改效果。

(五)取得有关部门出具的不属于重大违法证明并由中介机构出具"不构成重大违法行为"的核查结论

一般情况下,拟上市公司应当取得各主管部门出具的报告期内的合规证明(部分省份已用企业信用报告代替),而针对存在行政处罚事项的相关部门,拟上市公司应当取得相关部门出具的不属于重大违法的专项证明。中介机构将根据尽职调查要求和监管要求对行政处罚情况进行核查,在申报材料中出具"不构成重大违法行为"的核查结论。

四、总结

综上所述,拟上市公司在报告期内存在行政处罚的,一定程度上会增加发行人在申报文件准备阶段的工作难度,以及发行审核部门在审查阶段对发行人业务经营合规性的关注度,因此拟上市公司应当尽可能地合规经营,避免受到行政处罚。若报告期内受到行政处罚的,应当及时与中介机构、有关部门沟通,判断相关行为是否属于重大违法行为,同时立即采取整改措施,并在申报文件中充分披露,以最大限度地减少对IPO审核的负面影响。

84

募投项目的选择与执行需要注意什么？

募投项目关系到拟上市公司（以下简称发行人）通过首发上市所募集资金的具体投向，反映了发行人的未来发展方向、战略规划及业绩增长动能，它不仅是投资人判断企业价值的重要依据，更是发行审核部门的重点关注事项。全面推行注册制后，拟上市公司在选择与执行募投项目时应当注意哪些事项？

一、募投项目的监管、披露及核查要求

（一）最新监管动向

2024年3月以来，国务院及证监会密集发布了有关资本市场的多项举措，如"315新政"、新"国九条"、"十六项措施"等，其中均对募投项目提出了相应的要求，见表84-1。

表84-1 对募投项目的要求

发布时间	政策名称	有关募投项目的规定
2024年3月15日	《关于严把发行上市准入关从源头上提高上市公司质量的意见（试行）》	督促企业按照发展实际需求合理确定募集资金投向和规模
	国新办举行解读强监管防风险推动资本市场高质量发展有关政策新闻发布会	募投项目资金规模要合理且要做好短中长期规划
2024年4月4日	《国务院关于加强监管防范风险推动资本市场高质量发展的若干意见》	从严加强募投项目信息披露监管
2024年4月19日	《资本市场服务科技企业高水平发展的十六项措施》	引导上市公司将募集资金投向符合国家经济发展战略和产业导向的相关领域

（二）披露要求

2023年全面推行注册制以来,各上市板块对首发上市企业募投项目的披露要求趋于统一,以主板、创业板、科创板为例,其具体披露要求见表84-2。

表84-2 对募投项目的披露要求

法规名称	具体要求
《公开发行证券的公司信息披露内容与格式准则第57号——招股说明书》	第66条 发行人应披露募集资金的投向和使用管理制度,披露募集资金对发行人主营业务发展的贡献、未来经营战略的影响。 发行人应结合公司主营业务、生产经营规模、财务状况、技术条件、管理能力、发展目标等情况,披露募集资金投资项目的确定依据,披露相关项目实施后是否新增构成重大不利影响的同业竞争,是否对发行人的独立性产生不利影响。 第67条 发行人应按照重要性原则披露募集资金运用情况,主要包括: (一)募集资金的具体用途,简要分析可行性及与发行人主要业务、核心技术之间的关系; (二)募集资金的运用和管理安排,所筹资金不能满足预计资金使用需求的,应披露缺口部分的资金来源及落实情况; (三)募集资金运用涉及审批、核准或备案程序的,应披露相关程序履行情况; (四)募集资金运用涉及与他人合作的,应披露合作方基本情况、合作方式、各方权利义务关系; (五)募集资金拟用于收购资产的,应披露拟收购资产的内容、定价情况及与发行人主营业务的关系;向实际控制人、控股股东及其关联方收购资产,对被收购资产有效益承诺的,应披露承诺效益无法完成时的补偿责任; (六)募集资金拟用于向其他企业增资或收购其他企业股份的,应披露拟增资或收购企业的基本情况、主要经营情况及财务情况,增资资金折合股份或收购股份定价情况,增资或收购前后持股比例及控制情况,增资或收购行为与发行人业务发展规划的关系; (七)募集资金用于偿还债务的,应披露该项债务的金额、利率、到期日、产生原因及用途,对发行人偿债能力、财务状况和财务费用的具体影响。
《公开发行证券的公司信息披露内容与格式准则第58号——首次公开发行股票并上市申请文件》	六、关于本次发行上市募集资金运用的文件 6-1 发行人关于募集资金运用方向的总体安排及其合理性、必要性的说明 6-2 募集资金投资项目的审批、核准或备案文件(如有) 6-3 发行人拟收购资产(或股权)的财务报表、资产评估报告及审计报告、盈利预测报告(如有) 6-4 发行人拟收购资产(或股权)的合同或合同草案(如有)

北交所有关募投项目的信息披露要求详见《公开发行证券的公司信息披露内容与格式准则第 46 号——北京证券交易所公司招股说明书》第 76～78 条、《公开发行证券的公司信息披露内容与格式准则第 47 号——向不特定合格投资者公开发行股票并在北京证券交易所上市申请文件》的相关规定,较其他板块而言主要为文本表述差异,受本文篇幅所限,此处不再逐一列示。

(三) 核查要求

现行法律规定对首发上市企业募投项目的核查要求,主要体现在保荐人及律师的具体工作要求中,见表 84-3。

表 84-3 对募投项目的核查要求

法规名称	具体要求
《保荐人尽职调查工作准则》(2022)	第 54 条　本次募集资金使用情况 1. 调查发行人募集资金是否用于主营业务,调查发行人的现有主营业务、生产经营规模、财务状况、技术条件、管理能力、发展目标与募集资金投资项目是否匹配,是否存在盲目扩张,是否存在导致发行人未来经营模式发生重大变化的风险。在募集资金投资项目实施后,是否与发行人的控股股东或实际控制人新增同业竞争或者对发行人的独立性产生不利影响。跨行业投资的,应调查发行人在人员、技术和管理等方面所具备的条件及项目实施面临的风险和问题。 2. 通过查阅发行人关于本次募集资金项目的决策文件、项目可行性研究报告、政府部门有关产业目录等方法,根据项目的环保、土地等方面的安排情况,结合目前其他同类企业对同类项目的投资情况、产品市场容量及其变化情况,对发行人本次募集资金项目是否符合国家法律法规和产业政策、技术和市场的可行性以及项目实施的确定性等进行分析;调查募集资金具体用途的可行性及其与发行人现有主要业务、核心技术之间的关系。 3. 调查投资概算情况、相关投资项目的具体预算和资金使用计划,募集资金测算的合理性,募集资金具体用途所需的时间周期和时间进度;募集资金运用涉及履行审批、核准或备案程序的,调查相关程序的履行情况。募集资金运用涉及环保问题的,调查可能存在的环保问题、采取的措施及资金投入情况。 4. 募集资金运用涉及新取得土地或房产的,调查取得方式、进展情况及未能如期取得对募集资金具体用途的影响。募集资金运用涉及与他人合作的,调查合作方基本情况、合作方式、各方权利义务关系。 5. 募集资金运用涉及重点投向科技创新领域的,调查其与主营业务的关系和区别,是否会导致发行人的业务种类和业务模式发生变化,结合发行人的业务规划、技术储备及未来行业发展趋势等,调查其必要性、合理性和可行性。 6. 募集资金向实际控制人、控股股东及其关联方收购资产,如对被收购资产有效益承诺,调查是否明确效益无法完成时的补偿责任。

续表

法规名称	具体要求
	7.取得发行人关于募集资金运用对财务状况及经营成果影响的详细分析，分析本次募集资金对发行人财务状况和经营成果的影响，项目能独立核算的，结合达产前后的效益情况、预计达产时间，分析判断预测基础、依据是否合理，项目效益预测是否审慎；项目不能独立核算的，核查发行人对募集资金投入后对发行人财务状况及经营成果所产生影响的分析是否合理。 8.募集资金用于扩大现有产品产能的，结合对发行人现有各类产品在报告期内的产能、产量、销量、产销率、销售区域，项目达产后各类产品年新增的产能、产量、销售区域，以及行业的发展趋势，有关产品的市场容量，主要竞争对手等情况的调查结果，对发行人投资项目的市场前景作出独立判断。 9.募集资金用于研发投入、科技创新、新产品开发生产的，调查其在研技术、核心技术人员储备及其他相关安排，以及募投项目与发行人现有主要业务、核心技术之间的关系，是否会导致发行人的业务种类和业务模式发生变化，调查其必要性、合理性和可行性，结合对发行人新产品的市场容量、主要竞争对手、行业发展趋势、业务规划、技术保障、项目投产后新增产能等情况的调查结果，对发行人投资项目的市场前景作出独立判断。 10.发行人原固定资产投资和研发支出很少，本次募集资金将大规模增加固定资产投资或研发支出的，调查发行人固定资产变化与产能变动的匹配关系，并分析新增固定资产折旧、研发支出对发行人财务状况和经营成果的影响。 11.募集资金拟用于向其他企业增资或收购其他企业股份的，应取得拟增资或收购的企业最近一年及一期经符合《证券法》规定的会计师事务所审计的资产负债表和利润表，调查增资资金折合股份或收购股份的评估、定价情况，增资或收购前后持股比例及控制情况，增资或收购行为与发行人业务发展规划的关系。实地考察相关企业，调查被收购对象资产质量和效益水平情况，分析相关业务是否与发行人业务发展目标相一致，发行人是否有能力管理、控制收购对象。 12.募集资金拟用于合资经营或合作经营的，应了解合资或合作方的基本情况，包括名称、法定代表人、住所、注册资本、主要股东、主要业务，与发行人是否存在关联关系，投资规模及各方投资比例，合资或合作方的出资方式，合资或合作协议的主要条款以及可能对发行人不利的条款。组建的企业法人的基本情况，包括设立、注册资本、主要业务，组织管理和控制情况。不组建企业法人的，应了解合作模式。 13.募集资金拟用于收购资产的，应获得拟收购资产的财务报告、审计报告、资产评估报告及相关资料，调查拟收购资产的评估、定价情况，拟收购资产与发行人主营业务的关系。 14.若收购的资产为在建工程的，还应取得工程资料，了解已投资情况、还需投资的金额、负债情况、建设进度、计划完成时间等。 15.取得发行人董事会关于建立募集资金专项存储制度的文件，核查发行人是否已于募集资金到账前在银行开立了募集资金专项账户。 16.对本次募集资金使用情况，确实无法事先确定募集资金投资项目的，保荐人应对募集资金的投资方向进行调查，分析募集资金数量是否与企业规模、主营业务、实际资金需求、资金运用能力及业务发展目标相匹配，分析募集资金对企业财务状况及经营成果影响。

续表

法规名称	具体要求
《监管规则适用指引——法律类第2号:律师事务所从事首次公开发行股票并上市法律业务执业细则》	**第55条 募集资金投向产生的关联交易** 发行人募集资金投向涉及与关联方合资或与关联方发生交易的,应取得相关项目或交易对象的详细资料,并判断其对发行人的影响。涉及评估、审计的,应取得相关资料并予以核查;涉及项目合作或共同设立公司的,应取得公司设立或批准文件等,调查发行人对该项目或公司是否具备控制能力和经营能力以及有关协议、合同的订立情况及已履约情况和审批手续;涉及收购资产或购买股权的,应调查交易的定价依据是否充分、交易价格是否公允,判断收购资产或购买股权的必要性和合理性。 **第60条** 律师应当查验发行人募集资金的投资方向、使用安排等情况,募集资金是否主要用于发行人的主营业务,是否符合国家产业政策、投资管理、环境保护、土地管理以及其他法律法规的规定,是否已经按照有关法律法规规定办理相应的审批、核准或者备案手续。发行人是否建立募集资金使用管理制度。 **第61条** 发行人募集资金投资项目涉及与他人进行合作的,律师应当查验发行人是否已经依法订立相关的合同,募集资金投资项目实施后是否会产生同业竞争或者对发行人的独立性产生不利影响。
《公开发行证券公司信息披露的编报规则第12号——公开发行证券的法律意见书和律师工作报告》	**第47条 发行人募股资金的运用** (一)发行人募股资金用于哪些项目,是否需要得到有权部门的批准或授权。如需要,应说明是否已经得到批准或授权。 (二)若上述项目涉及与他人进行合作的,应说明是否已依法订立相关的合同,这些项目是否会导致同业竞争。 (三)如发行人是增资发行的,应说明前次募集资金的使用是否与原募集计划一致。如发行人改变前次募集资金的用途,应说明该改变是否依法定程序获得批准。

(四)常见问询事项

全面推行注册制后,沪深北各交易所针对募投项目的主要问询意见集中在以下几个方面:

1.募投项目的可行性、必要性和合理性,常见如在行业增速放缓、竞争加剧的情况下扩展项目的必要性,又如存在大额分红、大额购买银行理财产品的情况下募集资金的必要性；

2. 募投项目新增产能消化措施是否有效；

3. 募投项目投资测算的过程和依据；

4. 募投项目相关信息披露是否完整准确；

5. 募投项目涉及的审批、核准或者备案手续取得情况；

6. 募集资金的具体使用计划、置换安排等。

二、募集资金的置换

从立项、实施，再到最终的投入使用，募投项目需要历经项目备案、购买土地、环评、能评、安评、建设、验收等一系列流程。同时，考虑到募集资金到账同样需要历经一定的发行审核周期，因此，出于对市场形势变化及行业发展机遇等不可控因素的全面考量，多数发行人会在募集资金到账前预先投入部分自筹资金，以保证募投项目的顺利开工及基本建设进度，待上市完成且募集资金到账后再将前期投入的资金进行置换。在募集资金置换过程中，发行人需要注意如下事项。

（一）可实施置换的时间

根据《上市公司监管指引第 2 号——上市公司募集资金管理和使用的监管要求》第 11 条的规定，以及各上市板块的规范运作指引及股票上市规则的相关规定，上市公司以自筹资金预先投入募集资金投资项目的，可以在募集资金到账后 6 个月内，以募集资金置换自筹资金。

（二）实施置换需履行的程序

根据前述相关规定，置换事项应当经董事会审议通过，会计师事务所出具鉴证报告，并由独立董事、监事会、保荐机构发表明确同意意见并披露。

（三）先期投入资金可置换的起始时点

根据相关案例并结合实务经验，目前理解先期投入资金可置换的最早时点，为关于本次发行上市方案的董事会召开日之后的前期投入。实务中可供参考的其他起始置换时点常见如关于本次发行上市方案的股东大会决议通过之后的前期投入；发行上市的申报材料报送发行审核部门之后的前期投入。

为了防止发行审核部门认为发行人变相提前了先期投入资金的可置换起始时点，我们通常建议前述董事会及股东大会的召开时间与当次发行上市申报材料的递交时间间隔不要超过 6 个月。在个别案例中，如艾森股份、华业香料、火星人等，发行人以前次筹划上市的董事会召开日作为先期投入起始置换时点亦取得了发行审核部门的认可，对于该等特殊情况，发行人需要结合上市辅导的延续情况、多次上市规划中募投项目是否存在差异充分论证其合理性。

三、募投项目的变更

（一）完成上市前

根据《监管规则适用指引——发行类第 4 号》"4-18 募集资金用途"的相关规定，已通过上市委员会审议的，发行人原则上不得调整募集资金投资项目，但可以根据募投项目的实际投资情况、成本变化等因素合理调整募集资金的需求量，并可以将部分募集资金用于公司一般用途，但需在招股说明书中说明调整的原因。

已通过上市委员会审议的发行人如提出增加新股发行数量的，属于发行上市审核规则规定的影响发行上市及投资者判断的重大事项，需重新提交上市委员会审议。

（二）完成上市后

根据各上市板块规范运作指引的相关规定，上市公司应当审慎使用募集资金，保证募集资金的使用与发行申请文件的承诺相一致，不得随意改变募集资金的投向。但是，公司在完成首发上市后的募投项目实施过程中，可能会由于市场环境变化、公司发展战略及经营规划调整需要、募投项目建设条件变化等诸多客观原因，需要对募投项目做出一定变更。以在上交所主板上市的公司为例，其应当满足如下要求。

1. 募投项目变更的常见情形

（1）取消或者终止原募集资金项目，实施新项目；

（2）变更募集资金投资项目实施主体；

（3）变更募集资金投资项目实施方式；

（4）交易所认定为募集资金用途变更的其他情形。

募集资金投资项目实施主体在上市公司及全资子公司之间进行变更，或者仅涉及变更募投项目实施地点，不视为对募集资金用途的变更，可免于履行股东大会程序，但仍应当经董事会审议通过，并及时公告变更实施主体或地点的原因及保荐人意见。

2. 变更募投项目应履行的程序

存在前述募集资金用途变更情形的，公司应当在董事会审议通过后及时公告，并履行股东大会审议程序,且经独立董事、监事会、保荐机构或财务顾问发表明确同意的意见。

四、总结

综上所述,拟上市公司在募投项目的选择与执行中,应当注意如下事项。

1. 在募投项目的选择阶段,应结合公司主营业务、生产经营规模、财务状况、技术条件、管理能力、发展目标等情况,将募集资金投向符合国家经济发展战略和产业导向的相关领域,确保募投项目的合理性、必要性和可行性;

2. 在募投项目的资金置换阶段,应把握好先期投入资金可置换的起始时点,在募集资金到账后6个月内及时、合法地进行自筹资金的置换;

3. 在募投项目的实施阶段,应当审慎使用募集资金,保证募集资金的使用与发行申请文件的承诺相一致,确需改变募集资金投向的,应当依法履行相应审批程序并及时公告。

85

社保公积金缴纳多少可以上市？

公司作为用人单位，负有为员工缴纳社会保险、住房公积金（以下简称社保公积金）的义务。根据现行监管案例，拟在境内上市的公司（以下简称拟上市公司或发行人）大多在申报前都能够为全部应当缴纳的员工足额缴纳社保公积金，但实操中也存在未完全缴纳而成功上市的案例。那么，相关监管规则对发行人报告期内的社保公积金缴纳具体有何要求，拟上市公司又该如何应对？

一、监管规则

（一）发行条件

现行上市监管规则对发行人社保公积金的缴纳要求，主要体现在发行人最近三年内不得存在重大违法行为的相关规定中。关于何为"重大违法"，详见本书前文："*83 …… 报告期内的行政处罚对上市有什么影响？*"，即发行人不得在社保公积金缴纳方面存在重大违法行为。此外，因发行人未依法缴纳社保公积金而产生补缴义务的，还会影响发行人的财务数据，存在调整后不满足上市财务指标的可能。《社会保险法》和《住房公积金管理条例》规定了用人单位为员工缴纳社保公积金的主要义务，并明确了相关行政处罚、补缴等法律后果，见表85-1。

表85-1 对社保公积金的具体要求

法规名称	具体内容
《首次公开发行股票注册管理办法》第13条第2款，《北京证券交易所向不特定合格投资者公开发行股票注册管理办法》第11条	最近三年内不存在欺诈发行、重大信息披露违法或者其他涉及国家安全、公共安全、生态安全、生产安全、公众健康安全等领域的重大违法行为。

续表

法规名称	具体内容
《社会保险法》	第57条第1款　用人单位应当自成立之日起三十日内凭营业执照、登记证书或者单位印章，向当地社会保险经办机构申请办理社会保险登记。社会保险经办机构应当自收到申请之日起十五日内予以审核，发给社会保险登记证件。 第58条第1款　用人单位应当自用工之日起三十日内为其职工向社会保险经办机构申请办理社会保险登记。未办理社会保险登记的，由社会保险经办机构核定其应当缴纳的社会保险费。 第60条第1款　用人单位应当自行申报、按时足额缴纳社会保险费，非因不可抗力等法定事由不得缓缴、减免。职工应当缴纳的社会保险费由用人单位代扣代缴，用人单位应当按月将缴纳社会保险费的明细情况告知本人。 第84条　用人单位不办理社会保险登记的，由社会保险行政部门责令限期改正；逾期不改正的，对用人单位处应缴社会保险费数额一倍以上三倍以下的罚款，对其直接负责的主管人员和其他直接责任人员处五百元以上三千元以下的罚款。 第86条　用人单位未按时足额缴纳社会保险费的，由社会保险费征收机构责令限期缴纳或者补足，并自欠缴之日起，按日加收万分之五的滞纳金；逾期仍不缴纳的，由有关行政部门处欠缴数额一倍以上三倍以下的罚款。
《住房公积金管理条例》	第14条第1款　新设立的单位应当自设立之日起30日内向住房公积金管理中心办理住房公积金缴存登记，并自登记之日起20日内，为本单位职工办理住房公积金账户设立手续。 第15条第1款　单位录用职工的，应当自录用之日起30日内向住房公积金管理中心办理缴存登记，并办理职工住房公积金账户的设立或者转移手续。 第19条　职工个人缴存的住房公积金，由所在单位每月从其工资中代扣代缴。单位应当于每月发放职工工资之日起5日内将单位缴存的和为职工代缴的住房公积金汇缴到住房公积金专户内，由受委托银行计入职工住房公积金账户。 第20条　单位应当按时、足额缴存住房公积金，不得逾期缴存或者少缴。 第37条　违反本条例的规定，单位不办理住房公积金缴存登记或者不为本单位职工办理住房公积金账户设立手续的，由住房公积金管理中心责令限期办理；逾期不办理的，处1万元以上5万元以下的罚款。 第38条　违反本条例的规定，单位逾期不缴或者少缴住房公积金的，由住房公积金管理中心责令限期缴存；逾期仍不缴存的，可以申请人民法院强制执行。

(二)披露及核查要求

关于发行人社保公积金的披露及核查要求,招股说明书披露准则及保荐人、律师的工作要求中有进一步明确,见表85-2。

表85-2　披露及核查要求

法规名称	具体内容
《公开发行证券的公司信息披露内容与格式准则第57号——招股说明书》	第42条　发行人应简要披露员工情况,包括员工人数及报告期内变化情况,员工专业结构,报告期内社会保险和住房公积金缴纳情况。
《监管规则适用指引——发行类第4号》	4-16 社保、公积金缴纳 发行人报告期内存在应缴未缴社会保险和住房公积金情形的,应当在招股说明书中披露应缴未缴的具体情况及形成原因,如补缴对发行人的持续经营可能造成的影响,揭示相关风险,并披露应对方案。保荐机构、发行人律师应对前述事项进行核查,并对是否属于重大违法行为出具明确意见。
《保荐人尽职调查工作准则》	第25条　员工情况 通过查阅发行人员工名册、劳动合同、竞业禁止协议及保密协议(如有)、工资表、社会保障费用明细表、劳务派遣、劳务外包情况等资料,实地走访发行人员工的工作场所,访谈发行人员工,实地察看发行人员工工作情况等方法,调查发行人员工的年龄、教育、专业等结构分布情况及报告期内的变化情况,分析其变化的趋势;了解发行人员工的工作面貌、工作热情和工作的满意程度;调查发行人在执行国家用工制度、劳动保护制度、社会保障制度、住房制度和医疗保障制度等方面是否存在违法违规情况。了解员工工资水平与所在地区平均水平或同行业上市公司平均水平之间是否存在显著差异;关注员工的数量、人员结构和工资水平是否与发行人的生产经营相匹配。
《监管规则适用指引——法律类第2号:律师事务所从事首次公开发行股票并上市法律业务执业细则》	第58条　律师应当查验报告期内发行人的劳动保护情况,是否与员工签订劳动合同,是否依法为员工缴纳社会保险和住房公积金,是否因违反有关劳动保护的法律法规而受到有关部门的行政处罚,是否构成重大违法行为。

二、审核问询要点

(一)问询事项

目前,沪深北各交易所针对社保公积金缴纳事项的主要问询意见集中在以下几个方面:

1. 要求发行人说明未给部分员工缴纳社保公积金的具体原因;

2. 要求发行人说明社保公积金缴费基数及比例是否符合法律法规和当地主管部门要求;

3. 若未按法律规定的人员范围/缴费基数/比例缴纳,测算各期补缴费用对经营业绩的影响;

4. 存在第三方代缴情形的,通过第三方代缴社保公积金的原因及合理性,代缴机构是否具有相应资质,是否与发行人存在关联关系,是否存在代垫成本或利益输送等情形;

5. 要求发行人说明就社保公积金缴纳事项是否与员工、代缴机构等相关方存在纠纷和潜在纠纷,发行人是否存在被行政处罚的风险,是否构成重大违法行为。

(二)反馈分析

对于相关问询,过会案例主要从以下几个方面进行分析。

1. 发行人存在无需为特定员工缴纳社保公积金的合法原因。如公司存在退休返聘人员的,公司与其系劳务关系而非劳动关系,无需为已达到法定退休年龄的人员缴纳社保公积金;又如在统计截止日公司有新入职员工的,根据相关规定,公司应在用工/录用之日起30日内为其办理社保登记和公积金缴存登记,相关手续尚在办理中的构成尚未缴纳的合法原因。

2. 部分员工已自行缴纳城乡居民基本医疗保险、城乡居民基本养老保险,非城镇户籍且在户籍地拥有自建住房,缴纳社保、公积金的意愿不足,公司已为员工报销了相关费用或给予相应补贴。虽然前述并不能代替或免除公司的社保公积金缴纳义务,但公司未因此受到行政处罚,不构成重大违法行为。

3. 存在第三方代缴行为的,系出于异地开拓业务等合理理由。虽然通过第三方代缴不符合《社会保险法》和《住房公积金管理条例》的规定,公司存在被要求责令限期改正的可能、逾期不改正则存在被予以处罚的风险,但通过代缴保障了员工权益,且公司未因此受到行政处罚,不构成重大违法行为。代缴机构是合法中介,无需特别资质,其与发行人不存在关联关系,不存在代垫成本或利益输送等情形,不存在纠纷。

4.存在前述第2项、第3项原因及其他瑕疵(如未按法定缴费基数/比例缴纳、员工自愿放弃缴纳、公司仅为工作达一定年限的员工缴纳社保公积金等)的,通过包括但不限于以下方式论证不构成重大违法行为、不影响发行条件:

(1)主管部门出具证明文件,证明报告期内发行人不存在社保公积金缴纳相关的(重大)行政处罚;(2)根据社保公积金相关规定,仅在责令限期缴纳、补足或办理但仍不履行的情况才会予以行政处罚,故发行人被行政处罚的风险较低;(3)对可能涉及的社保公积金补缴金额进行测算,说明其占发行人营业收入/净利润等的比例较小,即便扣减相关金额也满足上市的财务指标条件;(4)报告期内,社保公积金缴纳情况呈逐步规范趋势,发行人说明其已采取整改措施并承诺将进一步整改规范;(5)发行人出具说明,并辅以相关网络核查结果,说明公司与员工之间不存在社保公积金缴纳相关的诉讼等纠纷;(6)员工出具说明,表示其放弃由公司为其缴纳/足额缴纳社保公积金系出于自愿,与公司不存在相关争议或潜在纠纷;(7)控制股东/实际控制人出具兜底承诺,如发行人因社保公积金缴纳事项被要求补缴或处以罚款,或因相关事项给公司造成损失的,控制股东/实际控制人将全额承担,保证发行人不会因此遭受任何经济损失。

三、规范建议

实践中,公司未规范缴纳员工社保公积金的情况并不少见,但拟上市公司应当具有较高的合规水平以满足上市要求。对于拟上市公司的社保公积金缴纳事项,我们有以下规范建议。

1.原则上应缴尽缴,并按时足额缴纳。对于应当缴纳社保公积金的员工,应当由公司按照法定的基数(实际工资)和比例,依法按时并足额缴纳。一方面,依法缴纳社保公积金能够保障员工和公司的合法权益,例如,根据《工伤保险条例》的规定,应当参加工伤保险而未参加工伤保险的用人单位职工发生工伤的,由该用人单位按照该条例规定的工伤保险待遇项目和标准支付费用。另一方面,虽然未规范缴纳社保公积金不必然引起行政处罚、构成上市障碍,但根据实践经验,审核机构会综合发行人各方面情况判断其是否为满足上市条件的优质企业,发行人合规瑕疵较多的,很可能影响审核机构对公司合规水平的观感。

2.报告期内存在未规范缴纳情况的,应逐步规范或予以补缴。拟上市公司报告期初存在应缴未缴、未足额缴纳社保公积金情形的,可以通过扩大缴纳范围、提高缴纳基数等,逐步整改规范,并至迟在报告期末实现全部缴纳或高比例缴纳(通常为90%以上)。根据当地主管部门的要求和沟通,能够补缴的,发行人也可以通过直接补缴社保公积金提高报告期内的缴纳比例。

3. 报告期末仍存在未规范缴纳情况的,应做好相应兜底措施。首先,拟上市公司应在拟确定不予全部、足额缴纳时,初步测算可能产生的补缴金额以及对财务数据的影响,以评估社保公积金缴纳事项是否影响上市的必要条件。其次,拟上市公司可以分类梳理、确认未缴纳社保公积金、第三方代缴等非规范情况产生的原因,厘清其客观背景并做好如实披露的准备,避免存在只因公司节省成本等主观恶意而未规范缴纳的情形。再次,拟上市公司可以通过为员工报销城乡居民基本医疗保险、城乡居民基本养老保险、提供员工宿舍或住房补贴等方式,尽可能地保障员工权益。最后,拟上市公司可以通过取得主管部门和员工的证明或确认文件,论证该等未规范缴纳的情形不属于重大违法、不构成上市障碍、不存在纠纷或潜在纠纷,并由公司承诺进一步整改规范、控股股东/实际控制人作兜底承诺等方式,降低该等行为对拟上市公司的负面影响。

四、总结

综上所述,拟上市公司对员工的社保公积金应当应缴尽缴,虽然实操中存在未完全缴纳而成功上市的案例,但并没有缴纳比例达多少即可上市的确定底线。发行人未规范缴纳社保公积金的,尚需通过如实披露原因、逐步规范、数据测算、实控兜底等方式,综合论证该等非规范事项不构成上市的实质法律障碍。

86

诉讼、仲裁很多，还能上市吗？

公司作为独立法人实体，在经营发展过程中难免会与合作伙伴、股东、员工等相关方产生争议，相关争议有时可能进一步演变成诉讼或仲裁案件。若拟在境内上市的公司（以下简称拟上市公司或发行人）存在较多诉讼、仲裁案件的，是否会对上市造成重大不利影响？现行监管规则对发行人诉讼、仲裁事项又有何要求？

一、监管规则

（一）发行条件

《首次公开发行股票注册管理办法》第二章"发行条件"要求发行人业务完整，具有直接面向市场独立持续经营的能力，其中包括：

发行人的股份权属清晰，不存在导致控制权可能变更的重大权属纠纷。关于权属清晰不存在重大权属纠纷及相关的核查披露要求详见本书前文："**77⋯⋯股权清晰具体指的是什么？**"，本文不再展开。

不存在涉及主要资产、核心技术、商标等的重大权属纠纷，重大偿债风险，重大担保、诉讼、仲裁等或有事项，经营环境已经或者将要发生重大变化等对持续经营有重大不利影响的事项。

（二）披露及核查要求

现行监管规定对发行人诉讼、仲裁事项的披露及核查要求，主要体现在《监管规则适用指引——发行类第 4 号》以及保荐人、发行人律师的具体工作要求中，见表 86-1。

86 诉讼、仲裁很多，还能上市吗？

表 86-1　对诉讼、仲裁事项的核查要求

法规名称	具体内容
《监管规则适用指引——发行类第 4 号》	4-9 诉讼或仲裁 (1) 发行人应当在招股说明书中披露对股权结构、生产经营、财务状况、未来发展等可能产生较大影响的诉讼或仲裁事项，包括案件受理情况和基本案情，诉讼或仲裁请求，判决、裁决结果及执行情况，诉讼或仲裁事项对发行人的影响等。如诉讼或仲裁事项可能对发行人产生重大影响，应当充分披露发行人涉及诉讼或仲裁的有关风险。 (2) 保荐机构、发行人律师应当全面核查报告期内发生或虽在报告期外发生但仍对发行人产生较大影响的诉讼或仲裁的相关情况，包括案件受理情况和基本案情，诉讼或仲裁请求，判决、裁决结果及执行情况，诉讼或仲裁事项对发行人的影响等。 发行人提交首发申请至上市期间，保荐机构、发行人律师应当持续关注发行人诉讼或仲裁的进展情况、发行人是否新发生诉讼或仲裁事项。发行人诉讼或仲裁的重大进展情况以及新发生的对股权结构、生产经营、财务状况、未来发展等可能产生较大影响的诉讼或仲裁事项，应当及时补充披露。 (3) 发行人控股股东、实际控制人、控股子公司、董事、监事、高级管理人员和核心技术人员涉及的重大诉讼或仲裁事项比照上述标准执行。 (4) 涉及主要产品、核心商标、专利、技术等方面的诉讼或仲裁可能对发行人生产经营造成重大影响，或者诉讼、仲裁有可能导致发行人实际控制人变更，或者其他可能导致发行人不符合发行条件的情形，保荐机构和发行人律师应在提出明确依据的基础上，充分论证该等诉讼、仲裁事项是否构成本次发行的法律障碍并审慎发表意见。
《北京证券交易所向不特定合格投资者公开发行股票并上市业务规则适用指引第 1 号》	1-21 诉讼或仲裁 (一) 发行人应当在招股说明书中披露对股权结构、财务状况、经营成果、业务活动、未来前景等可能产生重大影响的诉讼或仲裁事项，包括案件受理情况和基本案情，诉讼或仲裁请求，判决、裁决结果及执行情况，诉讼或仲裁事项对发行人的影响等。同时，应当充分披露发行人涉及诉讼或仲裁的有关风险。 (二) 保荐机构、发行人律师应当全面核查报告期内发生或虽在报告期外发生但仍对发行人产生较大影响的诉讼或仲裁的相关情况，包括案件受理情况和基本案情，诉讼或仲裁请求，判决、裁决结果及执行情况，诉讼或仲裁事项对发行人的影响等。 发行人提交发行上市申请至上市期间，保荐机构、发行人律师应当持续关注发行人诉讼或仲裁的进展情况、发行人是否新发生诉讼或仲裁事项。发行人诉讼或仲裁的重大进展情况以及新发生的对股权结构、财务状况、经营成果、业务活动、未来前景等可能产生重大影响的诉讼或仲裁事项，应当及时补充披露。

续表

法规名称	具体内容
	(三)发行人控股股东、实际控制人、控股子公司、董事、监事(如有)、高级管理人员和核心技术(业务)人员涉及的重大诉讼或仲裁事项比照上述标准执行。 (四)涉及主要产品、核心商标、专利、技术等方面的诉讼或仲裁可能对发行人生产经营产生重大影响,或者诉讼、仲裁有可能导致发行人实际控制人变更,或者其他可能导致发行人不符合发行上市条件的情形,保荐机构和发行人律师应在提出明确依据的基础上,充分论证该等诉讼、仲裁事项是否构成本次发行上市的法律障碍并审慎发表意见。
《公开发行证券的公司信息披露内容与格式准则第57号——招股说明书》(北交所有关诉讼、仲裁事项的信息披露要求详见《公开发行证券的公司信息披露内容与格式准则第46号——北京证券交易所公司招股说明书》,规定与其他板块基本一致)	第73条　发行人应分析披露其具有直接面向市场独立持续经营的能力,主要包括: …… (七)发行人不存在主要资产、核心技术、商标有重大权属纠纷,重大偿债风险,重大担保、诉讼、仲裁等或有事项,经营环境已经或将要发生重大变化等对持续经营有重大影响的事项。 第84条　发行人应披露对财务状况、经营成果、声誉、业务活动、未来前景等可能产生较大影响的诉讼或仲裁事项,以及控股股东或实际控制人、子公司,发行人董事、监事、高级管理人员和其他核心人员作为一方当事人可能对发行人产生影响的刑事诉讼、重大诉讼或仲裁事项,主要包括: (一)案件受理情况和基本案情; (二)诉讼或仲裁请求; (三)判决、裁决结果及执行情况; (四)诉讼、仲裁案件对发行人的影响。
《保荐人尽职调查工作准则》	第79条　诉讼仲裁情况 通过查阅诉讼仲裁文件、查询网站、访谈相关人员、发行人及相关人员出具书面声明、走访有关司法机关及监管机构等方法,调查发行人是否存在对其财务状况、经营成果、声誉、业务活动、未来前景等可能产生较大影响的诉讼或仲裁事项,发行人及其控股股东或实际控制人、控股子公司,发行人董监高人员和核心技术人员是否存在作为一方当事人可能对发行人产生影响的刑事诉讼、重大诉讼或仲裁事项,分析其是否涉及主要资产、核心技术、知识产权的重大权属纠纷,是否导致经营环境已经或将要发生重大变化,评价其对发行人持续经营、财务指标、股权及控制结构、员工权益保障等是否产生重大影响。

续表

法规名称	具体内容
《监管规则适用指引——法律类第2号:律师事务所从事首次公开发行股票并上市法律业务执业细则》	第59条 律师应当按照中国证监会和证券交易所的规定,查验发行人及其控股股东和实际控制人,持有发行人5%以上股份的主要股东,发行人控股子公司,发行人的董事、监事、高级管理人员和核心技术人员等,在报告期内发生或者虽然发生在报告期外但仍对发行人产生较大影响以及可预见的诉讼或者仲裁案件,具体查验上述案件的受理情况和基本案情,诉讼或者仲裁请求,判决、裁决结果及执行情况,诉讼和仲裁事项对发行人的影响。
《公开发行证券公司信息披露的编报规则第12号——公开发行证券的法律意见书和律师工作报告》	第49条 诉讼、仲裁或行政处罚 (一)发行人、持有发行人5%以上(含5%)的主要股东(追溯至实际控制人)、发行人的控股公司是否存在尚未了结的或可预见的重大诉讼、仲裁及行政处罚案件。如存在,应说明对本次发行、上市的影响。 (二)发行人董事长、总经理是否存在尚未了结的或可预见的重大诉讼、仲裁及行政处罚案件。如存在,应说明对发行人生产经营的影响。 (三)如上述案件存在,还应对案件的简要情况作出说明(包括但不限于受理该案件的法院名称、提起诉讼的日期、诉讼的当事人和代理人、案由、诉讼请求、可能出现的处理结果或已生效法律文书的主要内容等)。

二、审核问询要点及反馈分析

经检索市场案例,针对发行人的诉讼、仲裁事项,发行审核部门的常见问询事项及发行人回复口径主要如下:

(一)诉讼或仲裁事项的具体情况:说明相关纠纷或诉讼、仲裁进展情况,核查并披露发行人报告期发生或虽在报告期外发生但仍对发行人产生较大影响的诉讼或仲裁的相关情况,包括案件受理情况和基本案情,诉讼或仲裁请求,判决、裁决结果及执行情况

发行人逐项说明相关纠纷或诉讼、仲裁的案件基本情况、原告/申请人、被告/被申请人、案由、案号、受理时间、诉讼/仲裁请求、判决结果/裁决结果/和解结果以及进展情况,若涉诉案件较多的,通过列表说明。发行人及中介机构应当结合发行人的财务指标,根据案件的实际情况确定重大诉讼标准,例如由业务合同产生的给

付之诉,根据金额大小确定标准(如以标的额超过发行人净资产的5%为标准);由知识产权、土地房屋不动产产生的确权、侵权之诉,通常均需要参照重大诉讼或仲裁要求进行核查。

(二)诉讼或仲裁事项的败诉风险:结合相关法律法规和司法判例、具体诉讼请求评估发行人的败诉风险,以及败诉可能面临的具体后果、全部赔偿等费用

发行人列举相关诉讼或仲裁事项依据的法律法规及司法判例,从实体法律权利和诉讼程序、证据支撑力等角度分析发行人的败诉风险,若相关诉讼或仲裁系在境外发生的,应当以境外律师出具的法律意见为依据。假设发行人败诉,计算发行人需承担的金额以及其他后果,包括但不限于无法继续使用商标、专利等知识产权,丧失在该地开展经营的资质,与主要客户合作中断,引发大量同类型诉讼等。

(三)诉讼或仲裁事项对发行人的影响:对发行人经营业绩的影响,是否可能存在影响发行人持续经营稳定性,是否涉及对发行人客户稳定性、财务状况、经营成果、声誉、业务活动、未来前景等方面影响的内容,发行人是否符合"不存在涉及主要资产、核心技术、商标等的重大权属纠纷"的发行条件

若相关诉讼或仲裁事项涉及发行人的知识产权、不动产等主要资产的,发行审核部门将重点关注该等纠纷是否会对发行人主要产品的生产和持续经营造成影响;若相关诉讼或仲裁事项可能对发行人业务开展产生影响的,例如,发行人与其原重要合作方、核心技术人员、主要销售人员、中高层管理人员发生纠纷的,发行审核部门将重点关注该等纠纷是否会造成发行人的客户流失,对发行人未来经营发展产生的影响。

发行人说明相关诉讼或仲裁事项是否涉及发行人的核心技术、核心专利、核心产品(包括使用相关技术和专利的核心产品),如涉及,披露报告期内使用相关产品种类及型号,销售单价、数量、涉及的销售区域、对应的收入和利润情况,研发投入及相关产品的市场空间情况,诉讼或仲裁金额相对于发行人经营规模的比例等,通过具体数据说明相关诉讼或仲裁对发行人经营业绩的影响,论证对发行人持续经营的稳定性不存在影响。

(四)发行人的整体合规性:发行人是否存在内控缺陷,报告期内是否存在其他问题,是否存在其他诉讼、纠纷或潜在纠纷的风险

若相关诉讼或仲裁事项属于质量纠纷,发行审核部门可能问询报告期内是否存在其他产品质量问题,是否存在因产品质量问题引发的纠纷或诉讼,发行人的主要产品和服务应当符合的质量标准,发行人把控质量的关键节点,相关人员、技术、设备的配置情况,能否满足质量把控需要;若相关诉讼或仲裁事项属于侵权纠纷,

发行审核部门可能问询发行人的核心技术、专利是否存在诉讼、纠纷或潜在纠纷的风险;若相关诉讼或仲裁事项属于合同纠纷,发行审核部门可能问询发行人与其他同类型主体是否存在类似协议并可能构成争议或纠纷。

通常通过检索中国裁判文书网、信用中国、中国执行信息公开网、有关政府主管机关网站等方式进行网络核查,并结合对发行人等有关主体的访谈以及境外律师出具的法律意见书,对是否存在其他纠纷或潜在纠纷发表意见。针对发行人内部制度问题,则通过列举发行人制定的制度体系及落实措施,论证满足相关要求。

三、总结

拟上市公司涉及的诉讼、仲裁事项并不单纯以案件数量、诉讼金额判断是否构成上市的实质法律障碍,还需要根据案件的具体情况进行综合判断。拟上市公司申报上市时披露已决和未决诉讼及仲裁应注意以下事项:

1. 披露诉讼、仲裁事项的具体情况,并结合案件诉讼/仲裁阶段分析风险;

2. 针对数量较多的同类型案件,分析发生原因,发行人的相关制度安排,论证是否会对其产生重大不利影响;

3. 针对可能影响发行人持续经营的案件,单独计算诉讼金额、相关产品销售比例,结合发行人的财务数据论证对发行人持续经营的影响;

4. 财务上,应当根据案件情况及时进行计提坏账准备。

87

A股各板块股东所持IPO前股份的锁定期有多久？

公司在完成境内A股的首发上市后，各股东所持的IPO前股份是否可以马上在二级市场出售？结合各板块最新的监管规则及上市审核实践经验，根据持股主体的不同身份，我们对A股各板块股东所持IPO前股份的锁定期进行了总结，如股东同时兼具多重身份的，则依据孰长原则确定应当适用的锁定期。

一、控股股东、实际控制人及其一致行动人

（一）基本要求

表87-1 对控股股东、实际控制人及其一致行动人锁定期的要求

适用情形	上市板块	锁定期	法律依据
直接及间接持有的IPO前全部股份	主板、创业板、科创板	上市之日起36个月	各板块股票上市规则（2024年4月修订）
	北交所	上市之日起12个月	
上市后6个月内如公司股票连续20个交易日的收盘价均低于发行价，或者上市后6个月期末收盘价低于发行价	主板、创业板、科创板、北交所	在原有锁定期的基础上，自动延长至少6个月	《中国证监会关于进一步推进新股发行体制改革的意见》
业绩下滑：上市当年及之后第二年、第三年较上市前一年扣除非经常性损益后归母净利润下滑50%以上等情形的	主板、创业板、科创板	可以承诺延长其届时所持股份锁定期限	《监管规则适用指引——发行类第10号》

续表

适用情形	上市板块	锁定期	法律依据
上市时未盈利的,在公司实现盈利前	创业板、科创板	在原有36个月锁定期的基础上,自上市之日起第4个会计年度和第5个会计年度内,每年减持的IPO前股份不得超过公司股份总数的2%	各板块股票上市规则(2024年4月修订)
	北交所	自上市之日起2个完整会计年度内,不得减持IPO前股份	

注:针对业绩下滑情形,如发行人披露无控股股东、实际控制人的,第一大股东及其一致行动人比照执行。就具体承诺事项,应注意:
1. 承诺人可选择就上市当年及之后第二年、第三年中的全部或部分年份作出承诺。
2. "净利润"以扣除非经常性损益后归母净利润为准。
3. 延长锁定期限需为6个月的整数倍。
4. 届时所持股份是指承诺人上市前取得,上市当年及之后第二年、第三年年报披露时仍持有的股份。

(二)特殊事项

1. 最长锁定期的例外情形

表87-2　最长锁定期的例外情形

上市板块	例外情形	法律依据
主板	自发行人股票上市之日起12个月后,出现下列情形之一的,经控股股东、实际控制人申请并经及交易所同意,可以豁免遵守原有36个月的锁定承诺: (一)转让双方存在实际控制关系,或者均受同一实际控制人所控制,且受让方承诺继续遵守原有锁定承诺; (二)因上市公司陷入危机或者面临严重财务困难,受让人提出挽救公司的方案获得该公司股东大会审议通过和有关部门批准,且受让人承诺继续遵守原有锁定承诺; (三)交易所认定的其他情形	《上海证券交易所股票上市规则》(2024年4月修订) 《深圳证券交易所股票上市规则》(2024年4月修订)
创业板、科创板	自发行人股票上市之日起12个月后,转让双方存在控制关系或者受同一实际控制人控制的,可豁免遵守原有36个月锁定期的规定(相较主板不需要交易所同意)	《深圳证券交易所创业板股票上市规则》(2024年4月修订) 《上海证券交易所科创板股票上市规则》(2024年4月修订)
北交所	无相关规定	—

2. 亲属比照适用最长锁定期

表87-3 对亲属锁定期的要求

上市板块	亲属比照适用最长锁定期规定	法律依据
主板、创业板、科创板	控股股东和实际控制人的亲属(依据《民法典》相关规定认定)、一致行动人所持股份应当比照控股股东和实际控制人所持股份进行锁定,即自上市之日起锁定36个月	《证券期货法律适用意见第17号》
北交所	直接明确了控股股东和实际控制人亲属直接及间接持有的公司股份锁定期为上市之日起12个月,且明确亲属的范围为:公司控股股东、实际控制人的配偶、子女及其配偶、父母及配偶的父母、兄弟姐妹及其配偶、配偶的兄弟姐妹、子女配偶的父母以及其他关系密切的家庭成员	《北京证券交易所股票上市规则(试行)》(2024年4月修订)

注:根据《民法典》第1045条的规定,亲属包括配偶、血亲和姻亲。配偶、父母、子女、兄弟姐妹、祖父母、外祖父母、孙子女、外孙子女为近亲属。配偶、父母、子女和其他共同生活的近亲属为家庭成员。

二、董事、监事、高级管理人员

表87-4 对董事、监事、高级管理人员锁定期的要求

适用情形	上市板块	锁定期	法律依据
所持公司IPO前股份	主板、创业板、科创板、北交所	上市之日起12个月	新《公司法》(2023修订)《上市公司董事、监事和高级管理人员所持本公司股份及其变动管理规则》(2024年5月修订)
就任时确定的任职期间及任期届满后6个月内	主板、创业板、科创板、北交所	每年转让的股份不得超过所持公司股份总数的25%,因司法强制执行、继承、遗赠、依法分割财产等导致股份变动的除外	
任期届满前离职的	主板、创业板、科创板、北交所	离职6个月内不得减持股份,在剩余未满任期及任期满后的6个月内还应遵守每年减持不得超过25%的比例要求	
离职后	主板、创业板、科创板、北交所	6个月内不得转让其所持有的公司股份	

87 A股各板块股东所持IPO前股份的锁定期有多久？

续表

适用情形	上市板块	锁定期	法律依据
上市时未盈利的，在公司实现盈利前	创业板、科创板	自上市之日起3个完整会计年度内，不得减持IPO前股份；在前述期间内离职的，应当继续遵守本款规定	各板块股票上市规则（2024年4月修订）
	北交所	自上市之日起2个完整会计年度内，不得减持IPO前股份；在前述期间内离职的，应当继续遵守本款规定	
上市后6个月内如公司股票连续20个交易日的收盘价均低于发行价，或者上市后6个月期末收盘价低于发行价	主板、创业板、科创板、北交所	在原有锁定期的基础上，自动延长至少6个月	《中国证监会关于进一步推进新股发行体制改革的意见》

注：就前述董事、监事、高级管理人员所持公司IPO前股份的锁定期，通常理解除非其在公司IPO申报时涉及的招股说明书等文件中就间接所持股份作出公开锁定承诺，否则其仅需就直接所持公司股份遵守相应的锁定要求。

三、核心技术人员

表87-5 对核心技术人员锁定期的要求

上市板块	适用情形	锁定期	法律依据
仅适用于科创板，其他板块无相关规定	所持公司IPO前股份	上市之日起12个月	《上海证券交易所科创板股票上市规则》（2024年4月修订）
	离职后	6个月内不得转让其所持有的公司股份	
	所持公司IPO前股份限售期满之日起4年内	每年转让的公司IPO前股份不得超过上市时所持公司首发前股份总数的25%，减持比例可以累积使用	
	上市时未盈利的，在公司实现盈利前	自上市之日起3个完整会计年度内，不得减持IPO前股份在前述期间内离职的，应当继续遵守本款规定	

注：就前述核心技术人员所持公司IPO前股份的锁定期，通常理解除非其在公司IPO申报时涉及的招股说明书等文件中就间接所持股份作出公开锁定承诺，否则其仅需就直接所持公司股份遵守相应的锁定要求。

四、突击入股

表 87-6 对突击入股锁定期的要求

上市板块	适用情形	锁定期	法律依据
仅适用主板、创业板、科创板，北交所无相关规定	IPO 申报前 6 个月内进行增资扩股的	自公司完成增资扩股工商变更登记手续之日起锁定 36 个月	《证券期货法律适用意见第 17 号》
	IPO 申报前 6 个月内从控股股东或者实际控制人处受让的股份	比照控股股东或者实际控制人所持股份进行锁定：自上市之日起锁定 36 个月	
	IPO 申报前 12 个月内新增股东的	自股份取得之日起 36 个月内不得转让	《监管规则适用指引——关于申请首发上市企业股东信息披露》

五、无控股股东/实际控制人

表 87-7 对无控股股东/实际控制人锁定期的要求

上市板块	适用情形	锁定期	法律依据
主板、创业板、科创板	没有或者难以认定实际控制人的	发行人股东应当按持股比例从高到低依次承诺其所持股份自上市之日起锁定 36 个月，直至锁定股份的总数不低于发行前股份总数的 51%。对于具有一致行动关系的股东，应当合并后计算持股比例再进行排序锁定	《证券期货法律适用意见第 17 号》
北交所	无控股股东、实际控制人的	公司第一大股东及其最终控制人应当参照适用北交所关于控股股东、实际控制人的规定	《北京证券交易所股票上市规则（试行）》（2024 年 4 月修订）

注：对于拟在主板、创业板、科创板上市的企业，根据《证券期货法律适用意见第 17 号》的相关规定，位列前述表格中应当予以锁定的 51% 股份范围的股东，符合下列情形之一的，可不适用上述锁定 36 个月的规定：(1) 员工持股计划；(2) 持股 5% 以下的股东；(3) 非发行人第一大股东且符合一定条件的创业投资基金股东，具体条件参照创投基金的监管规定。

六、战略投资者

表87-8 对战略投资者的锁定期的要求

上市板块	适用情形	锁定期	法律依据
主板、创业板、科创板	战略投资者(其中高级管理人员与核心员工可以通过设立专项资产管理计划参与配售)	配售股票持有期限自上市之日起不少于12个月	《证券发行与承销管理办法》
创业板、科创板	参与配售的保荐机构相关子公司	配售股票持有期限自上市之日起24个月	《上海证券交易所首次公开发行证券发行与承销业务实施细则》《深圳证券交易所首次公开发行证券发行与承销业务实施细则》
北交所	公司高级管理人员、核心员工通过专项资产计划、员工持股计划等参与战略配售	配售股票自上市之日起12个月内不得转让或委托他人代为管理	《北京证券交易所股票上市规则(试行)》(2024年4月修订)
北交所	其他投资者参与战略配售	配售股票自上市之日起6个月内不得转让或委托他人代为管理	

七、其他一般股东

表87-9 对其他一般股东锁定期的要求

上市板块	适用情形	锁定期	法律依据
主板、创业板、科创板	IPO前非控股股东、实际控制人的其他股东	上市之日起12个月	新《公司法》(2023修订)
北交所	IPO前直接持有10%以上股份的股东或虽未直接持有但可实际支配10%以上股份表决权的相关主体	上市之日起12个月	《北京证券交易所股票上市规则(试行)》(2024年4月修订)

八、北交所转板上市的限售衔接

表 87-10　北交所转板上市的限售衔接

法律依据	具体要求
《中国证监会关于北京证券交易所上市公司转板的指导意见》(2023 修订)	北交所上市公司转板的,股份限售应当遵守法律法规及上交所、深交所业务规则的规定。在计算北交所上市公司转板后的股份限售期时,原则上可以扣除在全国股转系统原精选层和北交所已经限售的时间。
《北京证券交易所上市公司持续监管指引第 7 号——转板》(2023 修订)	上市公司应当在披露董事会决议公告同时披露关于董事会审议转板相关事宜的提示性公告,内容至少应当包括: 上市公司控股股东、实际控制人对本次转板的原则性意见,以及上市公司控股股东、实际控制人、董事、监事、高级管理人员关于自本提示性公告披露之日起至提交转板申请期间不减持股份的公开承诺。上市公司披露为无控股股东和实际控制人的,第一大股东应比照前述要求履行相关义务。
《北京证券交易所上市公司向上海证券交易所科创板转板办法(试行)》 《深圳证券交易所关于北京证券交易所上市公司向创业板转板办法(试行)》	转板公司的控股股东、实际控制人及其一致行动人自公司在科创板/创业板上市之日起 12 个月内,不得转让或者委托他人管理其直接和间接持有的本公司在科创板/创业板上市前已经发行股份(以下简称转板前股份),也不得提议由转板公司回购该部分股份;限售期届满后 6 个月内减持股份的,不得导致公司控制权发生变更。 转板公司没有或者难以认定控股股东、实际控制人的,参照控股股东、实际控制人进行股份限售的股东范围,应当适用科创板/创业板首次公开发行股票并上市的相关规定,股份限售期为公司在科创板/创业板上市之日起 12 个月。 转板公司的董事、监事、高级管理人员所持本公司转板前股份,自公司在科创板/创业板上市之日起 12 个月内不得转让。 转板公司的核心技术人员自公司在科创板上市之日起 4 年内,每年转让的本公司转板前股份不得超过上市时所持公司转板前股份总数的 25%,减持比例可以累积使用。

九

股东退出

88

最严减持新规出台后，上市公司各类股东如何减持？

为进一步贯彻落实《国务院关于加强监管防范风险推动资本市场高质量发展的若干意见》《关于加强上市公司监管的意见（试行）》提出的**全面完善减持规则体系、严格规范大股东减持行为、有效防范绕道减持、严厉打击各类违规减持**等要求，2024年5月24日，证监会以部门规章形式发布新制定的《上市公司股东减持股份管理暂行办法》，以部门规范性文件形式发布修订后的《上市公司董事、监事和高级管理人员所持本公司股份及其变动管理规则》，随后沪深北交易所相继出台了减持指引等配套文件。前述系列新规被市场称为"A股史上最严减持新规"。

最严减持新规出台后，上市公司的各类股东如何减持？本文带你全部厘清！

一、减持新规修订概览

（一）修订对比概览

表88-1 减持新规修订对比

发文机构	原规则	新规则	修订情况
证监会	《上市公司股东、董监高减持股份的若干规定》（以下简称《减持规定》）（已失效）	《上市公司股东减持股份管理暂行办法》（以下简称《减持管理办法》）	新增制定，效力位阶提升至部门规章

续表

发文机构	原规则	新规则	修订情况
	《上市公司董事、监事和高级管理人员所持本公司股份及其变动管理规则》（2022修订）（已失效）	《上市公司董事、监事和高级管理人员所持本公司股份及其变动管理规则》（2024修订）（以下简称《持股变动规则》）	内容修订
	《上市公司创业投资基金股东减持股份的特别规定》（2020修订）		无修订
上交所	《上海证券交易所上市公司股东及董事、监事、高级管理人员减持股份实施细则》（已失效）	《上海证券交易所上市公司自律监管指引第15号——股东及董事、监事、高级管理人员减持股份》	内容修订、整合，文件更名
	《〈上海证券交易所上市公司股东及董事、监事、高级管理人员减持股份实施细则〉问题解答（一）》（上证函[2018]66号）		
	《〈上海证券交易所上市公司股东及董事、监事、高级管理人员减持股份实施细则〉问题解答（二）》（上证函[2023]2530号）（已失效）		
	《关于进一步规范股份减持行为有关事项的通知》（已失效）		
	《上海证券交易所科创板上市公司股东以向特定机构投资者询价转让和配售方式减持股份实施细则》（已失效）	《上海证券交易所科创板上市公司自律监管指引第4号——询价转让和配售》	内容修订，文件更名
	《上海证券交易所、中国证券登记结算有限责任公司科创板上市公司股东以向特定机构投资者询价转让和配售方式减持股份业务指引》（2023年8月修订）	《上海证券交易所、中国证券登记结算有限责任公司科创板上市公司股东以向特定机构投资者询价转让和配售方式减持股份业务指引》（2024年5月修订）	内容修订
	《上海证券交易所上市公司创业投资基金股东减持股份实施细则》（上证发[2017]24号）		无修订

续表

发文机构	原规则	新规则	修订情况
深交所	《深圳证券交易所上市公司股东及董事、监事、高级管理人员减持股份实施细则》（已失效）	《深圳证券交易所上市公司自律监管指引第18号——股东及董事、监事、高级管理人员减持股份》	内容修订、整合，文件更名
	《关于进一步规范股份减持行为有关事项的通知》（已失效）		
	《深交所就〈深圳证券交易所上市公司股东及董事、监事、高级管理人减持股份实施细则〉答记者问》		
	《关于就〈深圳证券交易所上市公司股东及董事、监事、高级管理人减持股份实施细则〉有关事项答投资者问》		
	《关于就〈深圳证券交易所上市公司股东及董事、监事、高级管理人减持股份实施细则〉有关事项答投资者问（二）》		
	《关于就〈深圳证券交易所上市公司股东及董事、监事、高级管理人减持股份实施细则〉有关事项答投资者问（三）》		
	—	《深圳证券交易所上市公司自律监管指引第16号——创业板上市公司股东询价和配售方式转让股份》	新增制定
	—	《深圳证券交易所、中国证券登记结算有限责任公司创业板上市公司股东询价和配售方式转让股份业务指引》	新增制定
	《深圳证券交易所上市公司创业投资基金股东减持股份实施细则》		无修订

续表

发文机构	原规则	新规则	修订情况
北交所	《北京证券交易所上市公司持续监管指引第8号——股份减持和持股管理》(2023修订)	《北京证券交易所上市公司持续监管指引第8号——股份减持和持股管理》(2024修订)	内容修订

(二)修订要点

受篇幅所限,本节重点列示证监会新发布的《减持管理办法》及《持股变动规则》的修订要点,沪深北各交易所发布的各项配套规则修订细节不在本节展开。

(1)证监会:《上市公司股东减持股份管理暂行办法》修订摘要

一是完善减持规则体系。以规章的形式发布《减持管理办法》,将《减持规定》中规范董监高减持的相关要求移至《上市公司董事、监事和高级管理人员所持本公司股份及其变动管理规则》,并做好与《上市公司创业投资基金股东减持股份的特别规定》的衔接,形成"1+2"规则体系。

二是严格规范大股东减持。明确控股股东、实际控制人在破发破净、分红不达标等情形下不得通过集中竞价或者大宗交易减持,但减持集中竞价买入的股份或者因不存在相关情形已经披露减持计划的除外;增加大股东大宗交易减持前的预披露义务;要求大股东、实际控制人的一致行动人与大股东共同遵守减持要求;优化大股东禁止减持的情形,明确控股股东、实际控制人在上市公司和自身违法违规情形下都不得减持,一般大股东在自身违法违规情形下不得减持。

三是有效防范绕道减持。明确由于离婚、法人或非法人组织终止、公司分立等原因减持股份后,相关方应当持续共同遵守减持限制,法律、行政法规、中国证监会另有规定的除外;明确一致行动关系解除后各方在6个月内继续共同遵守减持限制;明确协议转让后受让方锁定6个月,丧失大股东身份的出让方在6个月内继续遵守相关限制;明确司法强制执行、质押融资融券违约处置等按照减持方式的不同遵守《减持管理办法》,明确司法强制执行被动处置的预披露时点;禁止大股东融券卖出或者参与以本公司股票为标的物的衍生品交易,禁止限售股转融通出借、限售股股东融券卖出。

四是细化违规责任条款。明确对违规减持可以采取"责令购回并向上市公司上缴价差"的措施;增加监管谈话、出具警示函等监管措施;细化应予处罚的具体情形,加大对违规减持的打击追责力度。

五是强化大股东、董事会秘书的责任。要求上市公司大股东规范、理性、有序实施减持,充分关注上市公司及其中小股东的利益;要求上市公司董事会秘书每季度检查大股东减持本公司股票的情况,发现违法违规的及时报告。

(2)证监会:《上市公司董事、监事和高级管理人员所持本公司股份及其变动管理规则》修订摘要

一是规范减持行为。将《减持规定》第7条、第8条规定的内容移至《持股变动规则》,并参考《减持规定》的改革方向,明确董监高在自身违法、上市公司违法以及重大违法强制退市、未足额缴纳罚没款等情形下不得减持;明确董监高在集中竞价或者大宗交易减持前都应当预先披露;明确董监高离婚后双方持续共同遵守相关减持限制。

二是优化窗口期规定。将上市公司年度报告、半年度报告的窗口期调整为"公告前十五日内",将季度报告、业绩预告、业绩快报的窗口期调整为"公告前五日内"。

三是严格法律责任。明确董监高违反规则转让股份的,可以采取行政监管措施;细化应予处罚的具体情形,依照《证券法》第186条实施处罚。

二、上市公司各类股东减持操作指引

结合A股各板块最新的减持监管规则,根据持股主体的不同身份,我们对上市公司各类股东减持操作整理了如下指引,如股东同时兼具多重身份的,则依据孰严原则确定应当适用的规则。

(一)大股东减持:即上市公司持有5%以上股份的股东、实际控制人减持股份

1. 减持数量限制

表88-2 大股东减持数量限制

减持方式	减持比例
集中竞价	采取集中竞价交易方式,在任意连续90日内,减持股份的总数不得超过公司股份总数的1%。 大股东自持股比例低于5%之日起90日内,若采取集中竞价交易方式继续减持的,在任意连续90日内,减持股份的总数不得超过公司股份总数的1%。 注:北交所未针对任意连续90日内的减持数量上限进行限制

续表

减持方式	减持比例
大宗交易	采取大宗交易方式,在任意连续90日内,减持股份的总数不得超过公司股份总数的2%。股份受让方在受让后6个月内不得减持其所受让的股份。 大股东自持股比例低于5%之日起90日内,若采用大宗交易方式继续减持的,在任意连续90日内,减持股份的总数不得超过公司股份总数的2%。 注:北交所未针对任意连续90日内的减持数量上限进行限制
协议转让	采取协议转让方式,单个受让方的受让比例不得低于公司股份总数的5%,转让价格下限比照大宗交易的规定执行。法律法规及证券交易所业务规则另有规定的除外。股份受让方在受让后6个月内不得减持其所受让的股份。 减持后不再具有大股东身份,应当在减持后6个月内继续遵守大股东减持预披露、集中竞价及大宗交易减持比例的规定。控股股东、实际控制人通过协议转让方式减持股份导致其不再具有控股股东、实际控制人身份的,还应当在减持后6个月内继续遵守破净、分红不达标时(北交所此处要求继续遵守破净、亏损的相关规定)不得减持的相关规定
司法强制执行或者股票质押、融资融券、约定购回式证券交易违约处置等导致减持股份	通过集中竞价交易执行的,适用关于集中竞价交易方式减持股份的规定。 通过大宗交易执行的,适用关于大宗交易方式减持股份的规定。 通过司法扣划、划转等非交易过户方式执行的,参照适用关于协议转让方式减持股份的规定,但关于受让比例、转让价格下限的规定除外
因参与认购或者申购ETF减持股份	参照适用关于集中竞价交易方式减持股份的规定
按照规定赠与股份	参照适用关于协议转让方式减持股份的规定,关于受让比例、转让价格下限的规定除外
询价转让方式减持IPO前股份(创业板、科创板适用)	单独或者合计拟转让的股份数量不得低于上市公司股份总数的1%
向股东配售方式减持IPO前股份(创业板、科创板适用)	单独或者合计拟减持IPO前股份数量应当达到或者超过上市公司股份总数的5%

续表

减持方式	减持比例
其他方式减持	因离婚、法人或者非法人组织终止、公司分立等导致上市公司大股东减持股份的,股份过出方、过入方应当在股票过户后持续共同遵守关于大股东减持股份的规定;上市公司大股东为控股股东、实际控制人的,股份过出方、过入方还应当在股票过户后持续共同遵守关于控股股东、实际控制人减持股份的规定
大股东及其一致行动人的特殊要求	大股东与其一致行动人应当共同遵守关于大股东减持股份的规定。控股股东、实际控制人与其一致行动人应当共同遵守关于控股股东、实际控制人减持股份的规定。 上市公司大股东及其一致行动人之间采取大宗交易、协议转让等方式转让股份的,视为减持股份,应遵守减持指引规定。 大股东与其一致行动人解除一致行动关系的,相关方应当在6个月内继续共同遵守关于大股东减持股份的规定。大股东为控股股东、实际控制人的,相关方还应当在6个月内继续共同遵守控股股东、实际控制人重大违法、破净、分红不达标不得减持情形
无控股股东、实际控制人的特殊要求	上市公司披露无控股股东、实际控制人的,第一大股东应当遵守关于控股股东、实际控制人的规定,但是持有上市公司股份低于5%的除外
股东持股比例计算方式	应当将其通过普通证券账户、信用证券账户以及利用他人账户所持同一家上市公司的股份,以及通过转融通出借但尚未归还或者通过约定购回式证券交易卖出但尚未购回的股份合并计算

2. 减持信息披露要求

表88-3 大股东减持信息披露要求

减持方式		信息披露要求
集中竞价、大宗交易	事前	大股东通过集中竞价、大宗交易方式减持股份的,应当在首次卖出股份的15个交易日前向交易所报告并披露减持计划。存在不得减持情形的,不得披露减持计划。每次披露的减持时间区间不得超过3个月。 注:北交所进一步要求,拟在3个月内通过集中竞价交易减持股份的总数超过公司股份总数1%的,还应当在首次卖出的30个交易日前预先披露减持计划
	事中	在规定的减持时间区间内,上市公司发生高送转、并购重组等重大事项的,大股东应当同步披露减持进展情况,并说明本次减持与前述重大事项的关联性

续表

减持方式		信息披露要求
	事后	减持计划实施完毕,大股东应当在2个交易日内向交易所报告,并予公告。在预先披露的减持时间区间内,未实施减持或者减持计划未实施完毕的,应当在减持时间区间届满后的2个交易日内向交易所报告,并予公告。 如果上市公司存在回购事项,控股股东、实际控制人及其一致行动人在公司首次披露回购股份事项之日起至披露回购结果暨股份变动公告前一日买卖本公司股票的,应当及时向公司报告买卖情况及理由,由公司在回购结果暨股份变动公告中披露
协议转让	事前	—
	事中	每减持达到或者超过5%,应当在该事实发生之日起3日内编制权益变动报告书(简式),向证监会、交易所提交书面报告,通知上市公司并公告。在报告期限内和作出报告、公告前,不得再买卖该上市公司的股票。同时,上市公司应及时披露提示性公告
	事后	如果上市公司存在回购事项,控股股东、实际控制人及其一致行动人在公司首次披露回购股份事项之日起至披露回购结果暨股份变动公告前一日买卖本公司股票的,应当及时向公司报告买卖情况及理由,由公司在回购结果暨股份变动公告中披露
其他方式	—	大股东因离婚、法人或非法人组织终止、公司分立等拟分配股份的,应当及时披露相关情况。 大股东所持股份被人民法院通过证券交易所集中竞价交易、大宗交易方式强制执行的,收到相关执行通知后2个交易日内披露

3. 禁止减持情形

表88-4 大股东禁止减持情形

适用情形	具体要求
大股东违法违规	存在下列情形之一的,大股东不得减持本公司股份： (1)该股东因涉嫌与本上市公司有关的证券期货违法犯罪,被中国证监会立案调查或者被司法机关立案侦查,或者被行政处罚、判处刑罚未满6个月的; (2)该股东因涉及与本上市公司有关的违法违规,被证券交易所公开谴责未满3个月的; (3)该股东因涉及证券期货违法,被中国证监会行政处罚,尚未足额缴纳罚没款的,但法律、行政法规另有规定,或者减持资金用于缴纳罚没款的除外; (4)中国证监会及证券交易所规定的其他情形
上市公司违法违规	存在下列情形之一的,上市公司控股股东、实际控制人不得减持本公司股份： (1)上市公司因涉嫌证券期货违法犯罪,被中国证监会立案调查或者被司法机关立案侦查,或者被行政处罚,判处刑罚未满6个月的; (2)上市公司被证券交易所公开谴责未满3个月的; (3)上市公司可能触及本所业务规则规定的重大违法强制退市情形的,自相关行政处罚事先告知书或者司法裁判作出之日起,至下列任一情形发生前： ①上市公司股票终止上市并摘牌; ②上市公司收到相关行政机关相应行政处罚决定或者人民法院生效司法裁判,显示上市公司未触及重大违法类强制退市情形; (4)中国证监会及证券交易所规定的其他情形
上市公司分红不达标、破净、破发 注：针对北交所上市公司,为破净、破发、亏损	**(1)分红不达标** 最近3个已披露经审计的年度报告的会计年度未实施现金分红或者累计现金分红金额低于同期年均归属于上市公司股东净利润的30%的,但其中净利润为负的会计年度不纳入计算,控股股东、实际控制人不得通过证券交易所集中竞价交易或者大宗交易方式减持股份,但已经披露减持计划,或者中国证监会另有规定的除外。 **(2)破净** 最近20个交易日中,任一日股票收盘价(向后复权)低于最近一个会计年度或者最近一期财务报告期末每股归属于上市公司股东的净资产的,控股股东、实际控制人不得通过证券交易所集中竞价交易或者大宗交易方式减持股份,但已经披露减持计划,或者中国证监会另有规定的除外。

续表

适用情形	具体要求
	（3）破发 最近 20 个交易日中,任一日股票收盘价(向后复权)低于首次公开发行时的股票发行价格的,上市公司首发上市时的控股股东、实际控制人及其一致行动人不得通过证券交易所集中竞价交易或者大宗交易方式减持股份,但已经按照规定披露减持计划,或者中国证监会另有规定的除外。 上市公司在首发上市时披露无控股股东、实际控制人的,首发上市持股 5% 以上的第一大股东及其一致行动人应当遵守前款规定。 转板公司在沪深交易所上市时、重新上市公司在沪深交易所重新上市时的控股股东、实际控制人及其一致行动人,分别以公司股票在沪深交易所上市、重新上市首日的开盘参考价作为计算基础,适用本条前两款的规定;在沪深交易所上市、重新上市时披露无控股股东、实际控制人的,当时持有 5% 以上股份的第一大股东及其一致行动人应当遵守前述规定。 前款规定的主体不具有相关身份后,应当继续遵守前两款规定。 （4）亏损(北交所减持指引对分红指标无要求,但新增不得亏损要求) 上市公司最近一期经审计的财务报告的归属于上市公司股东的净利润为负的,控股股东、实际控制人及其一致行动人不得通过集中竞价交易或大宗交易减持其所持有的本公司股份,但已经披露减持计划,或者中国证监会另有规定的除外
融券卖出、转融通	大股东不得融券卖出本公司股份,不得开展以本公司股票为合约标的物的衍生品交易。 持有的股份在法律、行政法规、中国证监会规章、规范性文件、证券交易所规则规定的限制转让期限内或者存在其他不得减持情形的,上市公司股东不得通过转融通出借该部分股份,不得融券卖出本公司股份。 上市公司股东在获得具有限制转让期限的股份前,存在尚未了结的该上市公司股份融券合约的,应当在获得相关股份前了结融券合约
短线交易	持有 5% 以上股份的股东、董事、监事、高级管理人员,不得将其持有的该公司的股票或者其他具有股权性质的证券在买入后 6 个月内卖出,或者在卖出后 6 个月内又买入。 上述所称董事、监事、高级管理人员、自然人股东持有的股票或者其他具有股权性质的证券,包括其配偶、父母、子女持有的及利用他人账户持有的股票或者其他具有股权性质的证券

续表

适用情形	具体要求
内幕交易	证券交易内幕信息的知情人和非法获取内幕信息的人,在内幕信息公开前,不得买卖该公司的证券,或者泄露该信息,或者建议他人买卖该证券
其他有关限售的承诺	如: (1)IPO 前股份锁定承诺 具体详见本书前文:"**87……A 股各板块股东所持 IPO 前股份的锁定期有多久?**" (2)向特定对象发行股票锁定承诺 向特定对象发行的股票,自发行结束之日起 6 个月内不得转让。发行对象属于特定情形的,其认购的股票自发行结束之日起 18 个月内(北交所为 12 个月)不得转让。 (3)重大资产重组锁定承诺 特定对象以资产认购而取得的上市公司股份,自股份发行结束之日起 12 个月内不得转让;属于特定情形的,36 个月内不得转让。 (4)上市公司收购锁定承诺 在上市公司收购中,收购人持有的被收购公司的股份,在收购完成后 18 个月内不得转让

(二)特定股东减持:即大股东以外的股东,减持所持有的公司 IPO 前股份(以下简称特定股份)

1. 减持数量限制

表 88-5 特定股东减持数量限制

减持方式	减持比例
集中竞价	采取集中竞价交易方式减持特定股份,在任意连续 90 日内,减持股份的总数不得超过公司股份总数的 1%
大宗交易	采取大宗交易方式减持特定股份,在任意连续 90 日内,减持股份的总数不得超过公司股份总数的 2%。股份受让方在受让后 6 个月内不得减持其所受让的股份
协议转让	采取协议转让方式减持特定股份,单个受让方的受让比例不得低于公司股份总数的 5%,转让价格下限比照大宗交易的规定执行。法律法规及证券交易所业务规则另有规定的除外。股份受让方在受让后 6 个月内不得减持其所受让的股份

续表

减持方式	减持比例
司法强制执行或者股票质押、融资融券、约定购回式证券交易违约处置等导致减持股份	通过集中竞价交易执行的,适用关于集中竞价交易方式减持股份的规定。 通过大宗交易执行的,适用关于大宗交易方式减持股份的规定。 通过司法扣划、划转等非交易过户方式执行的,参照适用关于协议转让方式减持股份的规定,但关于受让比例、转让价格下限的规定除外
因参与认购或者申购ETF减持股份	参照适用关于集中竞价交易方式减持股份的规定
按照规定赠与股份	参照适用关于协议转让方式减持股份的规定,关于受让比例、转让价格下限的规定除外
询价转让方式减持特定股份(创业板、科创板适用)	单独或者合计拟转让的股份数量不得低于上市公司股份总数的1%
向股东配售方式减持特定股份(创业板、科创板适用)	单独或者合计拟减持IPO前股份数量应当达到或者超过上市公司股份总数的5%
其他方式	(1)非交易过户 特定股份在解除限售前发生非交易过户,受让方后续减持该部分股份的,适用关于特定股东减持的规定。 (2)其他情形 转板公司大股东以外的股东,减持其持有的转板公司在全国中小企业股份转让系统精选层挂牌前发行的或者北京证券交易所上市前发行的股份的,参照适用关于特定股东减持的规定。 重新上市公司大股东以外的股东,减持其在退市期间取得的本公司股份的,参照适用特定股东减持的规定

2. 减持信息披露要求

减持新规无明确要求,特定股东有承诺的,遵循承诺安排。

3. 禁止减持情形

减持新规无明确要求,特定股东有承诺的,遵循承诺安排,具体详见大股东减持禁止情形中的"其他有关限售的承诺"。

(三)董监高减持:上市公司董事、监事和高级管理人员减持其所持有的上市公司股份

1. 减持数量限制

表88-6 董监高减持数量限制

适用情形	减持比例
就任时确定的任期内和任期届满后6个月内	每年通过集中竞价、大宗交易、协议转让等方式转让的股份,不得超过其所持本公司股份总数的25%,因司法强制执行、继承、遗赠、依法分割财产等导致股份变动的除外。上市公司董监高所持股份不超过1000股的,可一次全部转让,不受前款转让比例的限制
任期届满前离职的	离职6个月内不得减持股份,在剩余未满任期及任期届满后的6个月内还应遵守每年减持不得超过25%的比例要求
因离婚分割股份后导致股份减少的	股份过出方、过入方在该董监高就任时确定的任期内和任期届满后6个月内,各自每年转让的股份不得超过各自持有的上市公司股份总数的25%,并应当持续共同遵守关于董监高减持的规定
董监高持股比例计算方式	指登记在其名下和利用他人账户持有的所有本公司股份。上市公司董监高从事融资融券交易的,其所持本公司股份还包括记载在其信用账户内的本公司股份
董监高可转让股份的计算基数	上市公司董监高以上一个自然年度最后一个交易日所持本公司发行的股份总数为基数,计算其可转让股份的数量。董监高所持本公司股份在年内增加的,新增无限售条件的股份计入当年可转让股份的计算基数,新增有限售条件的股份计入次年可转让股份的计算基数。因上市公司年内进行权益分派导致董监高所持本公司股份增加的,可以同比例增加当年可转让数量。 董监高当年可转让但未转让的本公司股份,计入当年末其所持有本公司股份的总数,该总数作为次年可转让股份的计算基数

2. 减持信息披露要求

表 88-7　董监高减持信息披露要求

减持方式		信息披露要求
集中竞价、大宗交易	事前	董监高通过集中竞价、大宗交易方式减持股份的,应当在首次卖出股份的 15 个交易日前向交易所报告并披露减持计划。存在不得减持情形的,不得披露减持计划。每次披露的减持时间区间不得超过 3 个月
	事中	在规定的减持时间区间内,上市公司发生高送转、并购重组等重大事项的,董监高应当同步披露减持进展情况,并说明本次减持与前述重大事项的关联性
	事后	减持计划实施完毕或者减持时间区间届满后的 2 个交易日内向交易所报告,并予公告。 如果上市公司存在回购事项,董监高在公司首次披露回购股份事项之日起至披露回购结果暨股份变动公告前一日买卖本公司股票的,应当及时向公司报告买卖情况及理由,由公司在回购结果暨股份变动公告中披露
协议转让	事前	—
	事中	每减持达到或者超过 5%,应当在该事实发生之日起 3 日内编制权益变动报告书(简式),向证监会、交易所提交书面报告,通知上市公司并公告。在报告期限内和作出报告、公告前,不得再买卖该上市公司的股票。同时,上市公司应及时披露提示性公告
	事后	如果上市公司存在回购事项,董监高在公司首次披露回购股份事项之日起至披露回购结果暨股份变动公告前一日买卖本公司股票的,应当及时向公司报告买卖情况及理由,由公司在回购结果暨股份变动公告中披露
其他方式	—	因离婚等拟分配股份的,应当及时披露相关情况。 所持股份被人民法院通过证券交易所集中竞价交易、大宗交易方式强制执行的,收到相关执行通知后 2 个交易日内披露

3. 禁止减持情形

表88-8 董监高禁止减持情形

适用情形	具体要求
敏感期	上市公司的董监高在下列期间不得买卖本公司股票： (1)上市公司年度报告、半年度报告公告前15日内； (2)上市公司季度报告、业绩预告、业绩快报公告前5日内； (3)自可能对本公司证券及其衍生品种交易价格产生较大影响的重大事件发生之日起或者在决策过程中，至依法披露之日止； (4)证券交易所规定的其他期间
其他特定期间	存在下列情形之一的，上市公司的董监高所持本公司股份不得转让： (1)本公司股票上市交易之日起一年内； (2)本人离职后半年内； (3)上市公司因涉嫌证券期货违法犯罪，被中国证监会立案调查或者被司法机关立案侦查，或者被行政处罚、判处刑罚未满6个月的； (4)本人因涉嫌与本上市公司有关的证券期货违法犯罪，被中国证监会立案调查或者被司法机关立案侦查，或者被行政处罚、判处刑罚未满6个月的； (5)本人因涉及证券期货违法，被中国证监会行政处罚，尚未足额缴纳罚没款的，但法律、行政法规另有规定或者减持资金用于缴纳罚没款的除外； (6)本人因涉及与本上市公司有关的违法违规，被证券交易所公开谴责未满3个月的； (7)上市公司可能触及本所业务规则规定的重大违法强制退市情形的，自相关行政处罚事先告知书或者司法裁判作出之日起，至下列任一情形发生前： ①上市公司股票终止上市并摘牌； ②上市公司收到相关行政机关相应行政处罚决定或者人民法院生效司法裁判，显示上市公司未触及重大违法类强制退市情形； (8)法律、行政法规、中国证监会和证券交易所规则以及公司章程规定的其他情形
融券卖出	不得融券卖出本公司股份，不得开展以本公司股票为合约标的物的衍生品交易
其他	具体详见大股东减持禁止情形中的"短线交易""内幕交易""其他有关限售的承诺"

(四)创投基金股东减持:在中国证券投资基金业协会备案的创业投资基金减持 IPO 前股份

1. 减持数量限制

表 88-9　创投基金股东减持数量限制

减持方式	截至首发上市日的投资期限	减持数量限制
集中竞价	不满 36 个月	在任意连续 90 日内减持股份的总数不得超过公司股份总数的 1%
	在 36 个月以上但不满 48 个月	在任意连续 60 日内减持股份的总数不得超过公司股份总数的 1%
	在 48 个月以上但不满 60 个月	在任意连续 30 日内减持股份的总数不得超过公司股份总数的 1%
	在 60 个月以上	减持股份总数不再受比例限制
大宗交易	不满 36 个月	在任意连续 90 日内减持股份的总数不得超过公司股份总数的 2%
	在 36 个月以上但不满 48 个月	在任意连续 60 日内减持股份的总数不得超过公司股份总数的 2%
	在 48 个月以上但不满 60 个月	在任意连续 30 日内减持股份的总数不得超过公司股份总数的 2%
	在 60 个月以上	减持股份总数不再受比例限制

2. 注意事项

(1)投资期限自创业投资基金投资该首次公开发行企业金额累计达到 300 万元之日或者投资金额累计达到投资该首次公开发行企业总投资额 50% 之日开始计算。

(2)创投基金通过集中竞价或大宗交易减持所投资的符合条件企业的 IPO 前股份的,方可适用前述减持比例限制,符合条件的企业是指满足下列情形之一的企业:

①首次接受投资时,企业成立不满 60 个月;

②首次接受投资时,企业职工人数不超过 500 人,根据会计师事务所审计的年度合并会计报表,年销售额不超过 2 亿元、资产总额不超过 2 亿元;

③截至发行申请材料受理日,企业依据《高新技术企业认定管理办法》已取得高新技术企业证书。

(3)大宗交易的股份受让方在受让后不受"六个月内不得转让其受让股份"的限制。

(4)在中国证券投资基金业协会备案的私募股权投资基金,参照执行上述规定。

三、违规减持的法律后果

表88-10 违规减持的法律后果

主管机关	法律规定	法律后果
证监会	《减持管理办法》《持股变动规则》	**行政监管措施:** 责令购回违规减持股份并向上市公司上缴价差(此时不适用短线交易规定)、监管谈话、出具警示函等。 **行政处罚:** 责令改正,给予警告,没收违法所得,并处以买卖证券等值以下的罚款。 情节严重的,中国证监会可以对有关责任人员采取证券市场禁入的措施
沪深北各交易所	各交易所配套减持指引	**自律监管措施或者纪律处分:** 视情节采取书面警示、通报批评、公开谴责、限制交易等,违规减持行为导致股价异常波动、严重影响市场交易秩序或者损害投资者利益的,交易所从重予以处分。 **涉嫌违反法律法规的:** 报证监会查处

89 异议股东回购请求权有哪些适用情形？

异议股东回购请求权，是指股东在特定情况下，可以要求公司按照合理的价格收购其股权的权利，属于中小股东与公司治理理念不一致时的一种退出机制。异议股东回购请求权自 2005 年《公司法》修订时引入并沿用至今，于 2023 年《公司法》修订时进一步扩大适用范围。在新《公司法》（2023 修订）下，异议股东回购请求权有哪些适用情形，异议股东行权时又有哪些注意事项？详见下文解读。

一、修订内容

（一）法规修订对比

新《公司法》（2023 修订）与原《公司法》（2018 修正）就异议股东回购的相关规定对比见表 89-1。

表 89-1　异议股东回购规定的对比

原《公司法》（2018 修正）	新《公司法》（2023 修订）
第 74 条　有下列情形之一的，对股东会该项决议投反对票的股东可以请求公司按照合理的价格收购其股权： （一）公司连续五年不向股东分配利润，而公司该五年连续盈利，并且符合本法规定的分配利润条件的； （二）公司合并、分立、转让主要财产的； （三）公司章程规定的营业期限届满或者章程规定的其他解散事由出现，股东会会议通过决议修改章程使公司存续的。 自股东会会议决议通过之日起六十日内，股东与公司不能达成股权收购协议的，股东可以自股东会会议决议通过之日起九十日内向人民法院提起诉讼。	第 89 条　有下列情形之一的，对股东会该项决议投反对票的股东可以请求公司按照合理的价格**收购其股权**： （一）公司连续五年不向股东分配利润，而公司该五年连续盈利，并且符合本法规定的分配利润条件的； （二）公司合并、分立、转让主要财产； （三）公司章程规定的营业期限届满或者章程规定的其他解散事由出现，股东会通过决议修改章程使公司存续。 自股东会决议**作出**之日起六十日内，股东与公司不能达成股权收购协议的，股东可以自股东会决议**作出**之日起九十日内向人民法院提起诉讼。 **公司的控股股东滥用股东权利，严重损害公司或者其他股东利益的，其他股东有权请求公司按照合理的价格收购其股权。** 公司因本条第一款、第三款规定的情形收购的本公司股权，应当在六个月内依法转让或者注销。

续表

原《公司法》(2018 修正)	新《公司法》(2023 修订)
—	【新增】第161条　有下列情形之一的,对股东会该项决议投反对票的股东可以请求公司按照合理的价格收购其股份,公开发行股份的公司除外: (一)公司连续五年不向股东分配利润,而公司该五年连续盈利,并且符合本法规定的分配利润条件; (二)公司转让主要财产; (三)公司章程规定的营业期限届满或者章程规定的其他解散事由出现,股东会通过决议修改章程使公司存续。 自股东会决议作出之日起六十日内,股东与公司不能达成股份收购协议的,股东可以自股东会决议作出之日起九十日内向人民法院提起诉讼。 公司因本条第一款规定的情形收购的本公司股份,应当在六个月内依法转让或者注销。
第142条　公司不得收购本公司股份。但是,有下列情形之一的除外:……(四)股东因对**股东大会**作出的公司合并、分立决议持异议,要求公司收购其股份;……	第162条　公司不得收购本公司股份。但是,有下列情形之一的除外:……(四)股东因对**股东会**作出的公司合并、分立决议持异议,要求公司收购其股份;……
—	【新增】第219条　公司与其持股百分之九十以上的公司合并,被合并的公司不需经股东会决议,但应当通知其他股东,**其他股东有权请求公司按照合理的价格收购其股权或者股份**。 公司合并支付的价款不超过本公司净资产百分之十的,可以不经股东会决议;但是,公司章程另有规定的除外。 公司依照前两款规定合并不经股东会决议的,应当经董事会决议。

《最高人民法院关于适用〈中华人民共和国公司法〉时间效力的若干规定》第2条和第4条规定上述规则的效力如下:

"公司法[新《公司法》(2023 修订),编者注,下同]施行前与公司有关的民事法律行为,**依据当时的法律、司法解释认定无效而依据公司法认定有效**,因民事法律行为效力发生争议的下列情形,**适用公司法的规定**:……(三)公司与其持股百分之九十以上的公司合并,对合并决议效力发生争议的,适用公司法第二百一十九条的规定。"

"公司法施行前的法律事实引起的民事纠纷案件,**当时的法律、司法解释没有规定而公司法作出规定的下列情形,适用公司法的规定**:……(二)有限责任公司的控股股东滥用股东权利,严重损害公司或者其他股东利益,其他股东请求公司按照合理价格收购其股权的,适用公司法第八十九条第三款、第四款的规定;(三)对股份有限公司股东会决议投反对票的股东请求公司按照合理价格收购其股份的,适用公司法第一百六十一条的规定;……"

(二)修订解读

1. 原三种情形的适用范围增加了股份有限公司

原《公司法》(2018 修正)项下股份有限公司异议股东仅在对股东大会作出的公司合并、分立决议持异议时,有权要求公司收购其股份,无权在连续 5 年不分红、转让主要资产、应当解散而通过决议存续情形(以下简称三种情形)下行使异议股东回购请求权。新《公司法》(2023 修订)保留了所有股份有限公司股东在对合并、分立事项持异议时的异议股东回购请求权的基础上,**将三种情形下的异议股东回购权的适用范围进一步扩展至非公开发行股份的股份有限公司**。这一扩展考虑到实务中非上市股份有限公司的股权流动仍存在一定的封闭性,有必要为保护中小股东权利而增设相应的退出通道;对于上市公司股东而言,异议股东则可以通过二级市场实现退出,相较于单独与公司协商回购或诉讼回购更为高效。

2. 新增有限责任公司控股股东滥用股东权利的异议股东回购请求权

新增有限责任公司控股股东滥用股东权利且严重损害公司或者其他股东利益时,其他股东的回购请求权。新《公司法》(2023 修订)第 21 条第 1 款规定,公司股东应当遵守法律、行政法规和公司章程,依法行使股东权利,不得滥用股东权利损害公司或者其他股东的利益,但未对滥用股东权利的情形进行列举说明,期待未来通过司法解释或配套法规进一步落实和完善。根据既往经验,常见的控股股东滥用股东权利的情形有:(1)转移利润或长期不分配利润;(2)长期占用公司大额资金不归还,或擅自使用公司资金购买与公司经营无关的资产;(3)向管理层或关联方发放明显不合理的过高薪酬,或通过关联交易输送利益;(4)擅自作出股东会决议,签署明显不符合商业逻辑的合同等。

3. 增加简易合并时的异议股东请求权

新《公司法》(2023 修订)新增简易合并制度,满足要求进行简易合并的,被合并的公司不需经股东会决议,即该等情形下异议股东无法在股东会上对该项决议投反对票进而适用异议股东回购请求权条款,因此特别明确在此种情形下其他股东无须提出异议亦有权直接请求公司按照合理的价格收购其股权或者股份。

二、注意事项

（一）异议股东认定

新《公司法》（2023修订）规定，除简易合并情形外，异议股东应在股东会上对有关事项的审议投反对票。实操中，仅投弃权票或选择不参加股东会的股东通常不属于异议股东，而针对不是由于自身原因未投反对票或未参加股东会的异议股东，例如，应召开股东会而未召开股东会或召开股东会而未依法进行股东表决情形时，应当自该股东知道该决议事项时向公司提出异议以满足异议股东认定前提，此种情形下股东提出异议的方式包括但不限于向公司提议召开审议该事项的股东会，向公司发函说明反对意见等。

（二）应满足三种情形之一

适用新《公司法》（2023修订）第89条、第161条、第162条要求公司回购股权或股份的，应当证明公司具有满足三种情形之一。其中：

1. 公司连续5年不向股东分配利润应以公司该5年连续盈利且符合《公司法》规定的分配利润条件为前提，利润分配条件详见本书前文："*31 …… 分红不能随意，这些你记住了吗？*"。

2. 主要财产认定通常以公司章程或股东约定为准，若未约定的，通常参考转让该等财产是否属于必须经股东会审议的事项，该等财产价值占公司财产的比重，转让该等财产是否会导致公司经营情况发生重大变化等要素综合判断。

3. 公司章程规定的营业期限届满或者章程规定的其他解散事由属于公司解散的法定事由，有关公司解散的相关内容详见后文。

（三）提起诉讼的时限

适用三种情形提起异议股东回购请求权之诉的，应当自股东会决议作出之日起90日内向人民法院提起诉讼，若公司股东会召开程序存在瑕疵时，不同案例对起算时点存在争议。部分法院认为"股东会会议决议通过[新《公司法》（2023修订）已修改为'作出']之日"是确定不变的起算点，不以异议股东是否参加会议而变更；而部分法院则认为该条规定应以异议股东参加股东会并提出异议为前提，在公司应召开而未召开股东会进行表决的情况下，则应以异议股东知道或者应当知道异议事项时起算主张期间。

此外，若公司作出的股东会决议满足不成立、无效或被撤销情形的，详见本书前文："**22 …… 这些股东会及董事会决议可能不成立、无效或被撤销**"，异议股东可以先提出公司决议纠纷之诉，经法院审理认定原股东会决议不成立、无效或被撤销后，于公司就相关事项再次召开的股东会会议上提出异议，进而行使异议股东回购请求权。

对于控股股东滥用股东权利以及简易合并项下提起异议股东回购请求权之诉的期限，新《公司法》（2023修订）尚未明确，期待未来通过司法解释或配套法规进一步落实和完善。

三、总结

新《公司法》（2023修订）进一步扩大了异议股东回购请求权的适用范围，尤其为有限责任公司中小股东以控股股东滥用股东权利，严重损害公司或者其他股东利益为由要求公司回购股权提供了重要的退出路径，这将在一定程度上促使控股股东依法行使股东权利，重视中小股东意见，促进股东之间有效沟通与协作。对于现行法规尚未明确的内容，建议公司、控股股东、外部投资人及其他中小股东根据各自立场，在投资入股公司时于公司章程或股东协议中予以约定，以明晰各方权利义务的边界。

90

创始人回购小股东的股权，需要注意什么？

为了便于公司取得融资，创始人可能需要向投资人承诺，在特定情形下由创始人按照约定的条件和价格回购(受让)其持有的公司股权，双方也可能根据实际需要达成其他回购约定。创始人回购小股东的股权，有哪些常见情形？又有哪些注意事项？详见下述内容。

一、常见回购情形

创始人回购小股东的股权，既可能是应小股东主张，也可能是由创始人主动提出。实践中，常见的回购情形如下。

(一) 公司原因

1. 公司触发回购事项

作为股东的退出方式之一，小股东尤其是机构投资人往往会事先与公司约定回购事项，待回购事项触发时，由公司和/或创始人进行股权回购。前述回购事项包括但不限于公司未实现约定的经营业绩、未在特定期限实现合格上市、控制权发生变更等。创始人作为回购义务人的，可能需要在公司触发回购事项时按照约定回购小股东的股权。

2. 公司为满足融资或上市需要

在公司筹备新一轮融资或计划上市时，为了满足投资人或证券监管机构对股权结构清晰的要求，创始人可能需要回购部分小股东的股权。例如，公司人数过多或小股东存在被禁止/限制持股情形的，可能需要由特定主体(通常为创始人)收购相应股东的股权，以规范公司的股权结构。关于股权清晰的具体要求，详见本书前文：**"77……股权清晰具体指的是什么？"**。

(二) 创始人原因

1. 创始人违反投资协议

投资协议中约定创始人负有特定义务时,例如不得挪用公司资金、不得泄露商业机密、不得存在违法犯罪情形等,创始人违反投资协议约定的,可能需要按照约定回购小股东的股权。

2. 创始人为加强控制权

创始人为加强对公司的控制力、提高公司决策效率等,可能需要通过回购小股东股权的方式使股权更多地集中在自己手中。这种情况通常发生在公司股权较为分散,或创始人与其他股东持股数量较为接近时,也可能为满足公司融资或上市对控制权稳定的需要而进行。

(三) 小股东原因

1. 小股东违反约定义务

这一情形通常发生在股权激励的约定中,如小股东是基于股权激励而取得公司股权,在其违反相关约定如存在违反竞业协议、保密条款或失去激励对象资格的,可能需要由创始人按照约定的价格回购其持有的公司股权。此外,如小股东入股时承诺具有股东资格而实际违反了该等承诺的,可能也需根据约定由创始人回购其股权。

2. 小股东个人需要

小股东基于个人资金需要,拟出让股权的,可能优先请求由创始人受让。公司拟发生经营战略调整,小股东不予认同但因持股较少无法影响公司决策的,也可能与创始人协商以股权回购的方式退出持股。

二、回购机制注意事项

创始人按照既有约定拟回购小股东的股权,应当符合相关投资协议、股东协议、公司章程、激励计划等的约定,双方也可根据实际需要达成其他回购协议。对于相关回购机制,创始人应注意下列事项。

(一) 回购条款的效力

一般而言,由公司参与签署的带有创始人回购条款的投资协议,需经各方签署后成立、股东会决议通过后生效。但是,部分投资协议也会约定以履行某一义务为生效条件,如股东完成投资款支付、公司在新三板定增时取得全国股转公司的同意等。创始人被小股东要求承担回购义务的,应当首先关注回购条款是否已满足生效条件。

(二) 回购条件的达成

对回购条件达成与否的判断,往往有赖于既有约定足够清晰、准确。实践中,关于回购条件是否达成的争议案例有,公司进行业绩承诺的,相关净利润指标是否需扣除非经常性损益;以创始人出现"重大个人诚信问题"为回购条件的,特定行为是否属于重大个人诚信问题等。创始人被小股东要求承担回购义务的,应当根据既有约定对是否满足相关条件作出准确的判断。该等判断的作出还有赖于对投资协议的全面把握,例如,部分投资协议会约定,履行回购义务的前提是相关股东应在特定期限内提出主张,超出主张时限的,即便公司未达到约定的业绩,创始人也无需承担回购义务。

(三) 回购时间的确定

相关协议对回购时间有明确约定的,应当按照约定进行,创始人需注意按照时间约定尽早筹措相关资金、预留股权变更时间等;相关协议对回购时间约定不明确的,创始人应当结合自身的财务状况、公司治理安排、公司融资或上市计划等,在小股东提出回购要求后,就回购时间与小股东进行充分沟通。

(四) 回购价格的确定

对于回购价格的确定,一方面应注意与价格的确定条件相匹配,另一方面应注意是否有金额上下限等限制条件。例如,在股权激励计划中,因员工过错引发的回购(如违反公司规章制度)通常较非因员工过错引发的回购(如公司经济性裁员)价格更低,创始人应注意核查相关条件以确定回购价格;又如,在投资协议中约定回购责任上限的,如创始人以其所持公司股权(价值)为限承担回购义务,创始人还可据此主张对回购价格进行限定。

(五) 回购引发的相关义务

对于拟回购的股权,创始人应当关注该等股权是否已完成实缴、是否存在质押等权利负担。根据新《公司法》(2023 修订)的规定,当股东转让已认缴但未届出资期限的股权时,由受让方承担实缴出资义务,因此如被回购股东存在未完成实缴情形的,创始人可提出进一步明确双方的权利义务;根据《民法典》的规定,股权进行出质登记后,除非出质人与质权人协商同意,否则质押的股权不得转让。对于其他股东,创始人应全面梳理投资协议、股东协议、公司章程等文件的约定,确认是否产生与其他股东相关的义务。例如,是否有协议约定创始人回购特定股东的股权需要事先取得其他股东的同意等。如该公司为挂牌或上市公司的,还可能涉及履行相关信息披露义务。

三、回购沟通注意事项

创始人拟回购小股东股权的,应注意与被回购股东及其他股东进行充分、良好的沟通。

（一）与被回购股东

尽管相关协议明确了回购的主要事项,但实操中的具体细节还有赖于各方的充分沟通与配合。对于回购的条件和价格,在回购条件触发后,创始人也可以争取与被回购股东协商按照有利自身的方式调整。需要注意的是,公司在后续融资或上市过程中,投资机构或上市中介机构会对公司进行尽职调查,而在历史沿革的核查中可能需要对退出股东进行访谈。因此,我们建议创始人及公司与被回购股东保持友善、良好的沟通,以便后续需要时请其配合完成尽调等工作。

（二）与其他股东

因公司触发回购事项而引发创始人回购义务的,往往涉及同一融资轮次的多个股东,如该轮次股东均提出回购要求,则可能给创始人造成较大资金负担。对此,当某一股东提出回购要求而其他股东尚未提出时,创始人应充分考虑其他股东提出回购请求的可能,并可以考虑在适当条件下与其主动沟通。例如,该等暂未提出回购要求的股东,其回购意向可能并不紧迫,创始人可以考虑争取其同意修改回购条件,如延后上市承诺时间等,作为说服已提出回购要求股东调整回购条件的理由。

四、总结

综上所述,创始人回购小股东的股权,需要在全面梳理、充分理解现有约定的基础上进行。对于回购机制的各个环节,可以在履行自身义务的基础上争取对己方有利的条件,并注意与各方进行充分、良好的沟通。

91

一份好的股权转让协议应该包括哪些内容?

协议转让是非上市公司股东退出目标公司的常见方式之一,在交易各方就股权转让的商业安排初步达成一致后,应当通过签署书面转让协议的方式落实各方的权利义务。一份完备的股权转让协议通常包括哪些内容?协议谈判及签署过程中又有哪些注意事项?

一、签署股权转让协议的重要性

股权转让协议是股权转让过程中的重要法律文件,对于保障交易安全、明确各方责任、解决潜在纠纷等方面都具有不可替代的作用,具体分析如下。

(一)明确交易细节,保障双方权益

一份完备的股权转让协议可以明确双方在股权转让中的各项权利和义务,如股权转让的比例、价格、支付方式、交割条件、过渡期安排等关键信息,又如拟转让股权(以下简称标的股权)涉及的出资瑕疵风险处理方式及责任承担等,详略得当地约定相关条款有助于妥善解决可能出现的争议和纠纷。

(二)约束双方行为,提供证据支持

通过签署书面的股权转让协议,有助于约束交易各方的行为,降低甚至避免一方擅自变更甚至违约的概率,从而加速推进交易进程。交易各方一旦发生法律纠纷的,书面的协议可以佐证交易的真实意图和具体交易安排,为守约方提供有力的证据支持。

(三)税务处理及工商变更的必备依据

书面的股权转让协议可以为税务机关确定纳税义务和计算税额提供依据,也是工商登记部门就股权转让办理变更登记的必备法律文件。

二、股权转让协议的常见条款构成

一份完备的股权转让协议通常应当包括以下条款,实务中,交易各方可根据具体的交易安排及细节适当调整,见表 91-1。

表 91-1　股权转让协议主要约定事项

条款类型	主要约定事项
交易各方	股权转让协议的签署方通常为转让方及受让方两方,部分协议视情况可能将目标公司作为共同的签署方。协议签署方的基本信息通常包括各方的姓名/名称、住所、联系方式、有效证件号码(自然人如身份证号码,非自然人如统一社会信用代码)等
鉴于条款	鉴于条款为股权转让协议的其他条款提供了重要的背景和基础信息,有助于增强协议的完整性、逻辑性和可理解性,它通常包括以下内容。 1. 介绍目标公司的基本情况 包括目标公司的名称、企业类型、统一社会信用代码、注册地址、注册资本、法定代表人、经营范围、主营业务。 2. 阐述交易背景 说明股权转让的原因和动机,如转让方投资规划调整、个人资金需求,受让方看好目标公司发展等。部分转让方还可能进一步阐述其取得标的股权的背景如投资时间、投资轮次、投资价格等。 3. 强调交易前提 指出股权转让得以进行的前提条件或已经达成的共识。如"鉴于双方已就股权转让价格、支付方式等关键条款进行了充分协商并达成一致"。 4. 列明法律依据 列明股权转让涉及的相关法律法规或政策,为股权转让的合法性提供支持。如"根据《公司法》等相关法律法规的规定,双方经友好协商,订立本股权转让协议"
标的股权	1. 标的股权的比例和数量 明确本次拟转让的标的股权在目标公司中所占的比例和具体认缴及实缴注册资本数额。如"转让方拟将其持有的目标公司 K% 的股权及其项下的所有权利和权益,对应目标公司注册资本人民币 J 万元(已实缴完毕)转让给受让方"。 2. 标的股权的来源及性质 说明标的股权的取得方式,增资取得还是受让取得;标的股权的性质,如普通股、优先股还是其他特殊类型的股权。如公司存在多轮投资人,通常需列明标的股权所属股权序列及对应的股东权利优先顺位

续表

条款类型	主要约定事项
转让价款、支付方式、税费承担	1. 转让价款的定价方式及具体金额 定价方式如参考公司的净资产、同期公允价值、注册资本价格、零对价等协商确定;具体金额通常需要明确是否含税,以及具体的税费承担主体。如"根据目标公司截至 2023 年 12 月 31 日的净资产值并经双方协商确认,本次股权转让的含税价款为人民币 500 万元"。 2. 支付方式和时间节点 详细说明受让方支付转让价款的方式,如现金、转账、支票等;具体的支付时间,一次性支付还是分期支付,各期付款的时间及先决条件。如"受让方应在协议签订后的 10 个工作日内支付转让价款的 50%,在股权变更登记完成后的 30 日内付清剩余尾款"
股权交割	1. 交割先决条件 明确在何种条件下进行股权的交割,常见如协议签署生效后、受让方支付全部转让价款、完成工商变更登记等。 2. 交割手续和文件 列明交割时各方需要提供的文件和办理的手续,如签署股权转让的相关文件、办理完毕工商变更登记、交付股东名册及出资证明书、提供完税凭证等
陈述与保证	1. 转让方的陈述与保证 转让方应保证标的股权不存在任何权利瑕疵,如质押、查封等。 2. 受让方的陈述与保证 受让方应保证其具有足够的资金和能力支付转让价款,且资金来源合法,具备成为目标公司股东的法定条件。 3. 目标公司的陈述与保证 如目标公司共同作为协议签署方的,其通常需要对目标公司的经营情况等事项进行常规承诺
保密条款	约定各方对在股权转让过程中知悉的商业秘密、技术秘密等予以保密
违约责任	1. 明确各方在违反协议约定时应承担的责任 如受让方未按时支付转让价款应支付的违约金,转让方未按约定办理股权交割应承担的赔偿责任。 2. 违约责任的计算方式和赔偿范围
争议解决	约定如发生争议,是通过仲裁还是诉讼解决,以及仲裁机构或管辖法院的选择,律师费等诉讼费的承担主体
协议生效、变更、解除	1. 生效条件 如协议自各方签字盖章之日起生效,或在满足特定条件时生效。 2. 变更和解除的条件及程序

续表

条款类型	主要约定事项
其他条款	1. 通知与送达条款 明确各方的通讯地址和联系方式,以及通知和文件的送达方式和效力。 2. 法律适用条款 规定协议适用的法律。 3. 附件条款 说明协议所附的相关文件和资料,如目标公司的财务报表、审计报告等。 4. 工商简版效力 说明因办理工商登记手续之需,各方是否可以按照工商登记机关的要求另行签署一份工商版本的股权转让协议(以下简称简式股权转让协议)。若简式股权转让协议与本协议的约定存在不一致时,或本协议有约定而简式股权转让协议未约定的,以哪一份文本的约定为准

三、股权转让过程中的重点关注事项

(一)转让方进行股权转让交易是否受限于其他承诺事项

转让方拟进行股权转让交易时,应当事先确认,其在投资目标公司或目标公司此前融资时,是否在相关交易文件中对未来的股权转让交易作出了限制性承诺,包括但不限于:

● 限制转让比例,如限制实际控制人对外转让的比例不得超过一定数额;

● 限制转让对象,如限制小股东不得将股权转让给公司的竞争对手;

● 限制转让价格,如不得低于公司届时的最新估值/净资产值/其投资入股时的价格等。

如存在前述情形的,转让方应当在前述承诺范围内筛选受让方、确定转让比例及价格;如需突破承诺事项的,则应取得相关方(如其他股东及目标公司)的书面豁免文件。

(二)受让方是否具备担任目标公司股东的法定资格

对于有明确境内 IPO 计划的目标公司,其应关注受让方是否具备担任目标公司股东的法定资格,包括但不限于:

● 如潜在购买方为自然人的,是否为在职或离职未满 2 年的目标公司主营业务相关领域的公务员,是否为证监会系统的离职人员等;

● 如潜在购买方为非自然人的,是否具备法律法规、中国证券监督管理委员会以及证券交易所要求的作为上市公司股东的资格。

关于股东资格的法律限制,详见本书前文:"**06······所有人都能当股东吗?**"。

对于有明确境内 IPO 计划的目标公司,我们通常建议要求受让方在交易文件中对股东资格进行以下惯常承诺:受让方具备法律法规、中国证券监督管理委员会以及证券交易所要求的作为上市公司股东的资格。在目标公司筹备上市及上市过程中,若其根据届时适用的监管规定存在对目标公司合格上市构成实质障碍情形的,受让方应按照目标公司届时聘请的上市中介机构的书面合理要求限期整改规范以符合监管要求,否则目标公司实际控制人或其指定的第三方有权以经双方一致同意的市场公允价格回购受让方届时持有的目标公司全部股权。

(三)转让方转让尚未实缴的无瑕疵股权

根据新《公司法》(2023 修订)第 88 条第 1 款的规定,当股东转让已认缴但未届出资期限的股权时,由受让方承担实缴出资义务;受让方未按期足额实缴的,**转让方承担补充责任**。即只要转让方在出资期限内对未实缴股权进行转让的,就持续存在对受让方承担补充出资责任的法律风险。

基于上述法律规定,如转让方拟转让无瑕疵的未实缴股权,我们建议:

- 如不存在出资压力,可先完成实缴后再转让;
- 如存在一定的出资压力,可以要求受让方先将实缴出资款支付至公司账户,再完成后续转让流程;
- 如上述两种方案均不能实施,应对受让方的出资能力进行详细的尽职调查,在交易文件中设置相关违约责任约束受让方行为。

(四)转让方转让存在出资瑕疵的股权

根据新《公司法》(2023 修订)第 88 条第 2 款的规定,当转让方转让存在出资瑕疵情形的股权的,转让方与受让方在出资不足范围内承担连带责任;受让方**不知道且不应知道**存在出资瑕疵情形的,转让方承担责任。

基于上述法律规定,如作为股权转让交易的受让方,我们建议:

- 在受让前对拟转让股权做好详细的尽职调查,查验拟转让股权所属公司的公司章程、股东协议、转让方履行出资义务的各项文件,出资方式为货币时,查验银行流水;出资方式为非货币财产时,查验评估报告、资产转移凭证等。
- 在交易文件中要求转让方就拟转让股权不存在出资瑕疵作出全面完整的陈述与保证,并设置相应的违约责任。

关于股东出资的注意事项,详见本书前文:"**05……必须实缴？股东缴付出资必知事项**"。

（五）转让价格的确定对税负的影响

根据《股权转让所得个人所得税管理办法(试行)》的规定,在股权转让交易中,如转让方申报的股权转让收入**明显偏低且无正当理由**的,**主管税务机关**(为被投资的目标公司所在地税务机关)**可以依次按照净资产法、类比法等其他合理方法核定股权转让收入。**

符合下列情形之一,视为股权转让收入明显偏低:(1)申报的股权转让收入低于股权对应的净资产份额的;(2)申报的股权转让收入低于初始投资成本或低于取得该股权所支付的价款及相关税费的;(3)申报的股权转让收入低于相同或类似条件下同一企业同一股东或其他股东股权转让收入的;(4)申报的股权转让收入低于相同或类似条件下同类行业的企业股权转让收入的;(5)不具合理性的无偿让渡股权或股份;(6)主管税务机关认定的其他情形。

基于上述法律规定,股权转让交易中的各方应当合理确认交易价格,依法纳税。

（六）个人转让股权需先完税再办理工商变更

2021年4月以来,包括广州、深圳、天津、北京等各地相继下发文件,要求**个人转让股权需要先纳税申报再进行股权变更登记**。以上海地区为例,2022年11月,国家税务总局、上海市税务局、上海市市场监督管理局发布《关于进一步做好股权变更登记个人所得税完税凭证查验服务工作的通告》,明确国家税务总局上海市税务局与上海市市场监督管理局对个人转让股权个人所得税实施联合管理,个人转让股权办理股东变更登记的,在向市场监督管理部门办理变更登记前,扣缴义务人、纳税人应依法在被投资企业所在地主管税务机关办理纳税申报。国家税务总局上海市税务局与上海市市场监督管理局实行个人股权转让信息自动交互机制。市场主体登记机关根据税务机关提供的《自然人股东股权变更完税情况表》办理股权变更登记。

因此,在股权转让协议中,交易各方应当合理设置转让方提供完税证明及工商变更的先后顺序,避免条款约定偏离实务要求而在实操中无法执行。

四、总结

综上所述,一份好的股权转让协议应当繁简适中、详略得当地约定交易各方的权利和义务,并根据股权转让交易的实际情况设置相应的个性化条款,以避免潜在的纠纷和风险。

92

股权转让应当履行哪些程序？

当公司股东考虑通过股权转让方式退出公司时，可以事先了解股权转让所需流程，以充分预判期间可能出现的问题并提前做好准备。股权转让需要什么流程？详见下列要点。

1. 确认受让对象并洽谈交易的核心条款

如果公司股东决定出售其持有的股权/股份以实现退出公司的目的，首要任务是寻找并接洽可能的受让方，并就交易的主要条款进行深入沟通。

由于大多数有限责任公司和非公众股份有限公司具有一定的封闭性，小股东主动寻求愿意承继其全部股权/股份的买家的渠道相对有限，转让通常发生在现有股东之间的内部转让，或在公司引入投资人或发生并购时与控股股东、实际控制人一同进行的对外转让（详见本书前文：*"六、公司融资""七、并购重组"*）。

若确属于小股东自行主动寻求的外部买家，当交易对方提出对公司进行尽职调查的需求时，小股东应当提前与公司进行沟通协商，以确保公司能够积极配合。如公司未能积极配合的，小股东或可选择行使股东知情权要求公司提供必要的文件，详见本书前文：*"30 …… 为什么说小股东知情权保护是悬在公司治理头上的利剑？"*。

洽谈股权转让协议时应注意的事项详见本书前文：*"91 …… 一份好的股权转让协议应该包括哪些内容？"*。

2. 书面通知其他股东（如需）

新《公司法》（2023修订）中规定的有限责任公司股东优先购买权的基本规则是：(1)股东之间内部转让，其他股东不享有优先购买权；(2)股东向股东以外的主体转让，其他股东享有在同等条件下的优先购买权。但是，新《公司法》（2023修订）并不禁止股东对上述规则作另外的约定。具体而言：

新《公司法》（2023修订）第84条第2款规定："股东向股东以外的人转让股权的，应当将**股权转让的数量、价格、支付方式和期限**等事项书面通知其他股东，其他股东在同等条件下有优先购买权。**股东自接到书面通知之日起三十日内未答复**

的,视为放弃优先购买权。两个以上股东行使优先购买权的,协商确定各自的购买比例;协商不成的,按照转让时各自的出资比例行使优先购买权。"

这一规定延续了《最高人民法院关于适用〈中华人民共和国公司法〉若干问题的规定(四)》(2020修正)对于"同等条件"的释义,并将原《公司法》(2018修正)要求的"经其他股东过半数同意"简化为"通知其他股东",提高了可操作性。与上述流程简化相衔接的是,原《公司法》(2018修正)框架下通常需要召开股东会审议股权转让事宜并修改公司章程中有关股东及其出资额的记载,而新《公司法》(2023修订)则明确**有限责任公司章程因股权转让事项修改其中有关股东及其出资额的记载不需再由股东会表决**。

除上述情形外,若公司章程规定或股东共同约定股东转让股权/股份应当履行其他程序的,从其规定。

3. 签署股权转让协议

转让方与受让方就交易条款达成一致并履行通知其他股东义务(如需)后,将正式签署股权转让协议。如前文所述,若对外转让的股权转让协议签署时距离其他股东接到书面通知之日未满30日且未收到全部其他股东答复的,股权转让协议的生效条件可以设置为"自其他股东均放弃或视为放弃优先购买权之日起生效"。

4. 注销原股东的出资证明书,向新股东签发出资证明书,变更股东名册

转让方应于股权转让协议生效后及时书面通知公司,公司应当及时注销原股东的出资证明书,向新股东签发出资证明书,并相应修改公司章程和股东名册中有关原股东及其出资额的记载。新《公司法》(2023修订)明确股权转让的受让方自记载于股东名册时起可以向公司主张行使股东权利,即产生对内效力,受让方对公司内部而言已具备股东身份。若公司拒绝股东变更股东名称请求或者在合理期限内不予答复的,转让方、受让方可以依法向人民法院提起诉讼。

5. 及时缴纳税费

若转让方为自然人,应当以股权转让收入减除股权原值和合理费用后的余额为应纳税所得额,按"财产转让所得"缴纳个人所得税(税率20%),相关申报可在线上完成。首先由转让方登录"自然人电子税务局"网站申报个人股权转让所得并填写相关信息、提交资料,再由受让方进行核对确认(受让方为自然人的,在其"个人所得税App"或"自然人电子税务局"网站进行核对确认;受让方为非自然人的,通过扣缴客户端或者WEB端扣缴功能进行核对确认),最后经税务机关审核后,转让方即可在"自然人电子税务局"网站提交申报表完成申报并缴纳税费(如需)。

前述个人所得税**以股权转让方为纳税人**，**以受让方为扣缴义务人**，**以被投资企业所在地税务机关为主管税务机关**。根据《股权转让所得个人所得税管理办法（试行）》的规定，相关主体报告及申报义务应在如下时限内完成：

事先报告义务：扣缴义务人应于股权转让相关协议签订后<u>5个工作日内</u>，将股权转让的有关情况报告主管税务机关。被投资企业应当详细记录股东持有本企业股权的相关成本，如实向税务机关提供与股权转让有关的信息，协助税务机关依法执行公务。被投资企业应当在董事会或股东会结束后<u>5个工作日内</u>，向主管税务机关报送与股权变动事项相关的董事会或股东会决议、会议纪要等资料。

纳税申报义务：具有下列情形之一的，扣缴义务人、纳税人应当依法在<u>次月15日内</u>向主管税务机关申报纳税：(1)受让方已支付或部分支付股权转让价款的；(2)股权转让协议已签订且生效的；(3)受让方已经实际履行股东职责或者享受股东权益的；(4)国家有关部门判决、登记或公告生效的；(5)股权被司法或行政机关强制过户，以股权对外投资或进行其他非货币性交易，以股权抵偿债务或其他股权转移行为已完成的；(6)税务机关认定的其他有证据表明股权已发生转移的情形。

事后报告义务：被投资企业发生个人股东变动或者个人股东所持股权变动的，应当在<u>次月15日内</u>向主管税务机关报送含有股东变动信息的《个人所得税基础信息表（A表）》及股东变更情况说明。

若转让方为企业，应将转让股权收入扣除为取得该股权所发生的成本作为股权转让所得收入（不得扣除被投资企业未分配利润等股东留存收益中按该项股权所可能分配的金额），缴纳企业所得税。根据《国家税务总局关于贯彻落实企业所得税法若干税收问题的通知》的规定，企业转让股权收入，应于**转让协议生效且完成股权变更手续时，确认收入的实现**。若交易方属于非居民企业或交易适用特殊性税务处理等特别情形的，建议提前与税务部门沟通确认纳税政策。

6. 办理变更登记手续（如需）

有限责任公司股权转让的，应当办理股东变更和公司章程备案的工商变更登记和备案手续，且应当自作出变更决议、决定或者法定变更事项发生之日起30日内向登记机关申请变更登记和备案。办理变更登记手续所需文件应事先向当地工商登记部门确认，通常需要以下材料：

(1)《公司登记（备案）申请书》；

(2)修改后的公司章程或者公司章程修正案（由公司法定代表人签字确认）；

(3)转让股权的股东就股权转让事项发给其他股东的书面通知以及其他股东的答复意见，其他股东未答复的则提交拟转让股权股东的说明；

（4）股权转让双方签署的股权转让协议或者股权交割证明；
（5）新股东的主体资格证明或自然人身份证明；
（6）公司营业执照副本；
（7）自然人股东股权变更完税情况表。

新《公司法》（2023修订）第34条规定，公司登记事项发生变更的，应当依法办理变更登记。公司登记事项未经登记或者未经变更登记，不得对抗善意相对人。因此，工商变更登记和备案手续需由公司进行办理，为取得股权登记效力，转让方应尽快请求公司向公司登记机关办理变更登记，若公司拒绝或者在合理期限内不予答复的，转让方、受让方可以依法向人民法院提起诉讼。

总结

综上所述，一次股权转让交易至少需要历经上述6个环节，了解这些环节有助于股东在决定退出公司时更加合理地规划和管理交易进度，及时与其他股东、公司以及相关的税务和工商部门进行有效沟通，最大限度地提高时间效益，避免不必要的延误和额外成本。

93

股东如何通过定向减资实现退出？

除股权转让外，股东还可以通过定向减资实现退出。定向减资是指什么？需要什么流程？又有哪些注意事项？详见下述内容。

一、定向减资的含义

定向减资也称非等比例减资，是指各股东不按照原出资比例同步减少出资，而仅针对个别股东的减资。定向减资后公司的注册资本减少，且各股东的出资比例发生变化，个别股东亦可能通过定向减资程序完全退出公司。

示例：

A 公司的注册资本为 100 万元，其中 K、J、Q 三位股东分别持股 50%、30%、20%，现拟对股东 K 进行定向减资，减少其在公司中 20 万元的出资额，则 A 公司减资前后的股权结构见表 93 – 1。

表 93 – 1　示例列表

阶段	股东	出资额（万元）	持股比例（%）
减资前	K	50	50
	J	30	30
	Q	20	20
	合计	100	100
减资后	K	30	37.5
	J	30	37.5
	Q	20	25
	合计	80	100

由表 93 – 1 可知，定向减资对相关主体的影响为：(1) 定向减资的股东，其出资

额和持股比例均降低;(2)公司的注册资本减少;(3)其他股东的出资额不变,但持股比例被动增高。

在投资融领域,减资通常出现在投资人要求公司作为回购义务人回购其所持股权的情形,除调整股东持股比例及出资义务、实现特定股东退出外,新《公司法》(2023修订)下,减资还能够发挥弥补亏损的作用[系相较原《公司法》(2018修正)新增]。新《公司法》(2023修订)第225条第1款规定,公司依法使用公积金弥补亏损后,仍有亏损的,可以减少注册资本弥补亏损;减少注册资本弥补亏损的,公司不得向股东分配,也不得免除股东缴纳出资或者股款的义务。也就是说,相关股东以自己对公司的出资弥补公司的亏损,其原出资义务没有减少,但对应的注册资本额按减资方案减少。

二、定向减资的具体流程

根据新《公司法》(2023修订)第224条第3款的规定,公司减资的,原则上应当采取等比例减资(按照股东出资或者持有股份的比例相应减少出资额或者股份),仅在法律另有规定、有限责任公司全体股东另有约定或者股份有限公司章程另有规定的情况下,可以进行定向减资。公司进行定向减资的,应遵循如下具体流程,见表93-2。

表93-2 公司定向减资的具体流程

序号	事项	要点	新《公司法》(2023修订)规定
1	董事会制定减资方案	董事会负责制定公司的减资方案(实务中减资方案应当明确减资对象、减资数额、减资的方式、减资时间安排、减资后股权结构、债权人利益安排等内容)	第67条、第120条
2	股东会对公司减资方案作出决议	股东会对董事会制定的减资方案进行审议,并作出是否同意减资方案的明确决议	第59条、第66条、第112条、第116条
3	编制资产负债表及财产清单	公司减少注册资本,应当编制资产负债表和财产清单(注:应当如实反映公司的财务情况,不得有虚假记载)	第224条

续表

序号	事项	要点	新《公司法》(2023 修订) 规定
4	通知债权人及公示	公司应当自股东会作出减少注册资本决议之日起 10 日内通知债权人，并于 30 日内在报纸上或者国家企业信用信息公示系统公告。债权人自接到通知之日起 30 日内，未接到通知的自公告之日起 45 日内，有权要求公司清偿债务或者提供相应的担保。需要说明的是，通过减资弥补亏损的不适用上述规定，但应当自股东会作出减少注册资本决议之日起 30 日内在报纸上或者国家企业信用信息公示系统公告	第 224 条、第 225 条
5	办理工商变更登记	公司应当就减资事项向登记机关提交变更登记申请书、依法作出的变更决议或者决定等文件，及时进行工商变更登记	第 34 条、第 35 条、第 36 条

需要注意的是，公司为国有企业或者公司中存在国有性质股东参股的，前述流程略有不同，例如：(1)根据新《公司法》(2023 修订)第 172 条的规定，国有独资公司不设股东会，由履行出资人职责的机构行使股东会职权，公司减少注册资本的，应当由履行出资人职责的机构决定；(2)根据《企业国有资产监督管理暂行条例》第 22 条第 2 款的规定，国有控股的公司、国有参股的公司的股东会、董事会决定公司减少注册资本的，国有资产监督管理机构派出的股东代表、董事，应当按照国有资产监督管理机构的指示发表意见、行使表决权；(3)根据《国有资产评估管理若干问题的规定》第 3 条的规定，国有资产占有单位发生除上市公司以外的原股东股权比例变动的，还应当对相关国有资产进行评估；(4)根据《企业国有资产评估管理暂行办法》第 6 条的规定，非上市公司国有股东股权比例变动，应当进行评估。

三、定向减资的注意事项

(一)表决通过比例

1.董事会审议流程：定向减资事项应当经全体董事的过半数审议通过，但有限责任公司章程另有规定的除外。

2.股东会审议流程：新《公司法》(2023 修订)实施前，实务中常有定向减资经"三分之二"以上表决权审议通过即可还是需经"全体股东"审议通过方可的争议。新《公司法》(2023 修订)已明确，有限责任公司进行定向减资的，需经全体股东同意;股份有限公司章程规定可以进行定向减资的,应当依据其公司章程的规定,至少取得经出席会议的股东所持表决权的 2/3 以上通过。

(二)定向减资的可执行性

根据《九民纪要》的规定,投资方请求目标公司回购股权的,人民法院应当依据《公司法》关于"股东不得抽逃出资"或者关于股份回购的强制性规定进行审查。经审查,目标公司未完成减资程序的,人民法院应当驳回其诉讼请求。据此,在因公司或其他股东不配合完成减资程序的情况下,公司的回购义务可能无法实际履行。鉴于此,投资人可以要求在投资协议中明确,特定情形下(如触发回购事项时)可以进行定向减资,并明确约定其他股东的配合义务,如在股东会上对约定的减资事项投同意票、在约定期限内签署减资程序所需的各项文件等。

(三)不当减资的法律责任

新《公司法》(2023 修订)第 226 条规定,违反《公司法》规定减少注册资本的,股东应当退还其收到的资金,减免股东出资的应当恢复原状;给公司造成损失的,股东及负有责任的董事、监事、高级管理人员应当承担赔偿责任。第 255 条规定,公司在减少注册资本时,不依照《公司法》规定通知或者公告债权人的,由公司登记机关责令改正,对公司处以 1 万元以上 10 万元以下的罚款。

实践中,未履行法定程序而减资的,还可能被认定为抽逃出资。例如,在(2021)苏 0509 民初 12395 号判决书中,法院认为,在公司有明确债权人的情况下,公司未直接通知债权人其减资事项,而径行以公告方式通知,且在减资过程中出具与事实不符的债务清偿与担保说明,既不符合法定程序,又有恶意逃避债务的故意,与股东违法抽逃出资的实质以及对债权人利益受损的影响在本质上并无不同,应认定为名为减资,实为抽逃出资。根据新《公司法》(2023 修订)第 253 条的规定,公司股东抽逃出资的,由公司登记机关责令改正,处以所抽逃出资金额 5% 以上 15% 以下的罚款;对直接负责的主管人员和其他直接责任人员处以 3 万元以上 30 万元以下的罚款。

四、总结

综上所述,股东可以通过定向减资的方式实现退出,但由于定向减资关系着定向减资股东、公司、公司其他股东,以及公司债权人的利益,定向减资应当严格按照法定程序进行。此外,股东还可以通过在投资协议中明确其他股东配合义务的方式,加强定向减资在实务中的可执行性。

94

转让退出 vs 减资退出，应该怎么选择？

在前文中，我们提到了股权转让和定向减资都可以帮助股东退出公司。那么，股东拟退出公司时，股权转让、定向减资二者之间又该如何选择？

▶ 一、适用场景

股东拟通过股权转让或定向减资的方式退出公司的，二者的适用场景大多相同，例如：(1)**股东的个人资金需求**：股东通过股权转让或定向减资获取资金、退出公司；(2)**公司的经营战略调整**：如果公司的发展方向或经营策略发生重大改变，与股东的预期不符，股东可能选择退出；(3)**回购事项触发**：股东与公司或实际控制人等主体约定了股权回购事项的，回购事项触发时，可能需要按照事先的约定进行股权转让或定向减资；(4)**解决限期实缴问题**：股东预计无法在法律规定或章程约定的期限内，对认缴的注册资本完成实缴的，可以通过股权转让或定向减资的方式减轻该等负担，或股东未能在出资日期及宽限期届满前履行出资义务的，收到公司的失权通知后需依法转让或定向减资，在新《公司法》(2023修订)对实缴期限有了更高要求的背景下（详见本书前文："05……**必须实缴？股东缴付出资必知事项**"），由此发生的股权转让或定向减资可能相较此前更多。

但是，二者也存在不同的适用场景。例如，**股东追求股权增值**的，可以通过股权转让而非定向减资来实现，当公司盈利能力强、发展前景较好时，股东可以通过向愿意溢价收购股权的第三方转让股权的方式，获得股权增值；而定向减资受限于资本维持原则和公司章程的规定，以及公司实施减资时的净资产情况及账面现金，股东一般只能取回已实缴的出资、减资部分对应的未分配利润等，通常难以基于公司发展前景取得较高增值。在公司业绩不佳、短时间内**难以找到股权受让方**时，股东则可能需要通过定向减资实现退出。

二、程序要求

如前文所述,股权转让需要履行的主要程序包括:确认受让对象并洽谈交易核心条款;书面通知其他股东(如需);签署股权转让协议;注销原股东出资证明书,向新股东签发出资证明书,变更股东名册;办理变更登记手续(如需)等,详见本书前文:*"92……股权转让应当履行哪些程序?"*。定向减资需要履行的主要程序包括:董事会制定减资方案;股东会对公司减资方案作出决议;编制资产负债表及财产清单;通知债权人及公示;办理工商变更登记等,详见本书前文:*"93……股东如何通过定向减资实现退出?"*。

与股权转让相比,减资必须经股东会审议(而股权转让根据公司章程及股东协议的约定以及公司类型的不同而未必需要)、编制资产负债表及财产清单、通知债权人及公示。因此,减资的程序相对更为复杂,涉及与多方的沟通和协调,所需时间可能更长。而股权转让的程序整体上相对简单,在能找到潜在受让方的情况下,股东可以实现快速退出。

三、所需成本

股权转让的成本主要包括股权转让款、交易费用(财务顾问或律师等服务费)、税费等,其中,税费包括股权转让涉及的所得税、印花税。股权转让款由股权受让方承担,交易费用和税费在实践中可经转、受让双方协商确定最终承担方。

公司减资的成本主要包括公告费用、审计费用、债权人的清偿要求等,股东在定向减资过程中产生所得的,也需缴纳相关所得税。其中,公告费用、审计费用一般由公司承担;债权人提出清偿要求的,应当由公司清偿债务或提供相应担保;减资过程中向股东退还的资金如已实缴出资和对应的未分配利润等,由公司支付;股东因此产生所得的,相关所得税由退出股东承担。

四、对公司的影响

股权转让不影响公司的注册资本及公司的资产规模,仅改变转受让方股东及其持股情况。而公司减资会直接导致公司的资产减少,可能影响公司的偿债能力,注册资本减少还可能使公司达不到特定合作背景下的注册资本门槛等要求。在减资公示过程中，公司可能需要按债权人要求清偿债务或提供担保，这可能影响公司的正常运营和资金安排，对公司经营产生一定影响。

五、对其他股东的影响

股权转让如果是向公司内部原有股东转让的，除非公司章程、股东协议等另有约定，一般不需要取得其他股东的同意，其他股东亦不享有优先购买权，即无需其他股东配合即可完成，此时受让方股东的持股比例增加，转让方股东的持股比例减少，其他股东的持股比例不变。

如果是向股东以外的人转让股权的，除非公司章程、股东协议等另有约定，则应当将股权转让的数量、价格、支付方式和期限等事项书面通知其他股东，其他股东在同等条件下有优先购买权，即转让方需要通知其他股东该等股权转让事项，并可能因此变更股权转让的原定受让对象。如现有股东未行使优先购买权的，则受让方按照受让股权数量增加持有相应比例的股权，转让方的持股比例相应减少，其他股东的持股比例不变。

公司减资需经至少 2/3 以上的股东表决权或全体股东审议通过，详见本书前文："93 ⋯⋯ *股东如何通过定向减资实现退出？*"，因此，拟通过减资退出公司的股东一般需要取得其他股东的同意与配合。与股权转让程序中，有限责任公司股东接到拟转让通知之日起 30 日内未答复视为放弃优先购买权、转让方可以向股东以外的人转让股权（未表态则代表同意向第三方转让、表示反对则需受让股权）不同，如果任一股东（或代表 1/3 以上表决权股东）不同意减资事项，则定向减资无法完成，即未表态则代表不同意定向减资、表示反对也无需承担相关后续配合义务。定向减资后，其他股东的持股比例会被动增加，进而可能影响相关股东的权利义务，如拟上市公司的持股 5% 以上股东需要作特定承诺等。

六、总结

综上所述，股东选择通过转让退出或是减资退出，应当考虑以下几个因素，见表 94-1。

表94-1 股东选择应考虑的因素

项目	股权转让	定向减资
适用场景	有事先约定的,从约定;无事先约定的,根据退出背景和目的,分别考虑股权转让或定向减资的可行性	
程序要求	相对简单,可以实现快速退出	相对复杂,时间较长
所需成本	主要由股权受让方承担	主要由公司承担
对公司的影响	影响较小,不影响注册资本及资产规模	影响较大,改变注册资本及资产规模,可能需要立即偿债
对其他股东的影响	影响较小,除非另有约定,通常不需要其他股东配合	使其他股东持股比例被动增加,并需要其他股东的同意与配合

十 清算注销

95

如何关闭一家公司？

设立并运营一家百年企业乃是创业者们的共同愿景。然而，在商业实践中，由于经济环境的变化、技术的变革、经营管理策略的调整以及企业家个人追求等诸多因素相互叠加影响，企业的发展或许难以达到创立之初的预期。在这种情况下，及时止损、转身退场未尝不是一种明智的选择。那么，在实际操作中，应当怎样合法合规地关闭一家公司呢？

一、关闭公司的常见原因

公司关闭是多种因素综合作用的结果，尽管每家公司的具体情况各有不同，但通常是基于如下原因促使企业家或主动或被动地作出关闭的最终决定，正常运营的公司亦可参考下文以做到未雨绸缪。

(一) 经济环境变化

1. 宏观经济衰退，市场需求大幅下降

宏观经济形势不佳时，消费者的购买力下降，企业的销售额和利润也会受到严重影响。例如，在2008年国际金融危机期间，许多依赖出口的制造企业由于订单大幅减少而不得不关闭。

2. 行业竞争加剧，市场份额被竞争对手抢占

在高度竞争的市场环境中，新的竞争对手不断涌现，可能以更低的价格、更好的产品或服务抢占市场份额。例如，在智能手机市场，一些小品牌由于无法与苹果、华为等巨头竞争，逐渐失去市场，最终导致公司关闭。

(二) 资金短缺

1. 资金链断裂，无法获得足够的融资维持运营

公司可能因无法获得足够的资金支持日常运营、扩张或应对突发情况而陷入困境。以初创公司为例，其在发展初期需投入大量资金，但后续未能成功吸引投资

或实现盈利,将很容易因资金耗尽而被迫关闭。

关于公司融资事项,详见本书前文:"**47⋯⋯公司经营所需的资金从哪里来?**"——公司融资方式概述。

2.高额债务无法偿还,面临债权人的追讨

如公司过度借贷用于扩张,而经营不善导致无法按时偿还债务,被债权人起诉,进而被迫关闭。

(三)经营管理不善

1.战略决策失误,如盲目扩张或进入不熟悉的领域

如公司盲目进行多元化经营,涉足不熟悉的领域,导致资源分散,核心业务受到影响,同时因缺乏相关经验和资源,新涉领域的大量投入可能没有回报或回报较少。

2.内部管理混乱,效率低下,成本过高

如管理层职责不清,部门之间协调不畅,导致工作延误、成本控制不力和资源浪费。

(四)技术更新换代

如果公司不能跟上行业技术的进步,其产品或服务可能会被淘汰。例如,传统的胶片相机生产商在数码技术兴起后,未能及时转型,市场份额迅速萎缩。

(五)法律法规和政策变化

1.新的法律法规出台,导致公司的经营成本增加或业务受限

例如,环保法规趋严,一些高污染企业需要投入大量资金进行环保改造,否则可能被迫关闭。

2.政策调整对公司所在行业不利,如减少补贴、加强监管等

(六)不可抗力因素

自然灾害如地震、洪水等对公司的生产设施造成严重破坏,且恢复成本过高。全球性的突发公共卫生事件,如新冠疫情,许多依赖线下经营的餐饮、旅游企业遭受重创,部分企业被迫关闭。

(七)企业家个人因素

企业家的个人因素在公司运营中起着举足轻重的作用,这也是多数外部投资人在决定是否投资一家公司时秉持"投资就是投人"的重要原因,具体分析如下。

1.企业家的决策能力

如果企业家频繁作出错误的战略决策,比如盲目扩张到不熟悉且风险过高的领域,或者在市场形势不利时未能及时调整经营策略,都可能使公司陷入困境。

2. 企业家的领导力

若缺乏有效的领导能力，无法凝聚团队、激励员工，可能导致内部管理混乱，工作效率低下，人才流失严重。

3. 企业家的个人品行和道德

若存在欺诈、违法经营等行为，不仅会使公司面临法律风险，还会严重损害公司的声誉和形象。

此外，企业家的健康问题、个人精力有限、缺乏创新精神和对市场变化的敏感度等因素，都可能在一定程度上影响公司的发展，甚至导致公司关闭。

二、关闭公司前需进行的前置准备工作

关闭一家公司是一项复杂且需要谨慎处理的事项，通常需要作出如下前置准备工作。

（一）内部决策与准备

1. 高层管理团队达成一致意见，明确关闭公司的决定，并评估对员工、股东和其他利益相关者的影响。

比如，若公司连续多年亏损且看不到扭亏为盈的希望，管理层经过充分的市场调研和财务分析，决定关闭公司以减少进一步的损失。

2. 组建专门的关闭小组，负责统筹整个关闭过程，包括财务、法务、人力资源等方面的专业人员。

（二）进行初步财务审计

1. 初步清查公司的财务状况，包括资产、负债、所有者权益等。

例如，对固定资产进行评估，确定其残值；核对应收账款，努力回收资金。

2. 制订资产处置计划，包括出售、转让或报废资产。

3. 根据财务情况选择关闭公司的具体法律方案，如解散或申请破产，具体详见下文。

（三）准备员工安置方案

1. 制定员工离职方案，根据法律规定匡算解除劳动关系应当支付的工资、经济补偿金额等。

2. 协助员工办理离职手续，如社保转移、档案移交等。

(四)适时通知与沟通

1. 向员工、供应商、客户、合作伙伴等相关方发出正式通知,说明公司即将关闭的决定和时间安排。

例如,给供应商发送书面通知,告知停止供货的时间,并协商未完成订单的处理方式。给员工发出书面通知,告知关闭的预期时间及裁员方案。

2. 保持与各方的沟通,解答疑问,尽量减少负面影响。

(五)清理债权债务、分配剩余财产

根据选择的具体关闭方案(解散或申请破产),结合公司经清算后的财产情况,清理债权债务(如支付清算费用、职工的工资、社会保险费用和法定补偿金,缴纳所欠税,其他债权),向股东分配剩余财产(如有)。

(六)文档保存与归档

1. 保存重要的公司文件和资料,如财务报表、合同、法律文件等。
2. 按照规定的期限和要求进行归档,以备后续查询和审计。

三、如何合法合规地关闭公司

公司关闭涉及多方权利义务的调整,包括但不限于股东、员工、客户、供应商及其他债权人,甚至还会对公共秩序的稳定产生一定影响,因此,其关闭应当合法合规地进行,以最大限度地保护各方的合法权益。

根据《民法典》第 68 条的规定,有下列原因之一并依法完成**清算**、**注销登记**的,**法人终止**:(1)法人解散;(2)法人被宣告破产;(3)法律规定的其他原因。法人终止,法律、行政法规规定须经有关机关批准的,依照其规定。

基于上述法律规定,实务中常见的公司关闭路径主要包括两种:

1. 宣告解散 + 清算 + 注销;
2. 宣告破产 + 清算 + 注销。

两种路径的主要异同对比,见表 95-1,具体内容我们将在后文专章介绍。

表 95-1 公司关闭路径对比

关闭事由	宣告解散	宣告破产
适用法律	《公司法》	《企业破产法》
触发事项	公司因法律规定的事由而停止经营,包括自愿解散和强制解散: **1. 自愿解散**,如因公司章程规定、股东会决议、合并分立而解散 **2. 强制解散**,如因行政命令(被吊销营业执照、责令关闭或被撤销)、司法判决(持有 10% 以上表决权的股东提起解散之诉)	公司**不能清偿到期债务,且资不抵债或明显缺乏清偿能力**,债权人、公司、其他利益相关人向法院申请破产,经人民法院审查属实且没有和解或重整,宣告其破产
公司资产情况	资产大于负债,即资可抵债	资产小于负债,即资不抵债
是否需要清算	**原则需要清算**,包括自行清算和强制清算,无需清算的**例外情形如下**: 1. 因公司合并分立的公司解散 2. 符合简易注销情形的	需要进行破产清算
清算组	**自行清算**:由公司成立清算组,成员为董事或公司章程/股东会决议另选的他人 **强制清算**:由法院指定清算组	法院指定的管理人
清算程序是否可以相互转化	解散清算可转破产清算: **1. 因公司解散而清算,清算组**在清理公司财产、编制资产负债表和财产清单后,**发现公司财产不足清偿债务的**,应当依法向人民法院申请破产清算[新《公司法》(2023 修订)第 237 条] **2. 企业法人已解散但未清算或者未清算完毕,资产不足以清偿债务的**,依法负有清算责任的人应当向人民法院申请破产清算(《企业破产法》第 7 条)	破产清算无法转解散清算
是否需要注销	需要,**先税务,后工商**。后者包括: 1. 普通注销 2. 简易注销:未产生债务或已清偿全部债务 + 全体股东承诺 3. 强制注销:因行政命令解散 + 满 3 年未申请注销的	需要,先税务,后工商,后者仅为普通注销

四、总结

综上所述，关闭一家公司的法律路径主要包括宣告解散和宣告破产，除法律另有规定外，二者均需要完成后续的清算及注销程序后，方可实现法人终止。

96

如何通过解散程序关闭一家公司？（上）

——公司解散的法定事由

解散作为公司关闭的常见方式，需要满足怎样的条件才能得以启动？详见下文。

一、公司解散的法定事由

根据《民法典》第 69 条、新《公司法》（2023 修订）第 229 条的规定，公司解散包括**五种法定事由**。根据《企业注销指引》（2023 修订）的规定，解散事由基于是否为公司的自由意志，又可细分为**自愿解散**和**强制解散**两大类，例如，当公司经营期限届满或者章程规定的其他解散事由出现时，公司可能会选择自愿解散；若公司违反法律法规被依法责令关闭，则属于强制解散，具体情况如下。

（一）自愿解散

1. 公司章程规定的营业期限届满或者公司章程规定的其他解散事由出现

公司章程是设立公司所必需的调整公司内部组织关系和经营行为的自治规则。作为公司治理的"宪法"，一份好的章程将有助于规范公司治理结构，明确各方权责，预防经营风险。关于公司章程的起草，详见本书前文："**10……公司章程究竟要写什么、怎么写？**"。

（1）公司章程规定的营业期限届满

经营期限属于公司申请设立登记时可在公司章程中自由约定的事项，以上海地区为例，在公司设立阶段，《公司登记（备案）申请书》中的经营期限选项包括"长期"或"具体的年数"。当公司章程规定的经营期限届满时，除非公司满足继续存续的法定条件（详见下文），否则公司即具备解散的法定事由。

（2）公司章程规定的其他解散事由

根据新《公司法》（2023 修订）第 95 条的规定，"公司的解散事由与清算办法"

属于股份有限公司章程的必备条款,而对于有限责任公司而言则属于章程可自由约定的事项,公司可以结合自身的实际情况及股东要求选择是否进行明确规定。常见的可在公司章程中自行规定的公司解散事由包括:

①特定的经营目标未达成:如营收指标、利润指标等;

②公司出现股东会/董事会僵局,在合理期限内穷尽其他内部僵局救济机制仍未能达成解决方案的;

③特定股东的退出:如多方合资时,对合资公司经营发展起到关键作用的股东退出;

④特定资产的处置:如涉及公司经营发展的核心专利、设备、房产被处置时;

⑤外部环境的重大变化:如相关行业政策发生重大不利变化,或出现不可抗力事件对公司经营造成无法恢复的影响时。

通过公司章程事先对公司解散事由进行规定,可为公司关闭及股东退出预设便利通道,有效压缩甚至避免特定情形发生时股东之间就公司的去留问题所产生的沟通成本。当公司章程规定的解散事由出现时,除非公司满足继续存续的法定条件(详见下文),否则公司即具备解散的法定事由。

以股东会僵局为例,合资各方可在公司章程中预先规定具体僵局情形下的解散触发条件,届时任一股东可以直接援引该条款,行使解散公司的权利;但如股东未能在公司章程中规定相关条款的,股东能否直接提起公司解散之诉仍要进一步判断是否满足法律规定的要件。

关于股东会僵局的预防,详见本书前文:**"13 …… 绝对平均的持股结构下,出现股东会僵局如何破局?"**。

2. 股东会决议解散

如公司尚在营业期限内,且未能发生其他公司章程明文规定的解散事由的,公司股东可通过**召开股东会并作出有效决议**的方式解散公司。

根据新《公司法》(2023 修订)的有关规定:股东会作出解散决议,有限责任公司应当经代表 2/3 以上表决权的股东通过;股份有限公司应当经出席会议的股东所持表决权的 2/3 以上通过;国有独资公司不设股东会,应当由履行出资人职责的机构决定。

关于如何确保股东会决议的有效性,详见本书前文:**"22 …… 这些股东会及董事会决议可能不成立、无效或被撤销"**。

3. 因公司合并或者分立需要解散

公司如进行吸收合并的,被吸收的公司解散;如进行新设合并的,参与合并的各方解散；如进行新设分立的，参与分立的原公司解散。

根据新《公司法》（2023修订）的有关规定：股东会作出合并、分立的决议，有限责任公司应当经代表2/3以上表决权的股东通过；股份有限公司应当经出席会议的股东所持表决权的2/3以上通过；国有独资公司不设股东会，应当由履行出资人职责的机构决定。

关于公司的合并及分立，详见本书前文："*65 …… 吸收合并和新设合并有什么区别？*""*66 …… 存续分立和新设分立有什么区别？*"。

（二）强制解散

有别于基于公司自由意志的自愿解散事由，强制解散事由是基于公权力机关的意志作出，具体包括**因行政决定解散和因人民法院判决解散**。

1. 因行政决定解散：公司依法被吊销营业执照、责令关闭或者被撤销

（1）被吊销营业执照

吊销营业执照，是指市场监督管理部门对违法公司作出的一种行政处罚，使其丧失继续经营的资格和权利。被吊销营业执照后，公司应当停止一切经营活动，否则将面临更严重的法律后果。

公司被吊销营业执照的常见情形，见表96-1。

表96-1 公司被吊销营业执照的情形

常见情形	法律依据
虚报注册资本、提交虚假材料或者采取其他欺诈手段隐瞒重要事实取得公司登记且情节严重的	新《公司法》（2023修订）第250条；《市场主体登记管理条例》第44~45条
市场主体未依照本条例办理变更登记且情节严重的	《市场主体登记管理条例》第46条
市场主体伪造、涂改、出租、出借、转让营业执照且情节严重的	《市场主体登记管理条例》第48条
公司成立后无正当理由超过6个月未开业的，或者开业后自行停业连续6个月以上的，且未已发办歇业的	新《公司法》（2023修订）第260条
利用公司名义从事危害国家安全、社会公共利益的严重违法行为的	新《公司法》（2023修订）第262条

（2）被责令关闭

责令关闭亦是一种行政处罚措施，是指当公司存在严重的违法违规行为时，政

府相关部门要求公司永久关闭其生产经营场所,不得继续从事相关生产经营活动。相关规定常见于环境保护、安全生产、食品药品安全等与人民群众生命健康密切相关的领域,以及涉及娱乐、证券、保险等强监管的特殊行业。

公司被责令关闭的常见情形,见表96-2。

表96-2 公司被责令关闭的情形

所属领域/行业	常见情形	法律依据
环境保护	企业事业单位和其他生产经营者超过污染物排放标准或者超过重点污染物排放总量控制指标排放污染物的,情节严重的,报经有批准权的人民政府批准,责令停业、关闭	《环境保护法》第60条
安全生产	生产经营单位存在下列情形之一的,负有安全生产监督管理职责的部门应当提请地方人民政府予以关闭: (一)存在重大事故隐患,一百八十日内三次或者一年内四次受到本法规定的行政处罚的; (二)经停产停业整顿,仍不具备法律、行政法规和国家标准或者行业标准规定的安全生产条件的; (三)不具备法律、行政法规和国家标准或者行业标准规定的安全生产条件,导致发生重大、特别重大生产安全事故的; (四)拒不执行负有安全生产监督管理职责的部门作出的停产停业整顿决定的	《安全生产法》第113条
娱乐场所	违反本条例规定,擅自从事娱乐场所经营活动的,由文化主管部门依法予以取缔;公安部门在查处治安、刑事案件时,发现擅自从事娱乐场所经营活动的,应当依法予以取缔	《娱乐场所管理条例》第41条
证券公司	证券公司违反本法第129条的规定从事证券自营业务且情节严重的,并处撤销相关业务许可或者责令关闭	《证券法》第207条
保险代理	违反本法规定,擅自设立保险专业代理机构、保险经纪人,或者未取得经营保险代理业务许可证、保险经纪业务许可证从事保险代理业务、保险经纪业务的,由保险监督管理机构予以取缔	《保险法》第159条

(3)被撤销

公司被撤销,是指公司因为存在违反法律法规或相关规定的行为,由有权机关依法作出撤销其登记或相关资格的决定。相关规定常见于证券、保险、基金、信托等强监管的特殊行业。

公司被撤销的常见情形,见表96-3。

表96-3 公司被撤销的情形

所属行业	常见情形	法律依据
证券公司	证券公司违法经营或者出现重大风险,严重危害证券市场秩序、损害投资者利益的,国务院证券监督管理机构可以对该证券公司采取责令停业整顿、指定其他机构托管、接管或者撤销等监管措施	《证券法》第143条
保险公司	保险公司因违法经营被依法吊销经营保险业务许可证的,或者偿付能力低于国务院保险监督管理机构规定标准,不予撤销将严重危害保险市场秩序、损害公共利益的,由国务院保险监督管理机构予以撤销并公告,依法及时组织清算组进行清算	《保险法》第149条
基金公司	公开募集基金的基金管理人违法经营或者出现重大风险,严重危害证券市场秩序、损害基金份额持有人利益的,国务院证券监督管理机构可以对该基金管理人采取责令停业整顿、指定其他机构托管、接管、取消基金管理资格或者撤销等监管措施	《证券投资基金法》第26条
信托公司	信托公司有违法经营、经营管理不善等情形,不予撤销将严重危害金融秩序、损害公众利益的,由中国银行业监督管理委员会依法予以撤销	《信托公司管理办法》第61条

2. 因人民法院判决而解散:公司经营管理发生严重困难,继续存续会使股东利益受到重大损失,通过其他途径不能解决的,持有公司10%以上表决权的股东,可以请求人民法院解散公司

表96-4 公司解散之诉实务

相关法律问题	具体要求
构成要件	(1)公司经营管理发生严重困难 根据《最高人民法院关于适用〈中华人民共和国公司法〉若干问题的规定(二)》,常见的严重困难情形如: • 公司持续两年以上无法召开股东会或者股东大会; • 股东表决时无法达到法定或者公司章程规定的比例,持续两年以上不能作出有效的股东会或者股东大会决议; • 公司董事长期冲突,且无法通过股东会或者股东大会解决。 (2)继续存续会使股东利益受到重大损失 (3)通过其他途径不能解决的

续表

相关法律问题	具体要求
不予受理情形	在司法实践中,法院通常以公司的管理性困难(公司的组织机构是否能有效运行)作为首要判断要素,经营性困难往往仅为辅助性判断要素。不属于经营管理严重困难的常见情形如: • 知情权、利润分配请求权等权益受到损害; • 公司亏损、财产不足以偿还全部债务; • 公司被吊销企业法人营业执照未进行清算等
原告	单独或者合计持有公司全部股东表决权 10% 以上的股东
被告	公司
第三人	不作为共同原告的其他股东或者有利害关系的其他方
诉讼时效	不适用
管辖法院	公司住所地人民法院管辖 地域管辖:公司住所地是指公司主要办事机构所在地。公司办事机构所在地不明确的,由其注册地人民法院管辖。 级别管辖: 基层人民法院:管辖县、县级市或者区的公司登记机关核准登记公司的解散诉讼案件。 中级人民法院:管辖地区、地级市以上的公司登记机关核准登记公司的解散诉讼案件
解散之诉与清算之诉不能同时提起	原告应在人民法院判决解散公司后,依法自行组织清算或者另行申请人民法院对公司进行清算
财产保全	股东提起解散公司诉讼时,可以向人民法院申请财产保全或者证据保全的,在股东提供担保且不影响公司正常经营的情形下,人民法院可予以保全
注重调解	当事人协商同意由公司或者股东收购股份,或者以减资等方式使公司存续,且不违反法律、行政法规强制性规定的,人民法院应予支持。当事人不能协商一致使公司存续的,人民法院应当及时判决。 经人民法院调解公司收购原告股份的,公司应当自调解书生效之日起 6 个月内将股份转让或者注销。股份转让或者注销之前,原告不得以公司收购其股份为由对抗公司债权人
法律效果	人民法院关于解散公司诉讼作出的判决,对公司全体股东具有法律约束力。人民法院判决驳回解散公司的诉讼请求后,提起该诉讼的股东或者其他股东又以同一事实和理由提起解散公司诉讼的,人民法院不予受理
仲裁无效	根据《最高人民法院关于撤销中国国际经济贸易仲裁委员会(2009)CIETACBJ 裁决(0355)号裁决案的请示的复函》,仲裁机构裁决解散公司没有法律依据,属于无权仲裁的情形

二、公司出现法定解散事由时的注意事项

（一）出现解散事由后应及时公示

相较于原《公司法》（2018 修正），新《公司法》（2023 修订）第 229 条第 2 款新增公司的公示义务，即当公司出现前述五种法定解散事由时，应当在 10 日内通过国家企业信用信息公示系统予以公示。

（二）自愿解散事由出现后公司满足条件可存续

相较于原《公司法》（2018 修正），新《公司法》（2023 修订）第 230 条进一步明确，在公司自愿解散的情形下，即公司章程规定的营业期限届满、公司章程规定的解散事由出现或者股东会决议解散公司，如果公司尚未向股东分配财产的，可以通过修改公司章程或者经股东会决议而存续。前述事项应当经有限责任公司持有 2/3 以上表决权的股东通过，股份有限公司经出席股东会会议的股东所持表决权的 2/3 以上通过。

（三）自愿解散事由出现后公司依法存续的，异议股东有回购请求权

新《公司法》（2023 修订）第 89 条、第 161 条规定，有下列情形的，对股东会该项决议投反对票的股东可以请求公司按照合理的价格收购其股权，公开发行股份的公司除外：公司章程规定的营业期限届满或者章程规定的其他解散事由出现，股东会通过决议修改章程使公司存续。

详见本书前文："89……异议股东回购请求权有哪些适用情形？"。

（四）研究解散问题应当听取工会意见

相较于原《公司法》（2018 修正），新《公司法》（2023 修订）第 17 条进一步明确，公司研究决定解散时，应当听取公司工会的意见，并通过职工代表大会或者其他形式听取职工的意见和建议。

关于公司的职代会制度，详见本书前文："24……公司一定要有职工代表大会吗？"。

三、总结

综上所述，当公司出现如下五种法定解散事由后，即可启动解散程序。关于解散程序的具体要求，详见本书后文。

表 96–5　总结

解散情形		具体规定
自愿解散		公司章程规定的营业期限届满或者公司章程规定的其他解散事由出现
		股东会决议解散
		因公司合并或者分立需要解散
强制解散	行政解散	被吊销营业执照
		被责令关闭
		被撤销
	司法解散	公司经营管理发生严重困难,继续存续会使股东利益受到重大损失,通过其他途径不能解决的,持有公司10%以上表决权的股东,依法请求人民法院解散公司

97

如何通过解散程序关闭一家公司？（下）
——公司解散的法定程序

在前文中，我们介绍了公司解散的法定事由。那么，在公司具备解散的法定事由后，又该如何启动后续解散的法定程序？详见下文。

一、公司解散的法定程序概述

根据《民法典》第70条、新《公司法》（2023修订）第232条的规定，公司出现除合并或者分立情形外的解散法定事由的，清算义务人应当及时组成清算组进行清算。关于解散的法定事由，详见本书前文："*96 …… 如何通过解散程序关闭一家公司？（上）——公司解散的法定事由*"。

根据《企业注销指引》（2023修订）的规定，公司正式终止前，须依法宣告解散、成立清算组进行清算、清理公司财产、清缴税款、清理债权债务、支付职工工资、社会保险费用等，待公司清算结束后，应制作清算报告并办理注销公司登记，公告公司终止。

此外，相较于原《公司法》（2018修正），新《公司法》（2023修订）进一步明确了公司简易注销的条件，符合条件的公司在简易注销前可免于清算程序。

基于上述，除法律另有规定外，公司通过解散路径关闭一家公司，终止经营活动并退出市场，需要经历**宣告解散**、**清算分配**、**注销登记**三个主要法定过程。关于注销登记的具体内容我们将在后文专章介绍。

二、清算分配的主要程序

本节主要介绍清算分配的主要程序，其适用于非因合并或分立事由而解散且不适用于简易注销的公司。

（一）清算的法律效果

清算是指解散的公司清理债权债务、分配剩余财产、了结公司的法律关系，从而使公司归于消灭的程序，目的在于保护债权人、投资人、企业、职工以及社会公共利益。

清算期间，公司仍具有法人资格，但不能开展与清算无关的经营活动。公司依法清算结束并办理注销登记前，有关公司的民事诉讼，应当以公司的名义进行。公司成立清算组的，由清算组负责人代表公司参加诉讼；尚未成立清算组的，由原法定代表人代表公司参加诉讼。

（二）清算的主要步骤

1. 确定清算义务人

新《公司法》（2023修订）明确，董事为公司的清算义务人。清算义务人未及时履行清算义务，给公司或者债权人造成损失的，应当承担赔偿责任。

2. 组成清算组

（1）自行清算

除出现合并或分立以外的解散法定事由外，清算义务人应当在其他解散事由出现之日起15日内组成清算组进行清算。

自行清算的清算组由董事组成，但是公司章程另有规定或者股东会决议另选他人的除外。

（2）强制清算

①利害关系人申请

公司逾期不成立清算组进行清算或者成立清算组后不清算的，利害关系人可以申请人民法院指定有关人员组成清算组进行清算。

②主管机关申请

构成强制解散事由中因行政决定解散情形的（公司依法被吊销营业执照、责令关闭或者被撤销），作出吊销营业执照、责令关闭或者撤销决定的部门或者公司登记机关，可以申请人民法院指定有关人员组成清算组进行清算。

强制清算的清算组成员由人民法院在下列人员或机构中指定产生：

①公司股东、董事、监事、高级管理人员；

②依法设立的律师事务所、会计师事务所、破产清算事务所等社会中介机构；

③依法设立的律师事务所、会计师事务所、破产清算事务所等社会中介机构中具备相关专业知识并取得执业资格的人员。

人民法院组织清算的,清算组应当自成立之日起 6 个月内清算完毕。因特殊情况无法在 6 个月内完成清算的,清算组应当向人民法院申请延长。

3. 清算组的法定职责

(1)清算组在清算期间的职权

①清理公司财产,分别编制资产负债表和财产清单;

②通知、公告债权人;

③处理与清算有关的公司未了结的业务;

④清缴所欠税款以及清算过程中产生的税款;

⑤清理债权、债务;

⑥分配公司清偿债务后的剩余财产;

⑦代表公司参与民事诉讼活动。

(2)清算组成员履职负有忠实义务和勤勉义务

清算组成员怠于履行清算职责,给公司造成损失的,应当承担赔偿责任;因故意或者重大过失给债权人造成损失的,应当承担赔偿责任。

4. 通知和公告

清算组应当自成立之日起 10 日内通知债权人,并于 60 日内在报纸上(根据公司规模和营业的地域范围在全国或者公司注册登记地省级有影响的)或者国家企业信用信息公示系统公告。

5. 申报债权

债权人应当自接到通知之日起 30 日内,未接到通知的自公告之日起 45 日内,向清算组申报其债权。债权人申报债权,应当说明债权的有关事项,并提供证明材料。清算组应当对债权进行登记。在申报债权期间,清算组不得对债权人进行清偿。

公司清算时,债权人对清算组核定的债权有异议的,可以要求清算组重新核定。清算组不予重新核定,或者债权人对重新核定的债权仍有异议,债权人以公司为被告向人民法院提起诉讼请求确认的,人民法院应予受理。

债权人在规定的期限内未申报债权,在公司清算程序终结前补充申报的,清算组应予登记。

6. 制定清算方案

清算组在清理公司财产、编制资产负债表和财产清单后,应当制定清算方案。

(1)自行清算

清算方案应当报股东会确认。清算组发现公司财产不足以清偿债务的,应当依法向人民法院申请破产清算。人民法院受理破产申请后,清算组应当将清算事务移交给人民法院指定的破产管理人。

(2)强制清算

清算方案应当报人民法院确认。清算组发现公司财产不足以清偿债务的,可以与债权人协商制作有关债务清偿方案。债务清偿方案经全体债权人确认且不损害其他利害关系人利益的,人民法院可依清算组的申请裁定予以认可。清算组依据该清偿方案清偿债务后,应当向人民法院申请裁定终结清算程序。债权人对债务清偿方案不予确认或者人民法院不予认可的,清算组应当依法向人民法院申请宣告破产。

7. 分配公司财产

(1)分配顺序

公司财产在分别支付清算费用、职工的工资、社会保险费用和法定补偿金,缴纳所欠税款,清偿公司债务后的剩余财产,有限责任公司按照股东的出资比例分配,股份有限公司按照股东持有的股份比例分配。

(2)债权人补充申报的债权

债权人补充申报的债权可以在公司尚未分配的财产中依法清偿。公司尚未分配的财产不能全额清偿的,债权人主张股东以其在剩余财产分配中已经取得的财产予以清偿的,人民法院应予支持;但债权人因重大过错未在规定期限内申报债权的除外。

债权人或者清算组,以公司尚未分配财产和股东在剩余财产分配中已经取得的财产,不能全额清偿补充申报的债权为由,向人民法院提出破产清算申请的,人民法院不予受理。

8. 终结清算程序

公司清算结束后,清算组应当制作清算报告,报股东会或者人民法院确认,并报送公司登记机关,申请注销公司登记。

三、因合并或分立解散而免于清算的法律程序

如前文所述,公司如进行吸收合并的,被吸收的公司解散;如进行新设合并的,参与合并的各方解散;如进行新设分立的,参与分立的原公司解散。关于公司的合并及分立,详见本书前文:"*65 …… 吸收合并和新设合并有什么区别?*" "*66 …… 存续分立和新设分立有什么区别?*"。

因合并、分立而解散公司,虽无需进行清算,但仍涉及如下法律程序。

(一)编制资产负债表及财产清单

公司合并,应当由合并各方签订合并协议,并编制资产负债表及财产清单;公司分立,其财产作相应的分割,并编制资产负债表及财产清单。

(二)通知债权人及公告

公司应当自作出合并决议或者分立决议之日起10日内通知债权人,并于30日内在报纸上或者国家企业信用信息公示系统公告。债权人自接到通知书之日起30日内,未接到通知书的自公告之日起45日内,可以要求公司清偿债务或者提供相应的担保。

(三)申请注销登记

因合并、分立而解散公司的,应当自公告之日起45日后申请注销登记,提交合并协议和合并、分立决议或者决定以及公司在报纸上登载公司合并、分立公告的有关证明和债务清偿或者债务担保情况的说明。法律、行政法规或者国务院决定规定公司合并、分立必须报经批准的,还应当提交有关批准文件。

公司注销登记完成后,公司公告终止。

四、总结

综上所述,有关公司解散的法定程序,见表97-1。

表97-1 公司解散的法定程序

事项	具体内容
解散的法定事由	**自愿解散:** 因公司章程规定、股东会决议、合并分立而解散 **强制解散:** 因行政决定解散(被吊销营业执照、责令关闭或被撤销) 因人民法院判决解散(持有10%以上表决权的股东提起解散之诉)
是否需要清算	**原则需要清算**,包括自行清算和强制清算,无需清算的**例外情形如下**: 1. 因公司合并分立的公司解散 2. 符合简易注销情形的

续表

事项	具体内容
清算程序	1. 确定清算义务人:公司董事 2. 组成清算组: 自行清算:由公司成立清算组 强制清算:由法院指定清算组 3. 通知和公告:10 日内通知债权人,60 日内公告 4. 申报债权:接到通知之日 30 日内,未接到通知自公告之日 45 日内 5. 制定清算方案:报股东会或人民法院确认 6. 分配公司财产:顺序依次为:清算费用、职工工资、社保费用、法定补偿金、欠缴税款、一般债务,仍有剩余财产的,股东按比例分配 7. 终结清算程序
是否需要注销	需要,**先税务,后工商**。后者包括: 1. 普通注销 2. 简易注销:未产生债务或已清偿全部债务 + 全体股东承诺 3. 强制注销:因行政命令解散 + 满 3 年未申请注销的

98

如何通过破产程序关闭一家公司？（上）
——破产原因及破产启动程序

除了解散，破产是公司关闭的另一种常见方式，需要满足怎样的条件才能启动破产程序？详见下文。

一、破产能力及原因

根据《企业破产法》第2条的规定，企业法人不能清偿到期债务，并且资产不足以清偿全部债务或者明显缺乏清偿能力的，依照《企业破产法》规定清理债务。

（一）债务人具备破产能力

破产能力是指债务人能够适用破产程序清偿债务的资格。一般情况下，被申请破产的企业应**具有企业法人资格**，其他法律规定企业法人以外的组织的清算，属于破产清算的，参照适用《企业破产法》规定的程序，如合伙企业、民办学校、农民专业合作社、个人独资企业可参照适用破产清算程序。

（二）债务人不能清偿到期债务

下列情形**同时存在**的，人民法院应当认定债务人不能清偿到期债务：

1. **债权债务关系依法成立**：如债务人不否认或者无正当理由否认债权债务关系，或者债务已经生效法律文书确定。这样规定的主要目的是防止债务人拖延破产程序的启动。

2. **债务履行期限已经届满**：破产程序本质上属于概括执行程序，债务尚未到期的，债务人不负有立即履行的义务，故不应受执行程序的约束。

3. **债务人未完全清偿债务**：不论债务人的客观经济状况如何，只要其没有完全清偿到期债务的，均构成不能清偿到期债务。

(三)债务人满足资产不足以清偿全部债务或者明显缺乏清偿能力之一

1. 资产不足以清偿全部债务

资产不足以清偿全部债务,是指债务人的实有资产不足以清偿全部债务,即通常所说的"资不抵债"或"债务超过"。资不抵债的着眼点是资债比例关系,考察债务人的偿还能力仅以实有财产为限,不考虑信用、能力等可能影响债务人清偿能力的因素,计算债务数额时,不考虑是否到期,均纳入债务总额之内。

债务人的**资产负债表,或者审计报告、资产评估报告等显示**其全部资产不足以偿付全部负债的,人民法院应当认定债务人的资产不足以清偿全部债务,但有相反证据足以证明债务人的资产能够偿付全部负债的除外。

2. 明显缺乏清偿能力

债务人账面资产虽大于负债,但存在下列情形之一的,人民法院应当认定其明显缺乏清偿能力:

(1)由于资金严重不足或者财产不能变现等原因,无法清偿债务;

(2)法定代表人下落不明且无其他人员负责管理财产,无法清偿债务;

(3)经人民法院强制执行,无法清偿债务;

(4)长期亏损且经营扭亏困难,无法清偿债务;

(5)导致债务人丧失清偿能力的其他情形。

明显缺乏清偿能力的着眼点在于债务关系能否正常了结,与资不抵债的着眼点在于资债比例关系不同。《企业破产法》将"债务人不能清偿到期债务并且明显缺乏清偿能力"作为破产原因之一,目的在于涵盖"债务人不能清偿到期债务并且资产不足以清偿全部债务"之外的其他情形,以适度缓和破产程序的适用标准,弱化破产原因中关于资不抵债的要求。

二、破产启动方式

根据《企业破产法》第7条和《最高人民法院关于适用〈中华人民共和国民事诉讼法〉的解释》第511条的规定,经债务人、债权人、依法负有清算责任的人申请,或执行法院经申请执行人之一或者被执行人同意(执行转破产),可以启动破产程序。

(一)债务人申请

债务人满足破产原因的,可以向人民法院提出破产清算申请。债务人申请破

产,应当向人民法院提交下列材料:

1. 破产申请书:载明申请人、被申请人的基本情况、申请目的、申请的事实和理由、人民法院认为应当载明的其他事项;

2. 企业主体资格证明;

3. 企业法定代表人与主要负责人名单;

4. 企业职工情况(含职工工资的支付和社会保险费用的缴纳情况)和安置预案;

5. 企业亏损情况的书面说明,并附审计报告;

6. 企业至破产申请日的资产状况明细表,包括有形资产、无形资产和企业投资情况等;

7. 企业在金融机构开设账户的详细情况,包括开户审批材料、账号、资金等;

8. 企业债权情况表,列明企业的债务人名称、住所、债务数额、发生时间和催讨偿还情况;

9. 企业债务情况表,列明企业的债权人名称、住所、债权数额、发生时间;

10. 企业涉及的担保情况;

11. 企业已发生的诉讼情况;

12. 人民法院认为应当提交的其他材料。

(二)债权人申请

债务人不能清偿到期债务,债权人可以向人民法院提出对债务人进行破产清算的申请。债权人申请债务人破产,应当向人民法院提交下列材料:

1. 破产申请书;

2. 企业主体资格证明;

3. 债权发生的事实与证据;

4. 债权性质、数额、有无担保,并附证据;

5. 债务人不能清偿到期债务的证据;

6. 人民法院认为应当提交的其他材料。

债权人向人民法院提出申请时,**债权人只要证明债务人不能清偿其到期债务即可,由债务人自证其不满足破产原因**。至于债务人系基于什么原因不能清偿其到期债务,以及债务人是否出现了"不能清偿到期债务并且资产不足以清偿全部债务",或者"不能清偿到期债务并且明显缺乏清偿能力"的破产原因,无需债权人举证证明,因此,只要债权人提出申请时证明债务人不能清偿其到期债务,且债务人未能在法定期限内及时举证证明其既非资产不足以清偿全部债务,也没有明显缺乏清偿能力的,人民法院即可当然推定债务人出现了上述两个破产原因之一。

(三)依法负有清算责任的人申请

企业法人已解散但未清算或者未清算完毕,资产不足以清偿债务的,依法负有清算责任的人应当向人民法院申请破产清算。依法负有清算责任的人包括**未清算完毕情形下已经成立的清算组,以及应清算未清算情形下依法负有启动清算程序的清算义务人**,以北京市为例,负有清算责任的人申请债务人破产清算,应当向人民法院提交下列材料:

1. 破产申请书。

2. 债务人主体资格证明。

3. 清算责任人的基本情况或者清算组成立的文件。

4. 债务人解散的证明材料。

5. 债务人未清算的,债务人资产不足以清偿全部债务的财务报告。

6. 债务人经过清算的,债务人资产不足以清偿全部债务的清算报告。

7. 债务清册,列明债权人名称、住所、联系方式、债权数额、有无担保、债权形成时间和被催讨情况。

8. 债权清册,列明债务人的债务人名称、住所、联系方式、债务数额、有无担保、债务形成时间和催讨偿还情况。

9. 债务人涉及的诉讼、仲裁、执行情况。

10. 企业职工情况和安置预案,列明债务人解除职工劳动关系后依法对职工的补偿方案;债务人为国家出资企业的,职工安置预案应列明拟安置职工基本情况、安置障碍及主要解决方案等。职工安置预案上报给对债务人履行出资人职责的机构备案。

11. 职工、高级管理人员工资的支付和社会保险费用、住房公积金的缴纳情况。

申请解散清算转破产清算的时间详见本书前文:"**97······如何通过解散程序关闭一家公司?(下)——公司解散的法定程序**"。

在企业法人已解散但未清算或者未在合理期限内清算完毕时,除依法负有清算责任的人外,债权人能否申请债务人破产清算?答案是肯定的,只要债权人申请破产条件成就,债权人就可以依据《企业破产法》的相关规定提出对债务人的破产清算申请,同时债务人也有权在法定异议期限内举证证明其未出现破产原因。

(四)执行转破产

在执行中,作为被执行人的企业法人符合《企业破产法》破产条件的,执行法院经申请执行人之一或者被执行人同意,应当裁定中止对该被执行人的执行,将执行案件相关材料移送被执行人住所地人民法院。执行法院作出移送决定后,应当向受移送法院移送下列材料:

1. 执行案件移送破产审查决定书;
2. 申请执行人或被执行人同意移送的书面材料;
3. 执行法院采取财产调查措施查明的被执行人的财产状况、已查封、扣押、冻结财产清单及相关材料;
4. 执行法院已分配财产清单及相关材料;
5. 被执行人的债务清单;
6. 其他应当移送的材料。

三、破产启动程序

(一)选择管辖法院

1. 地域管辖

破产案件由债务人住所地人民法院管辖,即债务人的主要办事机构所在地。债务人无办事机构的,由其注册地人民法院管辖。

2. 级别管辖

基层人民法院一般管辖县、县级市或者区的市场监督管理部门核准登记企业的破产案件。

中级人民法院一般管辖地区、地级市(含本级)以上的市场监督管理部门核准登记企业的破产案件。纳入国家计划调整的企业破产案件,由中级人民法院管辖。

执行转破产:实行以中级人民法院管辖为原则、基层人民法院管辖为例外的管辖制度。中级人民法院经高级人民法院批准,也可以将案件交由具备审理条件的基层人民法院审理。

3. 部分地区特别规定

(1)北京:北京市辖区内区级以上(含区级)市场监督管理部门核准登记的公司(企业)的破产案件由北京破产法庭(所在法院为北京市第一中级人民法院)集中管辖。

(2)上海:

①上海金融法院管辖上海市辖区内相关金融机构破产案件(含执行转破产案件),以金融机构为债务人的跨境破产案件。

②上海市浦东新区人民法院管辖除上海金融法院管辖范围以外的企业住所地位于上海市浦东新区、中国(上海)自由贸易试验区临港新片区的破产案件(含执行转破产案件)。

③上海市第三中级人民法院管辖除上海金融法院、上海市浦东新区人民法院管辖范围以外的企业住所地位于上海市的破产案件。

(二)人民法院受理及裁定程序

1. 依法启动破产程序的流程,见图98-1。

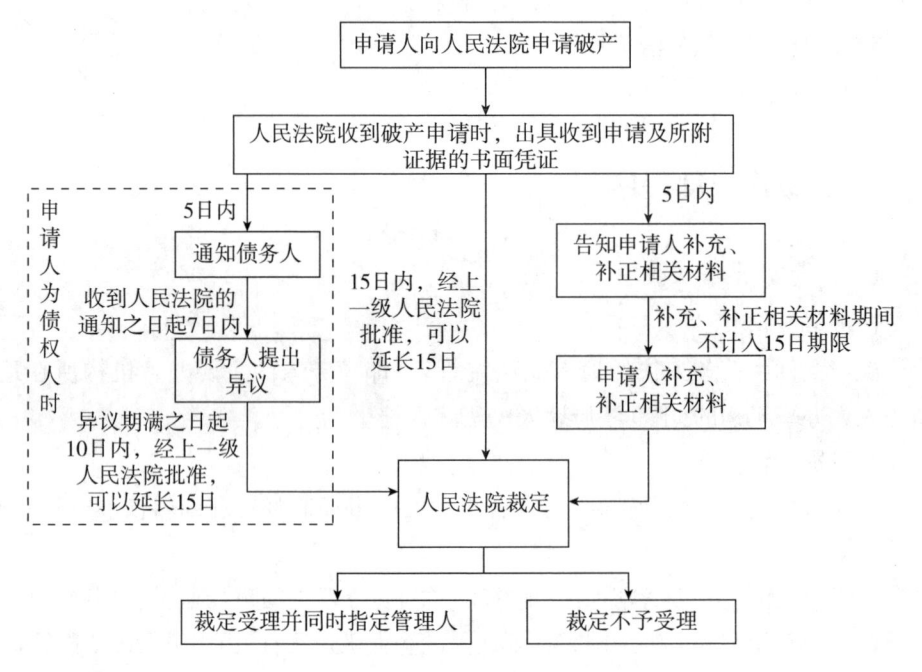

图98-1 依法启动破产程序的流程

2.执行转破产程序的流程,见图98-2。

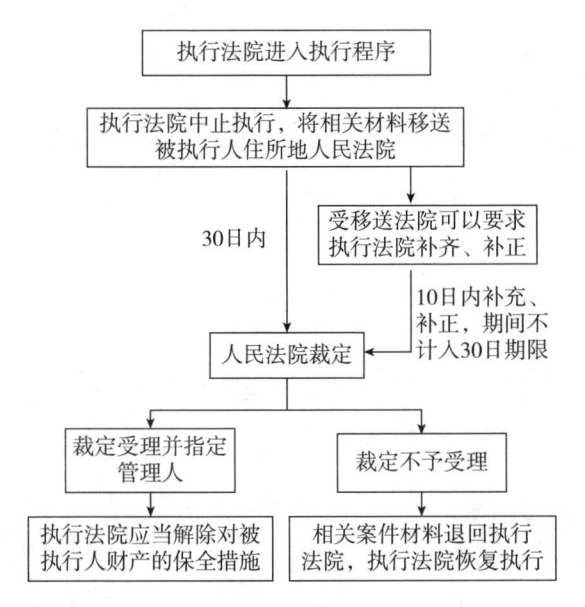

图98-2 执行转破产程序的流程

3.人民法院经审查发现有下列情况的,破产申请不予受理:
(1)债务人不符合《企业破产法》规定的受理条件;
(2)申请人主体不适格;
(3)债务人有隐匿、转移财产等行为,为了逃避债务而申请破产的;
(4)债权人借破产申请毁损债务人商业信誉,意图损害公平竞争的。

人民法院对破产申请不予受理的,应当自裁定作出之日起5日内送达申请人并说明理由。破产申请人对不予受理破产申请的裁定不服的,可以在裁定送达之日起10日内向上一级人民法院提起上诉。

四、总结

人民法院裁定受理破产申请系对债务人具有破产原因的初步认可,破产申请受理后申请人不得请求撤回破产申请。关于破产申请受理后的流程,详见本书后文。

99

如何通过破产程序关闭一家公司？（下）

——破产受理后事项及破产清算

在前文中，我们介绍了公司的破产原因及破产启动程序。那么，法院受理公司破产申请后又有哪些程序呢？详见下文。

一、指定管理人

根据《企业破产法》的规定，人民法院裁定受理破产申请的，应当同时指定管理人。

（一）管理人的资格

1.管理人的类型有以下三种：

（1）有关部门、机构的人员组成的清算组（例如，破产申请受理前根据有关规定已经成立清算组且清算组成员符合管理人要求的案件，国有企业破产案件，金融机构破产案件等）；

（2）依法设立的律师事务所、会计师事务所、破产清算事务所等社会中介机构；

（3）社会中介机构具备相关专业知识并取得执业资格的人员。

2.有下列情形之一的，不得担任管理人：

（1）因故意犯罪受过刑事处罚；

（2）曾被吊销相关专业执业证书；

（3）与本案有利害关系；

（4）人民法院认为不宜担任管理人的其他情形。

（二）管理人的产生方式

1.人民法院分别编制社会中介机构管理人名册和个人管理人名册，按照管理人名册所列名单采取**轮候**、**抽签**、**摇号**等**随机方式**公开指定管理人；

2. 对于**事实清楚**、**债权债务关系简单**、**债务人财产相对集中**的企业破产案件，人民法院可以**指定管理人名册中的个人**为管理人。

3. **清算组为管理人**的，人民法院可以从**政府有关部门**、**编入管理人名册的社会中介机构**、**金融资产管理公司**中指定清算组成员，人民银行及金融监督管理机构可以按照有关法律和行政法规的规定派人参加清算组。

(三) 管理人的职责

1. 接管债务人的财产、印章和账簿、文书等资料；
2. 调查债务人的财产状况，制作财产状况报告；
3. 决定债务人的内部管理事务；
4. 决定债务人的日常开支和其他必要开支；
5. 在第一次债权人会议召开之前，决定继续或者停止债务人的营业；
6. 管理和处分债务人的财产；
7. 代表债务人参加诉讼、仲裁或者其他法律程序；
8. 提议召开债权人会议；
9. 人民法院认为管理人应当履行的其他职责。

二、通知债权人及公告

(一) 组成合议庭

人民法院决定受理企业破产案件后，应当组成合议庭，并在 10 日内完成下列工作：

1. 将合议庭组成人员情况书面通知破产申请人和被申请人，并在法院公告栏张贴企业破产受理公告。公告内容应当写明：破产申请受理时间、债务人名称，申报债权的期限、地点和逾期未申报债权的法律后果、第一次债权人会议召开的日期、地点。

2. 在债务人企业发布公告，要求保护好企业财产，不得擅自处理企业的账册、文书、资料、印章，不得隐匿、私分、转让、出售企业财产。

3. 通知债务人立即停止清偿债务，非经人民法院许可不得支付任何费用。

4. 通知债务人的开户银行停止债务人的结算活动，并不得扣划债务人款项抵扣债务，但经人民法院依法许可的除外。

(二) 通知债权人并公告

人民法院应当自裁定受理破产申请之日起 25 日内通知已知债权人，并予以公告。通知和公告应当载明下列事项：

1. 申请人、被申请人的名称或者姓名；
2. 人民法院受理破产申请的时间；
3. 申报债权的期限、地点和注意事项；
4. 管理人的名称或者姓名及其处理事务的地址；
5. 债务人的债务人或者财产持有人应当向管理人清偿债务或者交付财产的要求；
6. 第一次债权人会议召开的时间和地点；
7. 人民法院认为应当通知和公告的其他事项。

三、管理人管理债务人财产

（一）债务人财产的范围

破产申请受理时属于债务人的全部财产，以及破产申请受理后至破产程序终结前债务人取得的财产，为债务人财产。

但下列财产不应认定为债务人财产：

1. 债务人基于仓储、保管、承揽、代销、借用、寄存、租赁等合同或者其他法律关系占有、使用的他人财产；
2. 债务人在所有权保留买卖中尚未取得所有权的财产；
3. 所有权专属于国家且不得转让的财产；
4. 其他依照法律、行政法规不属于债务人的财产。

（二）管理人的主要职责

1. 接管债务人的财产、印章和账簿、文书等资料，包括但不限于以下内容。

（1）包括动产和不动产在内的实物财产及其权利凭证；（2）现金、有价证券、银行账户印签、银行票据；（3）知识产权、对外投资、特许权等无形资产的权利凭证；(4) 章程、管理制度、股东名册、股东会决议、董事会决议、监事会决议以及债务人内部会议记录等档案文件；（5）法人营业执照、税务登记证、外汇登记证、海关登记证明、经营资质文件等与债务人经营业务相关的批准、许可或授权文件；（6）总账、明细账、台账、日记账、会计凭证、重要空白凭证、会计报表等财务账簿及债务人审计、评估报告等资料；（7）公章、财务专用章、合同专用章、海关报关章、法定代表人人名章及其他印章；（8）各类合同协议及相关债权、债务等文件资料；（9）诉讼、仲裁案件及其案件材料；（10）人事档案文件；（11）电脑数据和授权密码；（12）其他财产、印章和账簿、文书等资料。

不属于债务人所有但由债务人占有或者管理的财产、印章和账簿、文书等资料,管理人应当一并接管。

2.调查债务人的财产状况和制作财产状况报告,调查范围包括但不限于债务人的出资情况、货币财产状况、存货状况、设备状况、不动产状况、对外投资状况、资产状况、无形资产状况、营业事务状况、债务人与相对人均未履行完毕的合同情况、债务人财产被其他人占有的状况。

管理人调查债务人的财产状况后,应当根据调查内容制作债务人财产状况报告。债务人财产状况报告应当能够反映债务人各项财产的权属状况、账面价值和实际现状等基本情况。

管理人经人民法院许可,可以聘用必要的工作人员,包括但不限于企业经营管理人员,其他社会中介机构或人员处理重大诉讼、仲裁、执行或审计等专业性较强的工作。

3.追回可撤销行为、无效行为以及法律规定的其他情形涉及的财产,见表99-1。

表99-1 可撤销行为及无效行为的情形

情形		具体规定
可撤销行为	受理破产申请前1年内	涉及债务人财产的下列行为,管理人有权请求人民法院予以撤销: (1)无偿转让财产的; (2)以明显不合理的价格进行交易的; (3)对没有财产担保的债务提供财产担保的; (4)对未到期的债务提前清偿的; (5)放弃债权的
	受理破产申请前6个月内	债务人有《企业破产法》规定的破产原因,仍对个别债权人进行清偿的,管理人有权请求人民法院予以撤销。 但是,下列个别清偿使债务人财产受益的除外: (1)债务人对以自有财产设定担保物权的债权进行的个别清偿,且债务清偿时担保财产的价值不低于债权额的; (2)债务人经诉讼、仲裁、执行程序对债权人进行的个别清偿,且不存在债务人与债权人恶意串通损害其他债权人利益的; (3)债务人对债权人为维系基本生产需要而支付水费、电费等进行的个别清偿; (4)债务人对债权人支付劳动报酬、人身损害赔偿金而进行的个别清偿; (5)使债务人财产受益的其他个别清偿

续表

情形		具体规定
无效行为		管理人主张下列行为无效并要求返还债务人财产的,人民法院应予支持: (1)为逃避债务而隐匿、转移财产的; (2)虚构债务或者承认不真实的债务的
法律规定的其他情形	出资义务	债务人的出资人尚未完全履行出资义务的,管理人应当要求该出资人缴纳所认缴的出资,而不受出资期限的限制
	董监高非法收入	债务人的董事、监事和高级管理人员利用职权从企业获取的非正常收入和侵占的企业财产,管理人应当追回
	其他法律规定的情形	例如: 基于重大误解实施的民事法律行为,行为人有权请求人民法院或者仲裁机构予以撤销; 一方以欺诈手段,使对方在违背真实意思的情况下实施的民事法律行为,受欺诈方有权请求人民法院或者仲裁机构予以撤销; 第三人实施欺诈行为,使一方在违背真实意思的情况下实施的民事法律行为,对方知道或者应当知道该欺诈行为的,受欺诈方有权请求人民法院或者仲裁机构予以撤销; 一方或者第三人以胁迫手段,使对方在违背真实意思的情况下实施的民事法律行为,受胁迫方有权请求人民法院或者仲裁机构予以撤销; 一方利用对方处于危困状态、缺乏判断能力等情形,致使民事法律行为成立时显失公平的,受损害方有权请求人民法院或者仲裁机构予以撤销

四、债权人申报债权以及管理人审查债权

(一)债权人申报债权

如前文所述,人民法院自裁定受理破产申请之日起 25 日内向债权人发出的通知和公告中应当载明申报债权的期限、地点和注意事项,除职工债权的债权人外,其他债权人应当在人民法院确定的债权申报期限内向管理人申报债权。

1. 申报期限

债权申报期限自人民法院发布受理破产申请公告之日起计算,最短不得少于 30 日,最长不得超过 3 个月。

2. 申报债权的注意事项

(1)未到期的债权,在破产申请受理时视为到期。

(2)附利息的债权自破产申请受理时起停止计息。

(3)附条件、附期限的债权和诉讼、仲裁未决的债权,债权人可以申报。

(4)债权人申报债权时,应当书面说明债权的数额和有无财产担保,并提交有关证据。

(5)申报的债权是连带债权的,应当说明,连带债权人可以由其中一人代表全体连带债权人申报债权,也可以共同申报债权。

(6)债务人的保证人或者其他连带债务人已经代替债务人清偿债务的,以其对债务人的求偿权申报债权;债务人的保证人或者其他连带债务人尚未代替债务人清偿债务的,以其对债务人的将来求偿权申报债权,但是债权人已经向管理人申报全部债权的除外。

(7)连带债务人数人被裁定适用《企业破产法》规定的程序的,其债权人有权就全部债权分别在各破产案件中申报债权。

(8)管理人或者债务人依照《企业破产法》规定解除合同的,对方当事人以因合同解除所产生的损害赔偿请求权申报债权。

(9)债务人是委托合同的委托人,被裁定适用《企业破产法》规定的程序,受托人不知该事实,继续处理委托事务的,受托人以由此产生的请求权申报债权。

(10)债务人是票据的出票人,被裁定适用《企业破产法》规定的程序,该票据的付款人继续付款或者承兑的,付款人以由此产生的请求权申报债权。

3. 职工债权处理方式

债务人所欠职工的工资和医疗、伤残补助、抚恤费用,所欠的应当划入职工个人账户的基本养老保险、基本医疗保险费用,以及法律、行政法规规定应当支付给职工的补偿金,<u>不必申报,由管理人调查后列出清单并予以公示</u>。职工对清单记载有异议的,可以要求管理人更正;管理人不予更正的,职工可以向人民法院提起诉讼。职工向企业的投资,不属于破产债权。

4. 不属于破产债权的债权

(1)行政、司法机关对破产企业的罚款、罚金以及其他有关费用;

(2)人民法院受理破产案件后债务人未支付应付款项的滞纳金,包括债务人未执行生效法律文书应当加倍支付的迟延利息和劳动保险金的滞纳金;

(3)破产宣告后的债务利息;

(4)债权人参加破产程序所支出的费用;

(5)破产企业的股权、股票持有人在股权、股票上的权利;

(6)破产财产分配开始后向清算组申报的债权;

(7) 超过诉讼时效的债权;

(8) 债务人开办单位对债务人未收取的管理费、承包费。

（二）管理人审查债权并编制债权表

管理人对所有申报债权的真实性、合法性和时效性等内容进行实质审查。管理人根据债权申报和债权审查的结果，编制债权表。管理人编制的债权表可以按管理人审查的有财产担保的债权、税款债权和社会保险债权、普通债权等分类记载，并在各类债权下分别记载各项债权的债权人名称、债权申报金额、债权原因、债权审查金额、附条件和附期限债权、尚未确定债权等。有财产担保的债权应当同时列明担保财产的名称。

管理人编制的债权表，由管理人保存，供利害关系人查阅。

五、召开债权人会议

第一次债权人会议由人民法院召集，自债权申报期限届满之日起 **15 日内** 召开。以后的债权人会议，在人民法院认为必要时，或者管理人、债权人委员会、占债权总额 1/4 以上的债权人向债权人会议主席提议时召开。

（一）参会人员

1. 债权人：<u>依法申报债权的债权人为债权人会议的成员</u>，有权参加债权人会议，享有表决权。债权人<u>可以委托代理人出席</u>债权人会议，行使表决权。代理人出席债权人会议，应当向人民法院或者债权人会议主席提交债权人的授权委托书。债权尚未确定的债权人，除人民法院能够为其行使表决权而临时确定债权额外，不得行使表决权。

2. 职工和工会的代表：对有关事项发表意见。

3. 管理人：向债权人会议报告职务执行情况，并回答询问。

4. 债务人的法定代表人、经人民法院决定的企业财务管理人员和其他经营管理人员：如实回答债权人的询问。

5. 其他列席人员：如管理人聘用的审计、评估机构的工作人员。

（二）债权人会议职权

1. 核查债权：审核管理人编制的债权表。债务人、债权人对债权表记载的债权<u>无异议的，由人民法院裁定确认</u>。债务人、债权人对债权表记载的债权<u>有异议的，可以向受理破产申请的人民法院提起诉讼</u>。

2. 申请人民法院更换管理人,审查管理人的费用和报酬:债权人会议认为管理人不能依法、公正执行职务或者有其他不能胜任职务情形的,可以申请人民法院予以更换。管理人的报酬由人民法院确定,债权人会议对管理人的报酬有异议的,有权向人民法院提出。

3. 监督管理人:审阅管理人职务执行情况,向管理人提出询问。

4. 选任和更换债权人委员会成员:债权人会议可以决定设立债权人委员会。债权人委员会由债权人会议选任的债权人代表和1名债务人的职工代表或者工会代表组成。债权人委员会成员不得超过9人。债权人委员会成员应当经人民法院书面决定认可。

5. 决定继续或者停止债务人的营业:在第一次债权人会议召开之前,由管理人决定继续或者停止债务人的营业。

6. 通过重整计划:分组表决,出席会议的同一表决组的债权人过半数同意重整计划草案,并且其所代表的债权额占该组债权总额的2/3以上的,即为该组通过重整计划草案。

7. 通过和解协议:由出席会议的有表决权的债权人过半数同意,并且其所代表的债权额占无财产担保债权总额的2/3以上。对债务人的特定财产享有担保权的债权人,未放弃优先受偿权利的,对于此事项不享有表决权。

8. 通过债务人财产的管理方案:经债权人会议表决未通过的,由人民法院裁定。债权人对裁定不服的,可以自裁定宣布之日或者收到通知之日起25日内向该人民法院申请复议。复议期间不停止裁定的执行。

9. 通过破产财产的变价方案:经债权人会议表决未通过的,由人民法院裁定。债权人对裁定不服的,可以自裁定宣布之日或者收到通知之日起15日内向该人民法院申请复议。复议期间不停止裁定的执行。

10. 通过破产财产的分配方案:对债务人的特定财产享有担保权的债权人,未放弃优先受偿权利的,对于此事项不享有表决权。经债权人会议二次表决仍未通过的,由人民法院裁定。债权额占无财产担保债权总额1/2以上的债权人对裁定不服的,可以自裁定宣布之日或者收到通知之日起15日内向该人民法院申请复议。复议期间不停止裁定的执行。

11. 人民法院认为应当由债权人会议行使的其他职权。

(三)会议表决

除审议重整计划、和解协议外,审议其他事项应由出席会议的有表决权的债权人过半数通过,并且其所代表的债权额占无财产担保债权总额的1/2以上。

债权人会议的决议,对全体债权人均有约束力。

债权人认为债权人会议的决议违反法律规定,损害其利益的,可以自债权人会议作出决议之日起 15 日内,请求人民法院裁定撤销该决议,责令债权人会议依法重新作出决议。

六、法院宣告破产

人民法院受理破产清算申请后,第一次债权人会议上无人提出重整或和解申请的,管理人应当在债权审核确认和必要的审计、资产评估后,及时向人民法院提出宣告破产的申请。若人民法院受理破产和解或重整申请后,债务人出现应当宣告破产的法定原因时,人民法院应当依法宣告债务人破产。

相关主体向人民法院提出宣告破产申请的,人民法院应当自收到申请之日起7日内作出破产宣告裁定并进行公告。债务人被宣告破产后,不得再转入重整程序或和解程序。

债务人被宣告破产后,债务人称为破产人,债务人财产称为破产财产,人民法院受理破产申请时对债务人享有的债权称为破产债权。

债务人自破产宣告之日起停止生产经营活动。为债权人利益确有必要继续生产经营的,须经人民法院许可。

七、破产清算

法院宣告破产后即进入破产清算程序,管理人作为清算人对破产财产进行变价和分配。

（一）变价

管理人应当按照债权人会议通过的或者人民法院裁定的破产财产变价方案,适时变价出售破产财产。

1. 变价方式:变价出售破产财产应当通过拍卖进行,但是债权人会议另有决议的除外。按照国家规定不能拍卖或者限制转让的财产,应当按照国家规定的方式处理。

2. 变价原则:破产财产处置应当以价值最大化为原则,兼顾处置效率。人民法院要积极探索更为有效的破产财产处置方式和渠道,最大限度地提升破产财产变价率。采用拍卖方式进行处置的,拍卖所得预计不足以支付评估拍卖费用,或者拍卖不成的,经债权人会议决议,可以采取作价变卖或实物分配方式。

(二)分配

破产财产分配方案经人民法院裁定认可后,由管理人执行。管理人按照破产财产分配方案实施多次分配的,应当公告本次分配的财产额和债权额。破产财产按照以下顺序清偿。

1. 优先债权。

根据《企业破产法》《民法典》及其他法律法规的规定,满足特定条件的债权人对特定破产财产享有优先受偿的权利。具体如下。

(1)商品房消费者优先权:商品房消费者以居住为目的购买房屋并已支付全部价款,其房屋交付请求权,或在房屋不能交付且无实际交付可能的情况下,其价款返还请求权优先于建设工程价款优先受偿权、抵押权以及其他债权。

只支付了部分价款的商品房消费者,在一审法庭辩论终结前已实际支付剩余价款的,可以适用前述规定。

(2)建设工程价款优先权:建设工程的价款就该工程折价或者拍卖的价款优先受偿。承包人享有的建设工程价款优先受偿权优于抵押权人和其他债权人。

(3)担保物权:对破产人的特定财产享有担保权的权利人,对该特定财产享有优先受偿的权利。

2. 破产费用和共益债务。

债务人财产不足以清偿所有破产费用和共益债务的,先行清偿破产费用。债务人财产不足以清偿所有破产费用(或共益债务)的,按照比例对各项破产费用(或共益债务)进行清偿。

(1)破产费用。

①破产案件的诉讼费用;

②管理、变价和分配债务人财产的费用;

③管理人执行职务的费用、报酬和聘用工作人员的费用。

(2)共益债务。

①因管理人或者债务人请求对方当事人履行双方均未履行完毕的合同所产生的债务;

②债务人财产受无因管理所产生的债务;

③因债务人不当得利所产生的债务;

④为债务人继续营业而应支付的劳动报酬和社会保险费用以及由此产生的其

他债务；

⑤管理人或者相关人员执行职务致人损害所产生的债务；

⑥债务人财产致人损害所产生的债务。

3. 职工债权：破产人所欠职工的工资和医疗、伤残补助、抚恤费用，所欠的应当划入职工个人账户的基本养老保险、基本医疗保险费用，以及法律、行政法规规定应当支付给职工的补偿金。

4. 费用及税费：破产人欠缴的除职工债权范围以外的社会保险费用和破产人所欠税款。

5. 普通破产债权：不具有优先清偿权的其他债权。

6. 劣后债权：破产财产依照上述顺序清偿后仍有剩余的，可依次用于清偿破产受理前产生的民事惩罚性赔偿金、行政罚款、刑事罚金等惩罚性债权。

八、法院裁定终结破产程序

经人民法院裁定，破产程序终结。人民法院裁定破产程序终结的情形如下。

1. 债务人财产不足以清偿破产费用的，管理人应当提请人民法院终结破产程序。

2. 破产人无财产可供分配的，管理人应当请求人民法院裁定终结破产程序。

3. 管理人在最后分配完成后，应当及时向人民法院提交破产财产分配报告，并提请人民法院裁定终结破产程序。

出现上述情形的，人民法院应当自收到管理人终结破产程序的请求之日起15日内作出是否终结破产程序的裁定。裁定终结的，应当予以公告。

管理人应当自破产程序终结之日起10日内，持人民法院终结破产程序的裁定，向破产人的原登记机关办理注销登记。

九、总结

综上所述，经指定管理人→通知债权人及公告→管理人管理债务人财产→债权人申报债权以及管理人审查债权→召开债权人会议→法院宣告破产→破产清算→法院裁定终结破产程序后，破产程序即告完结。

100

解散或破产后，公司还需要注销吗？

解散或破产后，公司还需要注销吗？公司注销又有哪些注意事项？详见下文。

一、公司注销概述

解散或破产后，公司还需要通过注销程序完成法人主体的终止。新《公司法》（2023修订）第37条规定，公司因解散、被宣告破产或者其他法定事由需要终止的，应当依法向公司登记机关申请注销登记，由公司登记机关公告公司终止。关于解散与破产的具体情形，详见本书前文：*"96······如何通过解散程序关闭一家公司？（上）——公司解散的法定事由""98······如何通过破产程序关闭一家公司？（上）——破产原因及破产启动程序"*。

根据《市场主体登记管理条例实施细则》的规定，公司因解散、被宣告破产或者其他法定事由需要终止时，依法需要清算的，应当自清算结束之日起30日内申请注销登记。依法不需要清算的，应当自决定作出之日起30日内申请注销登记。公司被撤销设立登记、吊销营业执照、责令关闭，6个月内未办理清算组公告或者未申请注销登记的，登记机关可以在国家企业信用信息公示系统上对其作出特别标注并予以公示。

公司存在应当注销的情形时，应当及时办理注销登记，否则其法人主体仍然存续，公司及其股东等主体仍可能需要承担公司的相关责任。例如，《市场主体登记管理条例实施细则》规定，公司未按照法律、行政法规规定的期限公示或者报送年度报告的，由登记机关列入经营异常名录，可以处1万元以下的罚款；《税收征收管理法》规定，纳税人未按照规定的期限申报办理税务注销登记的，由税务机关责令限期改正，可以处2000元以下的罚款，情节严重的，处2000元以上1万元以下的罚款。

二、公司注销流程

根据新《公司法》(2023 修订)、《税收征收管理法》、《税收征收管理法实施细则》、《企业注销指引》等的规定,公司在完成清算后,需要分别注销税务登记、公司登记、社会保险登记,涉及海关报关等相关业务的公司,还需要办理海关报关单位备案注销等事宜。公司办理注销登记可分为普通注销流程、简易注销流程和强制注销流程,具体内容如下。

(一)普通注销流程

1. 申请注销税务登记

公司作为从事生产、经营的纳税人的,发生解散、破产、撤销以及其他情形,依法终止纳税义务的,应当在向市场监督管理部门或者其他机关办理注销登记前,持有关证件向原税务登记机关申报办理注销税务登记。公司在办理注销税务登记前,应当向税务机关结清应纳税款、滞纳金、罚款,缴销发票和其他税务证件。

2. 申请注销公司登记

清算组向登记机关提交注销登记申请书、注销决议或者决定、经确认的清算报告和清税证明等相关材料申请注销登记。公司所在地登记机关和税务机关已共享清税信息的,无需提交纸质清税证明文书;领取了纸质营业执照正副本的,缴回营业执照正副本,营业执照遗失的,可以通过国家企业信用信息公示系统或公开发行的报纸发布营业执照作废声明。国有独资公司申请注销登记,还应当提交国有资产监督管理机构的决定,其中,国务院确定的重要的国有独资公司,还应当提交本级人民政府的批准文件复印件。仅通过报纸发布债权人公告的,需要提交依法刊登公告的报纸报样。公司申请注销登记前,应当依法办理分支机构注销登记,并处理对外投资的企业转让或注销事宜。

3. 申请注销社会保险登记

公司应当自办理公司注销登记之日起 30 日内,向原社会保险登记机构提交注销社会保险登记申请和其他有关注销文件,办理注销社会保险登记手续。公司应当结清欠缴的社会保险费、滞纳金、罚款后,办理注销社会保险登记。

4. 申请办理海关报关单位备案注销

涉及海关报关相关业务的公司,可以通过国际贸易"单一窗口""互联网+海关"等方式向海关提交报关单位注销申请,也可以通过市场监管部门与海关联网的注销"一网"服务平台提交注销申请。对于已在海关备案,存在欠税(含滞纳金)、罚款及其他应办结的海关手续的报关单位,应当在注销前办结海关有关手续。报关单位备案注销后,向市场监管部门申请注销公司登记。

(二)简易注销流程

1. 适用对象

新《公司法》(2023修订)首次在法律层级明确了公司的简易注销制度。公司在存续期间未产生债务,或者已清偿全部债务的,经全体股东承诺,可以按照规定通过简易程序注销公司登记。公司在申请简易注销登记时,不应存在未结清的清偿费用、职工工资、社会保险费用、法定补偿金、应缴纳税款(滞纳金、罚款)等债权债务。

公司有下列情形之一的,不适用简易注销程序:法律、行政法规或者国务院决定规定在注销登记前须经批准的;被吊销营业执照、责令关闭、撤销;在经营异常名录或者市场监督管理严重违法失信名单中;存在股权(财产份额)被冻结、出质或者动产抵押,或者对其他公司存在投资;尚持有股权、股票等权益性投资、债权性投资或土地使用权、房产等资产的;未依法办理所得税清算申报或有清算所得未缴纳所得税的;正被立案调查或者采取行政强制,正在诉讼或仲裁程序中;受到罚款等行政处罚尚未执行完毕;不适用简易注销登记的其他情形。

公司存在"被列入企业经营异常名录""存在股权(财产份额)被冻结、出质或动产抵押等情形""企业所属的非法人分支机构未办注销登记的"三种不适用简易注销登记程序的情形,无需撤销简易注销公示,待异常状态消失后可以再次依程序公示申请简易注销登记。对于承诺书文字、形式填写不规范的,市场监管部门在公司补正后受理其简易注销申请,无需重新公示。符合市场监管部门简易注销条件,未办理过涉税事宜,办理过涉税事宜但未领用发票(含代开发票)、无欠税(滞纳金)及罚款且没有其他未办结涉税事项的纳税人,免于到税务部门办理清税证明,可以直接向市场监管部门申请简易注销。

2. 办理流程

(1)通过简易程序注销公司登记,应当通过国家企业信用信息公示系统予以公告,公告期限不少于20日。

(2)公示期内,有关利害关系人及相关政府部门可以通过国家企业信用信息公示系统《简易注销公告》专栏"异议留言"功能提出异议并简要陈述理由。超过公示期,公示系统不再接受异议。

(3)税务部门通过信息共享获取市场监管部门推送的拟申请简易注销登记信息后,应按照规定的程序和要求,查询税务信息系统核实相关涉税、涉及社会保险费情况,对经查询系统显示为以下情形的纳税人,税务部门不提出异议:一是未办理过涉税事宜的纳税人;二是办理过涉税事宜但未领用发票(含代开发票)、无欠税(滞纳金)及罚款且没有其他未办结涉税事项的纳税人;三是查询时已办结缴销发票、结清应纳税款等清税手续的纳税人;四是无欠缴社会保险费、滞纳金、罚款。

(4)公示期届满后,公示期内无异议的,公司可以在公示期满之日起20日内向登记机关办理简易注销登记。

(三)强制注销流程

新《公司法》(2023修订)相较原《公司法》(2018修正)新增了公司的强制注销制度。公司被吊销营业执照、责令关闭或者被撤销,满三年未向公司登记机关申请注销公司登记的,公司登记机关可以通过国家企业信用信息公示系统予以公告,公告期限不少于60日。公告期限届满后,未有异议的,公司登记机关可以注销公司登记。强制注销的发起主体为公司登记机关,有助于清除市场中的"僵尸企业"。

三、公司注销后相关主体的责任边界

公司注销后其法人主体终止,原则上公司尚未清偿的债务因公司注销而消亡,但是符合法定情形的,公司股东、董事等主体也需承担相关责任,相关法定情形主要如下。

(一)清算组不当履行清算职责

如本书前文"97——如何通过解散程序关闭一家公司?(下)——公司解散的法定程序"所述,清算组成员怠于履行清算职责,给公司造成损失的,应当承担赔偿责任;因故意或者重大过失给债权人造成损失的,应当承担赔偿责任。其中,清算组成员可能为公司股东、董事、监事、高级管理人员,依法设立的律师事务所、会计师事务所、破产清算事务所等社会中介机构或其中具备相关专业知识并取得执业资格的人员等。前述因故意或者重大过失给债权人造成损失的,如清算组未按照规定履行通知债权人的义务,导致债权人未及时申报债权而未获清偿的,债权人有权要求清算组成员对因此造成的损失承担赔偿责任。

(二)股东未履行完毕出资义务

根据《最高人民法院关于适用〈中华人民共和国公司法〉若干问题的规定(二)》第22条的规定,公司解散时,股东尚未缴纳的出资均应作为清算财产(包括已认缴但尚未届满缴纳期限的出资),公司财产不足以清偿债务时,债权人可以主张未缴出资的股东在未缴出资范围内对公司债务承担连带清偿责任。公司清算时、注销登记前，或未按规定清算或通知债权人而注销的，经债权人请求，股东仍需在未缴出资范围内对公司债务承担清偿责任。

（三）简易注销的股东承诺不实

根据新《公司法》(2023修订)第240条第3款的规定，公司通过简易程序注销公司登记，股东公司在存续期间未产生债务，或者已清偿全部债务的承诺不实的，应当对注销登记前的债务承担连带责任。

（四）强制注销情形

根据新《公司法》(2023修订)第241条的规定，公司被吊销营业执照、责令关闭或者被撤销，满三年未向公司登记机关申请注销公司登记，而通过强制注销方式被注销公司登记的，原公司股东、清算义务人的责任不受影响。

（五）不当履行注销程序

根据《最高人民法院关于适用〈中华人民共和国公司法〉若干问题的规定（二）》第19条的规定，有限责任公司的股东、股份有限公司的董事和控股股东，以及公司的实际控制人在公司解散后，恶意处置公司财产给债权人造成损失，或者未经依法清算，以虚假的清算报告骗取公司登记机关办理法人注销登记，债权人主张其对公司债务承担相应赔偿责任的，人民法院应依法予以支持。

根据《最高人民法院关于适用〈中华人民共和国公司法〉若干问题的规定（二）》第20条的规定，公司解散应当在依法清算完毕后，申请办理注销登记。公司未经清算即办理注销登记，导致公司无法进行清算，债权人主张有限责任公司的股东、股份有限公司的董事和控股股东，以及公司的实际控制人对公司债务承担清偿责任的，人民法院应依法予以支持。

四、总结

综上所述，公司解散或破产后，还需要通过注销程序完成法人主体的终止。公司存在应当注销的情形时，应当及时、恰当地按照法定流程办理注销手续。